Schwerpunkte Band 15 Schweitzer · Staatsrecht III

Schwerpunkte

Eine systematische Darstellung der wichtigsten Rechtsgebiete anhand von Fällen
Begründet von Professor Dr. Harry Westermann †

Staatsrecht III

Staatsrecht
Völkerrecht
Europarecht

von

Dr. jur. Michael Schweitzer

o. Professor an der Universität Passau

7., neubearbeitete Auflage

C.F. Müller Verlag
Heidelberg

Die Deutsche Bibliothek – CIP-Einheitsaufnahme

Staatsrecht. – Heidelberg : Müller
(Schwerpunkte ; …)
3. Staatsrecht, Völkerrecht, Europarecht / von Michael Schweitzer. –
7., neubearb. Aufl. – Heidelberg : Müller 2000
(Schwerpunkte ; Bd. 15)
ISBN 3-8114-2066-6

Umwelthinweis
Gedruckt auf säurefreiem, alterungsbeständigem Papier aus 100% chlorfrei gebleichtem Zellstoff (DIN-ISO 9706). Aus Gründen des Umweltschutzes Umschlag ohne Kunststoffbeschichtung. Daher kann es gelegentlich zu einem Farbabrieb kommen. Über Rückmeldungen ist der Verlag dankbar.

Satz: Textservice Zink, Schwarzach
Druck und Bindung: Wilhelm Röck, Weinsberg
ISBN 3-8114-2066-6

Für Ines

Vorwort

Das Staatsrecht III, das die Bezüge des Staatsrechts zum Völkerrecht und Europarecht behandelt, erfreute sich bislang keiner dem Staatsrecht I (Organisationsrecht) und dem Staatsrecht II (Grundrechte) vergleichbaren lehrbuchmäßigen Darstellung und fallmäßigen Aufarbeitung. Das Anliegen des vorliegenden Bandes ist es mitzuhelfen, diese Lücke zu schließen; insbesondere nachdem das Staatsrecht III inzwischen in fast allen Bundesländern zum Pflichtfach in der ersten juristischen Staatsprüfung geworden ist. Das Buch wendet sich daher zuallererst an die Studenten der Rechtswissenschaft, soll aber auch Interessenten aus anderen Wissenschaftsgebieten einen Überblick über die komplexen Fragen der Verzahnung des nationalen mit dem internationalen Recht geben.

Wie in den Vorauflagen werden nach wie vor die Ergebnisse und Auswirkungen der deutschen Wiedervereinigung dargestellt, insbesondere hinsichtlich der sog. Staatennachfolge. Der Problembereich der Rechtslage Deutschlands hat im übrigen durch die Wiedervereinigung größtenteils an Bedeutung verloren. Dennoch wurde die diesbezügliche Darstellung nicht gänzlich gestrichen, da diese Fragen zur aktuellen Verfassungsgeschichte gehören.

Die 7. Auflage berücksichtigt die Entwicklung in Gesetzgebung und Rechtsprechung sowie in der Literatur seit 1997. Im Bereich des Staatsrechts gilt dies insbesondere für die Änderung des Staatsangehörigkeitsrechts. Beim Recht der internationalen Organisationen wurde die neue und grundlegende Änderung im Verfahren der Europäischen Menschenrechtskonvention eingearbeitet. Beim Recht der Europäischen Union wurden die Änderungen, die der Vertrag von Amsterdam gebracht hat, berücksichtigt.

Große praktische Probleme ergeben sich aus der Umnumerierung des EU- und des EG-Vertrages durch den Vertrag von Amsterdam. Die vom EuGH eingeführte Zitierweise (ABl. 1999, Nr C 246, S. 1) erweist sich für ein Lehrbuch als störend, weil zu breit angelegt. Es wird daher grundsätzlich die neue Numerierung verwendet und nur, wenn es unvermeidlich ist, die alte Numerierung zitiert und auf die neue verwiesen: zB Art. 177 (jetzt Art. 234) EGV. Wenn ein Hinweis auf die alte Numerierung notwendig ist wird dies mit aF kenntlich gemacht: zB Art. 234/177 aF.

Da das Arbeiten mit Texten zu der alten Rechtslage nur mit der im Vertrag von Amsterdam enthaltenen Übereinstimmungstabelle möglich ist, wird diese – leicht modifiziert – auf S. XXII ff abgedruckt.

Passau, im Januar 2000 *Michael Schweitzer*

Inhaltsverzeichnis

Abkürzungsverzeichnis

aA	anderer Ansicht
aaO	am angegebenen Ort
ABl.	Amtsblatt der Europäischen Gemeinschaften
Abs.	Absatz
AdG	Archiv der Gegenwart
aF	alte Fassung
AJIL	The American Journal of International Law
Anm.	Anmerkung
AO	Abgabenordnung
AöR	Archiv des öffentlichen Rechts
ArchVR	Archiv des Völkerrechts
Art.	Artikel
Aufl.	Auflage
AZO	Allgemeine Zollordnung
BAnz	Bundesanzeiger
BayGVBl.	Bayerisches Gesetz- und Verordnungsblatt
BayVBl	Bayerische Verwaltungsblätter
BayVerfGH	Bayerischer Verfassungsgerichtshof oder Sammlung der Entscheidungen des Bayerischen Verfassungsgerichtshofs
BayVGH	Bayerischer Verwaltungsgerichtshof
BB	Betriebs-Berater
Bd.	Band
Bde.	Bände
Bf.	Beschwerdeführer
BFH	Bundesfinanzhof
BGB	Bürgerliches Gesetzbuch
BGBl.	Bundesgesetzblatt
BGHSt	Entscheidungen des Bundesgerichtshofes in Strafsachen
BGHZ	Entscheidungen des Bundesgerichtshofes in Zivilsachen
BR-Drucks.	Drucksachen des Deutschen Bundesrates
BS	Bereinigte Sammlung der Bundesgesetze und Verordnungen 1848-1947 der Schweiz
BT-Drucks.	Drucksachen des Deutschen Bundestages
BT-Prot.	Protokolle des Deutschen Bundestages
Bulletin	Bulletin des Presse- und Informationsamtes der Bundesregierung
BVerfG	Bundesverfassungsgericht
BVerfGE	Entscheidungen des Bundesverfassungsgerichts
BVerfGG	Gesetz über das Bundesverfassungsgericht
BVerwG	Bundesverwaltungsgericht
BVerwGE	Entscheidungen des Bundesverwaltungsgerichts
CERN	Conseil Européen pour la Recherche Nucléaire
COMECON	Council of Mutual Economic Assistance
d.	durch
DB	Der Betrieb

DDR	Deutsche Demokratische Republik
DDR-GBl.	Gesetzblatt der Deutschen Demokratischen Republik
ders.	derselbe
dies.	dieselbe(n)
DM	Deutsche Mark
DÖV	Die öffentliche Verwaltung
Dtz	Deutsch-Deutsche Rechts-Zeitschrift
DVBl.	Deutsches Verwaltungsblatt
E	Entscheidung
EA	Europa-Archiv
EAG	Europäische Atomgemeinschaft
EAGV	Vertrag zur Gründung der Europäischen Atomgemeinschaft
EEA	Einheitliche Europäische Akte
EFTA	European Free Trade Association
EG	Europäische Gemeinschaft
EGBGB	Einführungsgesetz zum Bürgerlichen Gesetzbuch
EGKS	Europäische Gemeinschaft für Kohle und Stahl
EGKSV	Vertrag über die Gründung der Europäischen Gemeinschaft für Kohle und Stahl
EGV	Vertrag zur Gründung der Europäischen Gemeinschaft
EMRK	Europäische Menschenrechtskonvention
EPO	European Patent Organization
ESA	European Space Agency
etc.	et cetera
EU	Europäische Union
EuGH	Gerichtshof der Europäischen Gemeinschaften
EuGRZ	Europäische Grundrechte-Zeitschrift
EuR	Europarecht
EURATOM	Europäische Atomgemeinschaft
EUROCONTROL	European Organization for the Safety of Air Navigation
EUV	Vertrag über die Europäische Union
EuZW	Europäische Zeitschrift für Wirtschaftsrecht
EWG	Europäische Wirtschaftsgemeinschaft
EWGV	Vertrag zur Gründung der Europäischen Wirtschaftsgemeinschaft
EWS	Europäisches Wirtschafts- und Steuerrecht
FAO	Food and Agriculture Organization of the United Nations
f, ff	folgend(e)
FF	Französische Francs
FGO	Finanzgerichtsordnung
GASP	Gemeinsame Außen- und Sicherheitspolitik
GATT	General Agreement on Tariffs and Trade
GBl.	Gesetzblatt
GG	Grundgesetz für die Bundesrepublik Deutschland
GGO II	Gemeinsame Geschäftsordnung für die Bundesministerien, Besonderer Teil
GMBl.	Gemeinsames Ministerialblatt
GO	Geschäftsordnung
GOBReg	Geschäftsordnung der Bundesregierung

GVG	Gerichtsverfassungsgesetz
GYIL	German Yearbook of International Law
hL	herrschende Lehre
Hrsg.	Herausgeber
hrsg.	herausgegeben
IAEA	International Atomic Energy Agency
IBRD	International Bank for Reconstruction and Development
ICAO	International Civil Aviation Organization
ICJ-Reports	International Court of Justice. Reports of Judgments, Advisory Opinions and Orders
ICLQ	The International and Comparative Law Quarterly
IDA	International Development Association
IEA	Internationale Energie-Agentur
IFAD	International Fund for Agricultural Development
IFC	International Finance Corporation
IGH	Internationaler Gerichtshof
ILA	International Law Association
ILM	International Legal Materials
ILO	International Labour Organization
ILR	International Law Reports
IMF	International Monetary Fund
IMO	International Maritime Organization
insb.	insbesondere
INTELSAT	International Telecommunications Satellite Consortium
iSd	im Sinne des, der
IStR	Internationales Steuerrecht
iSv	im Sinne von
ITU	International Telecommunication Union
iVm	in Verbindung mit
JA	Juristische Arbeitsblätter
JIR	Jahrbuch für Internationales Recht
JöR	Jahrbuch des öffentlichen Rechts der Gegenwart
Jura	Juristische Ausbildung
JuS	Juristische Schulung
JZ	Juristenzeitung
KSZE	Konferenz für Sicherheit und Zusammenarbeit in Europa
LSchA	Londoner Schuldenabkommen
mwN	mit weiteren Nachweisen
NATO	North Atlantic Treaty Organization
nF	neue Fassung
NGO	Non-Governmental Organization
NJW	Neue Juristische Wochenschrift
Nr	Nummer
NVwZ	Neue Zeitschrift für Verwaltungsrecht

OAS	Organization of American States
OAU	Organization of African Unity
ÖBGBl.	Österreichisches Bundesgesetzblatt
OECD	Organization for Economic Cooperation and Development
og	oben genannte(n)
ÖJZ	Österreichische Juristen-Zeitung
OSZE	Organisation für Sicherheit und Zusammenarbeit in Europa
ÖZöRVR	Österreichische Zeitschrift für öffentliches Recht und Völkerrecht
OVGE	Entscheidungen der Oberverwaltungsgerichte für das Land Nordrhein-Westfalen in Münster sowie für die Länder Niedersachsen und Schleswig-Holstein in Lüneburg
PCIJ	Permanent Court of International Justice
PJZS	Polizeiliche und Justitielle Zusammenarbeit in Strafsachen
RdC	Recueil des Cours de l'Académie de Droit International
Rn	Randnummer
RGBl.	Reichsgesetzblatt
RGSt	Entscheidungen des Reichsgerichts in Strafsachen
RGZ	Entscheidungen des Reichtsgerichts in Zivilsachen
RIW	Recht der Internationalen Wirtschaft
RL	Richtlinie
Rs.	Rechtssache
S.	Seite(n); Satz
s.	siehe
SchwJIR	Schweizerisches Jahrbuch für internationales Recht
Slg.	Sammlung der Rechtsprechung des Gerichtshofes und des Gerichts erster Instanz der Europäischen Gemeinschaften
sog.	sogenannte(r,s)
StenBer	Stenographische Berichte
StIGH	Statut des Internationalen Gerichtshofs
SVN	Satzung der Vereinten Nationen
SZIER	Schweizerische Zeitschrift für internationales und europäisches Recht
TA Luft	Technische Anleitung zur Reinhaltung der Luft
ua	und andere, unter anderem
UdSSR	Union der Sozialistischen Sowjet-Republiken
UN	United Nations
UNESCO	United Nations Educational, Scientific and Cultural Organization
UNIDO	United Nations Development Organization
UNO	United Nations Organization
UNPROFOR	United Nations Protection Force in (former) Yugoslavia
Unterabs.	Unterabsatz
UNTS	United Nations Treaty Series
UPU	Universal Postal Union
USA	United States of America
uU	unter Umständen

VA	Vertrag von Amsterdam zur Änderung des Vertrags über die Europäische Union, der Verträge zur Gründung der Europäischen Gemeinschaften sowie einiger damit zusammenhängender Rechtsakte
verb.	verbundene
Verf.	Verfasser
VerwRspr	Verwaltungsrechtsprechung in Deutschland
vgl	vergleiche
VN	Vereinte Nationen
VVDStRL	Veröffentlichungen der Vereinigung der Deutschen Staatsrechtslehrer
VwGO	Verwaltungsgerichtsordnung
WEU	Westeuropäische Union
WHO	World Health Organization
WIPO	World Intellectual Property Organization
WMO	World Meteorological Organization
WRV	Weimarer Reichsverfassung
WTO	World Tourism Organization, World Trade Organization
WVRK	Wiener Vertragsrechtskonvention
ZAR	Zeitschrift für Ausländerrecht und Ausländerpolitik
ZaöRVR	Zeitschrift für ausländisches öffentliches Recht und Völkerrecht
zB	zum Beispiel
ZBJI	Zusammenarbeit in den Bereichen Justiz und Inneres
ZfRV	Zeitschrift für Rechtsvergleichung
Ziff.	Ziffer
ZParl	Zeitschrift für Parlamentsfragen
ZPO	Zivilprozeßordnung
ZRP	Zeitschrift für Rechtspolitik
zT	zum Teil

Verzeichnis der abgekürzt zitierten Literatur

Alternativkommentar	Kommentar zum Grundgesetz für die Bundesrepublik Deutschland, hrsg. von *Wassermann*, 2 Bde., Neuwied 1984
Beutler ua	*Beutler/Bieber/Pipkorn/Streil*, Die Europäische Union – Rechtsordnung und Politik, 4. Aufl., Baden-Baden 1993
Bleckmann, Europarecht	*Bleckmann,* Europarecht – Das Recht der Europäischen Gemeinschaft, 6. Aufl. Köln ua 1997
Bleckmann, GG und Völkerrecht	*Bleckmann,* Grundgesetz und Völkerrecht, Berlin 1975
Dahm ua	*Dahm/Delbrück/Wolfram,* Völkerrecht, Bd. I/1, 2. Aufl., Berlin-New York 1989
Degenhart	*Degenhart,* Staatsrecht I – Staatsorganisationsrecht, Schwerpunkte Bd. 13, 15. Aufl., Heidelberg 1999
Dokumente zur Berlin-Frage	Dokumente zur Berlin-Frage 1944-1962, hrsg. vom Forschungsinstitut der Deutschen Gesellschaft für Auswärtige Politik, 2. Aufl., München 1962
Encyclopedia	Encyclopedia of Public International Law, hrsg. von *Bernhardt,* Amsterdam 1981 ff.
Geiger	*Geiger,* Grundgesetz und Völkerrecht, 2. Aufl., München 1994
Grabitz/Hilf	*Grabitz/Hilf* (Hrsg.), Das Recht der Europäischen Union, Kommentar, Loseblattsammlung, München
Handbuch	*Ehlermann/Bieber* (Hrsg.), Handbuch des Europäischen Rechts, 32 Bde., Loseblattsammlung, Baden-Baden
Ipsen, Gemeinschaftsrecht	*H.P. Ipsen,* Europäisches Gemeinschaftsrecht, Tübingen 1972
Ipsen, Völkerrecht	*K. Ipsen,* Völkerrecht, 4. Aufl., München 1999
Kimminich	*Kimminich,* Einführung in das Völkerrecht, 6. Aufl., München ua 1997
Isensee/Kirchhof	*Isensee/Kirchhof* (Hrsg.), Handbuch des Staatsrechts der Bundesrepublik Deutschland, 8 Bde., Heidelberg 1987-1995
Lexikon	Lexikon des Rechts. Völkerrecht, hrsg. von *Seidl-Hohenveldern,* 2. Aufl., Neuwied 1992
Maunz/Dürig	*Maunz/Dürig/Herzog/Scholz/Lerche/Papier/Randelzhofer/ Schmidt-Assmann,* Grundgesetz, Kommentar, Loseblattsammlung, München
v. Münch	*v. Münch/Kunig* (Hrsg.), Grundgesetz-Kommentar, 3 Bde., 3. und 4. Aufl., München 1992-1997
Nicolaysen	*Nicolaysen,* Europarecht I, Baden-Baden 1991
Oppermann	*Oppermann,* Europarecht, 2. Aufl., München 1999
Partsch	*Partsch,* Die Anwendung des Völkerrechts im innerstaatlichen Recht. Überprüfung der Transformationslehre, Karlsruhe 1964
Pieroth/Schlink	*Pieroth/Schlink,* Grundrechte – Staatsrecht II, Schwerpunkte Bd. 14, 15. Aufl., Heidelberg 1999
Rudolf	*Rudolf,* Völkerrecht und deutsches Recht, Tübingen 1967
Sachs	*Sachs* (Hrsg.), Grundgesetz. Kommentar, 2. Aufl., München 1999

Sartorius I	Sartorius, Bd. I, Verfassungs- und Verwaltungsgesetze der Bundesrepublik, Loseblattsammlung, München
Sartorius II	Sartorius Bd. II, Internationale Verträge – Europarecht, Loseblattsammlung, München
Schweitzer/Hummer, Europarecht	*Schweitzer/Hummer*, Europarecht, 5. Aufl., Neuwied ua 1996 und Nachtrag 1999, Neuwied ua 1999 1996
Schweitzer/Rudolf	*Schweitzer/Rudolf,* Friedensvölkerrecht, 3. Aufl., Baden-Baden 1985
Simma	*Simma* (Hrsg.), Charta der Vereinten Nationen. Kommentar, München 1991
Stern	*Stern,* Das Staatsrecht der Bundesrepublik Deutschland, 3 Bde., 2. und 1. Aufl., München 1980-1994
Streinz	*Streinz,* Europarecht, Schwerpunkte Bd. 12, 4. Aufl., Heidelberg 1999
Verdross/Simma	*Verdross/Simma,* Universelles Völkerrecht, 3. Aufl., Berlin 1984
Vitzthum	*Vitzthum* (Hrsg.), Völkerrecht, Berlin 1997
Wörterbuch	*Strupp/Schlochauer* (Hrsg.), Wörterbuch des Völkerrechts, 3 Bde., 2. Aufl., Berlin 1960-1962

Übereinstimmungstabelle zum EUV und zum EGV

Änderungen des Maastrichter Vertrages (1992) durch den Vertrag von Amsterdam (1997). Konsolidierte Fassungen des EU- und des EG-Vertrages

A. Vertrag über die Europäische Union

_T I_	**T I**	_T V_**	**_T V_**	J.14*	**24**	K.9**	**37**	O	**49**
A	**1**	J.1**	**11**	J.15*	**25**	K.10*	**38**	P	**50**
B	**2**	J.2**	**12**	J.16*	**26**	K.11*	**39**	Q	**51**
C	**3**	J.3**	**13**	J.17*	**27**	K.12*	**40**	R	**52**
D	**4**	J.4**	**14**	J.18*	**28**	K.13*	**41**	S	**53**
E	**5**	J.5**	**15**	_T VI_**	**_T VI_**	K.14*	**42**		
F	**6**	J.6**	**16**	K.1**	**29**	_T VIa_*	**_T VII_**		
F.1*	**7**	J.7**	**17**	K.2**	**30**	K.15*	**43**		
_T II_	**_T II_**	J.8**	**18**	K.3**	**31**	K.16*	**44**		
G	**8**	J.9**	**19**	K.4**	**32**	K.17*	**45**		
T III	**_T III_**	J.10**	**20**	K.5**	**33**	_T VIII_	**_T VIII_**		
H	**9**	J.11**	**21**	K.6**	**34**	L	**46**		
_T IV_	**_T IV_**	J.12*	**22**	K.7**	**35**	M	**47**		
I	**10**	J.13*	**23**	K.8**	**36**	N	**48**		

B. Vertrag zur Gründung der Europäischen Gemeinschaft

Erster Teil		7a	**14**	11	–	23	–	37	**31**
1	**1**	7b	–	_K 1_	**_K 1_**	24	–	_T II_	**_T II_**
2	**2**	7c	**15**	_A 1_	–	25	–	38	**32**
3	**3**	7d*	**16**	12	**25**	26	–	39	**33**
3a	**4**	Zweiter Teil		13	–	27	–	40	**34**
3b	**5**	8	**17**	14	–	28	**26**	41	**35**
3c*	**6**	8a	**18**	15	–	29	**27**	42	**36**
4	**7**	8b	**19**	16	–	_K 2_	**_K 2_**	43	**37**
4a	**8**	8c	**20**	17	–	30	**28**	44	–
4b	**9**	8d	**21**	_A 2_	–	31	–	45	–
5	**10**	8e	**22**	18	–	32	–	46	**38**
5a*	**11**	Dritter Teil		19	–	33	–	47	–
6	**12**	_T I_	**_T I_**	20	–	34	**29**	_T III_	**_T III_**
6a*	**13**	9	**23**	21	–	35	–	_K 1_	**_K 1_**
7	–	10	**24**	22	–	36	**30**	48	**39**

Legende: linke Zahlen = Altfassung rechte Zahlen = Neufassung
T ... Titel K ... Kapitel A ... Abschnitt
* ... neu eingeführt durch den Vertrag von Amsterdam
** ... umstrukturiert durch den Vertrag von Amsterdam

49	**40**	*T IV*	***T V***	105	**105**	119	**141**	130s	**175**
50	**41**	74	**70**	105a	**106**	119a	**142**	130t	**176**
51	**42**	75	**71**	106	**107**	120	**143**	*T XVII*	***T XX***
K 2	***K 2***	76	**72**	107	**108**	121	**144**	130u	**177**
52	**43**	77	**73**	108	**109**	122	**145**	130v	**178**
53	–	78	**74**	108a	**110**	*K 2*	***K 2***	130w	**179**
54	**44**	79	**75**	109	**111**	123	**146**	130x	**180**
55	**45**	80	**76**	*K 3*	***K 3***	124	**147**	130y	**181**
56	**46**	81	**77**	109a	**112**	125	**148**	Vierter Teil	
57	**47**	82	**78**	109b	**113**	*K 3*	***K 3***	131	**182**
58	**48**	83	**79**	109c	**114**	126	**149**	132	**183**
K 3	***K 3***	84	**80**	109d	**115**	127	**150**	133	**184**
59	**49**	*T V*	***T VI***	*K 4*	***K 4***	*T IX*	***T XII***	134	**185**
60	**50**	*K 1*	***K 1***	109e	**116**	128	**151**	135	**186**
61	**51**	*A 1*	***A 1***	109f	**117**	*T X*	***T XIII***	136	**187**
62	–	85	**81**	109g	**118**	129	**152**	136a	**188**
63	**52**	86	**82**	109h	**119**	*T XI*	***T XIV***	Fünfter Teil	
64	**53**	87	**83**	109i	**120**	129a	**153**	*T 1*	***T 1***
65	**54**	88	**84**	109j	**121**	*T XII*	***T XV***	*K 1*	***K 1***
66	**55**	89	**85**	109k	**122**	129b	**154**	*A 1*	***A 1***
K 4	***K 4***	90	**86**	109l	**123**	129c	**155**	137	**189**
67	–	*A 2*	–	109m	**124**	129d	**156**	138	**190**
68	–	91	–	*T VIa**	***T VIII***	*T XIII*	***T XVI***	138a	**191**
69	–	*A 3*	***A 2***	109n*	**125**	130	**157**	138b	**192**
70	–	92	**87**	109o*	**126**	*T XIV*	***T XVII***	138c	**193**
71	–	93	**88**	109p*	**127**	130a	**158**	138d	**194**
72	–	94	**89**	109q*	**128**	130b	**159**	138e	**195**
73	–	*K 3*	***K 3***	109r*	**129**	130c	**160**	139	**196**
73a	–	100	**94**	109s*	**130**	130d	**161**	140	**197**
73b	**56**	100a	**95**	*T VII*	***T IX***	130e	**162**	141	**198**
73c	**57**	100b	–	110	**131**	*T XV*	***T XVIII***	142	**199**
73d	**58**	100c	–	111	–	130f	**163**	143	**200**
73e	–	100d	–	112	**132**	130g	**164**	144	**201**
73f	**59**	101	**96**	113	**133**	130h	**165**	*A 2*	***A 2***
73g	**60**	102	**97**	114	–	130i	**166**	145	**202**
*T IIIa**	***T IV***	*T VI*	***T VII***	115	**134**	130j	**167**	146	**203**
73i*	**61**	*K 1*	***K 1***	*T VIIa**	***T X***	130k	**168**	147	**204**
73j*	**62**	102a	**98**	116*	**135**	130l	**169**	148	**205**
73k*	**63**	103	**99**	*T VIII*	***T XI***	130m	**170**	149	–
73l*	**64**	103a	**100**	*K 1***	***K 1***	130n	**171**	150	**206**
73m*	**65**	104	**101**	117	**136**	130o	**172**	151	**207**
73n*	**66**	104a	**102**	118	**137**	130p	**173**	152	**208**
73o*	**67**	104b	**103**	118a	**138**	130q	–	153	**209**
73p*	**68**	104c	**104**	118b	**139**	*T XVI*	***T XIX***	154	**210**
73q*	**69**	*K 2*	***K 2***	118c	**140**	130r	**174**	*A 3*	***A 3***

Legende: linke Zahlen = Altfassung rechte Zahlen = Neufassung
T … Titel K … Kapitel A … Abschnitt
* … neu eingeführt durch den Vertrag von Amsterdam
** … umstrukturiert durch den Vertrag von Amsterdam

155	**211**	178	**235**	193	**257**	207	**277**	228	**300**
156	**212**	179	**236**	194	**258**	208	**278**	228a	**301**
157	**213**	180	**237**	195	**259**	209	**279**	229	**302**
158	**214**	181	**238**	196	**260**	209a	**280**	230	**303**
159	**215**	182	**239**	197	**261**	Sechster Teil		231	**304**
160	**216**	183	**240**	198	**262**	210	**281**	232	**305**
161	**217**	184	**241**	*K 4*	***K 4***	211	**282**	233	**306**
162	**218**	185	**242**	198a	**263**	212*	**283**	234	**307**
163	**219**	186	**243**	198b	**264**	213	**284**	235	**308**
A 4	***A 4***	187	**244**	198c	**265**	213a*	**285**	236*	**309**
164	**220**	188	**245**	*K 5*	***K 5***	213b*	**286**	237	–
165	**221**	*A 5*	***A 5***	198d	**266**	214	**287**	238	**310**
166	**222**	188a	**246**	198e	**267**	215	**288**	239	**311**
167	**223**	188b	**247**	*T II*	***T II***	216	**289**	240	**312**
168	**224**	188c	**248**	199	**268**	217	**290**	241	–
168a	**225**	*K 2*	***K 2***	200	–	218*	**291**	242	–
169	**226**	189	**249**	201	**269**	219	**292**	243	–
170	**227**	189a	**250**	201a	**270**	220	**293**	244	–
171	**228**	189b	**251**	202	**271**	221	**294**	245	–
172	**229**	189c	**252**	203	**272**	222	**295**	246	–
173	**230**	190	**253**	204	**273**	223	**296**	Schlußbest.	
174	**231**	191	**254**	205	**274**	224	**297**	247	**313**
175	**232**	191a*	**255**	205a	**275**	225	**298**	248	**314**
176	**233**	192	**256**	206	**276**	226	–		
177	**234**	*K 3*	***K 3***	206a	–	227	**299**		

Legende: linke Zahlen = Altfassung rechte Zahlen = Neufassung
T … Titel K … Kapitel A … Abschnitt
* … neu eingeführt durch den Vertrag von Amsterdam
** … umstrukturiert durch den Vertrag von Amsterdam

Einleitung

Der Mensch lebt in einer Reihe von Rechtsordnungen. Diese sind ihrerseits in Rechtsmaterien eingeteilt. So richten sich die Rechte und Pflichten des einzelnen in der Bundesrepublik Deutschland nach der nationalen Rechtsordnung, die herkömmlicherweise in die Rechtsmaterien des öffentlichen Rechts, des Strafrechts und des Zivilrechts eingeteilt wird. Diese Rechtsmaterien sind auf den ersten Blick teilweise voneinander unabhängig (zB ist der Eigentumsbegriff des Zivilrechts nicht identisch mit dem des Art. 14 GG), teilweise aber ergänzen sie sich (zB richtet sich das Amtshaftungsrecht nach Art. 34 GG iVm § 839 BGB) oder nehmen aufeinander Bezug (zB verweist § 123 Abs. 3 VwGO auf einzelne Bestimmungen der ZPO). Das GG bedingt in gewisser Weise sämtliche drei Rechtsmaterien, da es materieller Maßstab für diese ist sowie ihre Schaffung, Änderung und Aufhebung regelt. Über diese Klammer des GG, diesen materiellen und formellen Zusammenhalt, sind die Rechtsmaterien derart zusammengehörig, daß man von der Einheitlichkeit der Rechtsordnung spricht. 1

Neben dieser nationalen Rechtsordnung der Bundesrepublik Deutschland können auch andere Rechtsordnungen Rechte und Pflichten des einzelnen regeln. So unterliegt der deutsche Staatsangehörige im Ausland der fremden nationalen Rechtsordnung (zB hinsichtlich des Aufenthaltsrechts, der Besteuerung oder der Beachtung der Strafgesetze). Ebenso lassen sich aus dem Völkerrecht und dem Europarecht Rechte und Pflichten des einzelnen ableiten. Alle diese Rechtsordnungen sind selbständige Rechtsordnungen. Eine dem GG vergleichbare Klammer fehlt. Da sie aber teilweise gleiche oder ähnliche Sachverhalte regeln, ergibt sich aus rechtspolitischen Überlegungen, daß sie nicht ohne gegenseitige Bezüge sein sollen. Im Verhältnis zu anderen nationalen Rechtsordnungen hat diese Aufgabe hauptsächlich das Internationale Privatrecht übernommen, das dabei selbstverständlich ebenfalls dem GG unterliegt (vgl BVerfGE 31, S. 58 ff). Im Verhältnis zum Völkerrecht und Europarecht müssen diese Bezüge entweder aus rechtstheoretischen Überlegungen oder aber aus dem GG selbst abgeleitet werden. Es handelt sich daher auch um eine staatsrechtliche Fragestellung. 2

Gegenstand des Staatsrechts III ist also das Verhältnis der Rechtsordnung der Bundesrepublik Deutschland zum Völkerrecht und zum Europarecht. Dieses Fach wird herkömmlicherweise als „Staatsrechtliche Bezüge zum Völkerrecht“ bezeichnet (so oder mit ähnlichen Formulierungen taucht das Fach – meist als Hauptfach – in den Ausbildungs- und Prüfungsordnungen für Juristen der Länder auf). Diese tradierte Bezeichnung ist aber zu eng, da sie das Europarecht oder zumindest einen Teil davon, nämlich das Recht der Europäischen Gemeinschaften, ausspart. Das führt dazu, daß die Praxis der Stoffvermittlung des Staatsrechts III an den einzelnen Universitäten, sofern sie überhaupt stattfindet, unterschiedlich ist. Die – hier zugrundegelegte – weitestgehende Definition des Staatsrechts III schließt jedenfalls das Europarecht in allen seinen Aspekten mit ein. 3

4 Die lehrbuchartige Behandlung des Staatsrechts III war lange Zeit stiefmütterlich. Bis 1985 war das Buch von *A. Bleckmann,* Grundgesetz und Völkerrecht, Berlin 1975, allein auf weiter Flur, wenn man von der skriptmäßigen Darstellung von *K.-M. Wilke,* Leitsätze zum Völkerrecht mit Bezügen zum Staatsrecht, Stuttgart 1974, absieht. 1985 erschien dann das Werk von *R. Geiger,* Grundgesetz und Völkerrecht, München 1985 (2. Aufl. 1994). Für einen Teilbereich des Staatsrechts III (= §§ 1 bis 4 des vorliegenden Buches, ohne Europarecht) existiert allerdings seit 1967 das Standardwerk von *W. Rudolf,* Völkerrecht und deutsches Recht, Tübingen 1967. Daneben gibt es eine Fülle von Monographien und Aufsätzen zu den Einzelfragen des Staatsrechts III.

Aus diesem Schrifttum wurden die Literaturhinweise dieses Buches ausgewählt. Sie sollen in keiner Weise vollständig sein, sondern nur Fundstellen nennen, die der Vertiefung des jeweiligen Abschnittes dienen.

5 Durch die Eigenart des Staatsrechts III bedingt, konnte das Konzept der Schwerpunkte-Reihe nicht immer durchgehalten werden. Da einige Fragestellungen sich im rein theoretischen Raum bewegen, können – schon aus didaktischen Gründen – nur sehr bedingt Fälle und Lösungen angeboten werden. Dies gilt zB für den Bereich einiger Völkerrechtsquellen, wo letztlich jede der dargestellten Theorien vertretbar und daher auch im Rahmen einer Fallbehandlung jede Lösung richtig ist (etwa beim Völkergewohnheitsrecht) oder wo aufgrund der anzuwendenden Methoden eine klausurmäßige Lösung kaum möglich erscheint (etwa bei den allgemeinen Rechtsgrundsätzen). Um diese Abweichung vom Konzept der Schwerpunkte-Reihe aufzuwiegen, wurde versucht, möglichst viele konkrete Beispiele aus der staats-, völker- und europarechtlichen Praxis anzuführen.

Weitere Fälle und Lösungen zum Staatsrecht III finden sich in einigen juristischen Fachzeitschriften. Insbesondere kann auf folgende Fundstellen verwiesen werden:

a) BayVBl. 1981, S. 157 und 189 ff, 1999, S. 158 f und 187 ff.

b) JA-Übungsblätter 1981, S. 216 und 1982, S. 3 ff *(Schmalz)*; 1986, S. 1 ff *(Müller)*; 1986, S. 3 ff *(Wüstenbecker)*; 1986, S. 17 ff *(Holzhauser)*; 1992, S. 73 ff *(Koch/Meyer)*; 1993, S. 97 ff *(Franzke)*; 1993, S. 145 ff *(Riedel)*; 1993, S. 199 ff *(Franzke)*; 1995, S. 577 ff (*Odendahl*); 1996, S. 395 ff (*Odendahl*); 1997, S. 37 ff (*Ehrmann/Meyring*).

c) Jura 1979, S. 236 ff *(Rengeling)*; 1984, S. 95 ff *(Dauster)*; 1989, S. 312 ff *(Ader/Streinz)*; 1994, S. 542 ff (*Seidel/Merle*); 1995, S. 374 ff (*Giegerich*); 1995, S. 659 ff (*Baab*); 1996, S. 322 ff (*Schlösser*); 1998, S. 98 ff (*Dederer*); 1999, S. 202 ff (*Stüer*).

d) JuS 1967, S. 321 ff *(Schröder)*; 1970, S. 338 ff *(Schwerdtfeger)*; 1971, S. 419 ff *(Rüfner)*; 1972, S. 527 ff *(Oppermann/Fleischmann)*; 1973, S. 632 ff *(Hailbronner)*; 1977, S. 536 ff *(Geck/Reinhard)*; 1982, S. 516 ff *(Fastenrath)*; 1984, S. 630 ff *(Hopfauf)*; 1987, S. 130 ff *(Nonnenmacher)*; 1989, S. 922 ff *(Zuleeg/Kadelbach)*; 1992, S. 227 ff *(Herdegen)*; 1992, S. 497 ff *(Weber/Eschmann)*; 1992, S. 941 ff *(Riedel)*; 1993, S. 310 ff *(Hermle)*; 1997, S. 39 ff, 335 ff, 619 ff (*Giegerich*); 1998, Lernbogen 1/98, L 4 ff (*Staebe*); 1999, S. 54 ff (*Ruffert*).

Fälle und Lösungen zum Staatsrecht III sind auch vereinzelt in Fallsammlungen und Lehrbüchern zum Völker- und Europarecht zu finden. Insbesondere kann auf folgende Werke hingewiesen werden:

a) *Arndt/Fischer*, Europarecht – 20 Fälle mit Lösungen, 2. Aufl., Heidelberg 1999, Fälle 1, 3, 8, 11, 14, 18 und 19.

b) *Erichsen*, Staatsrecht und Verfassungsgerichtsbarkeit II, 3. Aufl., München 1982, Fälle 9, 10, 11 und 12.

c) *Hoffmann/Odendahl*, Europarecht – Fälle mit Lösungen, Neuwied 1996, Fälle 10 und 12 bis 14.

d) *Kisker/Höfling*, Fälle zum Staatsorganisationsrecht, 2. Aufl., München 1996, Fälle 2 und 16.

e) *Kunig/Uerpmann*, Übungen im Völkerrecht, Berlin 1998, Fälle 16, 17 und 19.

f) *Lecheler/Gundel*, Übungen im Europarecht, Berlin 1999, Fälle 1 und 2.

g) *v. Münch*, Grundbegriffe des Staatsrechts I, 4. Aufl., Stuttgart 1986, S. 26 und 57 ff.

h) *v. Münch*, Staatsrecht, Band 1, 5. Aufl., Stuttgart ua 1993, S. 337 und 356 ff.

i) *Pieper*, Fälle und Lösungen zum Europarecht, Stuttgart 1997, S. 49 ff, insb. Fälle 9 und 12.

j) *Rohde/Lorenzmeier*, Europarecht, 2. Aufl., Berlin ua 1999, S. 64 ff.

k) *Rüfner/v. Unruh/Borchert/Muckel*, Öffentliches Recht I, 6. Aufl., Neuwied 1994, Fall 35.

l) *Schmalz*, Verfassungsrecht, 2. Aufl., Baden-Baden 1997, Fall 5.

m) *Schmidt-Jortzig*, 40 Klausuren aus dem Staats- und Völkerrecht, 5. Aufl., Frankfurt a.M. 1996, Fälle 16, 35 bis 40.

n) *Schwerdtfeger*, Öffentliches Recht in der Fallbearbeitung, 10. Aufl., München 1997, Rn 692 bis 720.

o) *Simma* (Hrsg.), WEX 6 – Völkerrecht – Europarecht, Karlsruhe 1974, Fall 7.

p) *Streinz*, Europarecht, 4. Aufl., Heidelberg 1999, Fälle 5, 6, 16, 19, 21 bis 24 und 33.

q) *Weber*, Fälle zum Völker- und Europarecht, München 1992, Fälle 1 und 2.

r) *Weiß*, Examensfälle zum Europa- und Völkerrecht, Neuwied 1999, Fälle 12 und 14.

s) *Zacker*, Kompendium Europarecht, Berlin 1997, Fälle 1, 5, 7 und 9.

§ 1 Begriffsbestimmung

A. Völkerrecht

Fall 1: Im Jahre 1939 schloß der Sheikh des Staates Abu Dhabi mit der britischen Firma Petroleum Development einen Ölkonzessionsvertrag. Als es im Jahre 1949 zu Meinungsverschiedenheiten über die Auslegung des Vertrages kam, rief die Firma einen im Konzessionsvertrag vorgesehenen Schiedsrichter an. Dieser hatte vorab zu klären, ob er seine Entscheidung auf der Basis des Völkerrechts oder einer anderen Rechtsordnung zu treffen habe. Der Vertrag selbst enthielt darüber keine Aussage. Wie mußte der Schiedsrichter entscheiden? (**Lösung: Rn 12**). **6**

I. Begriff

7 Das Völkerrecht wird in weitestgehender Übereinstimmung definiert als die Summe der Rechtsnormen, die die Beziehungen der Völkerrechtssubjekte untereinander regeln und nicht der inneren Rechtsordnung eines dieser Völkerrechtssubjekte angehören.

8 Zu den **Völkerrechtssubjekten** zählen in erster Linie die Staaten als die – historisch gesehen – „klassischen" Völkerrechtssubjekte. Im 20. Jahrhundert ist dazu die Gruppe der internationalen Organisationen gekommen, von denen heute schon ca. doppelt so viele wie Staaten existieren. Daneben gibt es eine Gruppe von Völkerrechtssubjekten, die für die Rechtsordnung des Völkerrechts atypisch und meist nur historisch erklärbar sind, wie zB der Heilige Stuhl, Aufständische, der Malteser-Ritterorden ua. Grundsätzlich keine Völkerrechtssubjekte sind Individuen und juristische Personen des nationalen Rechts (s. Rn 532 ff).

9 Das Völkerrecht ist im Vergleich zu einer nationalen Rechtsordnung strukturell schwächer ausgebildet. Das hängt damit zusammen, daß es keine Zentralinstanzen gibt, die Recht für alle verbindlich setzen und durchsetzen können. Rechtsnormen des Völkerrechts entstehen in aller Regel nur durch Zusammenwirken der Völkerrechtssubjekte. Daher spricht man von einem **Koordinationsrecht**. Rechtsnormen des Völkerrechts haben ihre Grundlage daher üblicherweise in bilateralen oder multilateralen Verträgen oder in dem (auf übereinstimmender, von der Rechtsüberzeugung getragenen Übung basierenden) Gewohnheitsrecht. Das bedingt, daß nur die Vertragsparteien oder die an der Entstehung von Gewohnheitsrecht beteiligten Völkerrechtssubjekte an die so geschaffenen Rechtsnormen gebunden sind. Diese gelten (im Gegensatz zum innerstaatlichen Gesetz, das – von Sonderregelungen abgesehen – absolute Geltung beansprucht) daher nur relativ. Deshalb spricht man von der **Relativität des Völkerrechts**.

Beispiel: Auf einem unter griechischer Flagge fahrenden Fährschiff ereignete sich 1971 auf Hoher See eine Brandkatastrophe. Das Schiff wurde nach Italien geschleppt und der griechische Kapitän verhaftet. Griechenland protestierte gegen die Verhaftung unter Hinweis auf Art. 11 des Übereinkommens über die Hohe See vom 29. April 1958, wonach zur Strafverfolgung nur der Flaggenstaat des Schiffes oder der Heimatstaat des Kapitäns (in beiden Fällen also Griechenland) zuständig sei. Allerdings war nur Griechenland, nicht aber Italien Vertragspartner. Daneben existierte auch noch das Übereinkommen zur Vereinheitlichung von Regeln über die strafgerichtliche Zuständigkeit bei Schiffszusammenstößen und anderen mit der Führung eines Seeschiffes zusammenhängenden Ereignissen vom 10. Mai 1952. Dieses Übereinkommen enthält eine dem Art. 11 des Übereinkommens über die Hohe See nahezu identische Bestimmung. Diesmal war zwar Italien, nicht aber Griechenland Vertragspartner des Übereinkommens. Beide Staaten waren also an eine identische Regelung gebunden, aber wegen der Relativität des Völkerrechts nicht im gegenseitigen Verhältnis. Keines der beiden Übereinkommen konnte also zur Anwendung kommen (vgl dazu *Oeter*, Encyclopedia, Bd. 11, S. 135 f).

10 Der Koordinationscharakter des Völkerrechts wird auch bei der Durchsetzung des Rechts deutlich. Es gibt – im Gegensatz zum nationalen Recht – grundsätzlich **keine obligatorische Gerichtsbarkeit**, sondern die Zuständigkeit völkerrechtlicher

Gerichte, wie zB des Internationalen Gerichtshofs in Den Haag, bedarf der ausdrücklichen Anerkennung durch die Streitparteien.

Beispiel: Im Rahmen eines Streits zwischen Griechenland und der Türkei über die Ausdehnung des Festlandssockels in der Ägäis rief Griechenland 1976 den IGH an. Beide Staaten hatten in der Genfer Generalakte über die friedliche Streiterledigung von 1928 die Zuständigkeit des IGH (iVm Art. 37 StIGH) für derartige Streitfälle anerkannt. Griechenland hatte allerdings den – erlaubten – Vorbehalt angemeldet, daß sich die Zuständigkeit nicht auf Streitigkeiten über den territorialen Status Griechenlands beziehe. Aufgrund des Gegenseitigkeitsprinzips des Art. 36 Abs. 2 StIGH gilt dieser Vorbehalt auch zugunsten der Türkei. Diese konnte sich also auch darauf berufen, daß sich die Streitigkeit auf den territorialen Status der Türkei bezog, und daß daher die Zuständigkeit des IGH für diesen Fall nicht gegeben sei. Da der IGH die Ausdehnung des Festlandssockels als eine Frage des „territorialen Status" qualifizierte, hat er seine Zuständigkeit verneint (vgl *Oellers-Frahm,* Encyclopedia, Bd. 2, S. 5 ff).

Da die Rechtsdurchsetzung im Völkerrecht zudem noch daran mangelt, daß es **11**
grundsätzlich **keine Exekutionsorgane** gibt, die – vergleichbar den Polizei- oder Vollstreckungsorganen im nationalen Bereich – die Einhaltung von Rechtsnormen und Urteilen erzwingen können, sind die Völkerrechtssubjekte auch heute noch teilweise darauf angewiesen, das Recht selbst durchzusetzen. In der Praxis greifen die Völkerrechtssubjekte dabei zu den Instrumenten der **Retorsion** (= ein unfreundlicher, aber nicht völkerrechtswidriger Akt: zB die Sperre von Wirtschafts-, Entwicklungs- oder Militärhilfe) oder **Repressalie** (= ein völkerrechtswidriger Akt als Reaktion auf einen völkerrechtswidrigen Akt der Gegenseite, begrenzt durch das Prinzip der Verhältnismäßigkeit: zB Einfrieren der iranischen Bankkonten in den USA nach der Geiselnahme amerikanischer Diplomaten in der US-Botschaft in Teheran 1979). Die Grenze der eigenständigen Rechtsdurchsetzung im Völkerrecht ist nach allgemeiner Meinung das Gewaltverbot des Art. 2 Ziffer 4 SVN.

Beispiel: In der „Erklärung der Generalversammlung der VN über völkerrechtliche Grundsätze für freundschaftliche Beziehungen und Zusammenarbeit zwischen den Staaten im Sinne der Charta der Vereinten Nationen" (sog. Friendly Relations Declaration) vom 24. Oktober 1970 (Sartorius II, Nr 4) heißt es in Abs. 6 des ersten Grundsatzes: „Die Staaten haben die Pflicht, Vergeltungsmaßnahmen, welche die Anwendung von Gewalt einschließen, zu unterlassen."

Ob darüber hinaus weitere Grenzen für die eigenständige Rechtsdurchsetzung bestehen, zB die Beachtung der Menschenrechte, ist umstritten, wird aber von der hL bejaht.

Lösung Fall 1 (Rn 6): An dem Ölkonzessionsvertrag waren ein Völkerrechtssubjekt **12**
und eine juristische Person des britischen Rechts beteiligt. Da letztere kein Völkerrechtssubjekt ist, kann der Vertrag auch kein völkerrechtlicher Vertrag sein. Eine ausdrückliche Verweisung auf das Völkerrecht enthielt der Vertrag laut Sachverhalt nicht. Daher mußte der Schiedsrichter zu dem Ergebnis kommen, daß er seine Entscheidung jedenfalls nicht auf der Basis des Völkerrechts treffen konnte (vgl ILR 1951, S. 144 ff).

II. Der Begriff des Völkerrechts im GG und in den Länderverfassungen

13 Das GG verwendet den Begriff des Völkerrechts in Art. 25 (= allgemeine Regeln des Völkerrechts), Art. 59 Abs. 1 Satz 1 (= völkerrechtliche Vertretung) und Art. 100 Abs. 2 (= Regel des Völkerrechts iSd Art. 25). Dabei wird der Begriff des Völkerrechts ohne weiteres vorausgesetzt. Dasselbe gilt für die seltenen Fälle, in denen der Begriff des Völkerrechts in den Länderverfassungen auftaucht (Bayern: Art. 84, 99; Bremen: Art. 122; Hessen: Art. 67, 68).

III. Zusammenhängende Begriffe

14 Vom Begriff des Völkerrechts sind einige mit diesem zusammenhängende Begriffe abzugrenzen. Als **Völkercourtoisie** (Völkersitte, comitas gentium) bezeichnet man Verhaltensstandards in den internationalen Beziehungen, die zwar in aller Regel beachtet werden, die aber nicht völkerrechtlich vorgeschrieben sind (zB das diplomatische Zeremoniell). **Internes Staatengemeinschaftsrecht** ist das von Staatengemeinschaften (= internationale Organisationen) für den internen Bereich erlassene Recht (zB Geschäftsordnungen der Organe, Verwaltungsrecht und Prozeßrecht der Beamten und Bediensteten internationaler Organisationen). **Quasivölkerrechtliche Verträge** (privatvölkerrechtliche Verträge) sind Verträge zwischen Völkerrechtssubjekten und Nichtvölkerrechtssubjekten (zB der Vertrag zwischen Abu Dhabi und der britischen Firma Petroleum Development = **Fall 1**). Alle diese Materien weisen keine Bezüge zum GG auf und scheiden daher im folgenden aus.

Literatur: *Geiger,* S. 1-5; *Mosler,* Völkerrecht als Rechtsordnung, in: ZaöRVR 1976, S. 6 ff; *Kunz,* Völkerrecht, allgemein, in: Wörterbuch, Bd. 3, S. 611 ff; *Schweisfurth,* Völkerrecht, Definition, in: Lexikon, S. 339 ff; *Vitzthum*, in: *Vitzthum*, S. 6-30.

B. Europarecht

I. Begriff

15 Der Begriff des Europarechts kann im weiteren und im engeren Sinn verstanden werden. **Im weiteren Sinn** bezeichnet Europarecht das Recht der europäischen internationalen Organisationen, wobei der Kreis zunächst auf westeuropäische Organisationen beschränkt wurde. Einige von ihnen haben allerdings auch nicht-europäische Mitglieder, andere wurden ab 1990 auch für osteuropäische Staaten geöffnet.

Die wichtigsten Organisationen sind (Stand 1. Januar 2000):

1. **BENELUX** (Wirtschaftsunion zwischen Belgien, den Niederlanden und Luxemburg).
2. **CERN** (Conseil Européen pour la Recherche Nucléaire): Belgien, Bundesrepublik, Dänemark, Finnland, Frankreich, Griechenland, Großbritannien, Italien, Niederlande, Norwegen, Österreich, Polen, Portugal, Schweden, Schweiz, Slowakei, Spanien, Tschechische Republik, Ungarn.

3. **EAG** (Europäische Atomgemeinschaft): Belgien, Bundesrepublik, Dänemark, Finnland, Frankreich, Griechenland, Großbritannien, Irland, Italien, Luxemburg, Niederlande, Österreich, Portugal, Schweden, Spanien.
4. **EKV** (Europäische Konferenz der Verkehrsminister): Aserbaidschan, Belarus, Belgien, Bosnien-Herzegowina, Bulgarien, Dänemark, Estland, Finnland, Frankreich, Griechenland, Großbritannien, Irland, Island, Italien, ehemaliges Jugoslawien, Kroatien, Litauen, Luxemburg, Moldawien, Niederlande, Norwegen, Österreich, Polen, Portugal, Rumänien, Schweden, Schweiz, Slowakei, Slowenien, Spanien, Tschechische Republik, Türkei, Ungarn.
5. **EFTA** (European Free Trade Association): Island, Liechtenstein, Norwegen, Schweiz.
6. **EGKS** (Europäische Gemeinschaft für Kohle und Stahl): Mitglieder wie EAG.
7. Rechtsschutzsystem der **EMRK** (Europäische Menschenrechtskonvention): Mitglieder wie Europarat.
8. **EPO** (European Patent Organization): Belgien, Bundesrepublik, Dänemark, Frankreich, Finnland, Griechenland, Großbritannien, Irland, Italien, Liechtenstein, Luxemburg, Monaco, Niederlande, Österreich, Portugal, Schweden, Schweiz, Spanien, Zypern.
9. **ESA** (European Space Agency): Belgien, Bundesrepublik, Dänemark, Frankreich, Großbritannien, Irland, Italien, Niederlande, Norwegen, Österreich, Schweden, Schweiz, Spanien.
10. **Europarat:** Albanien, Andorra, Belgien, Bulgarien, Bundesrepublik, Dänemark, Estland, Finnland, Frankreich, Georgien, Griechenland, Großbritannien, Irland, Island, Italien, Kroatien, Lettland, Liechtenstein, Litauen, Luxemburg, Malta, Mazedonien, Moldawien, Niederlande, Norwegen, Österreich, Polen, Portugal, Rumänien, Rußland, San Marino, Schweden, Schweiz, Slowakei, Slowenien, Spanien, Tschechische Republik, Türkei, Ukraine, Ungarn, Zypern.
11. **EG** (Europäische Gemeinschaft, früher EWG = Europäische Wirtschaftsgemeinschaft): Mitglieder wie EAG.
12. **EU** (Europäische Union): Mitglieder wie EAG
13. **IEA** (Internationale Energie-Agentur): Belgien, Bundesrepublik, Dänemark, Großbritannien, Irland, Italien, Japan, Kanada, Luxemburg, Niederlande, Österreich, Schweden, Schweiz, Spanien, Türkei, USA.
14. **NATO** (North Atlantic Treaty Organization): Belgien, Bundesrepublik, Dänemark, Frankreich, Griechenland, Großbritannien, Island, Italien, Kanada, Luxemburg, Niederlande, Norwegen, Polen, Portugal, Spanien, Tschechische Republik, Türkei, Ungarn, USA.
15. **Nordischer Rat:** Dänemark, Finnland, Island, Norwegen, Schweden.
16. **OECD** (Organization for Economic Cooperation and Development): Australien, Belgien, Bundesrepublik, Dänemark, Finnland, Frankreich, Griechenland, Großbritannien, Irland, Island, Italien, Japan, Kanada, Luxemburg, Neuseeland, Niederlande, Norwegen, Österreich, Portugal, Schweden, Schweiz, Spanien, Tschechische Republik, Türkei, Ungarn, USA.
17. **OSZE** (Organisation für Sicherheit und Zusammenarbeit in Europa): Alle europäischen Staaten = 53 (mit Ausnahme des Staates der Vatikanstadt, an seiner Stelle der Heilige Stuhl), Kanada, USA.
18. **WEU** (Westeuropäische Union): Belgien, Bundesrepublik, Frankreich, Griechenland, Großbritannien, Italien, Luxemburg, Niederlande, Portugal, Spanien (Island, Norwegen, Türkei assoziiert).

Europarecht im engeren Sinn bezeichnet das Recht der Europäischen Union, die **16**
durch den Vertrag über die Europäische Union vom 7. Februar 1992 (EUV oder Vertrag von Maastricht, Sartorius II, Nr 145) geschaffen und durch den Vertrag von

Amsterdam vom 2. Oktober 1997 (VA, Sartorius II, Nr 147) modifiziert wurde. Sie wird üblicherweise mit dem sogenannten „Drei-Säulen-Modell" oder „Tempel-Modell" dargestellt:

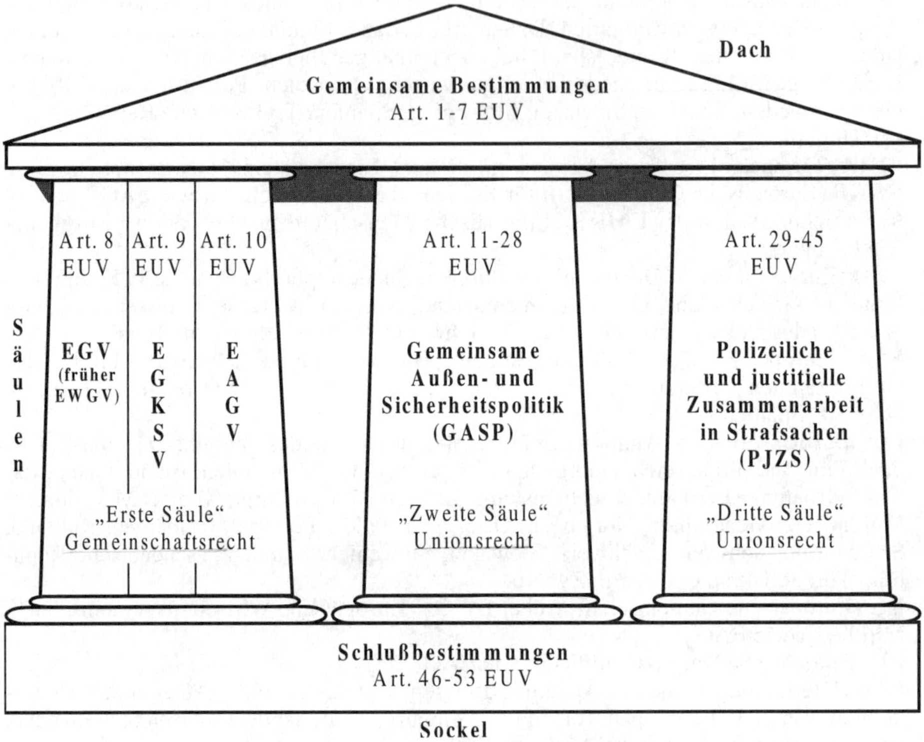

17 In **Säule 1** befinden sich als Grundlage der EU (Art. 1 Abs. 3 EUV) die drei Europäischen Gemeinschaften EGKS, EAG und EG (früher EWG). Ihr Recht nennt man das **Europäische Gemeinschaftsrecht**. Die Europäischen Gemeinschaften sind supranational organisiert (s. Rn 691).

18 **Säule 2** der Europäischen Union beinhaltet die gemeinsame Außen- und Sicherheitspolitik (GASP). In **Säule 3** ist die polizeiliche und justitielle Zusammenarbeit in Strafsachen (PJZS) vorgesehen. Im Gegensatz zu Säule 1 sind diese beiden Säulen nicht supranational organisiert, sondern die institutionellen Bestimmungen sehen nur die klassische völkerrechtliche Kooperation in Form der Einstimmigkeit vor.

19 Die Europäische Union faßt die drei Säulen zusammen und vereinigt sie auf einem gemeinsamen Sockel und unter einem gemeinsamen Dach. Sie enthält damit sowohl supranationale wie auch Elemente klassischer Kooperation. Sie ist selbst nicht supranational. Nach der hL (*Schweitzer/Hummer*, Rn 950; *Streinz*, Rn 121a) stellt sie auch keine eigenständige internationale Organisation dar.

Das BVerfG hat in seinem Maastricht-Urteil vom 12. Oktober 1993 (BVerfGE 89, S. 155 ff) die Union als „Staatenverbund" bezeichnet. Was dies konkret bedeutet, hat es aber offengelassen. Jedenfalls stuft es die Union nicht als eigenständiges Rechtssubjekt ein (aaO, S. 195).

In der Literatur hat sich der Begriff des **Unionsrechts** herausgebildet, wobei einmal das Recht aus allen drei Säulen, das andere Mal wiederum nur das Recht aus der Zweiten und Dritten Säule gemeint ist. Im folgenden wird letztere Begrifflichkeit verwendet und daher zwischen Gemeinschaftsrecht und Unionsrecht unterschieden, je nachdem, um welche Säule(n) es sich handelt. Ist von allen drei Säulen gleichzeitig die Rede, so kann man den Begriff **Recht der Europäischen Union** verwenden. Dies ergibt folgende Begrifflichkeit: 20

(1) Europäisches Gemeinschaftsrecht (Erste Säule).

(2) Unionsrecht (Zweite und Dritte Säule, Dach und Sockel).

(3) Recht der Europäischen Union (Gesamter Tempel).

II. Der Begriff des Europarechts im GG und in den Länderverfassungen

Das **GG** verwendet den Begriff des Europarechts nicht. Hingegen kommt der Begriff der Europäischen Union in den Artikeln 23, 45, 50, 52 Abs. 3a und 88 GG vor. Demgegenüber findet sich in Art. 28 Abs. 1 Satz 3 GG der Begriff der Europäischen Gemeinschaft. Diesbezüglich handelt es sich um einen Verweis auf Art. 19 Abs. 1 EGV. 21

Die Art. 17 ff EGV behandeln die sogenannte **Unionsbürgerschaft**. Sie gibt den Staatsangehörigen der EG eine Reihe von Rechten, ohne die nationale Staatsangehörigkeit zu berühren. Dazu zählen das Aufenthaltsrecht (Art. 18 EGV); das aktive und passive Kommunalwahlrecht, das Art. 23 Abs. 1 Satz 3 GG verfassungsrechtlich ermöglicht (Art. 19 Abs. 1 EGV); das aktive und passive Wahlrecht zum Europäischen Parlament im jeweiligen Wohnsitzstaat (Art. 19 Abs. 2 EGV); den Anspruch auf diplomatischen und konsularischen Schutz in fremden Staaten durch jeden Mitgliedstaat der EG (Art. 20); das Petitionsrecht (Art. 21 Abs. 1 EGV, Art. 194 EGV) und das Recht, sich an den Bürgerbeauftragten des Europäischen Parlaments zu wenden (Art. 21 Abs. 2 EGV, Art. 195 EGV).

Auch in den **Länderverfassungen** wird der Begriff des Europarechts nicht verwendet. Ebenso wenig kommt die Europäische Union vor. Der Begriff der Europäischen Gemeinschaft(en) findet sich hingegen vereinzelt in den Länderverfassungen, so zB in Art. 94 der Verfassung von Brandenburg, Art. 62 Abs. 1 Satz 2 der Verfassung von Mecklenburg-Vorpommern, Art. 60 Abs. 2 der Verfassung des Saarlandes, Art. 62 Abs. 1 Satz 2 der Verfassung von Sachsen-Anhalt, Art. 22 Abs. 1 der Verfassung von Schleswig-Holstein und Art. 67 Abs. 4 der Verfassung von Thüringen. Auch hier handelt es sich jeweils um einen Verweis auf die EG oder die Europäischen Gemeinschaften der Säule 1 der Europäischen Union. 22

Literatur: *Geiger,* S. 201-207; *Mosler,* Begriff und Gegenstand des Europarechts, in: ZaöRVR 1968, S. 481 ff; *Schroeder,* Die Rechtsnatur der Europäischen Union und verwandte Probleme, in: *Hummer/Schweitzer* (Hrsg.), Österreich und die Europäische Union, Wien 1996, S. 3 ff; *Schweitzer/Hummer,* Europarecht, Rn 1-8.

§ 2 Völkerrecht, Europarecht und nationales Recht

23 Die Frage des Verhältnisses von Völkerrecht und Europarecht zum nationalen Recht ist im Grunde genommen die Frage danach, welches Recht im Konfliktfall vorgeht. Da weder das Völkerrecht noch das GG dazu einigermaßen brauchbare Antworten enthalten, hat sich die Diskussion darüber auf die theoretische Ebene verlagert. Demgegenüber geht die hL beim Europarecht im engeren Sinn (= Recht der Europäischen Union, hier speziell Europäisches Gemeinschaftsrecht) davon aus, daß die Rangfrage im Gemeinschaftsrecht selbst geregelt sei, so daß sich die Diskussion hier auf die positivrechtliche Ebene konzentriert.

A. Völkerrecht und nationales Recht

24 **Fall 2:** Die Bundesrepublik schließt ordnungsgemäß einen völkerrechtlichen Vertrag mit dem Staat A. Das Zustimmungsgesetz zum Vertrag wird im Rahmen eines abstrakten Normenkontrollverfahrens vor dem BVerfG angefochten. Das BVerfG erklärt das Gesetz für nichtig. Als der Staat A einige Zeit später eine Verletzung des Vertrages durch die Bundesrepublik geltend macht, antwortet der Bundesaußenminister, daß das BVerfG das Zustimmungsgesetz wegen Nichtigkeit aufgehoben habe und die Bundesorgane daher den Vertrag nicht mehr einhalten dürften. Der Staat A entgegnet, daß ihm das gleichgültig sei. Er habe den Vertrag schließlich mit der Bundesrepublik und nicht mit dem BVerfG abgeschlossen. Der Vertrag sei ordnungsgemäß zustande gekommen und daher verbindlich. Wer hat Recht? (**Lösung: Rn 37**, vgl auch Rn 38).

25 Bei der Frage des Verhältnisses des Völkerrechts zum nationalen Recht werden im wesentlichen zwei Theorien vertreten, die man als **Monismus** und **Dualismus** bezeichnet.

I. Monismus

26 Der Monismus geht von einer Einheit von Völkerrecht und nationalem Recht aus. Die Begründungen dafür sind unterschiedlich, laufen aber gemeinsam darauf hinaus, daß aus naturrechtlichen, rechtstheoretischen oder logischen Gründen Völkerrecht und nationales Recht nur als Einheit gesehen werden können. *Verdross* nannte dies die „Einheit des rechtlichen Weltbildes". Wenn aber diese Einheit besteht, dann muß eine der beiden Rechtsordnungen vorgehen. Das bedeutet eine hierarchische Gliederung und die Ableitung der einen Rechtsordnung aus der anderen. Innerhalb des Monismus gibt es zwei verschiedene Lehren, je nachdem, welcher Rechtsordnung der Vorrang eingeräumt wird.

1. Monismus mit Völkerrechtsprimat

Der Monismus mit Völkerrechtsprimat geht von einer Einheit von Völkerrecht und nationalem Recht aus, wobei dem **Völkerrecht** der **Vorrang** zukommt. Das läuft auf die Parömie „Völkerrecht bricht Landesrecht“ hinaus. Hinsichtlich der Folgen dieses Vorranges ist die Lehre wiederum geteilt. 27

a) Radikaler Monismus

Der radikale Monismus geht davon aus, daß jeder völkerrechtswidrige innerstaatliche Hoheitsakt (Gesetz, Urteil, Verwaltungsakt) nichtig sei (vertreten zB von *Scelle*). 28

b) Gemäßigter Monismus

Der gemäßigte Monismus geht davon aus, daß ein völkerrechtswidriger, innerstaatlicher Akt (Gesetz, Urteil, Verwaltungsakt) zunächst innerstaatlich gilt. Dies ist aber nur ein Provisorium. Sobald nämlich die Frage der Rechtmäßigkeit dieser Akte vor ein völkerrechtliches Gericht gebracht wird, setzt sich der Vorrang des Völkerrechts durch (vertreten zB von *Seidl-Hohenveldern, Verdross*). Denn das völkerrechtliche Gericht wendet nur Völkerrecht an, die innerstaatlichen Akte sind daher rechtlich irrelevant und werden nur als Faktoren gewertet, deren Völkerrechtmäßigkeit eben zu beurteilen ist. Ein Staat kann sich daher nicht darauf berufen, um die Nichteinhaltung des Völkerrechts zu rechtfertigen. 29

Beispiel: Das völkerrechtliche Fremdenrecht schreibt bei der Behandlung von Ausländern einen internationalen Mindeststandard vor. Dazu gehört zB die Regel, daß über die Verhaftung eines Ausländers innerhalb einer angemessenen Frist ein unparteiisches Gericht zu entscheiden habe. Es bleibt jedem Staat grundsätzlich unbenommen, Verhaftungen seiner eigenen Staatsangehörigen ohne richterliche Kontrolle zuzulassen. Er darf aber nicht unter Berufung auf den Gleichheitssatz diese Regelung auf die Ausländer ausdehnen.

Der gemäßigte Monismus besagt daher im Ergebnis, daß ein völkerrechtswidriger, innerstaatlicher Akt zwar nicht nichtig, aber doch insofern „vernichtbar“ ist, als der Staat dafür zu sorgen hat, daß das Völkerrecht eingehalten wird. Dies kann er zB dadurch erreichen, daß der innerstaatliche Akt wieder aufgehoben wird.

2. Monismus mit Primat des nationalen Rechts

Der (heute nicht mehr vertretene) Monismus mit Primat des nationalen Rechts geht auch von einer Einheit von Völkerrecht und nationalem Recht aus, wobei allerdings dem **nationalen Recht** der **Vorrang** zukommt. Das läuft auf die Parömie „Landesrecht bricht Völkerrecht“ hinaus. Diese Ansicht beruht auf der Theorie der absoluten Souveränität und sieht das Völkerrecht gewissermaßen als „Außenstaatsrecht“ an. Die Folge davon ist, daß jeder innerstaatliche Hoheitsakt (Gesetz, Urteil, Verwaltungsakt) das Völkerrecht verdrängt und unanwendbar macht (vertreten zB von *Zorn*). 30

II. Dualismus

31 Der Dualismus geht davon aus, daß das Völkerrecht und das nationale Recht zwei verschiedene Rechtsordnungen sind. Sie unterscheiden sich insbesondere durch einen andersgearteten Geltungsgrund, unterschiedliche Strukturen (Völkerrecht ist Koordinationsrecht, nationales Recht ist Subordinationsrecht), verschiedene Rechtssubjekte (Staaten und internationale Organisationen im Völkerrecht, natürliche und juristische Personen im nationalen Recht) und unterschiedliche Regelungsmaterien (Völkerrecht regelt den zwischenstaatlichen Bereich, nationales Recht regelt den innerstaatlichen Bereich). Auch innerhalb des Dualismus gibt es zwei verschiedene Lehren, je nachdem, welche Beziehungen zwischen den beiden Rechtsordnungen man annimmt.

1. Radikaler Dualismus

32 Der radikale Dualismus geht von einer **vollständigen Trennung** der beiden Rechtsordnungen aus. Daher könne es gar keine Konflikte geben: Widerspricht ein innerstaatlicher Akt (Gesetz, Urteil, Verwaltungsakt) dem Völkerrecht, so bleiben beide nebeneinander bestehen und gelten gleichermaßen weiter. Diese – realitätsfremde – Theorie wird dadurch aufgelockert, daß man die beiden Rechtsordnungen vergleicht mit zwei Kreisen, die sich allenfalls berühren, aber nicht schneiden (vertreten zB von *Triepel*). Berührungspunkte seien dort gegeben, wo eine Rechtsordnung auf die andere Bezug nimmt. Allerdings sei der Staat verpflichtet, seine Rechtsordnung so auszugestalten, daß sie zur Erfüllung des Völkerrechts imstande sei. Insofern wird also ein gewisser Vorrang des Völkerrechts nicht geleugnet.

2. Gemäßigter Dualismus

33 Der gemäßigte Dualismus geht auch von einer **grundsätzlichen Trennung** der beiden Rechtsordnungen aus, leugnet aber nicht die Konfliktmöglichkeiten. Nur könnten diese Konflikte nicht im monistischen Sinn mit der Überordnung einer der beiden Rechtsordnungen gelöst werden. Die beiden Rechtsordnungen werden gesehen als Kreise, die sich teilweise überschneiden. Diese Überschneidungen entstehen durch gegenseitige Bezugnahmen, Verweisungen oder Umwandlungen von Normen der einen Rechtsordnung in Normen der anderen.

Beispiele:

- Das Völkerecht überläßt es den Staaten, ihre völkerrechtlichen Vertretungsorgane selbst zu bestimmen (Präsident, Regierungschef, Außenminister oder andere).
- Das nationale Recht geht bei Bezugnahme auf „auswärtige Staaten" vom völkerrechtlichen Staatsbegriff aus.

In diesen Überschneidungsbereichen gibt es Kollisionsnormen, Konflikte sind also immer lösbar. In allen anderen Bereichen aber gilt dies nicht. Daher ist dort ein völkerrechtswidriger, innerstaatlicher Akt (Gesetz, Urteil, Verwaltungsakt) noch immer gültig und verbindlich. Allerdings haftet der Staat nach außen für einen dadurch bedingten Bruch des Völkerrechts (vertreten zB von *Rudolf*).

Es zeigt sich somit, daß hinsichtlich der praktischen Auswirkungen im Grunde genommen kein Unterschied zwischen gemäßigtem Monismus mit Völkerrechtsprimat und gemäßigtem Dualismus besteht. Nach beiden Theorien kommt dem Völkerrecht ein – zumindest faktischer – Vorrang zu, und nach beiden Theorien wird völkerrechtswidriges, innerstaatliches Recht zunächst wirksam. Als einziger Unterschied bleibt die grundsätzliche Stellung zur Eigenständigkeit oder hierarchischen Über- und Unterordnung der beiden Rechtsordnungen. Das hat auch dazu geführt, daß man die Nutzlosigkeit des Theorienstreits geltend gemacht und ihn als „unreal, artificial and strictly beside the point“ bezeichnet hat. Aber selbst diese Ansicht hat sich nicht durchgesetzt. **34**

Als Fazit bleibt festzuhalten: Die Frage nach der **„richtigen“ Theorie** ist kaum zu beantworten, wenngleich man davon ausgehen kann, daß die radikalen Theorien und der Primat des nationalen Rechts nicht mehr vertreten werden. Die Praxis des Völkerrechts enthält entweder gar keine Hinweise oder aber Indizien, die sich für beide gemäßigten Theorien fruchtbar machen lassen, wie das Beispiel aus dem völkerrechtlichen Fremdenrecht (s. Rn 29) zeigt. Es wäre mit dem gemäßigten Dualismus genauso zu beurteilen. Auch die einzelnen Staatsverfassungen können, sofern sie Bestimmungen zu diesem Komplex enthalten, im Sinne beider Theorien ausgelegt werden. **35**

Beispiel: Art. 9 des österreichischen Bundesverfassungsgesetzes lautet: „Die allgemein anerkannten Regeln des Völkerrechts gelten als Bestandteil des Bundesrechts“. Das kann als verfassungsrechtliches Bekenntnis zum Monismus verstanden werden. Man kann diese Bestimmung aber auch insofern dualistisch interpretieren, als es sich hier um einen der genannten Überschneidungsbereiche handelt, der durch Umwandlung der Normen einer der beiden getrennten Rechtsordnungen in Normen der anderen entsteht.

Im übrigen wird auch die Meinung vertreten, es handele es sich bei der ganzen Problematik um eine rechtstheoretische Frage. Als solche könne sie weder im Völkerrecht noch im nationalen Recht positiv-rechtlich geregelt werden. Diesbezügliche Bestimmungen könnten daher allenfalls deklaratorischen Charakter haben. Charakteristisch dafür ist der Wortlaut des Art. 10 der italienischen Verfassung: „Italiens Rechtssystem entspricht den allgemein anerkannten Regeln des Völkerrechts“. **36**

Lösung Fall 2 (Rn 24): Die Entscheidung, wer Recht hat, muß unterschiedlich ausfallen, je nachdem, welche Theorie zum Verhältnis des Völkerrechts zum innerstaatlichen Recht man vertritt. Folgende Lösungen kommen in Frage: **37**

1. Da der völkerrechtliche Vertrag zwischen der Bundesrepublik und dem Staat A ordnungsgemäß zustandegekommen ist, geht er – vertritt man einen radikalen Monismus mit Völkerrechtsprimat – dem nationalen Recht der Bundesrepublik vor mit der Folge, daß jeder widersprechende innerstaatliche Akt nichtig ist. Das gilt auch für das Urteil des BVerfG. Der Vertrag ist also weiterhin verbindlich und muß von der Bundesrepublik eingehalten werden.

2. Da der völkerrechtliche Vertrag zwischen der Bundesrepublik und dem Staat A ordnungsgemäß zustande gekommen ist, geht er – vertritt man einen gemäßigten Monismus mit Völkerrechtsprimat – dem nationalen Recht der Bundesrepublik vor. Die Folge dieses Vorrangs ist aber nicht die Nichtigkeit des Urteils des BVerfG (und dessen gesetzlich normierte Verbindlichkeit gemäß § 31 BVerfGG), sondern nur, daß die Bundesrepublik trotz des Urteils des BVerfG den Vertrag einzuhalten hat. So wird auch ein eventuell angerufenes völkerrechtliches Gericht entscheiden. Die dadurch entstehenden verfassungsrechtlichen Probleme innerhalb der Bundesrepublik sind dabei irrelevant.

3. Vertritt man einen Monismus mit Primat des nationalen Rechts, so macht das Urteil des BVerfG den völkerrechtlichen Vertrag unanwendbar.

4. Vertritt man einen radikalen Dualismus, so läßt sich die Frage eigentlich nur so beantworten, daß beide Staaten Recht haben.

5. Vertritt man einen gemäßigten Dualismus, so ist das Urteil des BVerfG zwar innerstaatlich bindend, trotzdem aber hat die Bundesrepublik den Vertrag einzuhalten. Dies wird auch ein eventuell angerufenes völkerrechtliches Gericht so entscheiden. Die dadurch entstehenden verfassungsrechtlichen Probleme innerhalb der Bundesrepublik sind dabei irrelevant.

38 Auch in der Literatur ist der Theorienstreit noch nicht entschieden. In der **Bundesrepublik** neigt die hL eher dem **gemäßigten Dualismus** zu, während beispielsweise in Österreich überwiegend der gemäßigte Monismus mit Völkerrechtsprimat vertreten wird. In der Staatenpraxis werden auftretende Probleme insbesondere durch vermehrte Kodifikationen des Völkerrechts entschärft. Dadurch werden die Verpflichtungen der Staaten genauer festgelegt, so daß einerseits völkerrechtswidrige innerstaatliche Hoheitsakte vermieden werden können und andererseits völkerrechtliche Gerichte über klarere Maßstäbe für ihre Entscheidungen verfügen. Dennoch können diese Kodifikationen natürlich nicht die theoretische Grundfrage lösen. Auch der **Fall 2** läßt sich auf diesem pragmatischen Weg einer leichteren, wenngleich nicht einer den Theorienstreit entscheidenden Lösung zuführen.

Das völkerrechtliche Recht der Verträge (= Fragen des Abschlusses, Inkrafttretens, der Geltung, der Auflösung etc) ist kodifiziert in der Wiener Konvention über das Recht der Verträge vom 23. Mai 1969 (Sartorius II, Nr 320). Art. 46 dieser Konvention bestimmt: „Ein Staat kann sich nicht darauf berufen, daß seine Zustimmung, durch einen Vertrag gebunden zu sein, unter Verletzung einer Bestimmung seines innerstaatlichen Rechts über die Zuständigkeit zum Abschluß von Verträgen ausgedrückt wurde und daher ungültig sei, sofern nicht die Verletzung offenkundig war und eine innerstaatliche Rechtsvorschrift von grundlegender Bedeutung betraf."

Wendet man diese Bestimmung auf den vorliegenden Fall an, so zeigt sich, daß das Vorbringen des Bundesaußenministers nur dann stichhaltig sein kann, wenn der Grund für die Nichtigkeit des Zustimmungsgesetzes den Tatbestandsvoraussetzungen des Art. 46 WVRK entspricht. Ist dies nicht der Fall, ist das Vorbringen unerheblich. Dies führt zwar nicht zur Lösung des Theorienstreits, reduziert aber von vornherein die mögliche Anzahl der Konfliktfälle (vgl auch **Fall 8**, Rn 213 und 221).

III. Regelung im GG und in den Länderverfassungen

Das GG enthält keine ausdrückliche Regelung der Verhältnisfrage. Auch das BVerfG hat dazu bislang noch keine eindeutige Stellungnahme abgegeben. Immerhin ergibt sich aus der Rechtsprechung des BVerfG eine Festlegung zu den gemäßigten Varianten hin (BVerfGE 45, S. 83 ff, 96): **39**

„Nach ständiger Rechtsprechung des Bundesverfassungsgerichts ist es denkbar, daß ein Vertragsgesetz die Verfassung verletzt, während der Vertrag, auf den es sich bezieht, völkerrechtlich bindet. In solchen Fällen mag der Staat zwar völkerrechtlich verpflichtet sein, den abgeschlossenen Vertrag durchzuführen; er kann aber die Pflicht haben, den dadurch geschaffenen verfassungswidrigen Zustand zu beseitigen, soweit dies möglich ist" (BVerfGE 6, 290 [295]; vgl auch BVerfGE 16, 220 [227 f]; 36, 1 [14]). Der Gesetzgeber kann gehalten sein, alle „Möglichkeit(en) eines irgendwie gearteten Ausgleichs" (BVerfGE 38, 49 [51]) auszuschöpfen, um auf diese Weise den Erfordernissen beider Rechtskreise Rechnung zu tragen."

Trotz der fehlenden Regelung im GG und trotz der insofern unklaren Rechtsprechung des BVerfG werden von den Vertretern der beiden Theorien einzelne Bestimmungen des GG als Nachweis der jeweils eigenen Lösung herangezogen.

So bestimmt **Art. 25 GG**, daß die allgemeinen Regeln des Völkerrechts Bestandteil des Bundesrechts sind, den Gesetzen vorgehen und Rechte und Pflichten unmittelbar für die Bewohner des Bundesgebietes erzeugen. Art. 25 GG kann einerseits als deklaratorische Kodifikation des Monismus verstanden (= Völkerrecht und Bundesrecht bilden eine Einheit), andererseits aber insofern als Nachweis des Dualismus angesehen werden, als durch diese Bestimmung die allgemeinen Regeln des Völkerrechts als Bestandteil einer getrennten Rechtsordnung ins innerstaatliche Recht aufgenommen werden und ihnen ein bestimmter Rang (= über den Gesetzen) eingeräumt wird. Gerade letzteres ist nur nach dem Dualismus möglich, da nach monistischer Sicht mit Völkerrechtsprimat dem Völkerrecht immer der Vorrang gegenüber dem *gesamten* staatlichen Recht und nicht nur gegenüber den Gesetzen zukommt. Von den Dualisten wird zudem noch **Art. 100 Abs. 2 GG** angeführt, wonach das BVerfG zu entscheiden hat, ob eine Regel des Völkerrechts gemäß Art. 25 GG Bestandteil des Bundesrechts ist und ob sie unmittelbar Rechte und Pflichten für den einzelnen erzeugt. Dabei – so wird vorgebracht – müsse das BVerfG nicht nur über die Eigenschaft einer Regel des Völkerrechts als Bundesrecht, sondern inzidenter auch über die Existenz dieser Regel entscheiden. Daß ein staatliches Organ eine derartige Entscheidung treffen könne, sei nur im Rahmen des Dualismus erklärbar. **40**

Entsprechendes gilt für die wenigen, dem Art. 25 GG vergleichbaren Bestimmungen der Länderverfassungen (Art. 84 der Verfassung von Bayern, Art. 122 der Verfassung von Bremen, Art. 67 der Verfassung von Hessen).

Insgesamt aber läßt sich sagen, daß das GG und die Länderverfassungen die Verhältnisfrage nicht normativ lösen, sondern allenfalls deklaratorisch eine der beiden Theorien wiedergeben können. Wenn man die beiden Artikel des GG heranzieht, dann kann man damit lediglich die Sicht des Verfassungsgebers, aber nicht die verbindliche Lösung der Verhältnisfrage herauslesen. Aus der Entstehungsgeschichte **41** des GG ergibt sich, daß der Parlamentarische Rat eher von einem Dualismus ausgegangen ist.

Literatur: *Bleckmann,* Das Verhältnis des Völkerrechts zum Landesrecht im Lichte der „Bedingungstheorie", in: ArchVR 18 (1979/80), S. 257 ff; *Guggenheim,* Völkerrecht und Landesrecht, in: Wörterbuch, Bd. 3, S. 651 ff; *Ipsen,* Völkerrecht, 3. Aufl. München 1990, S. 1071-1093; *Keller,* Rechtsvergleichende Aspekte zur Monismus-Dualismus-Diskussion, in: SZIER 1999, S. 225 ff; *Kimminich,* S. 245-251; *Rudolf,* S. 128-150; *ders.,* Recht, innerstaatliches und Völkerrecht, in: Lexikon, S. 209 ff; *Wagner,* Monismus und Dualismus: eine methodenkritische Betrachtung zum Theorienstreit, in: AöR 89 (1964), S. 212 ff.

B. Europarecht und nationales Recht

42 **Fall 3:** Die deutsche Winzerin W stellt 1999 den Antrag auf Genehmigung der weinbergsmäßigen Neuanpflanzung eines ihr gehörenden Grundstücks. Die zuständige Verwaltungsbehörde verweigert die Genehmigung mit der Begründung, daß gemäß der nach dem Weinwirtschaftsgesetz von der Behörde zu beachtenden Verordnung des Rates der EWG Nr 000/98 über die gemeinsame Marktorganisation für Wein Neuanpflanzungen verboten seien und daß keine der in dieser Verordnung vorgesehenen Ausnahmen vorläge. Nach erfolglosem Widerspruch erhebt W Klage und bringt zur Begründung unter anderem vor, daß die Verordnung gegen ihre Grundrechte aus Art. 12 und Art. 14 GG verstoße und daher nichtig oder zumindest unanwendbar sei. Ist diese Ansicht richtig, wenn man von einer Grundrechtsverletzung durch die Verordnung ausgeht? (**Lösung: Rn 51**).

43 Bei der Frage des Verhältnisses des Europarechts im weiteren Sinn zum nationalen Recht gelten die oben angeführten Kriterien, da das Europarecht im weiteren Sinn völkerrechtlichen Ursprungs ist. Hinsichtlich des Verhältnisses des Europarechts im engeren Sinn (Recht der Europäischen Union, hier speziell Europäisches Gemeinschaftsrecht) zum nationalen Recht werden allerdings überwiegend differenzierte Meinungen vertreten, die zwar theoretisch den beiden Modellen des Monismus und Dualismus zugeordnet werden können, die sich aber unter anderen Bezeichnungen und mit teilweise unterschiedlichen Begründungen präsentieren. Die wichtigsten Theorien sind dabei:

I. Völkerrechtliche Lösung

44 Die völkerrechtliche Lösung geht davon aus, daß die **Gründungsverträge** der Europäischen Gemeinschaften **völkerrechtliche Verträge** seien und daß deshalb diese Gründungsverträge sowie das von den Organen der Gemeinschaften aufgrund der Gründungsverträge erlassene Recht nach völkerrechtlichen Kriterien zu beurteilen seien. Daher müßten auch für die Frage nach dem Verhältnis des Europäischen Gemeinschaftsrechts zum nationalen Recht die Theorien über das Verhältnis des Völkerrechts zum nationalen Recht angewendet werden. Dieser völkerrechtliche Lösungsansatz stellt nur eine Mindermeinung dar. Was hingegen das übrige Recht der

EU anbelangt (Zweite und Dritte Säule, Dach und Sockel) geht man bei der Frage des Verhältnisses zum nationalen Recht allgemein von der völkerrechtlichen Lösung aus, da es sich dabei um klassisches Völkerrecht handelt.

II. Europarechtliche Lösung

Die europarechtliche Lösung geht davon aus, daß das **Europäische Gemein-** 45
schaftsrecht kein Völkerrecht sei (s. dazu Rn 323). Aus der Tatsache, daß die Gründungsverträge der Europäischen Gemeinschaften ursprünglich völkerrechtliche Verträge gewesen seien, ließen sich keine rechtsdogmatischen Folgerungen hinsichtlich Geltungsgrund, Rechtsnatur oder Qualität des Gemeinschaftsrechts ableiten. Entscheidend sei vielmehr die sich aus den Gemeinschaftsverträgen ergebende Struktur des Rechts. Diese Struktur aber sei anderen völkerrechtlichen Verträgen fremd. Daraus folge, daß das Europäische Gemeinschaftsrecht eben nicht Völkerrecht sei. Daher könnten bei der Verhältnisfrage auch nicht die Theorien über das Verhältnis des Völkerrechts zum nationalen Recht zur Anwendung kommen. Die Frage müsse vielmehr anhand des Europäischen Gemeinschaftsrechts selbst gelöst werden.

Die europarechtliche Lösung kommt insgesamt zu einem **Vorrang des Gemein-** 46
schaftsrechts. Dies ergebe sich aus einer Reihe von Bestimmungen der Gründungsverträge (Art. 249 Abs. 2 EGV, Art. 14 Abs. 2 EGKSV, Art. 161 Abs. 2 EAGV, Art. 10 EGV, Art. 83 Abs. 2 lit. e EGV) sowie aus dem teleologisch zu ermittelnden **Prinzip der Sicherung der Funktionsfähigkeit der Gemeinschaften**, ohne das die Gemeinschaften nicht existieren könnten.

Diese insbesondere von *H.P. Ipsen* entwickelte hL wird auch vom **EuGH** vertreten. 47
Grundlegend waren folgende Ausführungen in seinem Urteil vom 15. Juli 1964 (Rs. 6/64, Costa/ENEL, Slg. 1964, S. 1251 ff, 1269 ff):

„Zum Unterschied von gewöhnlichen internationalen Verträgen hat der EWG-Vertrag eine eigene Rechtsordnung geschaffen, die bei seinem Inkrafttreten in die Rechtsordnungen der Mitgliedstaaten aufgenommen worden und von ihren Gerichten anzuwenden ist. Denn durch die Gründung einer Gemeinschaft für unbegrenzte Zeit, die mit eigenen Organen, mit der Rechts- und Geschäftsfähigkeit, mit internationaler Handlungsfähigkeit und insbesondere mit echten, aus der Beschränkung der Zuständigkeit der Mitgliedstaaten oder der Übertragung von Hoheitsrechten der Mitgliedstaaten auf die Gemeinschaft herrührenden Hoheitsrechten ausgestattet ist, haben die Mitgliedstaaten, wenn auch auf einem begrenzten Gebiet, ihre Souveränitätsrechte beschränkt und so einen Rechtskörper geschaffen, der für ihre Angehörigen und sie selbst verbindlich ist.

Diese Aufnahme der Bestimmungen des Gemeinschaftsrechts in das Recht der einzelnen Mitgliedstaaten und, allgemeiner, Wortlaut und Geist des Vertrages haben zur Folge, daß es den Staaten unmöglich ist, gegen eine von ihnen auf der Grundlage der Gegenseitigkeit angenommenen Rechtsordnung nachträgliche einseitige Maßnahmen ins Feld zu führen. Solche Maßnahmen stehen der Anwendbarkeit der Gemeinschaftsrechtsordnung daher nicht entgegen. Denn es würde eine Gefahr für die Verwirklichung der in Art. 5 Abs. 2 aufgeführten Ziele des Vertrages bedeuten und dem Verbot des Art. 7 widersprechende Diskriminierungen zur Folge haben, wenn das Gemeinschaftsrecht je nach der nachträglichen innerstaatlichen Gesetzgebung von einem Staat zum anderen verschiedene Geltung haben könnte.

Die Verpflichtungen, die die Mitgliedstaaten im Vertrag zur Gründung der Gemeinschaft eingegangen sind, wären keine unbedingten mehr, sondern nur noch eventuelle, wenn sie durch spätere Gesetzgebungsakte der Signatarstaaten in Frage gestellt werden könnten ...

Der Vorrang des Gemeinschaftsrechts wird auch durch Artikel 189 bestätigt; ihm zufolge ist die Verordnung „verbindlich“ und „gilt unmittelbar in jedem Mitgliedstaat“. Diese Bestimmung, die durch nichts eingeschränkt wird, wäre ohne Bedeutung, wenn die Mitgliedstaaten sie durch Gesetzgebungsakte, die den gemeinschaftsrechtlichen Normen vorgingen, einseitig ihrer Wirksamkeit berauben könnten.

Aus alledem folgt, daß dem vom Vertrag geschaffenen, somit aus einer autonomen Rechtsquelle fließenden Recht wegen dieser seiner Eigenständigkeit keine wie immer gearteten innerstaatlichen Rechtsvorschriften vorgehen können, wenn ihm nicht sein Charakter als Gemeinschaftsrecht aberkannt und wenn nicht die Rechtsgrundlage der Gemeinschaft selbst in Frage gestellt werden soll.

Die Staaten haben somit dadurch, daß sie nach Maßgabe der Bestimmungen des Vertrages Rechte und Pflichten, die bis dahin ihren inneren Rechtsordnungen unterworfen waren, der Regelung durch die Gemeinschaftsrechtsordnung vorbehalten haben, eine endgültige Beschränkung ihrer Hoheitsrechte bewirkt, die durch spätere einseitige, mit dem Gemeinschaftsbegriff unvereinbare Maßnahmen nicht rückgängig gemacht werden kann.“

48 Etwas wechselhaft war die Rechtsprechung des EuGH zur Frage der **Wirkung des Vorrangs**. Nachdem er sich in mehreren Urteilen für einen Anwendungsvorrang ausgesprochen hatte (zB Rs. 84/71, Marimex/Finanzministerium der Italienischen Republik, Slg. 1972, S. 89 ff, Rn 5), hat er später in einem Fall eine Formulierung gewählt, die auf einen Geltungsvorrang hinzielt (Rs. 106/77, Staatliche Finanzverwaltung/Simmenthal, Slg. 1978, S. 629 ff, Rn 17/18). Zu einer endgültigen Klarstellung kam es jedenfalls 1998, als der EuGH zu dieser scheinbar widersprüchlichen Rechtsprechung Stellung nahm (verb. Rs. C-10/97 bis C-22/97, Ministerio delle Finanze/IN.CO.GE '90 ua, Slg 1998, S. I-6307 ff, Rn 18 ff):

„Die Kommission erinnert daran, daß der Gerichtshof im Urteil vom 9. März 1978 in der Rechtssache 06/77 (Simmenthal, Slg. 1978, 629) insbesondere entschieden habe, daß die Vertragsbestimmungen und die unmittelbar geltenden Rechtsakte der Gemeinschaftsorgane in ihrem Verhältnis zum internen Recht der Mitgliedstaaten nicht nur zur Folge hätten, daß jede zuwiderlaufende Bestimmung des geltenden staatlichen Rechts ohne weiteres unanwendbar werde, sondern auch, daß ein wirksames Zustandekommen neuer staatlicher Gesetzgebungsakte insoweit verhindert werde, als diese mit Gemeinschaftsnormen unvereinbar wären. Die Kommission leitet daraus her, daß ein Mitgliedstaat völlig unzuständig dafür sei, eine abgabenrechtliche Bestimmung zu erlassen, die mit dem Gemeinschaftsrecht unvereinbar sei, und daß demzufolge eine solche Bestimmung und die entsprechende abgabenrechtliche Verpflichtung als inexistent anzusehen seien.

Dieser Auslegung kann nicht gefolgt werden.

Der Gerichtshof war in der Rechtssache Simmenthal insbesondere danach gefragt worden, welche Konsequenzen sich aus der unmittelbaren Anwendbarkeit einer Bestimmung des Gemeinschaftsrechts ergeben, wenn diese einer später erlassenen Rechtsvorschrift eines Mitgliedstaats entgegensteht. Ohne zwischen früher oder später ergangenem Recht zu unterscheiden, hatte er jedoch bereits in seiner früheren Rechtsprechung (vgl. insbesondere Urteil vom 15. Juli 1964 in der Rechtssache 6/64, Costa, Slg. 1964, 1253) ausgeführt, daß es einem

Mitgliedstaat verwehrt sei, einer innerstaatlichen Vorschrift Vorrang vor einer entgegenstehenden Gemeinschaftsnorm einzuräumen. So hat der Gerichtshof im Urteil Simmenthal entschieden, daß jeder im Rahmen seiner Zuständigkeit angerufene staatliche Richter verpflichtet ist, das Gemeinschaftsrecht uneingeschränkt anzuwenden und die Rechte, die es den einzelnen verleiht, zu schützen, indem er jede möglicherweise zuwiderlaufende Bestimmung des nationalen Rechts, gleichgültig, ob sie früher oder später als die Gemeinschaftsnorm ergangen ist, unangewendet läßt (Urteil Simmenthal, Randnr. 21 und 24). Diese Rechtsprechung ist mehrfach bestätigt worden (vgl. z.B. Urteil Debus, Randnr. 32; Urteile vom 2. August 1993 in der Rechssache C-158/91, Levy, Slg. 1993,1-4287, Randnr. 9, und vom 5. März 1998 in der Rechtssache C-347/96, Solred, Slg. 1998, I-937, Randnr. 30).

Entgegen dem Vorbringen der Kommission kann deshalb aus dem Urteil Simmenthal nicht hergeleitet werden, daß die Unvereinbarkeit einer später ergangenen Vorschrift des innerstaatlichen Rechts mit dem Gemeinschaftsrecht dazu führt, daß diese Vorschrift inexistent ist. In dieser Situation ist das nationale Gericht vielmehr verpflichtet, diese Vorschrift unangewendet zu lassen, wobei diese Verpflichtung nicht die Befugnis der zuständigen nationalen Gerichte beschränkt, unter mehreren nach der innerstaatlichen Rechtsordnung in Betracht kommenden Wegen diejenigen zu wählen, die zum Schutz der durch das Gemeinschaftsrecht gewährten individuellen Rechte geeignet erscheinen (vgl. Urteil vom 4. April 1968 in der Rechtssache 34/67, Lück, Slg. 1968, 364)."

Insgesamt gesehen herrscht mittlerweile Übereinstimmung darüber, daß der Vor- **49**
rang des Gemeinschaftsrechts nur ein **Anwendungsvorrang** ist. Der EuGH hat im übrigen selbst festgestellt, daß er nicht befugt ist, im Falle einer Kollision zwischen Gemeinschaftsrecht und nationalem Recht über die Nichtigkeit des letzteren zu entscheiden (Rs. 237/82, Jongeneel Kaas/Niederlande, Slg. 1984, S. 483 ff, Rn 6). Genau darauf aber würde ein Geltungsvorrang hinauslaufen. Beim Anwendungsvorrang hingegen bleibt das nationale Recht bestehen, kommt aber im Kollisionsfall nicht zur Anwendung.

Beispiel: Das Ausländerrecht gilt auch in dem Gemeinschaftsrecht widersprechenden Bestimmungen weiter, findet aber auf Staatsangehörige der Mitgliedstaaten der Europäischen Gemeinschaften keine Anwendung, soweit deren Rechtsstellung durch das Gemeinschaftsrecht unmittelbar geregelt wird. Um dies klarzustellen, wurde in der Bundesrepublik das Gesetz über Einreise und Aufenthalt von Staatsangehörigen der Mitgliedstaaten der EWG erlassen (Sartorius I, Nr 560).

Dieser Anwendungsvorrang des Gemeinschaftsrechts gilt gegenüber dem gesamten **49a**
nationalen Recht, also auch gegenüber dem Verfassungsrecht einschließlich der Grundrechte (EuGH, Rs. 11/70, Internationale Handelsgesellschaft/Einfuhr- und Vorratsstelle für Getreide- und Futtermittel, Slg. 1970, S. 1125 ff, Rn 3):

„Die einheitliche Geltung des Gemeinschaftsrechts würde beeinträchtigt, wenn bei der Entscheidung über die Gültigkeit von Handlungen der Gemeinschaftsorgane Normen oder Grundsätze des nationalen Rechts herangezogen würden. Die Gültigkeit solcher Handlungen kann nur nach dem Gemeinschaftsrecht beurteilt werden, denn dem vom Vertrag geschaffenen, somit aus einer autonomen Rechtsquelle fließenden Recht können wegen seiner Eigenständigkeit keine wie immer gearteten innerstaatlichen Rechtsvorschriften vorgehen, wenn ihm nicht sein Charakter als Gemeinschaftsrecht aberkannt und wenn nicht die Rechtsgrundlage der Gemeinschaft selbst in Frage gestellt werden soll. Daher kann es die Gültigkeit einer Gemeinschaftshandlung oder deren Geltung in einem Mitgliedstaat nicht berühren, wenn geltend gemacht wird, die Grundrechte in der ihnen von der Verfassung dieses Staates gegebenen Gestalt oder die Strukturprinzipien der nationalen Verfassung seien verletzt."

50 Vom EuGH noch nicht entschieden ist die Frage, ob diese Vorranglösung auch für das **Unionsrecht** gilt, insbesondere wenn Beschlüsse im Rahmen der Zweiten und Dritten Säule der EU vorliegen. Da diese Säulen nicht supranational ausgestaltet sind, die für die Begründung der europarechtlichen Lösung genannten Besonderheiten also wegfallen, wird allgemein die Meinung vertreten, daß das Unionsrecht dem Völkerrecht zuzuordnen sei und man daher in der Vorrangfrage auf die völkerrechtliche Lösung zurückzugreifen habe (s. Rn 44). Dafür spricht auch Art. 42 EUV, der für den Fall der „Vergemeinschaftung" von Materien der Dritten Säule, dh die Umstellung auf eine supranationale Beschlußfassung, das Instrument der klassisch-völkerrechtlichen Ratifikation vorsieht. Dasselbe gilt für Art. 34 Abs. 2 lit. d EUV.

51 **Lösung Fall 3** (Rn 42): Die Beurteilung der Richtigkeit der Ansicht der W hängt von der Theorie ab, die man zum Verhältnis des Europarechts im engeren Sinn zum nationalen Recht vertritt. Folgende Lösungen sind denkbar:

1. Völkerrechtliche Lösung:

Die Beantwortung der Frage hängt davon ab, für welche Theorie man sich entscheidet. Nach den beiden – heute fast ausschließlich vertretenen – Theorien des gemäßigten Monismus und des gemäßigten Dualismus ist die Antwort aber im Ergebnis dieselbe. Das dem Europäischen Gemeinschaftsrecht laut Sachverhalt widersprechende nationale Recht, nämlich Art. 12 und 14 GG, geht zunächst vor. Die Verordnung ist daher nichtig oder zumindest unanwendbar. Nach beiden Theorien ist aber die Bundesrepublik verpflichtet, das Europäische Gemeinschaftsrecht einzuhalten und haftet dafür nach außen. Sie muß also geeignete Maßnahmen ergreifen, das gemeinschaftsrechtliche Anbauverbot durchzusetzen. Im speziellen Fall wäre an eine Entschädigung zu denken.

2. Europarechtliche Lösung:

Nach der europarechtlichen Lösung geht das Europäische Gemeinschaftsrecht vor. Die – laut Sachverhalt anzunehmende – Tatsache, daß Grundrechte verletzt sind, spielt deshalb keine Rolle. Die Ansicht der Klägerin ist daher nicht richtig. Der Vorrang des Gemeinschaftsrechts bedingt allerdings nicht, daß die Art. 12 und 14 GG nichtig sind, sondern lediglich, daß sie in diesem Fall nicht zur Anwendung kommen.

III. Regelung im GG und in den Länderverfassungen

52 **Fall 4:** Das im **Fall 3** (Rn 42) angerufene Verwaltungsgericht teilt die Ansicht der Klägerin und legt die Frage, ob die Verordnung Nr 000/98 wegen Verstoßes gegen die Art. 12 und Art. 14 GG verfassungswidrig sei, gemäß Art. 100 Abs. 1 Satz 1 GG dem BVerfG formgerecht vor. Wie wird das BVerfG entscheiden? (**Lösung: Rn 96**).

53 Das GG regelt die Frage des Vorrangs – im Gegensatz zu den Verfassungen einiger anderer Mitgliedstaaten der Europäischen Gemeinschaften – nicht expressis verbis.

Beispiele:

- Art. 29 Abs. 4 Nr 3 Unterabs. 4 der irischen Verfassung bestimmt: „Keine Bestimmung dieser Verfassung … hindert Gesetze, Handlungen oder Maßnahmen, die von der Europäischen Union oder den Europäischen Gemeinschaften ... erlassen oder vorgenommen werden, daran, im Staate Rechtskraft zu erlangen."

– Art. 94 der niederländischen Verafssung bestimmt: „Innerhalb des Königreichs geltende gesetzliche Vorschriften werden nicht angewandt, wenn die Anwendung mit allgemein verbindlichen Bestimmungen von Verträgen und Beschlüssen völkerrechtlicher Organisationen nicht vereinbar ist."

(Texte in: *Kimmel* (Hrsg.), Die Verfassungen der EG-Mitgliedstaaten, 4. Aufl., München 1996).

Dennoch findet sich in den Artikeln 23 und 24 GG der Ansatzpunkt für eine positivrechtliche Lösung der Frage. Denn aus der Regelung der Übertragung von Hoheitsrechten kann auch etwas über das Rangverhältnis in diesen Fällen abgeleitet werden. Vereinfacht ausgedrückt könnte man konstatieren: Wenn die Bundesrepublik, gestützt auf das GG, einem internationalen System beitritt, das für sich selbst den Vorrang vor nationalem Recht beansprucht und festlegt, so ist dieser zu beachten.

1. Übertragungskompetenz

Vor dem anläßlich des Vertrags von Maastricht in das GG eingefügten Art. 23 GG enthielt Art. 24 Abs. 1 GG die Kompetenz des Bundes, **Hoheitsrechte** auf zwischenstaatliche Einrichtungen – also auch auf die EG – zu übertragen. Die hL versteht darunter auch die Kompetenz des Bundes, **Länder-Hoheitsrechte** zu übertragen. Dies ist zwar in Art. 24 Abs. 1 GG nicht ausdrücklich vorgesehen, wird aber allgemein aus der grundsätzlichen Entscheidung des GG für die europäische Integration (Satz 1 der Präambel iVm Art. 24 Abs. 1 GG) abgeleitet, sowie aus der Überlegung, daß die Integration auf wirtschaftlichem Gebiet ohne Eingriff in den Gesetz- und Verwaltungsbereich der Länder gar nicht möglich wäre. 54

Der Begriff der „**Übertragung**" ist nicht wörtlich zu interpretieren. Insbesondere versteht man darunter nicht einen Übertragungsvorgang, der vergleichbar ist einer Übereignung oder einer Zession. Man sieht darin vielmehr in der Regel einen Verzicht auf die Ausübung der übertragenen Hoheitsrechte zugunsten der neu gegründeten zwischenstaatlichen Einrichtung durch die Bundesrepublik. Diese duldet – solange sie Vertragspartner ist – die Ausübung der Hoheitsgewalt durch die zwischenstaatliche Einrichtung. Diese Hoheitsgewalt wird als neue, einheitliche und originäre Hoheitsgewalt verstanden. In dieser Wirkung stellt die Übertragung gemäß Art. 24 Abs. 1 GG eine materielle Verfassungsänderung durch einfaches Gesetz dar. Löst sich die Bundesrepublik – aus irgendeinem Grund – wieder von der zwischenstaatlichen Einrichtung, so übt sie ihre Hoheitsrechte wieder selbst aus. Sie duldet dann nicht mehr die Ausübung übertragener Hoheitsgewalt im innerstaatlichen Bereich. 55

Für die Übertragung ist ein **förmliches Bundesgesetz** erforderlich. Nach dem Wortlaut des Art. 24 Abs. 1 GG handelt es sich dabei um ein einfaches, zustimmungsfreies Gesetz. Da aber die Übertragung von Hoheitsrechten nur dergestalt möglich ist, daß gleichzeitig entweder eine zwischenstaatliche Einrichtung gegründet oder 56 umgestaltet oder der Beitritt zu einer solchen vollzogen wird, kommt neben Art. 24 Abs. 1 auch noch Art. 59 Abs. 2 GG zur Anwendung. Das Gesetz hat insofern also eine **Doppelfunktion**, eine staatsrechtliche (Art. 24 Abs. 1 GG) und eine völkerrechtliche (Art. 59 Abs. 2 GG). Von diesem Ansatz ausgehend hat man den Übertragungsvorgang als Gesamtakt staatlicher Integrationsgewalt bezeichnet, wobei die vorrangige Bedeutung dem Art. 24 Abs. 1 GG zugeordnet wird (*H.P. Ipsen*).

57 Unter **zwischenstaatlichen Einrichtungen** iSd Art. 24 Abs. 1 GG versteht man in der Regel internationale Organisationen. Dennoch ist der Begriff offen für andere Erscheinungsformen, sofern sie zwischenstaatlich sind. Damit scheiden non-governmental organizations (s. Rn 685) ebenso aus wie einzelne fremde Staaten oder innerstaatliche Körperschaften (vgl BVerfGE 2, S. 347 ff, 380). Abstrakt formuliert sind zwischenstaatliche Einrichtungen Vereinigungen von Staaten, die – aufgrund der Übertragung von Hoheitsrechten – eigenständige Hoheitsgewalt im innerstaatlichen Bereich der Mitgliedstaaten ausüben können.

58 Die überwiegende Ansicht geht davon aus, daß Art. 24 Abs. 1 GG den Bund nicht absolut **schrankenlos** zur Übertragung von Hoheitsrechten ermächtigt (vgl Rn 74). Wo hingegen die genauen Grenzen zu ziehen sind, ist umstritten. Als anerkanntes Minimum wird man die Grundsätze ansehen können, deren Unabänderlichkeit in Art. 79 Abs. 3 GG festgelegt ist. Denn wenn diese Grundsätze der Disposition des verfassungsändernden Gesetzgebers entzogen sind, dann sind sie erst recht der Disposition des einfachen Gesetzgebers nach Art. 24 Abs. 1 GG entzogen.

59 Mit dem Inkrafttreten des Gesetzes zur Änderung des Grundgesetzes vom 21. Dezember 1992 (BGBl. 1992 I, S. 2086), das den Beitritt der Bundesrepublik Deutschland zur Europäischen Union ermöglichte, ist Art. 23 GG Grundlage für weitere Integrationsschritte im Rahmen der Europäischen Union geworden. Gemäß Art. 23 Abs. 1 Satz 2 GG kann der Bund durch Gesetz mit Zustimmung des Bundesrates **Hoheitsrechte** auf die Europäische Union übertragen. Art. 24 Abs. 1 GG ist künftig nur mehr für andere zwischenstaatliche Einrichtungen, denen Hoheitsrechte übertragen werden, maßgeblich (zB EUROCONTROL, vgl *Streinz*, in: *Sachs*, Art. 24 Rn 30).

60 Hoheitsrechte im Sinne des Art. 23 Abs. 1 Satz 2 GG sind – ebenso wie bei Art. 24 Abs. 1 GG – **Hoheitsrechte des Bundes als auch der Länder**. Dies ergibt sich schon positivrechtlich aus Art. 23 Abs. 5 Satz 2 und Abs. 6 GG. Man versteht darunter die Befugnis, nationalrechtliche Rechtsverhältnisse hoheitlich zu gestalten. Dazu gehören – einzeln oder gemeinsam – Rechtsetzungs-, Rechtsprechungs- und Vollziehungsbefugnisse.

61 Für den Begriff der **Übertragung** gilt das oben Ausgeführte (s. Rn 55). Wenn die Befugnisse der Union in den intergouvernementalen Bereichen der Zweiten und Dritten Säule betroffen sind, kann man allerdings nicht von einer „Übertragung von Hoheitsrechten" sprechen. Art. 23 Abs. 1 Satz 2 GG ist dann nicht einschlägig.

61a Für die Übertragung ist ein Bundesgesetz erforderlich. Ebenso wie bei Art. 24 Abs. 1 GG (Rn 56) hat das Gesetz eine Doppelfunktion, da notwendigerweise auch noch Art. 59 Abs. 2 GG zur Anwendung kommt (vgl *Streinz*, in: *Sachs*, Art. 23 Rn 60 f).

Für die Übertragung ist immer ein Bundesgesetz mit **Zustimmung des Bundesrates** erforderlich. Dabei wird nicht differenziert, ob es sich bei dem übertragenen Hoheitsrecht um ein in die Gesetzgebungskompetenz des Bundes oder der Länder fallendes Recht handelt, die Zustimmung ist vielmehr immer erforderlich. Somit stellt diese Regelung im Vergleich zu Art. 24 Abs. 1 GG einen erheblichen Kompetenzzuwachs für die Länder dar. **62**

Fraglich ist, wann zur Übertragung im Sinne des Art. 23 Abs. 1 Satz 2 GG die in Art. 23 Abs. 1 Satz 3 GG normierte **Zweidrittelmehrheit** erforderlich ist. Sie ist vorgesehen für die Begründung der EU (diese Alternative ist abgeschlossen, die Vorschrift daher insoweit erschöpft), für Änderungen ihrer vertraglichen Grundlagen (durch Änderungs- und Beitrittsverträge gemäß Art. 48 und Art. 49 EUV) sowie für vergleichbare Regelungen (aufgrund von Evolutivklauseln wie Art. 190 Abs. 4 EGV, Art. 269 EGV, Art. 42 EUV = Ergänzung der Verträge durch Beschluß des Rates und anschließende Annahme durch die Mitgliedstaaten nach ihren verfassungsrechtlichen Bestimmungen). Zunächst wird mit Art. 23 Abs. 1 Satz 3 GG festgelegt, daß die sog. Ewigkeitsgarantie des Art. 79 Abs. 3 GG auch gegenüber der Europäischen Union bestehen bleibt. Mit dem in Art. 23 Abs. 1 Satz 3 GG enthaltenen Verweis auf Art. 79 Abs. 2 GG wird sodann „Verfassungsdurchbrechungen" vorgebeugt, die bei der Anwendung von Art. 24 Abs. 1 GG als Integrationsnorm für möglich erachtet wurden. Insofern wird die Meinung vertreten, daß im Rahmen des Art. 23 Abs. 1 GG Hoheitsübertragungen immer nur durch Gesetz mit verfassungsändernden Mehrheiten möglich seien (*Randelzhofer,* in: *Maunz/Dürig,* Art. 24 Rn 203 f; *Streinz*, in: *Sachs*, Art. 23 Rn 63). **63**

Dazu kommt auch noch die Überlegung, daß jede Übertragung von Hoheitsrechten auf die Europäische Union materiell eine Verfassungsänderung darstellt (vgl BVerfGE 58, S. 1 ff, 36). Daraus wird ebenfalls abgeleitet, daß für jede Übertragung von Hoheitsrechten auf die Europäische Union eine Zweidrittelmehrheit im Sinne des Art. 23 Abs. 1 Satz 3 GG notwendig sei (vgl *Wilhelm,* in: BayVBl. 1992, S. 705 ff, 707). **64**

Dieser Ansicht wird jedoch entgegen gehalten, daß Art. 23 Abs. 1 Satz 2 GG mit seiner gesonderten Ermächtigung zur Übertragung von Hoheitsrechten überflüssig wäre, wenn nicht zwischen Hoheitsübertragungen im Sinne des Art. 23 Abs. 1 Satz 2 GG und solchen mit verfassungsändernder Qualität im Sinne des Art. 23 Abs. 1 Satz 3 GG unterschieden werde (*Scholz*, in: NVwZ 1993, S. 817 ff, 822). Die Fälle, die nur unter Satz 2 fallen, dürften allerdings sehr selten sein und stellen eher eine theoretische Möglichkeit dar (insbesondere bei den Evolutivklauseln, vgl *Streinz*, in: *Sachs*, Art. 23 Rn 76 ff). **65**

Nur **indirekt geregelt** ist der Fall der Änderung des Rechts der Europäischen Union, durch die das GG nicht geändert oder ergänzt wird, zB Änderungen, die sich – ohne Hoheitsrechte zu übertragen – nur auf die Zweite oder Dritte Säule beziehen. In diesen Fällen ist Art. 23 Abs. 1 Satz 2 GG nicht einschlägig und nach Art. 23 Abs. 1 Satz 3 GG kommt Art. 79 Abs. 2 und Abs. 3 GG nicht zur Anwendung. Vielmehr bedarf es eines einfachen Gesetzes, dessen Einstufung als Einspruchs- oder **65a**

Zustimmungsgesetz wegen seiner Doppelfunktion (s. Rn 61a) sich nach Art. 59 Abs. 2 Satz 1 GG richtet.

66 Hervorzuheben ist, daß Art. 23 Abs. 1 Satz 3 GG nicht auf Art. 79 Abs. 1 GG verweist. Da die verfassungsrechtlich relevanten Rechtsänderungen, die durch eine Übertragung im Sinne des Art. 23 Abs. 1 Satz 3 GG entstehen, ihren Niederschlag in den Gemeinschaftsverträgen oder im Vertrag über die Europäische Union finden, besteht kein unmittelbarer Textbezug zum GG, so daß die Änderungen auch nicht im GG niedergeschrieben werden können (s. Rn 185). Dies hat zur Folge, daß nur mit Hilfe dieser Verträge ein umfassendes Bild über die tatsächliche Kompetenzverteilung im Sinne des Grundgesetzes erzielt wird.

Beispiel: Art. 105 Abs. 1 GG, der inzwischen überholt ist, da nach EG-Recht der EG die ausschließliche Rechtssetzungskompetenz über die Zölle zusteht (Art. 26 EGV).

67 Die Länderverfassungen enthalten keine Bestimmungen über die Übertragung von Hoheitsrechten durch ein einzelnes Land. Allerdings enthält der (neue) Art. 24 Abs. 1a GG eine diesbezügliche Bestimmung. Danach können die **Länder** im Rahmen ihrer Zuständigkeiten mit Zustimmung der Bundesregierung **Hoheitsrechte** auf **grenznachbarschaftliche Einrichtungen** übertragen.

Die Regelung ist der des Art. 24 Abs. 1 GG vergleichbar und ermöglicht den Ländern im grenznachbarschaftlichen Bereich hoheitliche Kooperationen. Beispiele liegen bislang noch nicht vor; sie könnten in den Bereichen Bildungswesen (Schulen und Hochschulen), Abfallbeseitigung, Polizeiwesen etc angesiedelt sein. Übertragbare Hoheitsrechte wären zB Gebührenverordnungs- und -erhebungsbefugnisse.

67a Durch das **Zustimmungserfordernis der Bundesregierung** ist – wie bei Art. 32 Abs. 3 GG (s. Rn 125) – die Sicherung der Bundesinteressen gewährleistet. Die Bundesregierung hat dabei ein politisches Ermessen.

Im Gegensatz zu Art. 24 Abs. 1 GG ist allerdings keine Mitwirkung des Gesetzgebers vorgesehen. Dies müßte sich nach den Landesverfassungen richten.

2. Rangverhältnis

68 Aus Art. 24 Abs. 1 GG (und im Hinblick auf die EU aus Art. 23 Abs. 1 GG) wird nun abgeleitet, daß diese beiden Bestimmungen auch die Zustimmung zum Vorrang der einheitlichen und originären Hoheitsgewalt einer neu gegründeten zwischenstaatlichen Einrichtung bzw der Europäischen Union mit umfaßten. Untersucht man die entsprechenden Verträge auf derartige Regelungen, ist man mitten in der europarechtlichen Lösung (s. Rn 45 ff). Damit kommt man über die dort genannten Kollisionsregeln zum Vorrang des Gemeinschaftsrechts. Das übrige Recht der Europäischen Union ist nach der völkerrechtlichen Lösung zu beurteilen (s. Rn 50).

68a Einheitlich wird dieser Vorrang als **Vorrang gegenüber** dem innerstaatlichen **Gesetzesrecht** und den innerstaatlichen Rechtsverordnungen anerkannt. Übereinstimmend wird – wie ausgeführt – dieser Vorrang als Anwendungs- und nicht als Geltungsvorrang verstanden (s. Rn 49).

Weniger einheitlich ist die Lehre in der Frage, ob dieser **Vorrang** des Gemeinschaftsrechts auch **gegenüber dem GG** gilt. Der EuGH seinerseits geht von einem Vorrang auch gegenüber den nationalen Verfassungen aus (zB Rs. 11/70, s. Rn 49a). Zugespitzt hat sich die Kontroverse dabei in der Frage des Vorrangs des Gemeinschaftsrechts vor den Grundrechten des Grundgesetzes und der dazu ergangenen einschlägigen Rechtsprechung des BVerfG. In jüngerer Zeit ist dazu noch die Frage der verfassungsrechtlichen Strukturprinzipien gekommen. **69**

a) Vorrangfrage und Grundrechte

Das BVerfG hatte zunächst einen **faktischen Vorrang** des Gemeinschaftsrechts dadurch bejaht, daß es 1967 eine Verfassungsbeschwerde gegen zwei Verordnungen des Rates und der Kommission der Europäischen Gemeinschaften für unzulässig erklärte mit der Begründung, diese seien keine Akte der deutschen öffentlichen Gewalt iSd § 90 BVerfGG (BVerfGE 22, S. 293 ff, 295 ff; vgl auch BVerfG, EuR, 1975, S. 168). Die Tragweite dieser Aussage hat das BVerfG aber ausdrücklich klargestellt, indem es ausführte (BVerfGE 22, S. 298 f): **70**

„Nicht entschieden ist damit, ob und in welchem Umfang das Bundesverfassungsgericht im Rahmen eines zulässigerweise bei ihm anhängig gemachten Verfahrens Gemeinschaftsrecht an den Grundrechtsnormen des Grundgesetzes messen kann – eine Frage, die ersichtlich von der Entscheidung der weitergreifenden Vorfrage abhängt, ob und in welchem Sinne von einer Bindung der Organe der EWG an die Grundrechtsordnung der Bundesrepublik Deutschland gesprochen werden kann oder – anders gewendet – ob und in welchem Maße die Bundesrepublik Deutschland bei der Übertragung von Hoheitsrechten nach Art. 24 Abs. 1 GG die Gemeinschaftsorgane von solcher Bindung freistellen konnte“.

Damit war verfahrensrechtlich (= „im Rahmen eines zulässigerweise … anhängig gemachten Verfahrens“) und inhaltlich (= Prüfung des Gemeinschaftsrechts anhand der Grundrechte) fast alles offen geblieben.

1971 hat das BVerfG Ausführungen gemacht, die auf eine **materielle Begründung** des Vorrangs des Gemeinschaftsrechts gegenüber Nichtverfassungsrecht hinauslaufen (BVerfGE 31, S. 145 ff, 173 f): **71**

„Denn durch die Ratifizierung des EWG-Vertrages … ist in Übereinstimmung mit Art. 24 Abs. 1 GG eine eigenständige Rechtsordnung der Europäischen Wirtschaftsgemeinschaft entstanden, die in die innerstaatliche Rechtsordnung hineinwirkt und von den deutschen Gerichten anzuwenden ist … Art. 24 Abs. 1 GG besagt bei sachgerechter Auslegung nicht nur, daß die Übertragung von Hoheitsrechten auf zwischenstaatliche Einrichtungen überhaupt zulässig ist, sondern auch, daß die Hoheitsakte ihrer Organe … vom ursprünglich ausschließlichen Hoheitsträger anzuerkennen sind.

Von dieser Rechtslage ausgehend, müssen seit dem Inkrafttreten des Gemeinsamen Marktes die deutschen Gerichte auch solche Rechtsvorschriften anwenden, die zwar einer eigenständigen außerstaatlichen Hoheitsgewalt zuzurechnen sind, aber dennoch … im innerstaatlichen Raum unmittelbare Wirkungen entfalten und entgegenstehendes nationales Recht überlagern und verdrängen …“

Damit war allerdings nicht die Frage des Vorrangs des Gemeinschaftsrechts gegenüber dem GG entschieden.

72 Dazu hat das BVerfG 1974 im sog. **Solange I-Beschluß** (BVerfGE 37, S. 271 ff) Stellung genommen. Das Verwaltungsgericht Frankfurt/Main hatte gemäß Art. 100 Abs. 1 GG das BVerfG angerufen und die Entscheidung darüber begehrt, ob eine in zwei Verordnungen des Rates und der Kommission der Europäischen Gemeinschaften enthaltene Regelung über Ausfuhrkautionen mit dem GG vereinbar sei. Nach Meinung des Verwaltungsgerichts verstieß sie gegen Grundrechte.

In diesem Verfahren konnte das BVerfG an das Urteil von 1967 (s. Rn 70) anknüpfen. Im Ergebnis entschied es, daß die Vorlage zwar zulässig sei, daß aber keine Grundrechtsverletzung vorliege.

73 Zur **Zulässigkeit** lief die Argumentation des BVerfG auf folgendes hinaus:

– Zwar könnten nach hL und ständiger Rechtsprechung nur förmliche, nachkonstitutionelle Gesetze gemäß Art. 100 Abs. 1 GG vorgelegt werden, da aber im Gemeinschaftsrecht die Unterscheidung Gesetz/Verordnung nicht existiere, habe eine Verordnung der Europäischen Gemeinschaften als Gesetz zu gelten.

– Zwar können nach hL und ständiger Rechtsprechung nur deutsche Gesetze gemäß Art. 100 Abs. 1 GG vorgelegt werden, wenn aber deutsche Behörden oder deutsche Gerichte eine Verordnung der Europäischen Gemeinschaften anwenden, so liege darin grundrechtsgebundene Ausübung deutscher Staatsgewalt. Diese Grundrechtsbindung lasse sich in der Regel im Verfahren nach Art. 100 Abs. 1 GG überprüfen.

– Zwar seien dies Modifikationen des Verfahrensrechts des BVerfG, diese seien aber wegen der Besonderheiten des Verhältnisses von Gemeinschaftsrecht und GG notwendig (zur Kritik dieser Argumentation s. insbesondere die abweichende Meinung der drei dissentierenden Richter, BVerfGE 37, S. 291 ff).

74 In der **Vorrangfrage** ging das BVerfG davon aus, daß Art. 24 Abs. 1 GG nicht grenzenlos gelte. Es bestimmte dann die Grenzen aber nicht aus Art. 79 Abs. 3 GG, sondern siedelte sie an in der Grundstruktur der Verfassung, und konkretisierte das für den Anlaßfall dahingehend (BVerfGE 37, S. 280):

> „Ein unaufgebbares, zur Verfassungsstruktur des Grundgesetzes gehörendes Essentiale der geltenden Verfassung der Bundesrepublik Deutschland ist der Grundrechtsteil des Grundgesetzes. Ihn zu relativieren, gestattet Art. 24 GG nicht vorbehaltslos."

Solange es keinen adäquaten Grundrechtskatalog im Gemeinschaftsrecht gebe, gelte diese Grenze. Käme es daher zu Kollisionen von Gemeinschaftsrecht und Grundrechten, gingen diese vor, allerdings nur in Form eines Anwendungsvorrangs. Die Anforderungen, die das BVerfG an diesen (den übergangsweisen Anwendungsvorrang der Grundrechte beendenden) Grundrechtskatalog im Gemeinschaftsrecht stellte, waren, daß dieser von einem Parlament beschlossen sei, in Geltung stehe und dem Grundrechtskatalog des GG adäquat sei.

75 Insgesamt hat das BVerfG seine Ansicht bezüglich der Zulässigkeit und des Vorrangs zusammengefaßt in der sog. **Solange-Formel** (BVerfGE 37, S. 285):

„Das Ergebnis ist: Solange der Integrationsprozeß der Gemeinschaft nicht so weit fortgeschritten ist, daß das Gemeinschaftsrecht auch einen von einem Parlament beschlossenen und in Geltung stehenden formulierten Katalog von Grundrechten enthält, der dem Grundrechtskatalog des Grundgesetzes adäquat ist, ist die Vorlage eines Gerichts der Bundesrepublik Deutschland an das Bundesverfassungsgericht im Normenkontrollverfahren zulässig und geboten, wenn das Gericht die für es entscheidungserhebliche Vorschrift des Gemeinschaftsrechts in der vom Europäischen Gerichtshof gegebenen Auslegung für unanwendbar hält, weil und soweit sie mit einem der Grundrechte des Grundgesetzes kollidiert."

Der Solange I-Beschluß hat dem BVerfG heftige Kritik im In- und Ausland eingebracht. Zum einen wandte sich die Literatur gegen die Konstruktion, mit welcher das BVerfG die Zulässigkeit der Vorlage nach Art. 100 Abs. 1 GG herleitete (s. Rn 73; vgl auch *Streinz,* Bundesverfassungsgerichtlicher Grundrechtsschutz und Europäisches Gemeinschaftsrecht, Baden-Baden 1989, S. 143 ff), zum anderen war die herrschende Lehre schon damals der Auffassung, daß alle Inhalte der Grundstruktur des GG im Gemeinschaftsrecht, einschließlich des Grundrechtsschutzes, faktisch voll verwirklicht waren. **76**

In der Tat war die **Grundrechtssprechung des EuGH** zum Zeitpunkt des Solange I-Beschlusses schon weit fortgeschritten. Sie hatte 1969 begonnen (Rs. 29/69, Stauder/Stadt Ulm, Slg. 1969, S. 419 ff) und fand ihren vorläufigen Höhepunkt in einem Urteil, das 1974 fünfzehn Tage vor dem Solange I-Beschluß erging (Rs. 4/73, Nold/Kommission, Slg. 1974, S. 491 ff). Insgesamt gesehen entwickelte sich die Rechtsprechung des EuGH in den 70er Jahren bezüglich Grundrechtsgeltung und Grundrechtskonzeption dahingehend, daß sie als dem Grundrechtsschutz des GG durchaus adäquat bezeichnet werden kann (s. zu den Einzelheiten Rn 401 ff). **76a**

1979 hat das BVerfG den Solange I-Beschluß – wohl als Reaktion auf die angesprochene Kritik und die Entwicklung der Rechtsprechung des EuGH – relativiert, indem es ausführte (BVerfGE 52, S. 187 ff, 202 f): **77**

„Der Senat läßt offen, ob und gegebenenfalls inwieweit – angesichts mittlerweile eingetretener politischer und rechtlicher Entwicklungen im europäischen Bereich – für künftige Vorlagen … die Grundsätze des (Solange I-)Beschlusses … weiterhin uneingeschränkt Geltung beanspruchen können."

Man hat diesen Beschluß zutreffend als **Vielleicht-Beschluß** bezeichnet. Damit hatte sich zwar an der verfassungsrechtlichen Lage noch nichts geändert, der Vielleicht-Beschluß leitete jedoch eine (Umkehr-)Entwicklung ein, die über die beiden Eurocontrol-Entscheidungen im Jahr 1981 (BVerfGE 58, S. 1 ff; BVerfGE 59, S. 63 ff) zunächst zu einem Beschluß aus dem Jahr 1983 führte (NJW 1983, S. 1258 f, 1259): **78**

„(Es) kann hier dahinstehen, ob das BVerfG seine Gerichtsbarkeit über die Anwendung von Verordnungen der Gemeinschaft im Hoheitsbereich und durch die öffentliche Gewalt der Bundesrepublik Deutschland, wenn diese Anwendung als unvereinbar mit Grundrechten des Grundgesetzes angegriffen wird, solange nicht mehr in Anspruch nimmt, als auf der Ebene des Gemeinschaftsrechts ein, gemessen am Grundgesetz, ausreichender Grundrechtsschutz, insbesondere durch den EuGH, generell gewährleistet erscheint."

Dieser sprachlich nicht sehr gelungene Beschluß (**Mittlerweile-Beschluß**) bereitete durch die Umdrehung der Solange-Formel die Aufgabe des Solange I-Beschlusses vor, welche am 22. Oktober 1986 durch den sogenannten **Solange II-Beschluß** (BVerfGE 73, S. 339 ff) vollzogen wurde. Dabei ging es im Rahmen einer Verfassungsbeschwerde gegen ein Urteil des BVerwG um die Frage, ob die Nichtanrufung des EuGH gemäß Art. 234 EGV/Art. 177 EWGV aF, gegen Grundrechte verstoße.

79 In diesem Beschluß wird zunächst wiederholt, daß die Ermächtigung zur Übertragung von Hoheitsrechten aufgrund des Art. 24 Abs. 1 GG nicht ohne verfassungsrechtliche Grenzen ist (BVerfGE 73, S. 375 f):

„Die Vorschrift ermächtigt nicht dazu, im Wege der Einräumung von Hoheitsrechten für zwischenstaatliche Einrichtungen die Identität der geltenden Verfassungsordnung der Bundesrepublik Deutschland durch Einbruch in ihr Grundgefüge, in die sie konstituierenden Strukturen aufzugeben."

80 Dabei nimmt das BVerfG ausdrücklich auf die vergleichbaren Grenzen der italienischen Verfassung und die dazu ergangene Rechtsprechung des italienischen Verfassungsgerichtshofs Bezug (s. dazu EuR 1974, S. 261 ff; EuGRZ 1985, S. 98 ff). Sodann wird in Anlehnung an den Solange I-Beschluß ausgeführt, daß jedenfalls die Rechtsprinzipien, die dem Grundrechtsteil des GG zugrundeliegen, unverzichtbare, zum Grundgefüge der geltenden Verfassung gehörende Essentialia darstellen (BVerfGE 73, S. 376):

„Art. 24 Abs. 1 GG gestattet nicht vorbehaltlos, diese Rechtsprinzipien zu relativieren. Sofern und soweit mithin einer zwischenstaatlichen Einrichtung im Sinne des Art. 24 Abs. 1 GG Hoheitsgewalt eingeräumt wird, die im Hoheitsbereich der Bundesrepublik Deutschland den Wesensgehalt der vom Grundgesetz anerkannten Grundrechte zu beeinträchtigen in der Lage ist, muß, wenn damit der nach Maßgabe des Grundgesetzes bestehende Rechtsschutz entfallen soll, statt dessen eine Grundrechtsgeltung gewährleistet sein, die nach Inhalt und Wirksamkeit dem Grundrechtsschutz, wie er nach dem Grundgesetz unabdingbar ist, im wesentlichen gleichkommt."

81 Diese Voraussetzungen sind nach der Ansicht des BVerfG nunmehr gegeben (BVerfGE 73, S. 378):

„Nach Auffassung des erkennenden Senats ist mittlerweile im Hoheitsbereich der Europäischen Gemeinschaften ein Maß an Grundrechtsschutz erwachsen, das nach Konzeption, Inhalt und Wirkungsweise dem Grundrechtsstandard des Grundgesetzes im wesentlichen gleichzuachten ist."

Damit hat das BVerfG seine im Solange I-Beschluß aufgestellte Forderung nach einer völligen Adäquanz des Grundrechtsschutzes ebenso aufgegeben, wie die eines von einem Parlament beschlossenen, kodifizierten Grundrechtskataloges auf Gemeinschaftsebene.

82 Zum einen stellt das Gericht im Solange II-Beschluß nunmehr darauf ab, daß sich die Grundrechtsrechtsprechung des EuGH mittlerweile in einer Weise weiterentwickelt hat, daß ein „Mindeststandard an inhaltlichem Grundrechtsschutz" generell gewährleistet ist, welcher „den verfassungsrechtlichen Anforderungen des Grundgesetzes prinzipiell genügt". Zum anderen erachtet das BVerfG die Gemeinsame

Grundrechtserklärung des Europäischen Parlaments, des Rates und der Kommission vom 5. April 1977 (ABl. 1977, Nr C 103, S. 1) und die Erklärung des Europäischen Rates zur Demokratie vom 7./8. April 1978 (Bulletin der Europäischen Gemeinschaften 1978, Nr 3, S. 5 f) als ausreichend, dem Erfordernis eines von einem Parlament beschlossenen Grundrechtskataloges zu genügen.

Aus dieser Entwicklung zieht das BVerfG folgende **Konsequenz** (BVerfGE 73, S. 387): **83**

„Solange die Europäischen Gemeinschaften, insbesondere die Rechtsprechung des Gerichtshofs der Gemeinschaften einen wirksamen Schutz der Grundrechte gegenüber der Hoheitsgewalt der Gemeinschaften generell gewährleisten, der dem vom Grundgesetz als unabdingbar gebotenen Grundrechtsschutz im wesentlichen gleichzuachten ist, zumal den Wesensgehalt der Grundrechte generell verbürgt, wird das Bundesverfassungsgericht seine Gerichtsbarkeit über die Anwendbarkeit von abgeleitetem Gemeinschaftsrecht, das als Rechtsgrundlage für ein Verhalten deutscher Gerichte und Behörden im Hoheitsbereich der Bundesrepublik Deutschland in Anspruch genommen wird, nicht mehr ausüben und dieses Recht mithin nicht mehr am Maßstab der Grundrechte des Grundgesetzes überprüfen; entsprechende Vorlagen nach Art. 100 Abs. 1 GG sind somit unzulässig."

Das BVerfG hatte damit seine Gerichtsbarkeit gegenüber abgeleitetem Gemeinschaftsrecht zurückgenommen und schien bis auf weiteres davon auszugehen, daß der durch den EuGH gewährleistete Grundrechtsschutz dem des Grundgesetzes gleichwertig sei. Ob das in der Praxis zu einer völligen Aufgabe der Kontrolle von Gemeinschaftsrecht durch das BVerfG führen würde, war unmittelbar nach dem Solange II-Beschluß noch nicht klar; die Möglichkeit einer solchen Kontrolle hat das BVerfG jedenfalls nicht auf alle Zeit ausgeschlossen, wie die gegenüber Solange I lediglich „umgedrehte" Formulierung zeigt.

In einer Entscheidung vom 10. April 1987 (EuR 1987, S. 269 ff) nahm das BVerfG ausdrücklich auf den Solange II-Beschluß Bezug und folgerte daraus, daß Fachgerichte und Behörden der Bundesrepublik Deutschland nicht befugt oder verpflichtet sind, Akte der Europäischen Gemeinschaften auf ihre Vereinbarkeit mit den Grundrechtsverbürgungen des GG zu überprüfen. Dies gelte solange, als der Befund des Solange II-Beschlusses, nämlich wirksamer Grundrechtsschutz durch die Europäischen Gemeinschaften, zutreffe. **84**

In einem weiteren Beschluß vom 12. Mai 1989 (**Wenn nicht-Beschluß**) bestätigt das BVerfG jedoch auch den Vorbehalt, unter dem diese Rechtsprechung steht. Der Fall betraf einen Antrag auf Erlaß einer einstweiligen Anordnung, mit der die Bundesregierung verpflichtet werden sollte, dem Vorschlag einer Richtlinie über die Etikettierung von Tabakerzeugnissen im Rat der EG nicht zuzustimmen, weil diese Richtlinie gegen die negative Meinungsfreiheit nach Art. 5 Abs. 1 GG verstoße. Der Antrag wurde abgelehnt, wobei das BVerfG allerdings klarstellte (EuR 1989, S. 270 ff, 273): **85**

„Soweit die Richtlinie den Grundrechtsstandard des Gemeinschaftsrechts verletzen sollte, gewährt der Europäische Gerichtshof Rechtsschutz. Wenn auf diesem Wege der vom Grundgesetz als unabdingbar gebotene Grundrechtsstandard nicht verwirklicht werden sollte, kann das Bundesverfassungsgericht angerufen werden."

Damit wurde angedeutet, daß der vom EuGH entwickelte Grundrechtsschutz nicht unbedingt überall so wirkungsvoll ist, wie der des GG.

86 Im **Maastricht-Urteil** vom 12. Oktober 1993 (BVerfGE 89, S. 155 ff), in dem es um die Verfassungsmäßigkeit des Vertrages von Maastricht ging, hat das Gericht einen weiteren Gesichtspunkt in die Problematik eingebracht, der zu einiger Verwirrung geführt hat. Es erklärte mehrere Verfassungsbeschwerden, die die Verletzung von Grundrechten geltend machten, für unzulässig und ließ nur eine zu, die auf Art. 38 Abs. 1 GG gestützt war. Dabei machte es grundsätzliche Ausführungen zum Grundrechtsschutz (BVerfGE 89, S. 174 f).

„Das Bundesverfassungsgericht gewährleistet durch seine Zuständigkeiten (vgl BVerfGE 37, 271 [280 ff]; 73, 339 [376 f]), daß ein wirksamer Schutz der Grundrechte für die Einwohner Deutschlands auch gegenüber der Hoheitsgewalt der Gemeinschaften generell sichergestellt und dieser dem vom Grundgesetz als unabdingbar gebotenen Grundrechtsschutz im wesentlichen gleich zu achten ist, zumal den Wesensgehalt der Grundrechte generell verbürgt. Das Bundesverfassungsgericht sichert so diesen Wesensgehalt auch gegenüber der Hoheitsgewalt der Gemeinschaft (vgl. BVerfGE 73, 339 [386]). Auch Akte einer besonderen, von der Staatsgewalt der Mitgliedstaaten geschiedenen öffentlichen Gewalt einer supranationalen Organisation betreffen die Grundrechtsberechtigten in Deutschland. Sie berühren damit die Gewährleistungen des Grundgesetzes und die Aufgaben des Bundesverfassungsgerichts, die den Grundrechtsschutz in Deutschland und insoweit nicht nur gegenüber deutschen Staatsorganen zum Gegenstand haben (Abweichung von BVerfGE 58, 1 [27]). Allerdings übt das Bundesverfassungsgericht seine Gerichtsbarkeit über die Anwendbarkeit von abgeleitetem Gemeinschaftsrecht in Deutschland in einem ‚Kooperationsverhältnis' zum Europäischen Gerichtshof aus, in dem der Europäische Gerichtshof dem Grundrechtsschutz in jedem Einzelfall für das gesamte Gebiet der Europäischen Gemeinschaften garantiert, das Bundesverfassungsgericht sich deshalb auf eine generelle Gewährleistung der unabdingbaren Grundrechtsstandards (vgl. BVerfGE 73, 339 [387]) beschränken kann."

87 Über die Auslegung dieser Passage – insbesondere bezüglich des „**Kooperationsverhältnisses**" – gibt es sehr unterschiedliche Meinungen. Einerseits wird vertreten, daß das BVerfG nicht vom Solange II-Beschluß abgewichen sei, sondern daß nur die Voraussetzungen, unter denen das BVerfG sich im Hinblick auf den Europäischen Grundrechtsschutz durch den EuGH zurückziehe, restriktiver zu interpretieren seien (*Götz,* in: JZ 1993, S. 1081 ff, 1083).

Andererseits wird darauf hingewiesen, daß dem BVerfG nun in jedem Fall ein Prüfungsrecht zustehe, was beim Solange II-Beschluß noch strittig war. Jedoch sei letztlich keine substantielle Änderung im Verhältnis des Grundrechtschutzes zwischen EuGH und BVerfG zu erwarten, da die Grenzen des Solange II-Beschlusses – insbesondere die Wesensgehaltsgarantie – geblieben seien (*Tietje,* in: JuS 1994, S. 197 ff, 200). Diese Auslegung scheint der Beschluß des BVerfG vom 17.2.2000 (Az. 2 BvR 1210/98) zu bestätigen.

Schließlich wird auch noch vertreten, daß das BVerfG nicht auf der Linie des Solange II-Beschlusses geblieben sei, sondern es sich für in erster Linie berufen halte, die gebotene Grundrechtsgewährleistungsfunktion zu übernehmen. Damit gebe das BVerfG dem deutschen Recht im Verhältnis zum Gemeinschaftsrecht den Vorrang (*Tomuschat,* in: EuGRZ, 1993, S. 489 ff, 490).

Man kann das BVerfG aber auch anders interpretieren. Indem Art. 23 Abs. 1 Satz 3 GG auf Art. 79 Abs. 2 GG verweist, wird der Integrationsgesetzgeber zum verfassungsändernden Gesetzgeber. Daher hat die Übertragung von Hoheitsrechten Verfassungsrang. Das Gemeinschaftsrecht wird damit zum integralen Bestand der Verfassungsordnung. Daher darf das BVerfG den Integrationsgesetzgeber und die Gemeinschaftsorgane sowie deren Rechtsakte nur mehr insoweit an Vorschriften des GG messen, als es auch sonst vom verfassungsändernden Gesetzgeber erlassene Normen überprüfen kann. Und das ist im materiellen Bereich nur im Rahmen des Art. 79 Abs. 3 GG möglich. Genau diese Auslegung des GG aber, so wird vertreten, habe das BVerfG im Maastricht-Urteil bestätigt. Insbesondere habe es zum ersten Mal explizit auf Art. 79 Abs. 3 GG Bezug genommen (*Selmayr/Prowald*, in: DVBl. 1999, S. 269 ff). **88**

Folgt man dieser Argumentation, dann wäre das BVerfG nur mehr zuständig für die Überprüfung von Grundrechtsverletzungen durch Gemeinschaftsrecht, die in den Kerngehalt des Art. 1 GG und/oder des Art. 20 GG eingreifen, d.h. wenn eine Grundrechtsverletzung nicht nur eines Einzelgrundrechts sondern zugleich auch der Menschenwürde oder (bezüglich Art. 38 Abs. 1 GG) des Demokratieprinzips vorliegt. Die übrigen Grundprinzipien des Art. 20 GG sind objektive Verfassungssätze, die vom einzelnen im Rahmen von Verfassungsbeschwerden nicht eingeklagt werden können, allerdings bei der konkreten Normenkontrolle eine Rolle spielen. Das Kooperationsverhältnis bedeutet dann nur mehr, daß das BVerfG mit dem EuGH gemäß Art. 234 EGV kooperieren, ihn also in Auslegungsfragen des Gemeinschaftsrechts anrufen muß. Wenn nach der Entscheidung des EuGH dann immer noch eine gegen Art. 79 Abs. 3 GG verstoßende Grundrechtsverletzung vorliegt, kann das BVerfG Gemeinschaftsrecht für in der Bundesrepublik unanwendbar erklären. **88a**

Feststeht jedenfalls, daß – entgegen der bisherigen Rechtsprechung (s. Rn 70) – Gemeinschaftsrechtsakte vom BVerfG seit dem Maastricht-Urteil als Akte öffentlicher Gewalt iSd § 90 Abs. 1 BVerfGG eingestuft werden (BVerfGE 89, S. 195), sodaß sie zulässiger Beschwerdegegenstand von Verfassungsbeschwerden sein können (s. Rn 95). Welche Auswirkungen das Maastricht-Urteil darüber hinaus nun tatsächlich haben wird, kann letztlich nur die Praxis zeigen. Bislang jedenfalls hat das BVerfG offene Grundrechtskonflikte mit dem EuGH vermieden. Im Streit um den Vollzug der Bananenmarktordnung der EG (ABl. 1993, Nr. L 47, S. 1 ff), die deutsche Importeure in existentielle wirtschaftliche Schwierigkeiten gebracht hat, forderte das BVerfG zB die zuständigen Fachgerichte und -behörden auf, durch eine grundrechtskonforme Interpretation der Bananenmarktordnung besondere Härten aufzufangen (BVerfG, NJW 1995, S. 950 ff). **89**

b) Vorrangfrage und verfassungsrechtliche Strukturprinzipien

Ein ähnliches Problem besteht hinsichtlich der verfassungsrechtlichen Strukturprinzipien, wie dem Bundesstaatsprinzip, dem Demokratieprinzip, dem Rechtsstaatsprinzip und dem Sozialstaatsprinzip. Diese könnten durch die Tätigkeit der Europäischen Union ebenso betroffen werden wie die Grundrechte. Deshalb ist die Mit- **90** wirkung an der Europäischen Union gemäß Art. 23 Abs. 1 Satz 1 GG nur erlaubt, wenn die Einhaltung der Strukturprinzipien sichergestellt ist. Aufgrund dieser **Struktursicherungsklausel**, die die in der Rechtsprechung des BVerfG zu Art. 24 Abs. 1 GG entwickelten Integrationsschranken wiedergibt, darf der Bund daher weder durch die Übertragung von Hoheitsrechten oder die Mitwirkung an der Rechtssetzung noch durch die Vollziehung des Rechts der Europäischen Union die Strukturprinzipien verletzen.

91 Praktisch relevant geworden ist dies bislang beim **Bundesstaatsprinzip**. In mehreren Fällen üben insbesondere die Europäischen Gemeinschaften Kompetenzen aus, die nach dem GG in die ausschließliche Zuständigkeit der Länder fallen. Dies war zB der Fall beim Erlaß der Fernsehrichtlinie der EG (ABl. 1989, Nr L 298, S. 23 ff). Einige Länder wandten sich vor dem BVerfG gegen die Zustimmung der Bundesregierung zu dieser Richtlinie. Die Erwartung, das BVerfG würde die materiellen Grenzen für die Übertragung von Länderkompetenzen an die EG und für die Ausübung dieser Kompetenzen abstecken, wurde aber enttäuscht. Immerhin wurde festgestellt, daß der Bund als Sachwalter der Länder aufzutreten habe, da diese ihre Interessen gegenüber den Organen der EG nicht selbst wahrnehmen könnten. Dabei erwachsen der Bundesregierung prozedurale Pflichten zur bundesstaatlichen Zusammenarbeit und Rücksichtnahme, insbesondere eine Informations- und Verständigungspflicht (BVerfGE 92, S. 203 ff).

92 Diesen prozeduralen Pflichten wird inzwischen im wesentlichen durch das **Bundesratsverfahren** gemäß Art. 23 Abs. 2, 4 bis 7 GG Rechnung getragen (s. dazu Rn 385 ff). Und die sich auch auf föderative Grundsätze beziehende Struktursicherungsklausel des Art. 23 Abs. 1 Satz 1 GG bringt eine materielle Integrationsschranke zugunsten der Länder.

93 Ob das durch den Vertrag von Maastricht in Art. 5 Abs. 2 EGV eingeführte und vieldiskutierte **Subsidiaritätsprinzip** (vgl auch das Subsidiaritätsprotokoll zum EGV, ABl. 1997, Nr C 340, S. 105 ff) den Ländern zusätzlichen Schutz bietet, ist zweifelhaft. Nach dieser Vorschrift soll die Gemeinschaft nur dann handeln, wenn ein bestimmtes Problem auf der Ebene der Mitgliedstaaten – das können, je nach innerstaatlicher Ordnung, die Mitgliedstaaten selbst oder auch ihre regionalen Untergliederungen sein – nicht ausreichend erreicht und daher wegen seines Umfanges oder seiner Wirkung besser auf Gemeinschaftsebene erreicht werden kann. Schon diese Formulierung ist unklar: Soll die Gemeinschaft erst zuständig sein, wenn ihr Handeln *erforderlich* ist, oder schon dann, wenn sie *effizienter* handeln könnte als die Mitgliedstaaten? Die Unklarheit wird noch verstärkt durch die Kausalverknüpfung zwischen den beiden verschiedenen Ansätzen, die der Art. 5 Abs. 2 EGV vorauszusetzen scheint („... und daher ...“), deren Sinn aber nicht erkennbar ist. Aus diesen Gründen ist von dieser Vorschrift kein richtiger Schutz der Länderkompetenzen zu erwarten, der dem eines Kataloges von Kompetenzzuweisungen – wie ihn das GG enthält – gleichwertig wäre.

94 Bei der Konkretisierung der übrigen Prinzipien der Struktursicherungsklausel des Art. 23 Abs. 1 Satz 1 GG ist der – im Verhältnis zu einem Staat – andersartigen

Struktur der EU Rechnung zu tragen. Man spricht in diesem Zusammenhang von einer „strukturangepaßten Grundsatzkongruenz“ (*Streinz*, in: *Sachs*, Art. 23, Rn 23). Hinsichtlich des **Demokratieprinzips** zB hat das BVerfG ausdrücklich festgestellt, daß in der EU demokratische Legitimation nicht in gleicher Form hergestellt werden kann, wie in einer staatlichen Ordnung (BVerfGE 89, S. 155 ff, 182; BVerfG, NJW 1995, S. 2216 ff). Das Demokratieprinzip werde aber dann verletzt, wenn der Gesetzgeber der Ausübung nicht näher bestimmter Hoheitsrechte durch die EU zustimme. Dies sei eine mit dem Demokratieprinzip unvereinbare Generalermächtigung, wodurch der Zurechnungszusammenhang zwischen der Ausübung von Hoheitsgewalt und deren Legitimation durch den Wähler abreiße (BVerfGE 89, S. 187).

Damit im Zusammenhang hat das BVerfG zusätzlich darauf hingewiesen, daß **95** Rechtsakte der Europäischen Union, die auf einer wesentlichen Änderung des im EUV angelegten Integrationsprogramms basieren (weil sie die Grenzen der Vertragsauslegung überschreiten und deshalb eine Vertragsänderung voraussetzen) nicht mehr vom Zustimmungsgesetz zum EUV gedeckt sind. Sie entfalten als **ultra-vires-Akte** keine Bindungswirkung für die Bundesrepublik Deutschland und dürfen von deutschen Staatsorganen nicht angewendet werden (BVerfGE 89, S. 188, 195 und 210). Bei solchen Akten liege sowohl eine Verletzung des Rechtsstaatsprinzips (fehlende Kompetenzgrundlage) als auch des Demokratieprinzips (fehlende parlamentarische Zustimmung) vor. Letzteres könne unter dem Aspekt des Art. 38 Abs. 1 GG mit der Verfassungsbeschwerde geltend gemacht werden.

Lösung Fall 4 (Rn 52): **96**
(Zum Aufbau der Zulässigkeitsprüfung vgl *Degenhart,* Rn 513 ff)

I. Zulässigkeit (Art. 100 Abs. 1 GG, § 13 Nr 11, §§ 80 ff BVerfGG)

1. Vorlagegegenstand

Vorlagegegenstand im Verfahren nach Art. 100 Abs. 1 GG ist nach hL und ständiger Rechtsprechung des BVerfG grundsätzlich nur ein förmliches, deutsches, nachkonstitutionelles Gesetz. Im Falle von Verordnungen der Europäischen Gemeinschaften läßt das BVerfG davon eine Ausnahme zu (s. Rn 56). Demzufolge ist die Vorlage zulässig.

2. Vorlageberechtigung

Es muß sich bei dem vorlegenden Gericht um eine Gericht iSv Art. 92 GG handeln. Dies ist bei einem Verwaltungsgericht der Fall.

3. Überzeugung von der Verfassungswidrigkeit

Das vorlegende Gericht muß von der Verfassungswidrigkeit der vorgelegten Norm überzeugt sein. Zweifel genügen nicht. Laut Sachverhalt kann man davon ausgehen, daß das Verwaltungsgericht, da es die Ansicht der Klägerin teilt, von der Verfassungswidrigkeit der Verordnung Nr 000/98 überzeugt ist.

4. Entscheidungserheblichkeit

Die Vorlage ist nur zulässig, wenn die vorgelegte Norm entscheidungserheblich ist, wenn daher die Entscheidung des vorlegenden Gerichts bei Nichtigkeit der vorgelegten Norm anders ausfallen würde als bei deren Gültigkeit. Die Verordnung Nr 000/98 ist für das Verwaltungsgericht entscheidungserheblich. Bei deren Nichtigkeit müßte es der Klage stattgeben, bei deren Gültigkeit müßte es die Klage abweisen.

5. Form
Die Form der Vorlage richtet sich nach § 80 Abs. 2, § 23 Abs. 1 BVerfGG. Laut Sachverhalt erfolgte die Vorlage formgerecht.
6. Auflösend bedingte Unzulässigkeit der Vorlage von Verordnungen
Das BVerfG hat die Vorlage von Verordnungen der Europäischen Gemeinschaften im Solange II-Beschluß jedoch deswegen für unzulässig erklärt, weil (und solange) der durch die Europäischen Gemeinschaften gewährte Grundrechtsschutz dem vom Grundgesetz gebotenen Grundrechtsschutz im wesentlichen gleichzuachten ist. Diese, durch den „Solange-Vorbehalt" auflösend bedingte „Zulässigkeitsvoraussetzung" ist nur durch die Eigenheit der Materie bzw die dazu ergangene Rechtsprechung des BVerfG zu erklären, so daß das „herkömmliche" Prüfungsschema für Vorlagen nach Art. 100 Abs. 1 GG diesen Punkt nicht vorsieht. Genau betrachtet handelt es sich auch nicht um eine Frage der Zulässigkeit, sondern um eine Art Begründetheitsprüfung auf der Zulässigkeitsebene, die am ehesten mit der Nichtannahme einer Verfassungsbeschwerde bei mangelnder Erfolgsaussicht oder offensichtlicher Unbegründetheit vergleichbar ist. Jedenfalls ist der Grundrechtsschutz durch die Europäischen Gemeinschaften zur Zeit noch „im wesentlichen gleichzuachten", so daß die Vorlage unzulässig ist.

II. Begründetheit (entfällt)

Ergebnis: Das BVerfG wird die Vorlage für unzulässig erklären.

Anmerkung: Hier zeigt sich die eigentliche Schwäche des Solange II-Beschlusses. Denn wenn im konkreten Fall tatsächlich eine Grundrechtsverletzung vorliegt, so müßte die Beachtung der Grundrechte im Einzelfall wegen der Gesamtsituation (= zur Zeit noch „im wesentlichen gleichzuachten") zurückstehen. Will man dies nicht hinnehmen, müßte das BVerfG unter Punkt 6 der Zulässigkeitsprüfung untersuchen, ob im konkreten Fall tatsächlich eine Grundrechtsverletzung vorliegt und bejahendenfalls die Vorlage für zulässig erklären. Damit aber wird die Begründetheit einer Vorlage nach Art. 100 Abs. 1 GG zur Zulässigkeitsvoraussetzung. Das stellt im Rahmen der bislang praktizierten Aufbauschemata zumindest eine Neuigkeit dar.

Alternativlösung: Folgt man der Argumentation von *Selmayr/Prowald* (s. Rn 88, 88a) so hat das Verwaltungsgericht nicht hinreichend dargelegt, daß es von einer qualifizierten Verfassungswidrigkeit, dh von einem Verstoß gegen Art. 12 und Art. 14 GG iVm Art. 1 und/oder Art. 20 GG ausgeht. Es mangelt daher an der ausreichenden Überzeugung der Verfassungswidrigkeit oder an einer ordnungsgemäßen Begründung nach § 80 Abs. 2, § 23 Abs. 1 BVerfGG. Auch so gesehen wird das BVerfG die Vorlage für unzulässig erklären.

Literatur: *Geiger,* Die Mitwirkung des deutschen Gesetzgebers an der Entwicklung der Europäischen Union, in: JZ 1996, S. 1093 ff; *Götz,* Das Maastricht-Urteil des Bundesverfassungsgerichts, in: JZ 1993, S. 1081 ff; *Hilf/Stein/Schweitzer/Schindler,* Europäische Union: Gefahr oder Chance für den Föderalismus in Deutschland, Österreich und der Schweiz?, in: VVDStRL 53 (1994), Berlin 1994; *Hirsch,* Europäischer Gerichtshof und Bundesverfassungsgericht – Kooperation oder Konfrontation?, in: NJW 1996, S. 2457 ff; *Pechstein,* Keine „Solange III"-Entscheidung: Das BVerfG und die EG-Fernsehrichtlinie, in: Jura 1995, S. 581 ff; *Scholz,* Wie lange bis „Solange III"?, in: NJW 1990, S. 941 ff; *ders.,* Europäische Union und deutscher Bundesstaat, in: NVwZ 1993, S. 817 ff; *Schweitzer/Fixson,* Subsidiarität und Regionalismus in der EG, in: JURA 1992, S. 579 ff; *Schweitzer/Hummer,* Europarecht, Rn 845-869; *Selmayr/Prowald,* Abschied von den „Solange"-Vorbehalten, in: DVBl. 1999, S. 269 ff; *Streinz,* Bundesverfassungsgerichtlicher Grundrechtsschutz und Europäisches Gemeinschaftsrecht, Baden-Baden 1989; *Tietje,* Europäischer Grundrechtsschutz nach dem Maastricht-Urteil: „Solange III"?, in: JuS 1994, S. 197 ff; *Tomuschat,* Die Europäische Union unter der Aufsicht des BVerfG, in: EuGRZ 1993, S. 489 ff.

§ 3 Die Quellen des Völkerrechts und des Europarechts

A. Begriff der Rechtsquelle

Der Begriff der Rechtsquelle kann unterschiedlich verstanden werden, je nachdem ob man abstellt auf äußere Form, Verfahren der Entstehung, Geltungsgrund oder Entstehungsmotive von Normen. **97**

So unterscheiden *Dahm ua* (S. 44) folgende drei Definitionsansätze: (1) Die kausalen Faktoren der empirischen Wirklichkeit, auf denen das konkrete Recht beruht, dh sein soziales und reales Substrat. (2) Der Geltungsgrund des Rechts. (3) Die Äußerungen des maßgebenden Willens, die Erscheinungsformen des Rechts, die „modes de constatation du droit".

In diesem Sinne kann man materielle und formelle Rechtsquellen unterscheiden (vgl *Verdross/Simma,* S. 321). **Materielle Rechtsquellen** sind die Faktoren, die die Entstehung von Recht beeinflussen, wie zB Ideologien, Rechtsbewußtsein, Wertungen, Sachzwänge etc. Als außerjuristische Faktoren scheiden sie als unmittelbarer Behandlungsgegenstand des Staatsrechts III aus, weil das GG auf sie nicht Bezug nimmt. Unter **formellen Rechtsquellen** kann man die Erscheinungsformen des Rechts verstehen. Auf sie nimmt das GG, zumindest was das Völkerrecht betrifft, unmittelbar Bezug. **98**

Der **Geltungsgrund** des Rechts ist im Völkerrecht weder materielle noch formelle Rechtsquelle, sondern eine rechtstheoretische Kategorie, die zu erklären versucht, daß und warum das Völkerrecht und damit die formellen Rechtsquellen des Völkerrechts verbindlich sind. Dies gilt nicht in diesem Ausmaß für das Europäische Gemeinschaftsrecht. Zwar ist es unbestritten, daß die Gründungsverträge als formelle Quellen des Völkerrechts dem Satz des allgemeinen Völkerrechts „pacta sunt servanda" unterliegen. Damit haben sie in diesem Satz ihren Geltungsgrund. Keine Einigkeit besteht hingegen hinsichtlich der daraus abzuleitenden Folgen der Rechtsnatur des Europäischen Gemeinschaftsrechts (s. Rn 44 f). **99**

B. Die Quellen des Völkerrechts

Gemäß Art. 38 Abs. 1 des Status des IGH vom 26. Juni 1945 (Sartorius II, Nr 2) hat der IGH im Rahmen seiner streitentscheidenden Tätigkeit folgende formelle Quellen des Völkerrechts anzuwenden: **100**

„a) Internationale Übereinkünfte allgemeiner oder besonderer Natur, in denen von den streitenden Staaten ausdrücklich anerkannte Regeln festgelegt sind;

b) das internationale Gewohnheitsrecht als Ausdruck einer allgemeinen, als Recht anerkannten Übung;

c) die von den Kulturvölkern anerkannten allgemeinen Rechtsgrundsätze."

101 Diese Bestimmung schreibt nur dem IGH die Beachtung der genannten Rechtsquellen Verträge, Gewohnheitsrecht und allgemeine Rechtsgrundsätze vor. Zudem ist das StIGH wegen der Relativität des Völkerrechts (s. Rn 9) nur für die Mitglieder des Statuts (darunter seit 1973 auch die Bundesrepublik) verbindlich. Dennoch besteht Einigkeit darüber, daß Art. 38 StIGH eine Kodifikation der formellen Quellen des Völkerrechts darstellt.

102 Das heißt jedoch nicht, daß sich der Katalog der Völkerrechtsquellen nicht erweitern kann. Sollte dies der Fall sein, so wäre Art. 38 StIGH zu eng. Teilweise wird dies schon für die verbindlichen Beschlüsse internationaler Organisationen vertreten, die für den Rechtsunterworfenen die Qualität von Rechtsquellen haben (s. Rn 268 ff). Ähnliches gilt für die einseitigen Rechtsgeschäfte (s. Rn 285 ff).

I. Völkerrechtliche Verträge

103 Fast alle Fragen, die mit völkerrechtlichen Verträgen zusammenhängen, wie zB Entstehen, Anwendung, Untergang usw (Recht der Verträge) sind in dem **Wiener Übereinkommen über das Recht der Verträge** (im allgemeinen Sprachgebrauch: Wiener Vertragsrechtskonvention) vom 23. Mai 1969 (Sartorius II, Nr 320) kodifiziert, das von der Bundesrepublik Deutschland 1987 ratifiziert wurde (BGBl. 1987 II, S. 757).

104 Allerdings ist der Anwendungsbereich der WVRK beschränkt, da sie gemäß ihrem Art. 1 nur für Verträge zwischen Staaten gilt. Am 21. März 1986 wurde das **Wiener Übereinkommen über das Recht der Verträge zwischen Staaten und internationalen Organisationen und zwischen internationalen Organisationen** unterzeichnet; auch diese Konvention wurde mittlerweile von der Bundesrepublik Deutschland ratifiziert (BGBl. 1990 II, S. 1415; zum Übereinkommen s. *Bothe,* in: NJW 1991, S. 2169 ff).

105 Eine weitere Einschränkung des Anwendungsbereiches der WVRK liegt darin, daß sie sich gemäß Art. 2 Abs. 1 Buchstabe a nur auf schriftliche Verträge bezieht. Für die nichtgeregelten Fragen gelten die Bestimmungen des allgemeinen Völkerrechts, dh die nichtvertraglichen Völkerrechtsquellen (= Völkergewohnheitsrecht, allgemeine Rechtsgrundsätze).

Beispiel: Nur nach Völkergewohnheitsrecht zu beurteilen sind die Wirkungen eines Krieges auf die Verträge zwischen den Kriegsparteien und auf die Verträge zwischen Kriegsparteien und neutralen Staaten.

106 Gewisse Schwierigkeiten ergeben sich daraus, daß in der WVRK nicht nur das bestehende allgemeine Völkerrecht kodifiziert wurde, sondern daß es sich dabei vereinzelt um eine „**progressive codification**" handelt. Im Rahmen einer solchen werden manche Fragen neu und eigenständig geregelt, so daß sich Abweichungen oder

Widersprüche zum allgemeinen Völkerrecht ergeben. Dies kann dann zu Schwierigkeiten führen, wenn eine Vertragspartei der WVRK und eine Nichtvertragspartei Meinungsverschiedenheiten über eine Frage des Rechts der Verträge haben. Denn die WVRK kann die Nichtvertragspartei nicht binden. In einem solchen Fall muß wohl auf den Grundsatz des letzten Absatzes der Präambel der WVRK zurückgegriffen werden, wonach „die Sätze des Völkergewohnheitsrechts weiterhin für Fragen gelten, die in diesem Übereinkommen (der WVRK) nicht geregelt sind". Diese Weitergeltung des Völkergewohnheitsrechts muß erst recht in den Fällen gelten, wo die WVRK wegen der Relativität des Völkerrechts überhaupt nicht zur Anwendung kommt. Dies wird auch durch Art. 3 WVRK (wenngleich für ganz spezielle Fälle) bestätigt. In der Mehrzahl aller Fälle entspricht aber die WVRK dem geltenden Völkergewohnheitsrecht.

Beispiel: Der Staat A, Mitglied der WVRK, tritt einem multilateralen Vertrag über Satellitenfernsehen bei und erklärt dabei einen Vorbehalt. Der Staat B, der Mitglied des Vertrages über Satellitenfernsehen, aber nicht der WVRK ist, lehnt diesen Vorbehalt des Staates A ab. Die Frage nach den Wirkungen des Vorbehalts und der Ablehnung ist unterschiedlich zu beantworten, je nachdem, ob man Art. 21 Abs. 3 WVRK oder allgemeines Völkerrecht anwendet (s. Rn 205). Im vorliegenden Fall muß allgemeines Völkerrecht zur Anwendung kommen, da Art. 21 Abs. 3 WVRK für B nicht gelten kann.

Manche Fragen des Rechts der Verträge werden in eigenen Übereinkommen kodifi- **107**
ziert.

Beispiel: Die Wiener Konvention über das Recht der Staatennachfolge in Verträge vom 23. August 1978 (*Schweitzer/Rudolf*, S. 606 ff).

1. Begriff

Art. 38 Abs. 1 Buchstabe a StIGH gibt für den Begriff des völkerrechtlichen Vertra- **108**
ges nicht viel her. Wesentlich ergiebiger ist insoweit Art. 2 Abs. 1 Buchstabe a WVRK. Dort wird der Vertrag definiert als „eine in Schriftform geschlossene und vom Völkerrecht bestimmte internationale Übereinkunft zwischen Staaten, gleichviel ob sie in einer oder in mehreren zusammengehörigen Urkunden enthalten ist und welche besondere Bezeichnung sie hat". Auch diese Definition ist zu eng (= nur schriftlich, nur zwischen Staaten), war auch gar nicht umfassend angelegt, enthält jedoch schon wesentliche Elemente der allgemein üblichen Begriffsbildung.

Man kann den völkerrechtlichen Vertrag definieren als eine durch übereinstim- **109**
mende Willenserklärungen erzielte Einigung zwischen Völkerrechtssubjekten über bestimmte völkerrechtliche Rechtsfolgen. Entscheidend ist dabei, daß sich Völkerrechtssubjekte über völkerrechtliche Rechtsfolgen einigen (vgl IGH im Fall „Territorial questions between Qatar and Bahrain", ICJ-Reports 1994, S. 112 ff, 120 ff).

Nicht entscheidend ist daher die Form (mündlich, schriftlich), die Anzahl der Partner (bilateral, multilateral) oder die Bezeichnung (Vertrag, Staatsvertrag, Konvention, Deklaration, Übereinkommen, Übereinkunft, Abkommen, Protokoll, Erklärung, Vereinbarung, Notenwechsel, Memorandum, Punktation, Abmachung, Briefwechsel, Pakt, Charta, Satzung, Statut, Konkordat = Vertrag mit dem Völkerrechtssubjekt Heiliger Stuhl usw).

2. Vertragsfähigkeit

110 **Fall 5:** Die Bundesregierung hat mit dem Staat Tuvalu einen Freundschafts-, Handels- und Schiffahrtsvertrag ausgehandelt. Darin wird den Staatsbürgern der Vertragsparteien jeweils Niederlassungsfreiheit im Rahmen einer Inländergleichbehandlung garantiert. Der Vertrag enthält ua folgende Bestimmungen:

Art. 5

Die Staatsangehörigen jeder Vertragspartei genießen im Hoheitsgebiet der anderen Vertragspartei ein freies und ungehindertes Zugangsrecht zu allen Schulen.

Art. 17

Die Staatsangehörigen jeder Vertragspartei werden im Hoheitsgebiet der anderen Vertragspartei nur zu folgenden direkten Steuern herangezogen:

a) …
b) …
c) Einkommensteuer, sofern sie sich auf inländisches Einkommen bezieht.
d) …

Art. 22

Dieser Vertrag bedarf der Ratifikation und tritt am Tage des Austausches der Ratifikationsurkunden in Kraft, der in Bonn stattfinden soll.

Darf der Bund diesen Vertrag abschließen? (**Lösung: Rn 133**).

a) Allgemein

111 Die Fähigkeit, völkerrechtliche Verträge abzuschließen (**treaty-making power**), kommt grundsätzlich allen Völkerrechtssubjekten zu. In der Regel ist diese Tätigkeit bei den Staaten unbeschränkt, während sie bei den internationalen Organisationen und den Sonderformen Beschränkungen unterliegt, die sich aus den Gründungsverträgen, ihrer speziellen Funktion oder ihrer Anerkennung durch die übrigen Völkerrechtssubjekte ergeben.

112 Aber auch die Vertragsfähigkeit von Staaten kann **beschränkt** sein. Dies gilt insbesondere für die Gliedstaaten von Bundesstaaten. Der Umfang ihrer Vertragsfähigkeit ergibt sich aus der Verfassung. Dabei ist umstritten, inwieweit zu dieser Kompetenzaufteilung zwischen Bund und Gliedstaaten, die ja eine rein innerstaatliche Regelung darstellt, auch noch eine Anerkennung durch die anderen Völkerrechtssubjekte hinzukommen muß.

Nach dem Entwurf der WVRK (Yearbook of the International Law Commission 1966 II, S. 173 ff) war noch vorgesehen, daß Gliedstaaten eines Bundesstaates in dem von der Bundesverfassung vorgesehenen Umfang Vertragsfähigkeit hätten. Diese Bestimmung wurde – insbesondere auf Betreiben der Bundesstaaten – nicht in den endgültigen Text aufgenommen. Grund dafür waren aber zumeist politische Überlegungen. Etliche Bundesstaaten sahen darin den Anstoß für außenpolitische Kompetenzforderungen ihrer Gliedstaaten bis hin zur Sezessionsgefahr (zB Kanada). Aus dieser Entwicklung läßt sich daher keine völkerrechtliche Folgerung ableiten.

In der Praxis ist die Frage von nicht allzu großer Bedeutung. Denn spätestens dann, wenn ein anderes Völkerrechtssubjekt mit dem Gliedstaat eines Bundesstaates einen völkerrechtlichen Vertrag abschließt, anerkennt es dessen Vertragsfähigkeit. Zudem ist die Vertragsfähigkeit von Gliedstaaten nur bei wenigen der ohnehin nicht zahlreichen Bundesstaaten vorgesehen. **113**

Keine Vertragsfähigkeit ist zB vorgesehen in Brasilien, Mexiko, Kanada, Nigeria, USA. Beschränkte Vertragsfähigkeit ist zB vorgesehen in der Bundesrepublik, in Österreich und in der Schweiz.

Weitgehende Einigkeit besteht hingegen darüber, daß auch der **Bundesstaat** im völkerrechtlichen Verkehr nach außen grundsätzlich als **Einheitsstaat** auftritt (BVerfGE 2, S. 347 ff, 378). Insofern haftet der Gesamtstaat sowohl für die Verletzung eigener völkerrechtlicher Verträge durch seine Gliedstaaten als auch für die Verletzung gliedstaatlicher völkerrechtlicher Verträge durch ihn oder durch die Gliedstaaten (s. *von Münch*, Das völkerrechtliche Delikt, Frankfurt a.M. 1963, S. 239 ff). **114**

b) Regelung im GG

Das GG bezieht sich auf die **Vertragsfähigkeit der Bundesrepublik** nur indirekt, indem diese vorausgesetzt wird. Eine nähere Regelung ist nicht notwendig, da die Bundesrepublik als Staat aufgrund des Völkerrechts Vertragsfähigkeit besitzt. Auch die Länderverfassungen setzen die Vertragsfähigkeit der Länder voraus und bestimmen lediglich die zum Vertragsabschluß zuständigen Organe (s. Rn 140 f). **115**

Die Regelungen des GG betreffen insofern nur die Kompetenzaufteilung zwischen Bund und Ländern. Wenn daher Art. 32 Abs. 1 GG bestimmt: „Die Pflege der Beziehungen zu auswärtigen Staaten ist Sache des Bundes", so ist damit auch bestimmt, daß der Abschluß völkerrechtlicher Verträge Sache des Bundes ist. Nicht hingegen wird dadurch die Vertragsfähigkeit der Bundesrepublik begründet, die auch unabhängig von Art. 32 Abs. 1 GG existiert. **116**

Art. 32 Abs. 3 GG regelt die **Kompetenz der Länder** zum Abschluß völkerrechtlicher Verträge, indem er bestimmt: „Soweit die Länder für die Gesetzgebung zuständig sind, können sie mit Zustimmung der Bundesregierung mit auswärtigen Staaten Verträge abschließen." Für die Länder hat diese Bestimmung eine doppelte Wirkung. Denn hier wird nicht nur ihre verfassungsrechtliche Kompetenz, sondern auch die Grundlage ihrer völkerrechtlichen Vertragsfähigkeit bestimmt. Unabhängig von Art. 32 Abs. 3 GG würde eine solche überhaupt nicht existieren. Ob die Länder allerdings von dieser verfassungsrechtlich vorgesehenen Kompetenz Gebrauch machen können, ist eine Frage des Völkerrechts. Völkerrechtlich gesehen kann dies unterschiedlich erklärt werden. So kann in der Anerkennung der Bundesrepublik als (unbestrittener) Staat iSd Völkerrechts auch die Anerkennung der in ihrer Verfassung vorgesehenen Vertragsfähigkeit der Länder gesehen werden. Es kann aber auch versucht werden, aus der Staatenpraxis eine Anerkennung der Vertragsfähigkeit der Länder nachzuweisen. **117**

In der Praxis haben mehrere Länder völkerrechtliche Verträge mit fremden Staaten abgeschlossen, wenngleich nicht sehr häufig (zB Übereinkommen über den Schutz des Bodensees gegen Verunreinigung vom 27. Oktober 1960, abgeschlossen zwischen Baden-Württemberg, Bayern, Österreich und der Schweiz, BayGVBl. 1961, S. 237 ff; vgl die Zusammenstellung bei *Rojahn,* in: *v. Münch,* 2. Aufl., München 1983, Anhang zu Art. 32). Insgesamt gesehen ergibt dies eine Anerkennung der Vertragsfähigkeit dieser Länder.

In beiden Fällen kommt man zum Ergebnis, daß die Länder in dem in Art. 32 Abs. 3 GG vorgegebenen Rahmen Vertragsfähigkeit besitzen. Insoweit sind sie auch als partielle Völkerrechtssubjekte einzustufen (s. Rn 536).

118 In der Bestimmung dieses Rahmens ihrer Vertragsfähigkeit stellt Art. 32 Abs. 3 GG auf die Zuständigkeit der Länder für die Gesetzgebung ab. Der Wortlaut verweist damit zunächst auf die Art. 70 ff GG. Die Länder dürfen also – mit Zustimmung der Bundesregierung – Verträge in den Materien abschließen, für die sie ausschließliche oder konkurrierende Gesetzgebungskompetenz besitzen. Ausschließliche Gesetzgebungskompetenz besitzen die Länder dort, wo der Bund keine ausschließliche, konkurrierende oder Rahmengesetzgebungskompetenz hat. Konkurrierende Gesetzgebungskompetenz besitzen die Länder insbesondere im Rahmen der Artikel 74, 74a und 105 Abs. 2 GG, solange und soweit der Bund von seiner Kompetenz noch keinen Gebrauch gemacht hat.

Hat ein Land einen Vertrag zB über eine Materie des Art. 74 GG abgeschlossen und macht der Bund später von seiner Gesetzgebungskompetenz Gebrauch, so geht damit der Vertrag nicht unter, sondern es verlieren nur das Land und die anderen Länder die Abschlußkompetenz gemäß Art. 32 Abs. 3 GG für weitere Verträge über diese Materie.

Der Bund kann dasselbe Ergebnis erzielen, indem er in dieser Materie selbst einen Vertrag abschließt. Dabei ist er nach hL nicht an die Voraussetzungen des Art. 72 Abs. 2 GG gebunden, da die dort niedergelegten Kriterien für den internationalen Bereich keine Rolle spielen.

119 Art. 32 Abs. 3 GG stellt auf die Trennung der Materien dahingehend ab, daß zwischen Gesetzgebungszuständigkeiten des Bundes und der Länder unterschieden wird. Daher dürfen die Länder auch Verträge abschließen, die sich auf die Verwaltung beziehen (sog. **Verwaltungsabkommen**, s. Rn 189), sofern sie die Gesetzgebungszuständigkeit in dieser Materie besitzen.

Das BVerfG hat dies so begründet (BVerfGE 2, S. 347 ff, 369 f):
„Nach Art. 32 Abs. 3 GG können die Länder, soweit sie für die Gesetzgebung zuständig sind, mit Zustimmung der Bundesregierung mit auswärtigen Staaten Verträge schließen. Diese Bestimmung betrifft nur den Gegensatz zwischen landesrechtlicher Regelung und bundesrechtlicher Regelung und will nicht etwa die Landesgesetzgebung in einen Gegensatz zur Landesverwaltung stellen. Daraus ergibt sich, daß die Länder auch auf dem Gebiete der Landesverwaltung zum Abschluß von Verträgen befugt sind."

120 Nach einer Mindermeinung bezieht sich diese Kompetenz für Verwaltungsabkommen auch auf die Materien, in denen die Länder zwar keine Gesetzgebungsbefugnis besitzen, aber Bundesgesetze als eigene Angelegenheit oder im Auftrag des Bundes ausführen (Art. 84, 85 GG), soweit und solange nicht der Bund gemäß Art. 84 Abs. 2 und Art. 85 Abs. 2 GG allgemeine Verwaltungsvorschriften erlassen hat (*Maunz,* in: *Maunz/Dürig,* Art. 32 Rn 70). Diese Meinung wird mit Hinweis auf den Wortlaut des Art. 32 Abs. 3 GG („Gesetzgebung") sowie mit dem Argument abgelehnt, daß damit die Einwirkungsmöglichkeiten des Bundes auf die Gesetzesvollziehung behindert würden.

Art. 32 Abs. 3 GG ermächtigt die Länder zum Abschluß von Verträgen mit „**auswärtigen Staaten**". Dieser Begriff, der genauso wie in Art. 32 Abs. 1 GG auszulegen ist, ist zu eng. Man ist sich größtenteils darüber einig, daß damit sämtliche Völkerrechtssubjekte gemeint sind (vgl BVerfGE 1, S. 351 ff, 366; BVerfGE 2, S. 347 ff, 374). Die Formulierung „auswärtige Staaten" dürfte darauf zurückzuführen sein, daß sie aus einer Zeit stammt, in der der Kreis der Völkerrechtssubjekte fast ausschließlich aus Staaten bestand (vgl auch Art. 78 der Weimarer Reichsverfassung von 1919). 121

Nicht als auswärtiger Staat iSv Art. 32 Abs. 1 und 3 GG gilt nach hL der **Heilige Stuhl** (vgl BVerfGE 6, S. 309 ff, 362), obwohl er von der Bundesrepublik als Völkerrechtssubjekt anerkannt ist. 122

Für diese Auslegung wird hauptsächlich auf die Entstehungsgeschichte des GG verwiesen (vgl *Reichel,* Die auswärtige Gewalt nach dem Grundgesetz für die Bundesrepublik Deutschland vom 23. Mai 1949, Berlin 1967, S. 93). Dennoch ist es schwer einzusehen, warum von allen Völkerrechtssubjekten nur der Heilige Stuhl nicht unter Art. 32 GG fallen soll.

Aus dieser Auslegung folgt, daß für den Abschluß von Verträgen mit dem Heiligen Stuhl (sog. Konkordate) nicht auf Art. 32 GG, sondern auf die allgemeinen Zuständigkeitsregeln zurückgegriffen werden muß. Die Zuständigkeit zum Abschluß von Konkordaten richtet sich demnach nach der Gesetzgebungszuständigkeit für die zu regelnde Materie. Danach liegt die Zuständigkeit in der Regel bei den Ländern. Da Art. 32 GG dabei nicht zur Anwendung kommt, brauchen die Länder dann auch nicht die Zustimmung der Bundesregierung, wie sie in Art. 32 Abs. 3 GG vorgesehen ist. 123

Für den Bund bleiben einige wenige Materien, über die er Konkordate abschließen könnte, zB die Bundeswehrseelsorge (Art. 73 Nr 1 GG).

In der Vergangenheit stellte sich die Frage, ob die **DDR „auswärtiger Staat"** iSv Art. 32 GG war. Problematisch war vor allem das Kriterium „auswärtig". Das BVerfG hatte in seiner Entscheidung zum Grundlagenvertrag zwischen der (damaligen) Bundesrepublik und der DDR betont, daß es sich dabei um zwei Staaten handele, die zwar Teile eines noch nicht reorganisierten Gesamtstaates, aber dennoch jeder für sich Völkerrechtssubjekt seien (BVerfGE 36, S. 1 ff, 22 f). Dies schien für eine Einstufung der DDR als „auswärtiger Staat" zu sprechen, wenngleich dieses Ergebnis auch nicht unumstritten war. 124

Gemäß Art. 32 Abs. 3 GG können die Länder solche Verträge nur mit **Zustimmung der Bundesregierung** abschließen. Dadurch übt die Bundesregierung „eine präventive Bundesaufsicht aus, damit verhütet werde, daß Länderverträge den Bundesinteressen widerstreiten" (so BVerfGE 2, S. 347 ff, 370). Sie hat dabei ein politisches Ermessen (vgl im einzelnen dazu *Seidel*, Die Zustimmung der Bundesregierung zu Verträgen der Bundesländer mit auswärtigen Staaten gemäß Art. 32 III GG, Berlin 1975). 125

Bisher ungelöst ist die **bundesstaatliche Zentralfrage** bei der Auslegung des Art. 32 GG. Es geht dabei um das Problem, ob Art. 32 Abs. 3 GG den Ländern ein 126 exklusives Vertragsabschlußrecht gibt, sofern sie die Gesetzgebungszuständigkeit besitzen, oder ob es sich dabei nur um ein konkurrierendes Vertragsabschlußrecht handelt. Anders ausgedrückt geht es darum, ob der Bund durch Art. 32 Abs. 1 GG ermächtigt wird, Verträge über alle Materien abzuschließen, also auch dort, wo die Länder die Gesetzgebungszuständigkeit besitzen. Die Meinungen dazu sind in der Lehre geteilt, ja es besteht nicht einmal Übereinstimmung darüber, was als hL zu bezeichnen ist. Selbst die davon direkt betroffenen Länder der Bundesrepublik vertreten dazu unterschiedliche Ansichten (vgl *Rudolf,* S. 185 f). Das BVerfG hat die Frage bislang noch nicht entschieden.

127 Man kann die beiden Meinungen zur Auslegung des Art. 32 GG wegen ihrer bundesstaatlichen Relevanz als zentralistische und föderalistische Ansicht bezeichnen:

(1) Zentralistische Ansicht: Danach ist die **Zuständigkeit des Bundes**, Verträge mit auswärtigen Staaten abzuschließen, **unbeschränkt**. Er kann daher auch dort Verträge abschließen, wo die Länder die ausschließliche Gesetzgebungszuständigkeit besitzen. Die Kompetenz der Länder gemäß Art. 32 Abs. 3 GG ist eine konkurrierende. Begründet wird diese Ansicht hauptsächlich mit dem uneingeschränkten Wortlaut des Art. 32 Abs. 1 GG, der Wortlaut des Art. 32 Abs. 3 GG („können") sowie dem Prinzip der Einheit des Bundesstaates nach außen hin (s. Rn 114).

(2) Föderalistische Ansicht: Danach ist die **Zuständigkeit des Bundes**, Verträge mit auswärtigen Staaten abzuschließen, insofern **beschränkt**, als er dort keine Verträge abschließen darf, wo die Länder die ausschließliche Gesetzgebungszuständigkeit besitzen. Die Kompetenz der Länder gemäß Art. 32 Abs. 3 GG ist exklusiv. Begründet wird diese Ansicht hauptsächlich damit, daß nach der zentralistischen Lösung der Bund über den Abschluß von Verträgen die Gesetzgebungskompetenz der Länder aushöhlen könnte.

In diesem Zusammenhang wird jeweils die Mittelmeinung angeführt, wonach der Bund alle Verträge in den Bereichen, in denen die Länder die ausschließliche Gesetzgebungsbefugnis besitzen, abschließen, aber nicht innerstaatlich vollziehen dürfe (= Transformation, s. Rn 454 f). Dabei handelt es sich aber im Zusammenhang des Art. 32 GG um eine zentralistische Ansicht.

128 In der Praxis sind die sich aus der ungeklärten Verfassungslage ergebenden Streitfragen durch das sog. **Lindauer Abkommen** vom 14. November 1957 (Verständigung zwischen der Bundesregierung und den Staatskanzleien der Länder über das Vertragsschließungsrecht des Bundes) einer pragmatischen Lösung zugeführt worden.

Das Lindauer Abkommen hat folgenden Wortlaut (Text nach „Richtlinien für die Behandlung völkerrechtlicher Verträge", s. Rn 143):

„1. Der Bund und die Länder halten an ihren bekannten Rechtsauffassungen über die Abschluß- und Transformationskompetenz bei völkerrechtlichen Verträgen, die ausschließliche Kompetenzen der Länder berühren, fest.

2. Die Länder halten ein Entgegenkommen bei der Anwendung des Artikels 73 Ziffern 1 und 5 und des Artikels 74 Ziffer 4 GG für möglich. Eine Zuständigkeit des Bundes könnte danach zB für

A. Konsularverträge,
B. Handels- und Schiffahrtsverträge, Niederlassungsverträge sowie Verträge über den Waren- und Zahlungsverkehr,
C. Verträge über den Beitritt zu oder die Gründung von internationalen Organisationen

auch insoweit anerkannt werden, als diese Verträge Bestimmungen enthalten, bei denen es zweifelhaft sein könnte, ob sie im Rahmen eines internationalen Vertrags unter die ausschließliche Landesgesetzgebung fallen, wenn diese Bestimmungen

a) für solche Verträge typisch und in diesen Verträgen üblicherweise enthalten sind oder

b) einen untergeordneten Bestandteil des Vertrages bilden, dessen Schwerpunkt im übrigen zweifelsfrei im Bereich der Zuständigkeit des Bundes liegt.

Hierzu gehören Bestimmungen über Vorrechte bei auswärtigen Staaten und internationalen Einrichtungen hinsichtlich des Steuer-, Polizei- und Enteignungsrechts (Immunitäten) sowie über die nähere Ausgestaltung der Rechte von Ausländern in Handels-, Schiffahrts- und Niederlassungsverträgen.

3. Beim Abschluß von Staatsverträgen, die nach Auffassung der Länder deren ausschließliche Kompetenzen berühren und nicht nach Ziff. 2 durch die Bundeskompetenz gedeckt sind, insbesondere also bei Kulturabkommen, wird wie folgt verfahren:

Soweit völkerrechtliche Verträge auf Gebieten der ausschließlichen Zuständigkeit der Länder eine Verpflichtung des Bundes oder der Länder begründen sollen, soll das Einverständnis der Länder herbeigeführt werden. Dieses Einverständnis soll vorliegen, bevor die Verpflichtung völkerrechtlich verbindlich wird. Falls die Bundesregierung einen solchen Vertrag dem Bundesrat gemäß Artikel 59 Abs. 2 GG zuleitet, wird sie die Länder spätestens zum gleichen Zeitpunkt um die Erteilung des Einverständnisses bitten.

Bei den in Abs. 1 Satz 1 genannten Verträgen sollen die Länder an den Vorbereitungen für den Abschluß möglichst frühzeitig, in jedem Fall rechtzeitig vor der endgültigen Festlegung des Vertragstextes beteiligt werden.

4. Es wird weiter vereinbart, daß bei Verträgen, welche wesentliche Interessen der Länder berühren, gleichgültig, ob sie die ausschließliche Kompetenz der Länder betreffen oder nicht,

a) die Länder möglichst frühzeitig über den beabsichtigten Abschluß derartiger Verträge unterrichtet werden, damit sie rechtzeitig ihre Wünsche geltend machen können,

b) ein ständiges Gremium aus Vertretern der Länder gebildet wird, das als Gesprächspartner für das Auswärtige Amt oder die sonst zuständigen Fachressorts des Bundes im Zeitpunkt der Aushandlung internationaler Verträge zur Verfügung steht,

c) durch die Information dieses Gremiums und die von ihm abgegebenen Erklärungen der Vereinbarung nach Ziffer 3 nicht berührt wird.

5. Der Sonderfall des Artikels 32 Abs. 2 GG wird durch Ziffer 4 nicht erfaßt."

Als **wesentlicher Inhalt** des Lindauer Abkommens läßt sich zusammenfassend **128a** festhalten: Die Länder akzeptieren gewisse Verträge des Bundes, die teilweise ihre ausschließlichen Gesetzgebungszuständigkeiten berühren, d.h. sie werden dagegen nicht verfassungsgerichtlich vorgehen (Ziff. 2). In anderen Fällen kann der Bund Verträge abschließen, die ausschließliche Länderzuständigkeiten betreffen (insbesondere Kulturabkommen), wenn die Länder zugestimmt haben (Ziff. 3). Davon abgesehen bleiben die unterschiedlichen Rechtsauffassungen von Bund und Ländern in diesen Bereichen bestehen (Ziff. 1).

129 Zwar hat sich die Anwendung des Lindauer Abkommens in der Praxis bewährt, seine **Verfassungsmäßigkeit** ist allerdings bis heute **umstritten**. Dabei werden insbesondere gegen Ziffer 3 Bedenken vorgebracht. Wenn man nämlich bei der Interpretation des Art. 32 GG von der föderalistischen Ansicht ausgeht, besitzt der Bund gerade bei Kulturabkommen keine Vertragsschließungskompetenz. Diese steht nur den Ländern zu. Dann aber bewirkt Ziffer 3 des Lindauer Abkommens eine Übertragung der Vertragsschließungskompetenz von den Ländern auf den Bund. Dies wäre eine Änderung der Kompetenzordnung des GG und als solche nur im Verfahren nach Art. 79 Abs. 1 und Abs. 2 GG erlaubt. Eine Übertragung durch ein Bund-Länder-Abkommen wäre daher verfassungswidrig.

130 Auch von seiten der zentralistischen Interpretation des Art. 32 GG werden verfassungsrechtliche Bedenken mit der Begründung geltend gemacht, Ziffer 3 verändere die in Art. 32 GG angelegte Beteiligungsform der Länder hin zu einem nicht vorgesehenen Mitwirkungsrecht, was die Entscheidungsfreiheit des Bundes im Rahmen seiner umfassenden Vertragsschließungskompetenz beschränke. Diesen Bedenken dürfte allerdings schon der Wortlaut der Ziffer 3 entgegenstehen, da dort immer nur von „sollen" und nie von „müssen" die Rede ist.

131 Art. 32 Abs. 2 GG sieht vor, daß vor dem Abschluß eines Vertrages durch den Bund, der die besonderen Verhältnisse eines Landes berührt, das **Land rechtzeitig zu hören** ist. Daraus läßt sich kein Anspruch auf Einflußnahme auf den Vertragsinhalt ableiten. Der Bund ist nicht an die Stellungnahme des Landes gebunden. Art. 32 Abs. 2 GG kommt allerdings nur zur Anwendung, wenn ein oder mehrere Länder besonders berührt sind, nicht, wenn alle gleichmäßig betroffen sind.

Beispiel: Beim Abschluß der Verträge der Bundesrepublik mit Dänemark, den Niederlanden und Großbritannien über die Abgrenzung des Festlandsockels unter der Nordsee vom 28. Januar 1971 (BGBl. 1972 II, S. 882 ff, 889 ff, 897 ff) wurden die besonders betroffenen Länder Bremen, Hamburg, Niedersachsen und Schleswig-Holstein zunächst dadurch beteiligt, daß ein Vertreter dieser Länder als Mitglied an der deutschen Verhandlungsdelegation teilnahm. Außerdem wurden ihnen die Vertragsentwürfe vor Unterzeichnung zur Stellungnahme zugeleitet.

132 Nach übereinstimmender Auffassung fallen Verträge der Länder untereinander oder mit dem Bund nicht unter Art. 32 GG, weil sie im gegenseitigen Verhältnis keine „auswärtigen Staaten" sind.

133 **Lösung Fall 5** (Rn 110):

1. Gemäß Art. 32 Abs. 1 GG ist die Pflege der Beziehungen zu auswärtigen Staaten Sache des Bundes. Dazu gehört auch der Abschluß völkerrechtlicher Verträge. Um einen solchen handelt es sich beim Freundschafts-, Handels- und Schiffahrts-Vertrag mit Tuvalu. Die Zuständigkeit wäre allerdings dann nicht gegeben, wenn zum Abschluß eines solchen Vertrages die Länder exklusiv zuständig wären. Dies könnte sich aus Art. 32 Abs. 3 GG ergeben.

2. Gemäß Art. 32 Abs. 3 GG können die Länder, sofern sie für die Gesetzgebung zuständig sind, mit Zustimmung der Bundesregierung Verträge mit auswärtigen Staaten abschließen. Dem Wortlaut des Art. 32 GG ist allerdings nicht zu entnehmen, ob Art. 32

Abs. 3 GG den Ländern ein exklusives Vertragsabschlußrecht gewährt, so daß der Bund keine völkerrechtlichen Verträge im Bereich von Angelegenheiten abschließen dürfte, für die die Länder die Gesetzgebungszuständigkeit besitzen.

3. Der Art. 32 GG läßt sich deshalb in zweifacher Weise auslegen. Man kann einerseits zum Ergebnis kommen, daß im Bereich der Landesgesetzgebung ein konkurrierendes Vertragsabschlußrecht von Bund und Ländern besteht. Es läßt sich aber andererseits aus Art. 32 GG auch ableiten, daß in Bereichen der Landesgesetzgebung der Bund kein Vertragsabschlußrecht besitzt.

4. Vertritt man die erste Auffassung, so darf der Bund im vorliegenden Fall diesen Vertrag abschließen. Vertritt man die zweite Meinung, so muß geprüft werden, ob der Vertrag Bereiche der Landesgesetzgebung tangiert. Art. 5 des Vertrages bestimmt für die Staatsangehörigen von Tuvalu ein freies und ungehindertes Zugangsrecht zu allen Schulen. Die Regelung des Zugangsrechts zu Schulen fällt aber gemäß Art. 70 Abs. 1 GG in die ausschließliche Gesetzgebungszuständigkeit der Länder, da das GG, insbesondere die Artikel 73 bis 75 dem Bund in diesem Bereich keinerlei Gesetzgebungsbefugnisse übertragen. Eine solche Kompetenz ergibt sich auch nicht aus Art. 73 Ziffer 1 GG, der dem Bund die ausschließliche Gesetzgebung in auswärtigen Angelegenheiten überträgt. Diese Bestimmung bezieht sich auf den auswärtigen Dienst und die Rechtsstellung ausländischer Vertretungen und nicht auf jeden Abschluß eines völkerrechtlichen Vertrages (s. Rn 741). Daraus folgt, daß der Bund nach dieser Auslegung des Art. 32 GG den Vertrag nicht abschließen darf. Die übrigen relevanten Angelegenheiten fallen in die Gesetzgebungszuständigkeit des Bundes (Art. 73 Ziffer 3, Art. 73 Ziffer 5, Art. 74 Ziffer 4, Art. 105 Abs. 2 iVm Art. 106 Abs. 3 GG).

5. Vertritt man die föderalistische Ansicht bei der Auslegung des Art. 32 GG, so könnte sich eine Zuständigkeit des Bundes aus dem Lindauer Abkommen ergeben. In diesem Abkommen haben sich Bund und Länder – unter Aufrechterhaltung ihrer unterschiedlichen Rechtsauffassung über die Vertragsabschlußkompetenz des Bundes in Bereichen ausschließlicher Gesetzgebungszuständigkeiten der Länder – auf einen Kompromiß geeinigt. In Ziffer 2 des Abkommens signalisieren die Länder ein Entgegenkommen bei der Anwendung der Artikel 73 Ziffer 1 und 5 und 74 Ziffer 4 GG und halten eine Zuständigkeit des Bundes ua möglich für Handels-, Schiffahrts- und Niederlassungsverträge, selbst wenn die Gesetzgebungszuständigkeit für Einzelbestimmungen zweifelhaft sein könnte. Umfaßt sind allerdings nur solche Einzelbestimmungen, die für solche Verträge typisch und üblicherweise in ihnen enthalten sind oder einen untergeordneten Bestandteil des Vertrages bilden, der im übrigen zweifelsfrei im Bereich der Zuständigkeit des Bundes liegt. Hierzu gehören ua Bestimmungen über die nähere Ausgestaltung der Rechte von Ausländern in Handels-, Schiffahrts- und Niederlassungsverträgen.

Alle diese Bedingungen treffen auf den Vertrag mit Tuvalu zu, so daß der Bund nach dem Lindauer Abkommen den Vertrag abschließen darf. Zwar ist die Verfassungsmäßigkeit des Lindauer Abkommens umstritten, wobei vor allem darauf hingewiesen wird, daß ein Abkommen zwischen Bund und Ländern nicht die Kompetenzverteilung des GG ändern könne. Auf der anderen Seite aber ist die Staatspraxis seit 1957 insofern einheitlich, als die Länder – wenngleich unter Aufrechterhaltung ihres gegenteiligen Rechtsstandpunktes – den Abschluß solcher Verträge durch den Bund akzeptieren. Darum kann man davon ausgehen, daß bis zur Aufhebung des Lindauer Abkommens der Bund die ihm dort zugestandene Abschlußkompetenz ausüben darf.

Ergebnis: Der Bund darf diesen Vertrag abschließen.

Literatur: *Bernhardt*, Verfassungsrecht und völkerrechtliche Verträge, in: *Isensee/Kirchhof,* Bd. VII, S. 571 ff; *Blumenwitz,* Vertragsabschlußkompetenz, in: Lexikon, S. 310 ff; *Fastenrath,* Kompetenzaufteilung im Bereich der auswärtigen Gewalt, München 1986, S. 81-147; *Friehe,* Kleines Problemkompendium zum Thema: „Kulturabkommen des Bundes", in: JA 1983, S. 117 ff; *Hartung*, Die Praxis des Lindauer Abkommens, Köln ua 1984; *Rudolf,* S. 178-190, 227-231; *ders.*, Völkerrechtliche Verträge über Gegenstände der Landesgesetzgebung, in: Mainzer Festschrift für *H. Armbruster,* Berlin 1976, S. 59 ff; *ders.,* Bundesstaat und Völkerrecht, in: ArchVR 1989, S. 1 ff; *Stern*, Auswärtige Gewalt und Lindauer Abkommen, in: Festschrift Carl Heymanns Verlag, Köln ua 1995, S. 231 ff; *Weißauer,* Völkerrechtliche Verträge – Zusammenwirken von Bund und Ländern, in: Festschrift für *K. Bengl,* München 1984, S. 149 ff.

3. Organe des Vertragsabschlusses

a) Allgemein

134 Nach allgemeinem Völkerrecht werden die zum Vertragsabschluß zuständigen Organe nach der Verfassung des jeweiligen Völkerrechtssubjekts bestimmt.

Dazu zählen die Verfassungen der Staaten, die Gründungsverträge internationaler Organisationen, der Codex Juris Canonici für den Heiligen Stuhl, die Ordensverfassung des Malteser-Ordens und die institutionellen Regelungen der übrigen Völkerrechtssubjekte.

Für die Staaten wird diese Verweisungsregel in Art. 7 Abs. 2 Buchstabe a WVRK weiter spezifiziert. Danach gilt (unabhängig von der jeweiligen Verfassung) die – widerlegbare – Vermutung, daß Staatsoberhäupter, Regierungschefs und Außenminister kraft ihres Amtes als innerstaatlich zuständig „zur Vornahme aller sich auf den Abschluß eines Vertrages beziehenden Handlungen" angesehen werden.

b) Regelung im GG

135 Gemäß Art. 59 Abs. 1 Satz 1 GG vertritt der **Bundespräsident** den Bund völkerrechtlich. Damit wird dem Bundespräsidenten die Außenvertretungsbefugnis im gesamten Umfang der völkerrechtlichen Beziehungen des Bundes verliehen, wozu auch der Abschluß völkerrechtlicher Verträge gehört. So gesehen kommt dem Art. 59 Abs. 1 Satz 2 GG nur erläuternde Funktion zu, der die wichtigste Funktion des Bundespräsidenten in diesem Bereich beschreibt: „Er schließt im Namen des Bundes die Verträge mit auswärtigen Staaten."

136 Diese **Kompetenz** ist vom GG **umfassend** angelegt. Zum einen bezieht sie sich nach durchaus hL (wie auch bei der Auslegung von Art. 32 GG, s. Rn 121) auf völkerrechtliche Verträge mit allen Völkerrechtssubjekten (s. Rn 532), also nicht nur auf solche mit auswärtigen Staaten. Zum anderen werden davon alle Verträge, unabhängig von ihrem Inhalt, erfaßt. Eine Einschränkung existiert lediglich dahingehend, daß es sich um Verträge des Bundes handeln muß. Verträge, die die Länder im Rahmen ihrer Kompetenz gemäß Art. 32 Abs. 3 GG abschließen können, werden von ihren Organen abgeschlossen. Umstritten ist, ob sich die Länder in diesem Bereich durch den Bundespräsidenten vertreten lassen können; ein Problem, das in der Praxis allerdings nicht relevant wird.

Dafür *Rojahn,* in: *v. Münch,* Art. 59 Rn 4. Dagegen *Zuleeg,* in: Alternativkommentar GG, Bd. 1 S. 227, Rn 14, mit der Begründung, daß sonst beim Vertragspartner der Eindruck entstünde, daß die Bundesrepublik Deutschland die Einhaltung des Vertrages gewährleiste. Daher müsse der Bundespräsident das Ansinnen zurückweisen. Da ein Bundesstaat aber nach außen hin als Einheitsstaat auftritt (s. Rn 114), muß die Bundesrepublik ohnehin die Einhaltung gewährleisten.

Vom Wortlaut her gesehen liegt in Art. 59 Abs. 1 Satz 2 GG eine Widerlegung der Vermutung des Art. 7 Abs. 2 Buchstabe a WVRK in bezug auf das Vertragsabschlußrecht des Bundeskanzlers und des Bundesaußenministers. Die Praxis hat sich hingegen anders entwickelt. **137**

Art. 7 Abs. 1 Buchstabe a WVRK geht davon aus, daß Personen, für die nicht die Vermutung des Art. 7 Abs. 2 Buchstabe a gilt, nur dann für einen Staat die Zustimmung, durch einen Vertrag gebunden zu sein, abgeben dürfen, wenn sie eine gehörige **Vollmacht** besitzen. Bezogen auf die Bundesrepublik bedeutet das, daß – wegen der widerlegten Vermutung des Art. 7 Abs. 2 Buchstabe a WVRK – jedes Staatsorgan, das eine solche Erklärung abgeben will, das also einen Vertrag abschließen will, eine Vollmacht des Bundespräsidenten braucht. **138**

Demgegenüber gehen die hL und die **Praxis in der Bundesrepublik** davon aus, daß für eine Reihe von völkerrechtlichen Verträgen des Bundes auch andere Staatsorgane eine Abschlußkompetenz besitzen. Dies gilt für die große Gruppe der Verwaltungsabkommen, die von der Bundesregierung oder vom Bundeskanzler, dem Außenminister und den Ressortministern abgeschlossen werden, ohne daß eine Vollmacht des Bundespräsidenten vorliegt. Dies läßt sich verfassungsrechtlich nur dadurch rechtfertigen, daß entweder eine eigenständige Ermächtigung im GG dafür existiert, oder daß der Bundespräsident seine Kompetenz delegiert hat. Trotz der ständigen Praxis bestehen gegen beide Begründungen erhebliche verfassungsrechtliche Bedenken. **139**

Im Rahmen der ersten Lösung wird auf Art. 59 Abs. 2 Satz 2 GG verwiesen und daraus abgeleitet, daß Verwaltungsabkommen insgesamt der Regierungskompetenz zugewiesen seien, und daß daher eine Tätigkeit des Bundespräsidenten in keiner Weise erforderlich sei (vgl *Stern,* Bd. II, S. 226). Bedenken gegen diese Argumentation ergeben sich daraus, daß Art. 59 Abs. 2 Satz 2 GG seiner Systematik nach der Abgrenzung zu Satz 1 dient, vornehmlich die Transformation regelt (s. Rn 461) und ohne ersichtlichen Zusammenhang zu der in Art. 59 Abs. 1 Satz 1 und 2 GG umfassend angelegten Kompetenz des Bundespräsidenten steht.

Es wird daher auch meist auf die zweite Lösung abgestellt und eine Delegation angenommen. Diese wird entweder als stillschweigend oder als verfassungsgewohnheitsrechtlich begründete Delegation angesehen (vgl *Geiger*, S. 129). Dem schient auch das BVerfG zu folgen, wenn es ausführt: „… zumindest kraft einer vom Bundespräsidenten stillschweigend erteilten Vollmacht" (BVerfGE 68, S. 1 ff, 82 f). Bisweilen wird zum Nachweis auf § 77 Abs. 2 GGO II verwiesen, wonach der Außenminister und nicht der Bundespräsident Vollmachten für den Abschluß von Regierungsabkommen ausstellt, oder auf § 11 Abs. 2 GOBReg abgestellt, wonach Verhandlungen mit dem Ausland oder im Ausland nur mit Zustimmung des Auswärtigen Amtes geführt werden dürfen. Da aber die Delegation eine Verschiebung im

Kompetenzgefüge des Art. 59 Abs. 1 GG bedeutet, wird gegen diese Lösung vorgebracht, daß dies mit Art. 79 Abs. 1 Satz 1 GG unvereinbar sei.

c) Regelung in den Länderverfassungen

140 Die Länderverfassungen bestimmen jeweils auch die zum Abschluß völkerrechtlicher Verträge zuständigen Organe. Dabei wird in einigen Fällen (Berlin, Bremen) kein ausdrücklicher Hinweis auf Verträge gemacht, sondern – vergleichbar dem Art. 59 Abs. 1 Satz 1 GG – nur ganz allgemein die Außenvertretungsbefugnis geregelt. In den meisten Fällen (Baden-Württemberg, Brandenburg, Hessen, Mecklenburg-Vorpommern, Niedersachsen, Nordrhein-Westfalen, Rheinland-Pfalz, Saarland, Sachsen, Sachsen-Anhalt, Schleswig-Holstein, Thüringen) werden die Verträge zwar angeführt, aber in den Regelungszusammenhang der Zustimmung durch die Landtage gestellt. Nur die bayerische und die hamburgische Verfassung weisen den Abschluß von Verträgen ausdrücklich der Kompetenz des Ministerpräsidenten bzw des Senats zu. Die einzelnen Bestimmungen der Länderverfassungen sind folgende:

141 1. **Baden-Württemberg:**
Art. 50: Der Ministerpräsident vertritt das Land nach außen. Der Abschluß von Staatsverträgen bedarf der Zustimmung der Regierung und des Landtags.

2. **Bayern:**
Art. 47 Abs. 3: Er (= der Ministerpräsident) vertritt Bayern nach außen.
Art. 72 Abs. 2: Staatsverträge werden vom Ministerpräsidenten nach vorheriger Zustimmung des Landtags abgeschlossen.

3. **Berlin:**
Art. 58 Abs. 1 Satz 1: Der Regierende Bürgermeister vertritt Berlin nach außen.

4. **Brandenburg:**
Art. 91: (1) Der Ministerpräsident vertritt das Land nach außen. Er kann diese Befugnis auf ein anderes Mitglied der Landesregierung oder auf nachgeordnete Stellen übertragen.
(2) Staatsverträge, insbesondere Verträge, die sich auf Gegenstände der Gesetzgebung beziehen oder Aufwendungen erfordern, für die Haushaltsmittel nicht vorgesehen sind, bedürfen der Zustimmung des Landtages.

5. **Bremen:**
Art. 118 Satz 1 und 2: Der Senat führt die Verwaltung nach den Gesetzen und den von der Bürgerschaft gegebenen Richtlinien. Er vertritt die Freie Hansestadt Bremen nach außen.

6. **Hamburg:**
Art. 43: Der Senat vertritt die Freie und Hansestadt Hamburg gegenüber der Bundesrepublik Deutschland, den deutschen Ländern und dem Ausland. Ihm obliegt die Ratifikation der Staatsverträge.

7. **Hessen:**
Art. 103: (1) Der Ministerpräsident vertritt das Land Hessen. Er kann die Vertretungsbefugnis auf den zuständigen Minister oder nachgeordnete Stellen übertragen.
(2) Staatsverträge bedürfen der Zustimmung des Landtags.

8. **Mecklenburg-Vorpommern:**
Art. 47: (1) Der Ministerpräsident vertritt das Land nach außen. Die Befugnis kann übertragen werden.

(2) Staatsverträge, die Gegenstände der Gesetzgebung betreffen, bedürfen der Zustimmung des Landtages in Form eines Gesetzes.

9. Niedersachsen:
Art. 35: (1) Die Ministerpräsidentin oder der Ministerpräsident vertritt das Land nach außen.
(2) Verträge des Landes, die sich auf Gegenstände der Gesetzgebung beziehen, bedürfen der Zustimmung des Landtages.

10. Nordrhein-Westfalen:
Art. 57: Die Landesregierung vertritt das Land Nordrhein-Westfalen nach außen. Sie kann diese Befugnis auf den Ministerpräsidenten, auf ein anderes Mitglied der Landesregierung oder auf nachgeordnete Stellen übertragen.
Art. 66 Satz 2: Staatsverträge bedürfen der Zustimmung des Landtags.

11. Rheinland-Pfalz:
Art. 101: Der Ministerpräsident vertritt das Land Rheinland-Pfalz nach außen. Staatsverträge bedürfen der Zustimmung des Landtags.

12. Saarland:
Art. 95: (1) Der Ministerpräsident vertritt das Land nach außen.
(2) Der Abschluß von Staatsverträgen bedarf der Zustimmung des Landtages durch Gesetz. Die Landesregierung ist verpflichtet, den Landtag über andere wichtige Vereinbarungen zu unterrichten.

13. Sachsen:
Art. 65: (1) Der Ministerpräsident vertritt das Land nach außen.
(2) Der Abschluß von Staatsverträgen bedarf der Zustimmung der Staatsregierung und des Landtages.

14. Sachsen-Anhalt:
Art. 69: (1) Der Ministerpräsident vertritt das Land nach außen. Diese Befugnis kann übertragen werden.
(2) Der Abschluß von Staatsverträgen bedarf der Zustimmung des Landtages.

15. Schleswig-Holstein:
Art. 30: (1) Die Ministerpräsidentin oder der Ministerpräsident vertritt das Land, soweit die Gesetze nichts anders bestimmen. Diese Befugnis kann übertragen werden.
(2) Verträge mit der Bundesrepublik oder mit anderen Ländern bedürfen der Zustimmung der Landesregierung. Soweit sie Gegenstände der Gesetzgebung betreffen oder zu ihrer Durchführung eines Gesetzes bedürfen, muß auch der Landtag zustimmen.

16. Thüringen:
Art. 77: (1) Der Ministerpräsident vertritt das Land nach außen. Er kann diese Befugnis übertragen.
(2) Staatsverträge bedürfen der Zustimmung des Landtags.

Literatur: *Rudolf,* Internationale Beziehungen der deutschen Länder, in: ArchVR 1966, S. 53 ff; *Seidel,* Der Bundespräsident als Träger der auswärtigen Gewalt, Berlin 1972, S. 64-69; *Tuschhoff,* Die Ratifikation völkerrechtlicher Verträge durch den Bundespräsidenten unter Berücksichtigung der Bedeutung des Vertragsgesetzes, Diss. Mainz 1976.

4. Verfahren des Vertragsabschlusses

Fall 6: Muß der Vertrag zwischen der Bundesrepublik Deutschland und Tuvalu (**Fall 5**, Rn 110) im ein- oder mehrphasigen Verfahren abgeschlossen werden? **(Lösung: Rn 161, 165, 168, 172)**. **142**

143 Beim Abschluß völkerrechtlicher Verträge unterscheidet man zwischen dem **mehrphasigen** und dem **einphasigen Verfahren**. Bei dieser Unterscheidung wird darauf abgestellt, ob die staatlichen Organe, die den Vertrag ausgehandelt haben, diesen auch selbst verbindlich abschließen können (einphasiges Verfahren) oder ob der verbindliche Vertragsabschluß erst nach Mitwirkung anderer Organe stattfinden kann (mehrphasiges Verfahren). Welches Verfahren gewählt wird, hängt davon ab, ob die Verfassungen der Vertragsparteien für den betreffenden Vertrag die Mitwirkung mehrerer Staatsorgane vorsehen oder nicht. Daher ist es auch möglich, daß eine Vertragspartei auf das mehrphasige Verfahren angewiesen ist, während die andere einphasig abschließen kann.

Die Praxis der Bundesrepublik ergibt sich aus den „Richtlinien für die Behandlung völkerrechtlicher Verträge" (Neufassung 1996 mit Ergänzungen), herausgegeben vom Auswärtigen Amt, Referat 501 – Völkerrechtliche Verträge.

a) Mehrphasiges Verfahren

144 (1) Das mehrphasige Verfahren beginnt mit der Bestellung von Unterhändlern. Diese benötigen in der Regel eine **Vollmacht**. Dabei handelt es sich um eine Verhandlungs- und nicht um eine Abschlußvollmacht. Daher wird üblicherweise in die Vollmacht ein Ratifikationsvorbehalt aufgenommen, der klarstellt, daß der Vertrag nicht schon mit der Unterzeichnung durch den Unterhändler, sondern erst nach der Ratifikation (s. dazu Rn 153) verbindlich werden kann.

Beispiel:

Der Präsident der Bundesrepublik Deutschland
– Vollmacht –

Der Botschafter der Bundesrepublik Deutschland

Herr …

wird hiermit bevollmächtigt, im Namen der Bundesrepublik Deutschland mit dem bevollmächtigten Vertreter der Republik … zu verhandeln, und diesen Vertrag nebst dazugehörigem Protokoll und Zusatzvereinbarungen, vorbehaltlich der Ratifikation, zu unterzeichnen.

Berlin, den ……

Der Bundespräsident ……
Der Bundesminister
des Auswärtigen
……

145 Gemäß Art. 7 Abs. 2 WVRK werden für die Vertragsverhandlungen kraft ihres Amtes als Vertreter ihres Staates angesehen (mit der Folge, daß sie keine Vollmachten vorlegen müssen) Staatsoberhäupter, Regierungschefs, Außenminister, Chefs diplomatischer Missionen sowie die von einem Staat bei internationalen Konferenzen, internationalen Organisationen oder ihren Organen beglaubigten Vertreter.

146 Die Vollmachten werden geprüft und manchmal wird eine sog. Vollmachtsklausel in den Text des auszuhandelnden Vertrages aufgenommen.

Beispiel: Präambel des Freundschafts-, Handels- und Schiffahrtsvertrages zwischen der Bundesrepublik Deutschland und den Vereinigten Staaten von Amerika vom 29. Oktober 1954 (BGBl. 1956 II, S. 488 ff):

„...... haben die Bundesrepublik Deutschland und die Vereinigten Staaten von Amerika beschlossen, einen Freundschafts-, Handels- und Schiffahrtsvertrag abzuschließen, der im allgemeinen auf den Grundsätzen der gegenseitig gewährten Inländerbehandlung und unbedingten Meistbegünstigung beruht. Hierfür haben zu ihren Bevollmächtigten ernannt:

Der Präsident der Bundesrepublik Deutschland
Herrn Dr. Konrad *Adenauer,*
Bundeskanzler und Bundesminister des Auswärtigen, und
der Präsident der Vereinigten Staaten von Amerika
Herrn John Foster *Dulles,*
Staatssekretär der Vereinigten Staaten von Amerika,
die nach Austausch ihrer in gehöriger Form befundenen
Vollmachten folgendes vereinbart haben:“

(2) In der Folge wird der **Vertragstext ausgehandelt**. In der Regel gilt er als angenommen, wenn alle Unterhändler zustimmen. Während dies beim bilateralen Vertrag notwendigerweise so ist, bestimmt Art. 9 Abs. 2 WVRK, daß zur Annahme eines Vertragstextes auf einer internationalen Konferenz 2/3 der Stimmen der anwesenden und abstimmenden Staaten ausreicht. Dies bedeutet insbesondere bei den großen Kodifikationskonferenzen eine wesentliche Erleichterung, da es einzelnen Staaten dadurch unmöglich ist, die Annahme des Vertragstextes zu verhindern. 147

Beispiel: Der Text der UN-Seerechtskonvention wurde nach 9jährigen Verhandlungen am 30. April 1982 mit 130 Stimmen bei 4 Gegenstimmen und 17 Enthaltungen angenommen.

(3) Nach der Einigung über den Vertragstext kommt es zur **Unterzeichnung** des Vertrages durch die Unterhändler. Eine Sonderform der Unterzeichnung ist die sog. **Paraphierung**, die Unterzeichnung mit den Anfangsbuchstaben der Namen (Paraphe). 148

Manchmal kommt es wegen der politischen Bedeutung des Vertrages zu einer Paraphierung und einer anschließenden Unterzeichnung durch andere Staatsorgane.

Beispiel: Der Vertrag zwischen der Bundesrepublik Deutschland und der ehemaligen Union der Sozialistischen Sowjetrepubliken (sog. Moskauer Vertrag) vom 12. August 1970 (BGBl. 1972 II, S. 354 ff) wurde von dem deutschen Vertragsunterhändler paraphiert und danach durch den Bundeskanzler und den Außenminister unterzeichnet.

Weder die Einigung über den Vertragstext noch die Unterzeichnung oder Paraphierung hat zur Folge, daß der Vertrag damit verbindlich geworden ist oder daß die zuständigen staatlichen Organe verpflichtet wären, dem Vertrag nun zuzustimmen. Mit der Unterzeichnung oder Paraphierung wird lediglich der Text des ausgehandelten Vertrages als authentisch und endgültig festgelegt. Es wird also damit nur bestätigt, daß der unterzeichnete oder paraphierte Text dem ausgehandelten entspricht. 149

Beispiel: Die UN-Seerechtskonvention wurde bis zum 10. Dezember 1984 von 157 Staaten sowie von der EWG und dem damaligen UN-Rat für Namibia unterzeichnet, in Kraft getreten ist sie aber erst im November 1994.

Üblicherweise richtet sich aber die Datierung eines Vertrages nach dem Zeitpunkt der Unterzeichnung.

Von dieser Unverbindlichkeit der Unterzeichnung oder Paraphierung gibt es nur wenige Ausnahmen, die in Art. 18 und Art. 24 Abs. 4 WVRK angeführt sind. Die erste Ausnahme ist mehr theoretischer Natur. Danach darf ein Staat zwischen Unter- 150 zeichnung oder Paraphierung und Ratifikation eines Vertrages dessen Ziel und Zweck nicht vereiteln (sog. Frustrationsverbot). Dies gilt allerdings nur solange, als er nicht klar zu erkennen gegeben hat, daß er nicht Vertragspartei werden wird.

Beispiel: Wenn ein Staat ein Investitionsschutzabkommen abschließt, ist es ihm aufgrund des Frustrationsverbots untersagt, vor einer endgültigen Entscheidung, ob er den Vertrag ratifizieren will oder ob er nicht Vertragspartner werden will, Vermögen von Staatsangehörigen des anderen Vertragspartners zu enteignen.

151 Die zweite Ausnahme, die Art. 24 Abs. 4 WVRK vorsieht, ist die notwendige Folge der Funktion einiger Vertragsbestimmungen. Diejenigen Vertragsbestimmungen, die sich auf die Zeit zwischen Unterzeichnung oder Paraphierung und Inkrafttreten des Vertrages beziehen, müssen, auch wenn der Vertrag noch nicht in Kraft ist, schon in dieser Zeit gelten.

Beispiele: Art. 82 Satz 1 WVRK: „Dieses Übereinkommen bedarf der Ratifikation." Art. 84 Abs. 1 WVRK: „Dieses Übereinkommen tritt am dreißigsten Tag nach Hinterlegung der fünfunddreißigsten Ratifikations- oder Beitrittsurkunde in Kraft."

152 (4) Nach der Unterzeichnung oder Paraphierung beginnt das **innerstaatliche Verfahren**, das sich nach der jeweiligen Verfassung der Vertragspartner richtet. Das Völkerrecht verweist insofern auf das innerstaatliche Recht. In diesem innerstaatlichen Verfahren kommt es zur Beteiligung anderer Staatsorgane; in der Regel handelt es sich dabei um die Zustimmung des Parlaments zum Vertragsabschluß. Es sind aber – je nach der innerstaatlichen Verfassung – auch andere Beteiligungsformen und andere beteiligte Organe denkbar, zB Beteiligung der Länderkammern in Bundesstaaten, gutachtliche Stellungnahmen von Höchstgerichten etc.

153 (5) Das innerstaatliche Verfahren endet mit der endgültigen **Zustimmung** der Vertragspartner, **durch den Vertrag gebunden zu sein**. Welches Organ die Zustimmung ausdrückt, richtet sich wiederum nach den Verfassungen der Vertragspartner. In der Regel handelt es sich dabei um das Staatsoberhaupt. Die Form dieser Zustimmung ist nicht vorgeschrieben, sie kann zwischen den Vertragspartnern vereinbart werden (Annahme, Genehmigung, Notenwechsel etc). In der Regel wird die Form der **Ratifikation** gewählt. Mit der Ratifikation verspricht das Staatsoberhaupt feierlich, den Vertrag als bindend anzusehen und seine innerstaatliche Einhaltung zu gewährleisten.

Beispiel: Nachdem der in … am … von den Bevollmächtigten der Bundesrepublik Deutschland und …… unterzeichnete Vertrag über ……, dessen Wortlaut in der Anlage beigefügt ist, in gehöriger Gesetzesform die verfassungsmäßige Zustimmung erfahren hat, erkläre ich hiermit, daß ich den Vertrag bestätige.

Berlin, den ……

Der Bundespräsident ……
Der Bundesminister des Auswärtigen
……

154 (6) Im weiteren Verlauf des Verfahrens folgt der **Austausch der Ratifikationsurkunden**, soweit nicht zwischen den Vertragsparteien etwas anderes vereinbart wurde. Der Austausch der Ratifikationsurkunden ist der Regelfall bei bilateralen Verträgen. Es wird darüber meist ein Protokoll erstellt.

Beispiel: Die Unterzeichneten, Herr ...... als Vertreter der Bundesrepublik Deutschland und Herr Botschafter ...... als Vertreter der Republik ...... haben heute ...... die Ratifikationsurkunden zu dem in ...... am ...... unterzeichneten Vertrag über ......, die in guter und gehöriger Form befunden wurden, ausgetauscht.

Geschehen zu ...... am ...... in zwei Urschriften
(Eigene Unterschrift) (Fremde Unterschrift)

Der Austausch der Ratifikationsurkunden bewirkt das **Inkrafttreten** des Vertrages oder den Beginn einer Frist, nach deren Ablauf der Vertrag in Kraft tritt. **155**

Beispiele: – Vertrag zwischen dem Heiligen Stuhl und Italien (Lateran-Vertrag) vom 11. Februar 1929 (*Schweitzer/Rudolf,* S. 507 ff):

„Art. 27: Der vorliegende Vertrag wird innerhalb von vier Monaten nach seiner Unterzeichnung dem Papst und dem König von Italien zur Ratifizierung vorgelegt und tritt mit dem Austausch der Ratifikationsurkunden in Kraft."

– Abkommen zwischen der Bundesrepublik Deutschland und der Portugiesischen Republik zur Vermeidung der Doppelbesteuerung auf dem Gebiet der Steuern vom Einkommen und vom Vermögen vom 15. Juli 1980 (BGBl. 1982 II, S. 128 ff):

„Art. 30: (1) Dieses Abkommen bedarf der Ratifikation; die Ratifikationsurkunden werden so bald wie möglich in Bonn ausgetauscht.

(2) Das Abkommen tritt einen Monat nach Austausch der Ratifikationsurkunden in Kraft ......".

Bei multilateralen Verträgen tritt an die Stelle des Austausches der Ratifikationsurkunden aus praktischen Gründen meist die **Hinterlegung** bei einem **Depositar**. Dieser wird im Vertrag bestimmt. **156**

Beispiel: Art. 82 WVRK:
„Dieses Übereinkommen bedarf der Ratifikation. Die Ratifikationsurkunden werden beim Generalsekretär der Vereinten Nationen hinterlegt."

Die Hinterlegung beim Depositar hat diesselbe Wirkung wie der Austausch von Ratifikationsurkunden. Allerdings wird in diesen Fällen das Inkrafttreten von der Hinterlegung einer bestimmten Anzahl von Ratifikationsurkunden abhängig gemacht.

Beispiel: Art. 84 WVRK:
„(1) Dieses Übereinkommen tritt am dreißigsten Tag nach Hinterlegung der fünfunddreißigsten Ratifikations- oder Beitrittsurkunde in Kraft.

(2) Für jeden Staat, der nach Hinterlegung der fünfunddreißigsten Ratifikations- oder Beitrittsurkunde das Übereinkommen ratifiziert oder ihm beitritt, tritt es am dreißigsten Tag nach Hinterlegung seiner eigenen Ratifikations- oder Beitrittsurkunde in Kraft."

Über die Hinterlegung von Ratifikationsurkunden wird meist ein Protokoll erstellt. **156a**

Beispiel: Der Botschafter der Republik ......, Herr ......, erschien heute im Auswärtigen Amt, um ...... nach Art. ...... des in ...... am ...... unterzeichneten Übereinkommens über ...... die Ratifikationsurkunde zu hinterlegen.

Die Urkunde wurde vorgelegt, in guter und gehöriger Form befunden und hierauf bei der Regierung der Bundesrepublik Deutschland hinterlegt.

Gesehen zu ...... am ...... in zwei Urschriften.
(Eigene Unterschrift) (Fremde Unterschrift)

157 (7) Damit ist das Verfahren des Vertragsabschlusses beendet. In der Praxis kommt es allerdings in der Mehrzahl aller Fälle noch zur **Registrierung** des Vertrages beim Generalsekretär der UNO (nicht zu verwechseln mit der Hinterlegung der Ratifikationsurkunden, wenn der Generalsekretär der UNO als Depositar bestimmt ist). Der Grund für diese Praxis ist Art. 102 UNO-Satzung, der bestimmt:

„(1) Alle Verträge und sonstigen internationalen Übereinkünfte, die ein Mitglied der Vereinten Nationen nach dem Inkrafttreten dieser Charta schließt, werden so bald wie möglich beim Sekretariat registriert und von ihm veröffentlicht.

(2) Werden solche Verträge oder internationalen Übereinkünfte nicht nach Absatz 1 registriert, so können sich ihre Vertragsparteien bei einem Organ der Vereinten Nationen nicht auf sie berufen."

Verstärkt wird dies neuerdings durch Art. 80 WVRK, wonach alle Verträge, für die die WVRK gilt, beim Generalsekretär der UNO registriert werden.

158 Der Sinn dieser Regelungen war ursprünglich die Vermeidung von Geheimabkommen. Heute liegt die Bedeutung aber darin, daß die Verträge in der United Nations Treaty Series (UNTS) veröffentlicht werden, so daß eine Art „Gesetzessammlung" des Völkerrechts entsteht. Allerdings kommt der Generalsekretär wegen der großen Anzahl der Verträge mit der Veröffentlichung kaum nach, so daß diese um etliche Jahre nachhinkt.

159 Die Nichtregistrierung eines Vertrages hat auf diesen selbst (insbesondere auf sein Inkrafttreten) keinerlei Einfluß. Sie bewirkt lediglich die Sanktion des Art. 102 Abs. 2 UNO-Satzung mit der vorrangigen Folge, daß sich die Vertragspartner nicht vor dem IGH darauf berufen können.

b) Einphasiges Verfahren

160 Das einphasige Verfahren entspricht dem mehrphasigen mit der einen Ausnahme, daß das innerstaatliche Verfahren entfällt. Dies ist immer dann der Fall, wenn das Staatsorgan, das den Vertrag aushandelt, diesen nach der Verfassung auch selbst verbindlich abschließen kann. Die Entscheidung darüber, wann ein einphasiges Verfahren angewandt werden kann, hängt einerseits von der Verfassung der Vertragspartner ab, je nachdem, ob dort die Mitwirkung anderer Staatsorgane (= mehrphasiges Verfahren) vorgesehen ist oder nicht (= einphasiges Verfahren). Andererseits kann im Vertrag selbst ein Hinweis darauf enthalten sein, daß das einphasige Verfahren nicht zur Anwendung kommen wird. Dies gilt in der Regel dann, wenn der Vertrag eine Ratifikationsklausel enthält (s. Beispiel in Rn 156).

161 **Lösung Fall 6** (Rn 142): Da der Vertrag zwischen der Bundesrepublik Deutschland und Tuvalu, der von der Bundesregierung ausgehandelt wurde, eine Ratifikationsklausel enthält, muß der Bundespräsident als nach Art. 59 Abs. 1 Satz 2 GG dazu zuständiges Organ am Vertragsschluß mitwirken, indem er ihn ratifiziert. Daraus ergibt sich, daß dieser Vertrag im mehrphasigen Verfahren abgeschlossen werden muß.

c) Regelung im GG

162 Gemäß Art. 59 Abs. 2 Satz 1 GG bedürfen Verträge, welche die **politischen Beziehungen des Bundes** regeln oder sich auf **Gegenstände der Bundesgesetzgebung** beziehen, der Zustimmung oder Mitwirkung der jeweils für die Bundesgesetzgebung zuständigen Körperschaften in der Form eines Bundesgesetzes. Daraus ergibt sich, daß für derartige Verträge das zweiphasige Verfahren vorgeschrieben ist. Für Verwaltungsabkommen (s. Rn 189 ff) ist hingegen grundsätzlich das einphasige Verfahren vorgesehen.

aa) Verträge, die die politischen Beziehungen des Bundes regeln

163 Der Begriff des sog. „politischen Vertrages" ist eng zu definieren. Dies ergibt sich aus der Überlegung, daß im Grunde genommen jeder Vertrag mit einem Völkerrechtssubjekt die **politischen Beziehungen des Bundes** regelt. Es ist kaum ein Vertrag denkbar, der nicht auch eine politische Dimension hat.

Das BVerfG hat dazu ausgeführt (BVerfGE 1, S. 372 ff, 380 f):
„Ein Staatsvertrag wird nicht dadurch zu einem politischen im Sinne des Art. 59 Abs. 2 GG, daß er sich ganz allgemein mit öffentlichen Angelegenheiten, dem Gemeinwohl oder den Staatsgeschäften befaßt. Wäre dies der Fall, so wäre jeder Staatsvertrag politisch …".

Eine derart breite Begriffsbestimmung hätte zur Folge, daß damit praktisch jeder Vertrag gemäß Art. 59 Abs. 2 Satz 1 Alternative 1 GG der Zustimmung oder der Mitwirkung der jeweils für die Bundesgesetzgebung zuständigen Körperschaften bedürfte. Zudem würde jeder Vertrag dem zweiphasigen Verfahren unterliegen. Die bewußt auf eine Unterscheidung zur 2. Alternative und zu anderen Verträgen angelegte Bestimmung des Art. 59 Abs. 2 Satz 1 GG hätte damit jeden Sinn verloren.

164 Man wird dabei – dem BVerfG folgend – den Begriff auf eine bestimmte Art von politischen Verträgen beschränken müssen. Die Faustformel lautet dabei **„politisch = hochpolitisch"**. Damit ist folgendes gemeint (vgl BVerfGE 1, S. 372 ff, 381 f; zuletzt BVerfGE 90, S. 286 ff, 359):

(1) Der Vertrag muß die Existenz der Bundesrepublik, ihre territoriale Integrität, ihre Unabhängigkeit, ihre Stellung oder ihr maßgebendes Gewicht in der Staatengemeinschaft berühren. Dazu zählen insbesondere solche Verträge, die die Machtstellung anderen Staaten gegenüber behaupten, befestigen oder erweitern.

(2) Diese politische Dimension muß Inhalt und Zweck des Vertrages sein. Es genügt nicht, wenn sie sich als Nebenwirkung eines anderen Vertrages ergibt.

Beispiele: Friedensverträge, militärische Beistandsverträge, Abrüstungsverträge, Verträge über wesentliche Änderungen des Staatsgebiets, Nichtangriffsverträge etc. Die sog. Ostverträge (mit der ehemaligen UdSSR, Polen, der ehemaligen Tschechoslowakei und der damaligen DDR) waren nach Meinung des BVerfG politische Verträge iSv Art. 59 Abs. 2 Satz 1 Alternative 1 GG (BVerfGE 40, S. 141 ff, 164 f; 43, S. 203 ff, Leitsatz; BVerfGE 36, S. 1 ff, 13). Dasselbe gilt für den Beitritt der Bundesrepublik zur NATO und zur UNO (BVerfGE 90, S. 286 ff).

165 **Lösung Fall 6** (Rn 142): Der Vertrag zwischen der Bundesrepublik Deutschland und Tuvalu regelt nicht die politischen Beziehungen des Bundes iSv Art. 59 Abs. 2 Satz 1 Alternative 1 GG. Er ist kein „hochpolitischer" Vertrag. Seine politische Dimension ergibt sich allenfalls als Nebenwirkung. Aufgrund dieser Vorschrift wäre daher kein mehrphasiges Verfahren vorgeschrieben.

bb) Verträge, die sich auf Gegenstände der Bundesgesetzgebung beziehen

166 Bei der Beurteilung, ob sich ein Vertrag auf **Gegenstände der Bundesgesetzgebung** bezieht, darf nicht auf die bloße Zugehörigkeit der im Vertrag geregelten Materie zu einer Gesetzgebungskompetenz des Bundes abgestellt werden. Es kommt dabei also nicht auf die Kompetenzaufteilung zwischen Bund und Ländern zur Gesetzgebung gemäß Art. 70 ff GG an. Vielmehr ist nach der hL und der Rechtsprechung des BVerfG entscheidend, „ob im konkreten Fall ein Vollzugsakt unter Mitwirkung der gesetzgebenden Körperschaften erforderlich ist" (BVerfGE 1, S. 372 ff, 388). Daher bezieht sich ein Vertrag nur dann auf Gegenstände der Bundesgesetzgebung, „wenn zur Vollziehung des Vertrages ein Bundesgesetz erforderlich wird, wenn also der Bund durch den Vertrag Verpflichtungen übernimmt, deren Erfüllung allein durch Erlaß eines Bundesgesetzes möglich ist." (BVerfGE 1, S. 372 ff, 389).

167 Man hat sich also zu fragen, ob die deutschen Behörden, wenn sie den Vertragsinhalt vollziehen (den Vertrag also erfüllen), dazu einer bundesgesetzlichen Grundlage bedürfen oder nicht. Bedürfen sie einer gesetzlichen Grundlage, so handelt es sich um einen Vertrag, der sich auf Gegenstände der Bundesgesetzgebung bezieht. Man kann auch so vorgehen, daß man sich vorstellt, der Vertragsinhalt sollte nicht auf der völkerrechtlichen, sondern auf der innerstaatlichen Ebene geregelt werden und dabei untersucht, in welcher Form dies zu geschehen habe. Kommt man zu dem Ergebnis, daß es dazu eines Bundesgesetzes bedarf, kann man daraus wieder den Schluß ziehen, daß es sich um einen Vertrag handelt, der sich auf die Gegenstände der Bundesgesetzgebung bezieht. Der Begriff „**Bundesgesetzgebung**" ist also zu sehen als **Gegensatz zu „Bundesverwaltung"**. Wenn die Bundesverwaltung den Vertrag auch ohne Gesetz vollziehen kann, dann liegt eben kein Fall des Art. 59 Abs. 2 Satz 1 Alternative 2 GG vor, und eine Zustimmung oder Mitwirkung der für die Bundesgesetzgebung zuständigen Körperschaften ist nicht notwendig.

168 **Lösung Fall 6** (Rn 142):

1. Art. 17 Buchstabe c des Vertrages zwischen der Bundesrepublik und Tuvalu sieht vor, daß die in der Bundesrepublik ansässigen Staatsangehörigen von Tuvalu zur Einkommensteuer nur bezüglich inländischer Einkommen herangezogen werden. Es ist daher zu untersuchen, ob sich diese Bestimmung auf Gegenstände der Bundesgesetzgebung bezieht.
2. Gemäß Art. 105 Abs. 2 iVm 106 Abs. 3 GG hat der Bund die (konkurrierende) Gesetzgebungszuständigkeit für die Einkommensteuer.

Daraus allein kann nun aber nicht abgeleitet werden, daß es sich um einen Vertrag gemäß Art. 59 Abs. 2 Satz 1 Alternative 2 GG handelt. Hingegen muß geprüft werden, ob die auf das inländische Einkommen beschränkte Besteuerung eines im Inland ansässigen Ausländers einer gesetzlichen Regelung bedarf.

3. Gemäß § 1 Abs. 1 Satz 1 iVm § 2 Abs. 1 Einkommensteuergesetz (BGBl. 1984 I, S. 113 ff) unterliegt ein im Inland ansässiger Ausländer mit seinem Welteinkommen der Einkommensteuerpflicht. Soll diese Regelung dahingehend geändert werden, daß für die Staatsangehörigen von Tuvalu nicht mehr das Welteinkommen, sondern nur mehr das inländische Einkommen steuerpflichtig ist, bedarf es dazu einer gesetzlichen Regelung in Form einer Änderung der genannten Rechtsgrundlage. Daher handelt es sich bei dem Vertrag zwischen der Bundesrepublik und Tuvalu um einen Vertrag, der sich auf Gegenstände der Bundesgesetzgebung bezieht, und deshalb ist gemäß Art. 59 Abs. 2 Satz 1 Alternative 2 GG die Zustimmung oder Mitwirkung der jeweils für die Bundesgesetzgebung zuständigen Körperschaften in Form eines Bundesgesetzes notwendig.

4. Aus alledem folgt, daß der Vertrag zwischen der Bundesrepublik Deutschland und Tuvalu nicht nur wegen des Ratifikationsvorbehalts, sondern auch wegen des Inhalts des Art. 17 Buchstabe c im mehrphasigen Verfahren abgeschlossen werden muß.

Zur Begründung für eine derartige Auslegung des Art. 59 Abs. 2 Satz 1 Alternative 2 GG wird allgemein angeführt, daß damit erreicht werden solle, daß der Bundespräsident keine Verträge abschließt, die ohne Mitwirkung der gesetzgebenden Körperschaften nicht erfüllt werden können, deren Einhaltung er also gar nicht garantieren kann (vgl BVerfGE 1, S. 372 ff, 390). Wenn Gesetze zur Vollziehung eines Vertrages notwendig sind, muß zum Zwecke der Erfüllungsgarantie die Gesetzgebung von vornherein mitbeteiligt und einbezogen werden. **169**

Das BVerfG hat den Kreis der von Art. 59 Abs. 2 Satz 1 Alternative 2 GG umfaßten Verträge noch erweitert, indem es auch für die Verträge eine Zustimmung oder Mitwirkung der gesetzgebenden Körperschaften fordert, zu deren Vollziehung zwar nicht ein Gesetz, aber eine **Verordnung** notwendig ist, die der Zustimmung von Bundestag oder Bundesrat bedarf (BVerfGE 1, S. 372 ff, 390). Dabei handelt es sich meist um Verordnungen gemäß Art. 80 Abs. 2 GG. Die Praxis folgt – unterstützt von Teilen der Literatur – dieser Auslegung allerdings nicht unbedingt (s. Rn 177 f). **170**

Beispiel: Gemäß Art. 5 Abs. 1 des Abkommens zwischen der Bundesrepublik Deutschland und der Republik Österreich über den erleichterten Straßendurchgangsverkehr zwischen Salzburg und Lofer über deutsches Gebiet und zwischen Garmisch-Partenkirchen und Pfronten/Füssen über österreichisches Gebiet vom 14. September 1955 (BGBl. 1957 II, S. 586 ff) bedurften deutsche bzw österreichische Staatsangehörige beim Straßendurchgangsverkehr durch das fremde Staatsgebiet keines Reisepasses, sondern lediglich eines amtlichen Lichtbildausweises.

Gemäß § 1 des Gesetzes über das Paßwesen (Sartorius I, Nr 250) sind Ausländer, die in das Gebiet des Geltungsbereiches einreisen oder dieses Gebiet verlassen, verpflichtet, sich durch einen Paß über ihre Person auszuweisen.

Gemäß § 3 Abs. 1 Buchstabe a und b kann der Bundesminister des Inneren durch Rechtsverordnung davon Ausnahmen festlegen. Eine solche Verordnung bedarf gemäß Art. 80 Abs. 2

GG der Zustimmung des Bundesrates (vgl zB Verordnung zur Durchführung des Gesetzes über das Paßwesen vom 12. Juni 1967, Sartorius I, Nr 251).

Daraus folgt, daß der Vertrag zwischen der Bundesrepublik und Österreich ein Vertrag war, der sich auf Gegenstände der Bundesgesetzgebung bezog und daher eines Vertragsgesetzes bedurfte, was auch geschah (BGBl. 1957 II, S. 585). Folgt man allerdings der in der Praxis und in Teilen der Literatur vertretenen Gegenansicht, dann bedarf es in einem derartigen Fall nicht eines Vertragsgesetzes. Es genügt, daß der Bundesrat dem Vertrag zustimmt.

171 Ein besonderes Problem stellt sich in den Fällen, in denen der Bund völkerrechtliche **Verträge über Gegenstände der Landesgesetzgebung** abschließt (s. Rn 126 ff). Wenn solche Verträge nur dadurch erfüllt werden können, daß die Länder Gesetze erlassen, scheint nach der herrschenden Auslegung des Art. 59 Abs. 2 Alternative 2 GG kein Vertrag anzunehmen zu sein, der sich auf Gegenstände der *Bundes*gesetzgebung bezieht. Auch fällt die Begründung für die herrschende Auslegung weg, da die für die Bundesgesetzgebung zuständigen Körperschaften durch ihre Zustimmung oder Mitwirkung nicht mehr die Erfüllung des Vertrages garantieren können, weil sie für den Erlaß der die Erfüllung sichernden Gesetze gar nicht zuständig sind. Dennoch geht die herrschende Lehre davon aus, daß auch in diesen Fällen Art. 59 Abs. 2 Satz 1 GG zur Anwendung kommt. Das bedeutet, daß Art. 59 Abs. 2 Satz 1 Alternative 2 GG entgegen seinem Wortlaut ausgelegt wird, indem man „Bundesgesetzgebung" liest als „Bundes- oder Landesgesetzgebung", „Gesetzgebung" oder „Gesetzgebung in der Bundesrepublik Deutschland".

172 **Lösung Fall 6** (Rn 142):

1. Art. 5 des Vertrages zwischen der Bundesrepublik und Tuvalu sieht vor, daß die Staatsangehörigen von Tuvalu in der Bundesrepublik ein freies und ungehindertes Zugangsrecht zu allen Schulen genießen. Damit ist (neben dem ohnehin aufgrund der Schulpflicht existierenden Zugangsrecht zu öffentlichen Schulen) auch das Zugangsrecht zu Privatschulen impliziert, auch wenn diese den Zugang zB von einer bestimmten religiösen oder weltanschaulichen Zugehörigkeit abhängig machen. Die Erfüllung des Vertrages ist nur möglich, wenn die Privatschulgesetze der Länder, die eine solche Beschränkung der Zugangsmöglichkeit zulassen, geändert werden. Dazu besitzen aber nur die Länder die Gesetzgebungskompetenz. Da die hL Art. 59 Abs. 2 Satz 1 Alternative 2 GG aber dahingehend auslegt, daß „Bundesgesetzgebung" „Bundes- oder Landesgesetzgebung" heißt, bedarf der Vertrag der Zustimmung oder Mitwirkung von Bundestag und Bundesrat.

2. Aus alledem folgt, daß der Vertrag zwischen der Bundesrepublik Deutschland und Tuvalu nicht nur wegen des Ratifikationsvorbehalts und des Inhalts des Art. 17 Buchstabe c, sondern auch wegen des Inhalts des Art. 5 im mehrphasigen Verfahren abgeschlossen werden muß.

173 Das am meisten umstrittene Problem bei der Auslegung des Art. 59 Abs. 2 Satz 1 Alternative 2 GG ist das der sog. **Parallelverträge**. Darunter versteht man Verträge, die zwar der Zustimmung oder Mitwirkung von Bundestag und Bundesrat unterliegen, da zu ihrer Erfüllung ein Bundes- oder Landesgesetz notwendig ist, deren Inhalt aber bereits mit der bestehenden innerstaatlichen Rechtslage übereinstimmt.

Für die Erfüllung des Vertrages wäre zwar ein Gesetz notwendig, aber dieses existiert bereits. Es geht bei dem Problem der Parallelverträge also darum, ob die Notwendigkeit der Vertragserfüllung durch Bundes- oder Landesgesetz konkret oder abstrakt geprüft werden muß.

Die Rechtsprechung des BVerfG scheint eher der **konkreten Theorie** zuzuneigen, 174
wenn ausgeführt wird: „Entscheidend ist vielmehr, ob im konkreten Fall ein Vollzugsakt unter Mitwirkung der gesetzgebenden Körperschaften erforderlich ist" (BVerfGE 1, S. 372 ff, 388). In der Lehre wird heute mehrheitlich die **abstrakte Theorie** vertreten. Dabei ist darauf abzustellen, daß der Sinn des Art. 59 Abs. 2 Satz 1 Alternative 2 GG auch darin zu sehen ist, daß bei gewissen völkerrechtlichen Verträgen ein Mitbestimmungsrecht der gesetzgebenden Körperschaften existieren soll. Dies kann nicht davon abhängen, ob zufällig schon paralleles innerstaatliches Recht existiert oder nicht. Zudem hat ein solcher Vertrag Auswirkungen auf die Gesetzgebung insofern, als das innerstaatliche Gesetz solange nicht abgeändert werden darf, als der Vertrag existiert. Damit aber muß der Gesetzgeber einverstanden sein; das darf ihm nicht vom Bundespräsidenten durch den Vertragsabschluß aufgezwungen werden. In der Praxis werden daher auch bei Parallelverträgen Vertragsgesetze erlassen.

Beispiel: Das Europäische Übereinkommen über die Zollbehandlung von Paletten, die im internationalen Verkehr verwendet werden (BGBl. 1964 II, S. 407 ff), sieht unter bestimmten Umständen die abgabenfreie Einfuhr von Paletten vor. Nach § 5 des Zollgesetzes (BGBl. 1961 I, S. 737 ff) iVm § 43 der seit 1. Januar 1962 geltenden Allgemeinen Zollordnung (BGBl. 1961 I, S. 1949 f) war für solche Fälle eine zollfreie Einfuhr vorgesehen. Das Übereinkommen bezog sich zwar auf Gegenstände der Bundesgesetzgebung, da eine bundesgesetzliche Ausnahme von der allgemeinen Zollschuld notwendig war, um das Übereinkommen erfüllen zu können. § 43 AZO stellte aber paralleles Recht dar. Trotzdem wurde ein Vertragsgesetz gemäß Art. 59 Abs. 2 Satz 1 Alternative 2 GG erlassen (BGBl. 1964 II, S. 406).

cc) Form der Mitwirkung

Fall 7: Unterliegt der Vertrag zwischen der Bundesrepublik Deutschland und Tuvalu (**Fall 5**, Rn 110) der Zustimmung des Bundesrates? (**Lösung: Rn 188**). 175

Die in Art. 59 Abs. 2 Satz 1 GG genannten Verträge bedürfen der Zustimmung oder 176
der Mitwirkung der jeweils für die Bundesgesetzgebung zuständigen Körperschaften, dh von Bundestag und Bundesrat, in der Form eines Bundesgesetzes. Dieses Gesetz nennt man **Zustimmungsgesetz** oder **Vertragsgesetz**.

Der Begriff „Zustimmungsgesetz" beschreibt besser eine der Hauptfunktionen dieses Gesetzes, nämlich die Zustimmung der gesetzgebenden Körperschaften zum Vertragsabschluß durch den Bundespräsidenten (nicht aber dessen Verpflichtung). Das ist auch der Grund, warum es vor endgültigem Vertragsabschluß bzw Ratifikation durch den Bundespräsidenten erlassen werden muß. Dennoch ist der Begriff „Vertragsgesetz" vorzuziehen (so auch das BVerfG, s. BVerfGE 1, S. 396 ff, 410), um eine Verwechslung mit dem sonst üblichen Begriff des Zustimmungsgesetzes als Gegensatz zum Einspruchsgesetz zu vermeiden.

Beispiel für ein Vertragsgesetz:

Gesetz zu dem Freundschafts-, Handels- und Schiffahrtsvertrag vom ...... zwischen der Bundesrepublik Deutschland und Tuvalu vom ......

Der Bundestag hat mit Zustimmung des Bundesrates das folgende Gesetz beschlossen:

Artikel 1: Dem in ...... am ...... unterzeichneten Freundschafts-, Handels- und Schiffahrtsvertrag zwischen der Bundesrepublik Deutschland und Tuvalu wird zugestimmt. Der Vertrag ...... wird nachstehend veröffentlicht.

Artikel 2: (1) Dieses Gesetz tritt am Tage nach seiner Verkündung in Kraft.

(2) Der Tag, an dem der Vertrag nach seinem Art. ...... in Kraft tritt, ist im Bundesgesetzblatt bekanntzugeben. Das vorstehende Gesetz wird hiermit verkündet.

Berlin, den ......

Der Bundespräsident ......
Der Bundeskanzler ......
(Ressortminister) ......

177 Der Wortlaut des Art. 59 Abs. 2 Satz 1 GG scheint insofern eindeutig zu sein, als immer dann, wenn eine der beiden Alternativen vorliegt, ein Vertragsgesetz erlassen werden muß. Da das BVerfG die zweite Alternative aber dahingehend ausgelegt hat, daß dazu auch die Verträge gehören, zu deren Vollziehung eine Verordnung notwendig ist, die der Zustimmung von Bundestag oder Bundesrat bedarf (s. Rn 170), müßte auch in diesen Fällen ein Vertragsgesetz erlassen werden. Dieses Ergebnis ist in der Lehre bestritten worden. Es wurde darauf hingewiesen, daß dann, wenn es sich um eine Verordnung handelt, die der Zustimmung des Bundesrates bedarf, nun plötzlich auch der Bundestag zustimmen müßte, da ja ein Vertragsgesetz erlassen würde.

178 Außerdem wurde geltend gemacht, daß der Grundgedanke der herrschenden Auslegung des Art. 59 Abs. 2 Satz 1 GG darin bestehe, daß ein Vertragsgesetz dann notwendig sei, wenn zur Vollziehung des Vertrages innerstaatlich ein Gesetz erforderlich sei. Das aber sei bei den Verträgen, zu deren Vollziehung eine Verordnung mit Zustimmung des Bundesrates notwendig sei, gerade eben nicht der Fall. Insgesamt wurde daraus abgeleitet, daß in diesen Fällen die Zustimmung nicht in Form eines Gesetzes, sondern in Form eines einfachen Beschlusses des Bundestages oder des Bundesrates zu erteilen ist (vgl *Rudolf,* S. 195 ff; *Streinz*, in: *Sachs*, Art. 59 Rn 37 mwN). Die Praxis ist dieser Auslegung gefolgt, die Zustimmung erfolgt in Form eines Beschlusses.

179 Indem Art. 59 Abs. 2 Satz 1 GG ein Bundesgesetz fordert, verweist er auf die Vorschriften des GG über das Gesetzgebungsverfahren (Art. 76 ff). Dadurch und durch die Bezugnahme auf die **Zustimmung** oder die **Mitwirkung** der gesetzgebenden Körperschaften ergibt sich, daß das Vertragsgesetz, so wie jedes andere Gesetz, entweder als Zustimmungs- oder als Einspruchsgesetz zu behandeln ist. Der Bundestag muß in jedem Fall zustimmen, damit das Gesetz beschlossen werden kann. Der Bundesrat hingegen muß nur zustimmen, wenn es sich um ein Zustimmungsgesetz handelt. Bei Einspruchsgesetzen bedarf es nur seiner Mitwirkung in Form der Billigung oder des Einspruchs.

180 Es ist daher in jedem Fall zu untersuchen, ob es sich bei dem Vertragsgesetz um ein **Zustimmungs- oder Einspruchsgesetz** handelt, wobei man wie bei jedem anderen

Bundesgesetz vorzugehen hat. Danach handelt es sich nur dann um ein Zustimmungsgesetz, wenn das GG dies ausdrücklich für ein solches Gesetz vorschreibt. In allen anderen Fällen handelt es sich um Einspruchsgesetze. Das hat zur Folge, daß Verträge, die gemäß Art. 59 Abs. 2 Satz 1 Alternative 1 GG nur die politischen Beziehungen des Bundes regeln, ohne sich gleichzeitig auch auf Gegenstände der Bundesgesetzgebung zu beziehen, nie Zustimmungsgesetze sein können.

Beispiel: Der Vertrag mit der ehemaligen Sowjetunion vom 9. November 1990 über gute Nachbarschaft, Partnerschaft und Zusammenarbeit regelt ohne Zweifel die politischen Beziehungen des Bundes (BR-Drucks. 68/91), bezieht sich aber in keiner Bestimmung auf die Gegenstände der Bundesgesetzgebung. Das entsprechende Vertragsgesetz wurde daher als Einspruchsgesetz behandelt.

Eine zweite Folge der herrschenden Auslegung des Art. 59 Abs. 2 Satz 1 GG ist, **181** daß auch alle Verträge, die sich nur auf Gegenstände der Landesgesetzgebung beziehen und vom Bund abgeschlossen werden, zwar eines Vertragsgesetzes bedürfen (s. Rn 126 und 171), daß dieses aber nie ein Zustimmungsgesetz sein kann. Zwar kommen in der Praxis keine Verträge vor, die sich ausschließlich auf Gegenstände der Landesgesetzgebung beziehen, es sind aber Verträge denkbar, die sich sowohl auf die politischen Beziehungen des Bundes als auch auf Gegenstände der Landesgesetzgebung beziehen oder solche, die eines Vertragsgesetzes nur wegen einzelner, sich auf die Gegenstände der Landesgesetzgebung beziehender Bestimmungen bedürfen.

Nach einer früher vertretenen Mindermeinung besitzt der Bundesrat ein Zustim- **182** mungsrecht, wenn die Vertragsregelungen das Bund-Länder-Verhältnis unmittelbar in besonderer Weise betreffen (*Rojahn,* in: *v. Münch,* 2. Aufl., München 1983, Art. 59 Rn 30). Dafür läßt sich aber im GG keine Begründung finden. Insbesondere richtet sich die Zustimmungsbedürftigkeit von Gesetzen nicht danach, ob das Bund-Länder-Verhältnis oder besondere Länderinteressen berührt sind, sondern ausschließlich danach, ob das GG für den konkreten Fall eine Zustimmung vorsieht (so nun *Rojahn,* in: *v. Münch,* Art. 59 Rn 27).

Da Art. 59 Abs. 2 Satz 1 GG auf die Bestimmungen des GG über das Gesetzge- **183** bungsverfahren verweist, ist mit der hL und der ständigen Rechtsprechung des BVerfG (zB BVerfGE 8, S. 274 ff, 294 f; 55, S. 274 ff, 326 f) davon auszugehen, daß das Vertragsgesetz als Zustimmungsgesetz zu qualifizieren ist, wenn auch nur eine einzige Bestimmung des Vertrages die Zustimmungsbedürftigkeit auslöst.

Beim Abschluß von **grundgesetzändernden Verträgen** kommt Art. 79 GG zur **184** Anwendung. Der Normalfall ist der, daß zunächst das GG gemäß Art. 79 Abs. 1 Satz 1 iVm Abs. 2 GG geändert wird und daß dann der Vertrag abgeschlossen werden kann. Für bestimmte völkerrechtliche Verträge sieht jedoch Art. 79 Abs. 1 Satz 2 GG ein anderes Verfahren vor. Diese Regelung bezieht sich auf Verträge, die eine Friedensregelung, die Vorbereitung einer Friedensregelung oder den Abbau einer besatzungsrechtlichen Ordnung zum Gegenstand haben oder der Verteidigung der Bundesrepublik zu dienen bestimmt sind. In diesen Fällen bedarf es keiner Änderung des GG an einer oder mehreren Stellen vor Abschluß des Vertrages, sondern es genügt eine Ergänzung des Wortlauts des GG dahingehend, daß das GG dem Vertrag nicht entgegensteht. Diese Klarstellung bewirkt, daß die GG-Änderung durch den Vertrag nicht verfassungswidrig ist. Es handelt sich also um den Fall einer Änderung oder Ergänzung des GG, ohne daß der Wortlaut der betreffenden Artikel des GG geändert oder ergänzt wird.

Beispiel: Im Zusammenhang mit dem Vertragsgesetz vom 28. März 1954 zu den Verträgen über die Gründung der Europäischen Verteidigungsgemeinschaft vom 27. März 1952 (BGBl. 1954 II, S. 342 ff) wurde durch Gesetz zur Ergänzung des Grundgesetzes vom 26. März 1954 (BGBl. 1954 I, S. 45) folgender Art. 142a ins GG eingefügt:

„Die Bestimmungen des Grundgesetzes stehen dem Abschluß und dem Inkrafttreten der am 26. und 27. Mai 1952 in Bonn und Paris unterzeichneten Verträge (Vertrag über die Beziehungen zwischen der Bundesrepublik Deutschland und den drei Mächten und Vertrag über die Gründung der Europäischen Verteidigungsgemeinschaft) mit ihren Zusatz- und Nebenabkommen, insbesondere dem Protokoll vom 26. Juli 1952, nicht entgegen."

Da wegen der Zustimmungsverweigerung durch das französische Parlament die Verträge über die Gründung der Europäischen Verteidigungsgemeinschaft nie in Kraft traten, war Art. 142a GG obsolet und wurde 1968 wieder aufgehoben (BGBl. 1968 I, S. 709).

Zu erwähnen ist aber, daß Art. 79 Abs. 1 Satz 2 speziell wegen der Verträge über die Gründung der Europäischen Verteidigungsgemeinschaft geschaffen und gleichzeitig mit Art. 142a ins GG eingefügt wurde (BGBl. 1954 I, S. 45).

185 Einen **Sonderfall** stellt Art. 23 Abs. 1 Satz 3 GG dar. Dort ist für eine Änderung der vertraglichen Grundlagen der Europäischen Union, die das GG ändern oder ergänzen oder dies ermöglichen – also für eine bestimmte Art von grundgesetzändernden Verträgen –, vorgesehen, daß dazu ein Gesetz notwendig ist, für das Art. 79 Abs. 2 und 3 GG gilt. Wegen des fehlenden Verweises in Art. 23 Abs. 1 Satz 3 GG kommt es nicht zur Anwendung von Art. 79 Abs. 1 GG. In diesen Fällen kommt es daher weder zu einer Vorab-Änderung des GG noch zu einer Klarstellung nach Art. 79 Abs. 1 Satz 2 GG (s. Rn 66).

186 Das Vertragsgesetz kann nur eine Zustimmung zum Vertragsabschluß enthalten und daher nur dem **Vertragstext im ganzen** zustimmen. Änderungen oder Ergänzungen sind nicht möglich. Dazu müßte vorab mit dem oder den Vertragspartner(n) neu verhandelt werden.

Daher bestimmt § 82 Abs. 2 der GO des Bundestages (Sartorius I, Nr 35):
„Zu Verträgen mit auswärtigen Staaten oder ähnlichen Verträgen, welche die politischen Beziehungen des Bundes regeln oder sich auf Gegenstände der Bundesgesetzgebung beziehen (Art. 59 Abs. 2 des Grundgesetzes), sind Änderungsanträge nicht zulässig."

187 Auf der anderen Seite muß der fertigformulierte Vertragstext vorliegen. Denn nur so können die gesetzgebenden Körperschaften das Ausmaß ihrer Zustimmung überblicken. Davon wird nur in ganz seltenen Fällen eine Ausnahme gemacht. Voraussetzung dafür ist, daß aus besonderen Gründen der Vertrag, dessen endgültiger Text noch nicht feststeht, gleich nach Abschluß der Verhandlungen in Kraft treten soll, weil sonst der Bundesrepublik ein schwerer Nachteil entstünde. In diesen Fällen wird eine vorweggenommene Zustimmung erteilt, sofern der Inhalt des Vertrages bereits hinreichend genau bestimmt ist.

Ein Beispiel dafür war das Gesetz zur Änderung des Gesetzes zur vorläufigen Regelung des Tiefseebergbaus vom 12. Februar 1982 (BGBl. 1982 I, S. 136). Zu dieser Zeit liefen Verhandlungen zwischen der Bundesrepublik und Frankreich, Großbritannien und den Vereinigten Staaten von Amerika über den Abschluß von Gegenseitigkeitsabkommen zum Schutz der Tiefseebergbauaktivitäten. Der genaue Inhalt der Verträge war noch nicht bekannt. Aus politischen und wirtschaftlichen Gründen mußte aber eine bestimmte Frist für das Inkrafttreten der Verträge eingehalten werden. Da abzusehen war, daß bei Einhaltung des Verfahrens nach Art. 59 Abs. 2 Satz 1 GG die Bundesrepublik diese Frist nicht würde einhalten können, erteilten Bundestag und Bundesrat in dem genannten Gesetz vorab ihre Zustimmung zu den geplanten Verträgen (vgl dazu *Lauff,* in: NJW 1982, S. 2700 ff). So hieß es zB in Art. 1 Ziffer 3 des Gesetzes:

„Die Bundesregierung wird ermächtigt, durch Rechtsverordnung völkerrechtliche Vereinbarungen in Kraft zu setzen, durch die vor dem Inkrafttreten eines internationalen Übereinkommens über den Tiefseebergbau vorgenommene Investitionen eines Gebietsansässigen geschützt werden."

Im Ergebnis läuft dies auf eine vorweggenommene Zustimmung durch Bundestag und Bundesrat und auf eine Ermächtigung an die Bundesregierung zu einer möglicherweise notwendigen Transformation durch Rechtsverordnung (s. Rn 424 ff) hinaus.

Lösung Fall 7 (Rn 175): **188**

1. Bei dem Vertrag zwischen der Bundesrepublik und Tuvalu handelt es sich zwar nicht um einen Vertrag, der die politischen Beziehungen des Bundes regelt (s. Rn 165), aber um einen solchen, der sich auf Gegenstände der Bundesgesetzgebung bezieht. Dies ergibt sich sowohl aus Art. 5 (s. Rn 172) als auch aus Art. 17 Buchstabe c (s. Rn 168). Daher bedarf er der Zustimmung oder der Mitwirkung von Bundestag und Bundesrat in Form eines Bundesgesetzes.

2. Während der Bundestag in jedem Fall zustimmen muß, hängt dies beim Bundesrat davon ab, ob es sich beim Vertragsgesetz um ein Zustimmungsgesetz handelt oder nicht. Ein Zustimmungsgesetz liegt immer dann vor, wenn das GG dies im Einzelfall ausdrücklich vorschreibt. Es ist daher zu prüfen, ob Art. 17 Buchstabe c, der den Erlaß eines das EStG ändernden Gesetzes bedingt, der Zustimmung des Bundesrates bedarf oder nicht.

3. Gemäß Art. 105 Abs. 3 GG bedürfen Bundesgesetze über Steuern, deren Aufkommen den Ländern oder den Gemeinden bzw Gemeindeverbänden ganz oder zum Teil zufließt, der Zustimmung des Bundesrates. Das Aufkommen der Einkommensteuer steht nach Art. 106 Abs. 3 GG dem Bund und den Ländern gemeinsam zu, soweit das Aufkommen nicht nach Art. 106 Abs. 5 GG den Gemeinden zugewiesen wird. Somit handelt es sich bei der Einkommensteuer um eine Steuer iSd Art. 105 Abs. 3 GG, und Gesetze darüber bedürfen der Zustimmung des Bundesrates. Daher muß der Bundesrat dem Art. 17 Buchstabe c zustimmen.

4. Etwas anderes gilt für Art. 5 des Vertrages. Er muß durch Landesgesetze erfüllt werden und unterliegt daher nicht der Zustimmung des Bundesrates (s. Rn 181). Art. 22 schließlich bezieht sich überhaupt nicht auf Gegenstände der Bundesgesetzgebung und bedarf daher weder der Zustimmung des Bundestages noch der des Bundesrates.

Da aber nach der hL und der ständigen Rechtsprechung des BVerfG eine einzige zustimmungsbedürftige Bestimmung eines Gesetzes (bzw Vertrages) das ganze Gesetz (bzw den ganzen Vertrag) zustimmungsbedürftig macht, genügt Art. 17 Buchstabe c, um das Vertragsgesetz zu einem Zustimmungsgesetz zu machen.

5. Daher unterliegt der Vertrag zwischen der Bundesrepublik Deutschland und Tuvalu der Zustimmung des Bundesrates.

dd) Verwaltungsabkommen

189 Gemäß Art. 59 Abs. 2 Satz 2 GG gelten für **Verwaltungsabkommen** die Vorschriften über die Bundesverwaltung entsprechend. Unter Verwaltungsabkommen versteht die hL alle völkerrechtlichen Verträge, die nicht unter Art. 59 Abs. 2 Satz 1 GG fallen. Es handelt sich also um Verträge, die weder die politischen Beziehungen des Bundes regeln noch sich auf Gegenstände der Bundesgesetzgebung beziehen. Vielmehr sind Verträge gemeint, die von der Verwaltung ohne Beteiligung des Gesetzgebers erfüllt werden können, zu deren Erfüllung sie also die notwendigen Kompetenzen und Mittel besitzt. Dazu wären auch die Parallelverträge zu zählen, wenn man die Meinung vertritt, daß diese keines Vertragsgesetzes bedürfen (s. Rn 173 f).

190 Zuständig zum Abschluß von Verwaltungsabkommen des Bundes wäre nach der Konstruktion des GG nur der **Bundespräsident** nach Art. 59 Abs. 1 Satz 1 und 2 GG. Die Meinung, Art. 59 Abs. 2 Satz 2 GG weise Verwaltungsabkommen insgesamt der Regierungskompetenz zu und daher sei eine Tätigkeit des Bundespräsidenten in keiner Weise erforderlich (vgl *Stern,* Bd. II, S. 226), hat sich nicht durchgesetzt. Dennoch hat sich die Praxis herausgebildet, daß der Bundespräsident die Verwaltungsabkommen nicht abschließt. Begründet wird dies von der hL mit einer stillschweigenden oder verfassungsgewohnheitsrechtlichen Delegation (vgl dazu Rn 139).

191 Verwaltungsabkommen werden, je nach dem abschließenden Organ, als **Regierungs- oder Ressortabkommen** gekennzeichnet (vgl § 82 GGO II). Die Bundesregierung, ein Ressortminister oder mehrere Ressortminister werden dabei im Titel des Verwaltungsabkommens angeführt. Dies darf allerdings nicht dahingehend mißverstanden werden, daß die genannten Organe Vertragspartner würden. Vertragspartner ist in jedem Fall die Bundesrepublik Deutschland, die genannten Organe treten lediglich für diese auf.

Beispiele: – Vereinbarung zwischen der Regierung der Bundesrepublik Deutschland und der Regierung des Königreichs der Niederlande über die Verwaltung und Pflege des deutschen Soldatenfriedhofs Ysselsteyn vom 15. April 1976 (BGBl. 1982 II, S. 965 f).

– Abkommen zwischen dem Bundesminister für Wirtschaft der Bundesrepublik Deutschland und dem Minister für Energie des Großherzogtums Luxemburg über die Anrechnung der in der Bundesrepublik lagernden Mineralölbestände luxemburgischer Unternehmen vom 2./18. Juni 1982 (BGBl. 1982 II, S. 680 ff).

– Mißverständlich ist die Bezeichnung des Abkommens zwischen der Europäischen Zentralbank und der Regierung der Bundesrepublik Deutschland über den Sitz der Europäischen Zentralbank vom 18. September 1998 (BGBl. 1998 II, S. 2996 ff). Es wurde im zweiphasigen Verfahren gemäß Art. 59 Abs. 2 Satz 1 GG abgeschlossen und ist daher kein Regierungsabkommen.

Ob ein Vertrag als Regierungs- oder Ressortabkommen abgeschlossen wird, richtet sich nach der internen Aufgabenverteilung der Bundesregierung (vgl dazu *Degenhart,* Rn 444 ff).

Die Praxis in der Bundesrepublik verfährt – rein terminologisch gesehen – allerdings anders. Danach wird unterschieden zwischen Staatsverträgen (abgeschlossen im Namen der Bundesrepublik oder des Bundespräsidenten), Regierungsübereinkünfte (abgeschlossen im Namen der Bundesregierung) und Ressortabkommen (abgeschlossen im Namen eines oder mehrerer Minister). Regierungsübereinkünfte können auch in Form von „Unterzeichneten Noten" oder „Verbalnoten", Ressortabkommen auch in Form von „Briefwechseln" abgeschlossen werden. Dabei kommen diese Verwaltungsabkommen durch einen Vorschlag (Note, Brief) und eine Annahme (Antwortnote, Antwortbrief) zustande. **192**

Die Frage nach dem **Umfang der Vertragsfähigkeit des Bundes und der Länder** ist nach Art. 32 GG zu beurteilen. Danach steht dem Bund das Vertragsschließungsrecht überall dort zu, wo er das Gesetzgebungsrecht besitzt (s. Rn 115 ff). Dies gilt ebenfalls bei Verwaltungsabkommen, insbesondere auch dann, wenn es sich um Materien handelt, die die Länder gemäß Art. 84 GG als eigene Angelegenheit oder gemäß Art. 85 GG im Auftrag des Bundes ausführen. Die Länder besitzen ein Vertragsschließungsrecht für Verwaltungsabkommen daher nur dort, wo sie eigene Gesetzgebungszuständigkeiten haben. In Zweifelsfällen kommt auch hier das Lindauer Abkommen zur Anwendung (s. Rn 128). **193**

Beispiel: Beim Abschluß des Abkommens zwischen der Regierung der Bundesrepublik Deutschland und der Regierung der Französischen Republik über die Errichtung deutsch-französischer Gymnasien und die Schaffung des deutsch-französischen Abiturs sowie die Bedingungen für die Zuerkennung des Abiturzeugnisses (BGBl. 1972 II, S. 570 ff) wurde gemäß Ziffer 3 des Lindauer Abkommens vorgegangen. In Bayern hat der Landtag mit Beschluß vom 12. Juli 1972 dem Abkommen zugestimmt (BayGVBl. 1972, Nr 20, S. 421). Daraufhin hat der Bayerische Ministerpräsident der Bundesregierung gegenüber das Einverständnis Bayerns zum Abschluß des Abkommens erklärt.

Nach der Gesamtregelung des Art. 59 Abs. 2 GG ist für den Abschluß von Verwaltungsabkommen das einphasige Verfahren vorgesehen. Enthält jedoch ein Verwaltungsabkommen des Bundes einen Ratifikationsvorbehalt, kommt das mehrphasige Verfahren insofern zur Anwendung, als nur der Bundespräsident ratifizieren darf. Somit kann das Organ, das das Verwaltungsabkommen aushandelt, dieses nicht selbst verbindlich abschließen (s. Rn 160). In der Praxis bevollmächtigt der Bundespräsident in solchen Fällen regelmäßig die Bundesregierung zur Abgabe der entsprechenden Erklärung. **194**

d) Regelung in den Länderverfassungen

In den Länderverfassungen sind drei Regelungsvarianten anzutreffen: **195**

(1) Einige Verfassungen sehen für alle Fälle ein **mehrphasiges Verfahren** vor (Baden-Württemberg, Bayern, Brandenburg, Hessen, Nordrhein-Westfalen, Rheinland-

Pfalz, Saarland, Sachsen, Sachsen-Anhalt und Thüringen). Teilweise wird in diesen Fällen die Meinung vertreten, daß trotz fehlender Unterscheidungen in den Verfassungen für Verwaltungsabkommen nur das einphasige Verfahren zur Anwendung komme (so für Baden-Württemberg, Hessen, Nordrhein-Westfalen, Saarland). Begründet werden kann dies hauptsächlich mit dem Argument, daß zwischen Staatsverträgen (so der Wortlaut der Verfassungen) und Verwaltungsabkommen zu unterscheiden sei, letztere also nicht den einschlägigen Verfassungsbestimmungen unterliegen. Diese Auslegungen sind umstritten, zumal die spärliche Vertragsabschlußpraxis der Länder keine deutlichen Hinweise gibt (vgl im einzelnen *Rudolf,* S. 231 ff).

196 Positivrechtliche Lösungen der Frage finden sich kaum. Immerhin bestimmt § 1 Abs. 2 Satz 2 der Geschäftsordnung der Bayerischen Staatsregierung in der Fassung vom 20. November 1998 (Allgemeines Ministerialblatt Nr 25/1998, S. 896 ff): „(Der Ministerpräsident) schließt … namens der Bayerischen Staatsregierung die von ihr gebilligten Verwaltungsabkommen ab; zum Abschluß dieser Verwaltungsabkommen können die Staatsministerien ermächtigt werden." Allerdings spricht § 4 Abs. 1 Nr 4 der Geschäftsordnung in diesem Zusammenhang nur von „Verwaltungsabkommen mit den Regierungen anderer Länder und mit dem Bund". Somit bleibt offen, ob dies nur interföderale oder auch völkerrechtliche Verwaltungsabkommen sind, da die Bayerische Verfassung für völkerrechtliche Verträge – wozu Verwaltungsabkommen ja zu zählen sind – immer den Begriff des „Staatsvertrags" verwendet.

197 (2) Die Verfassungen von Berlin und Bremen kennen nur das **einphasige Verfahren**. Allerdings wird auch in diesen Fällen die Meinung vertreten, daß zumindest bei Verträgen über Gegenstände der Landesgesetzgebung die Parlamente mittels Gesetz zustimmen müßten, was für diesen Fall auf ein zweiphasiges Verfahren hinausläuft (*Rudolf,* S. 233 f). Begründet wird dies mit ungeschriebenem Verfassungsrecht sowie unter Berufung auf das BVerfG, das ausgeführt hat: „Aber es ist ein Satz gemeindeutschen Verfassungsrechts, daß die Regierung zum Abschluß von Verträgen, die sich auf Gegenstände der Gesetzgebung beziehen, der Zustimmung des Parlaments bedarf" (BVerfGE 4, S. 250 ff, 276).

198 (3) Die Verfassungen von Hamburg, Mecklenburg-Vorpommern, Niedersachsen und Schleswig-Holstein sehen – entsprechend Art. 59 Abs. 2 GG – **beide Verfahrensarten** vor.

199 Die einzelnen Bestimmungen der Länderverfassungen sind folgende:

1. **Baden-Württemberg:**
   Art. 50: Der Ministerpräsident vertritt das Land nach außen. Der Abschluß von Staatsverträgen bedarf der Zustimmung der Regierung und des Landtags.
2. **Bayern:**
   Art. 72 Abs. 2: Staatsverträge werden vom Ministerpräsidenten nach vorheriger Zustimmung des Landtags abgeschlossen.
3. **Berlin:**
   Art. 58 Abs. 1 Satz 1: Der Regierende Bürgermeister vertritt Berlin nach außen.

4. Brandenburg:
Art. 91: (1) Der Ministerpräsident vertritt das Land nach außen. Er kann diese Befugnis auf ein anderes Mitglied der Landesregierung oder auf nachgeordnete Stellen übertragen.
(2) Staatsverträge, insbesondere Verträge, die sich auf Gegenstände der Gesetzgebung beziehen oder Aufwendungen erfordern, für die Haushaltsmittel nicht vorgesehen sind, bedürfen der Zustimmung des Landtages.

5. Bremen:
Art. 118 Abs. 1 Satz 1 und 2: Der Senat führt die Verwaltung nach den Gesetzen und den von der Bürgerschaft gegebenen Richtlinien. Er vertritt die Freie Hansestadt Bremen nach außen.

6. Hamburg:
Art. 43: Der Senat vertritt die Freie Hansestadt Hamburg gegenüber der Bundesrepublik Deutschland, den deutschen Ländern und dem Ausland. Ihm obliegt die Ratifikation der Staatsverträge. Sie bedarf der Zustimmung der Bürgerschaft, sofern die Verträge Gegenstände der Gesetzgebung betreffen oder Aufwendungen erfordern, für die Haushaltsmittel nicht vorgesehen sind.

7. Hessen:
Art. 103: (1) Der Ministerpräsident vertritt das Land Hessen. Er kann die Vertretungsbefugnis auf den zuständigen Minister oder nachgeordnete Stellen übertragen.
(2) Staatsverträge bedürfen der Zustimmung des Landtags.

8. Mecklenburg-Vorpommern:
Art. 47: (1) Der Ministerpräsident vertritt das Land nach außen. Die Befugnis kann übertragen werden.
(2) Staatsverträge, die Gegenstände der Gesetzgebung betreffen, bedürfen der Zustimmung des Landtages in Form eines Gesetzes.

9. Niedersachsen:
Art. 35: (1) Die Ministerpräsidentin oder der Ministerpräsident vertritt das Land nach außen.
(2) Verträge des Landes, die sich auf Gegenstände der Gesetzgebung beziehen, bedürfen der Zustimmung des Landtages.

10. Nordrhein-Westfalen:
Art. 57: Die Landesregierung vertritt das Land Nordrhein-Westfalen nach außen. Sie kann diese Befugnis auf den Ministerpräsidenten, auf ein anderes Mitglied der Landesregierung oder auf nachgeordnete Stellen übertragen.
Art. 66 Abs. 2: Staatsverträge bedürfen der Zustimmung des Landtags.

11. Rheinland-Pfalz:
Art. 101: Der Ministerpräsident vertritt das Land Rheinland-Pfalz nach außen. Staatsverträge bedürfen der Zustimmung des Landtags.

12. Saarland:
Art. 95: (1) Der Ministerpräsident vertritt das Land nach außen.
(2) Der Abschluß von Staatsverträgen bedarf der Zustimmung des Landtages durch Gesetz …

13. Sachsen:
Art. 65: (1) Der Ministerpräsident vertritt das Land nach außen.
(2) Der Abschluß von Staatsverträgen bedarf der Zustimmung der Staatsregierung und des Landtages.

14. Sachsen-Anhalt:
Art. 69: (1) Der Ministerpräsident vertritt das Land nach außen. Diese Befugnis kann übertragen werden.
(2) Der Abschluß von Staatsverträgen bedarf der Zustimmung des Landtages.

15. Schleswig-Holstein:
Art. 30: (1) Die Ministerpräsidentin oder der Ministerpräsident vertritt das Land, soweit die Gesetze nichts anderes bestimmen. Diese Befugnis kann übertragen werden.
(2) Verträge mit der Bundesrepublik oder mit anderen Ländern bedürfen der Zustimmung der Landesregierung. Soweit sie Gegenstände der Gesetzgebung betreffen oder zu ihrer Durchführung eines Gesetzes bedürfen, muß auch der Landtag zustimmen.

16. Thüringen:
Art. 77: (1) Der Ministerpräsident vertritt das Land nach außen. Er kann diese Befugnis übertragen.
(2) Staatsverträge bedürfen der Zustimmung des Landtags.

Literatur: *Bernhard,* Bundesverfassungsgericht und völkerrechtliche Verträge, in: *Starck* (Hrsg.), Bundesverfassungsgericht und Grundgesetz, Bd. 2, Tübingen 1976, S. 154 ff; *ders.*, Verfassungsrecht und völkerrechtliche Verträge, in: *Isensee/Kirchhof,* Bd. VII, S. 571 ff, Rn 5-16; *Härle,* Die völkerrechtlichen Verwaltungsabkommen der Bundesrepublik, in: JIR 12 (1965), S. 93 ff; *Jasper,* Die Behandlung von Verwaltungsabkommen im innerstaatlichen Recht (Art. 59 Abs. 2 S. 2 GG), Düsseldorf 1980; *Menzel/Klein,* Bedürfen „politische Verträge“ der Zustimmung des Bundesrates, in: JZ 1971, S. 754 ff; *Öhlinger,* Vertragsabschlußverfahren, in: Lexikon, S. 318 ff; *Rudolf,* S. 190-204, 231-238; *Warmke,* Verwaltungsabkommen in der Bundesrepublik Deutschland, in: Die Verwaltung 1991, S. 455 ff; *Zuleeg,* Abschluß und Rechtswirkung völkerrechtlicher Verträge in der Bundesrepublik Deutschland, in: JA 1983, S. 1 ff.

5. Einzelfragen des Rechts der Verträge und ihre Regelung im GG und in den Länderverfassungen

a) Vorbehalte zu Verträgen

200 Ein Vorbehalt zu einem völkerrechtlichen Vertrag ist die anläßlich der endgültigen Bindung an den Vertrag (= zB Ratifikation im mehrphasigen Verfahren, Unterzeichnung im einphasigen Verfahren) einseitig abgegebene Erklärung, durch die ein Staat die Rechtswirkung einzelner Vertragsbestimmungen für sich ausschließen oder ändern will (vgl Art. 2 Abs. 1 Buchstabe d WVRK).

201 Ein **Vorbehalt** ist gemäß Art. 19 WVRK dann **erlaubt**, wenn der Vertrag dies weder gänzlich noch speziell für den konkreten Vorbehalt verbietet oder – für den Fall, daß der Vertrag nichts über Vorbehalte aussagt – ein solcher nicht mit Ziel und Zweck des Vertrags unvereinbar ist.

Beispiel: Gemäß Art. 57 (früher Art. 64) der Konvention zum Schutz der Menschenrechte und Grundfreiheiten vom 4. November 1950 (Sartorius II, Nr 130) gilt für Vorbehalte zur Konvention folgendes:

„(1) Jeder Staat kann bei Unterzeichnung dieser Konvention oder bei Hinterlegung seiner Ratifikationsurkunde bezüglich bestimmter Vorschriften der Konvention einen Vorbehalt machen, soweit ein zu dieser Zeit in seinem Gebiet geltendes Gesetz mit der betreffenden Vorschrift nicht übereinstimmt. Vorbehalte allgemeiner Art sind nach diesem Artikel nicht zulässig.

(2) Jeder nach diesem Artikel gemachte Vorbehalt muß mit einer kurzen Darstellung des betreffenden Gesetzes verbunden sein."

Anläßlich der Ratifikation am 5. Dezember 1952 hat die Bundesrepublik einen Vorbehalt zu Art. 7 Abs. 2 angemeldet. Dieser Artikel hat folgenden Wortlaut:

„Durch diesen Artikel darf die Verurteilung oder Bestrafung einer Person nicht ausgeschlossen werden, die sich einer Handlung oder Unterlassung schuldig gemacht hat, welche im Zeitpunkt ihrer Begehung nach den allgemeinen von den zivilisierten Völkern anerkannten Rechtsgrundsätzen strafbar war."

Der Vorbehalt lautete:

„Gemäß Artikel 64 der Konvention macht die Bundesrepublik Deutschland den Vorbehalt, daß sie die Bestimmung des Artikels 7 Abs. 2 der Konvention nur in den Grenzen des Artikels 103 Abs. 2 des Grundgesetzes der Bundesrepublik Deutschland anwenden wird. Die letztgenannte Vorschrift lautet wie folgt:

Eine Tat kann nur bestraft werden, wenn die Strafbarkeit gesetzlich bestimmt war, bevor die Tat begangen wurde."

Die **Wirkung** von Vorbehalten, die in der Regel nur bei multilateralen Verträgen **202** vorkommen, hängt von der Reaktion der anderen Vertragspartner ab, wobei jeder für sich allein entscheidet (vgl Art. 20 f WVRK).

(1) Der Vorbehalt kann (ausdrücklich oder stillschweigend) **angenommen** werden. **203** In diesem Fall ändert sich im Verhältnis zwischen dem Staat, der den Vorbehalt anmeldet, und dem Staat, der den Vorbehalt annimmt, der Vertragsinhalt so, wie dies der Vorbehalt vorsieht (vgl Art. 21 Abs. 1 WVRK = der Vorbehalt setzt sich durch).

Beispiel: Art. 27 Abs. 3 des Wiener Übereinkommens über diplomatische Beziehungen vom 18. April 1961 (Sartorius II, Nr 325) bestimmt:

„Das diplomatische Kuriergepäck darf weder geöffnet noch zurückgehalten werden."

Das Übereinkommen enthält keinerlei Bestimmungen über Vorbehalte. Anläßlich seines Beitritts zum Übereinkommen im Dezember 1971 erklärte Bahrain folgenden Vorbehalt (BGBl. 1972 II, S. 253):

„Mit Bezug auf Artikel 27 Abs. 3 betreffend das ‚diplomatische Kuriergepäck' behält sich die Regierung des Staates Bahrain das Recht vor, das diplomatische Kuriergepäck zu öffnen, wenn ernstliche Gründe zu der Annahme bestehen, daß es Gegenstände enthält, deren Einfuhr oder Ausfuhr gesetzlich verboten ist."

Wird der Vorbehalt von einem oder mehreren Vertragspartnern (ausdrücklich oder stillschweigend) angenommen, so verändert sich für Bahrain in seinen Vertragsbeziehungen zu diesen Parteien der Inhalt des Art. 27 Abs. 3 dahingehend, daß Bahrain in den genannten Fällen diplomatisches Kuriergepäck öffnen darf.

(2) Der Vorbehalt kann **abgelehnt** werden; gleichzeitig kann der ablehnende Staat **204** erklären, daß er deshalb das Inkrafttreten des Vertrages zwischen ihm und dem den Vorbehalt anmeldenden Staat überhaupt ablehnt. Die Folge ist, daß keinerlei Vertragsbeziehungen entstehen (vgl Art. 20 Abs. 4 Buchstabe b WVRK = die Ablehnung setzt sich durch).

(3) Der Vorbehalt kann **abgelehnt** werden, ohne daß der ablehnende Staat dem In- **205** krafttreten des Vertrages widerspricht. Das hat zur Folge, daß die Bestimmung, auf die sich der Vorbehalt bezieht, in dem darin vorgesehenen Ausmaß zwischen den

beiden Staaten keine Anwendung findet (Art. 21 Abs. 3 WVRK = der vom Vorbehalt erfaßte Fall fällt aus dem Anwendungsbereich des Vertrages heraus). Damit enthält der Vertrag eine Lücke, die durch Anwendung des allgemeinen Völkerrechts (Völkergewohnheitsrecht, allgemeine Rechtsgrundsätze) zu schließen ist. Hier unterscheidet sich die WVRK von dem allgemeinen Völkerrecht, das für alle Staaten gilt, die nicht Partner der WVRK sind. Nach allgemeinem Völkerrecht tritt zwar der Vertrag zwischen den den Vorbehalt anmeldenden und ablehnenden Staaten in Kraft, die Bestimmung, auf die sich der Vorbehalt bezieht, bleibt aber unberührt.

Beispiel: Auf den Vorbehalt Bahrains hat Bulgarien folgendes erklärt (BGBl. 1973 II, S. 227):

„Die Regierung der Volksrepublik Bulgarien kann den Vorbehalt der bahreinischen Regierung zu Artikel 27 Abs. 3 des Wiener Übereinkommens über diplomatische Beziehungen nicht als wirksam ansehen."

Da Bulgarien den Vorbehalt nur ablehnt, nicht aber gleichzeitig dem Inkrafttreten des Übereinkommens widersprochen hat, hat dies (geht man von der Lösung der WVRK aus) zur Folge, daß Art. 27 Abs. 3 die Frage, ob diplomatisches Kuriergepäck geöffnet werden darf, wenn ernstliche Gründe zu der Annahme bestehen, daß es Gegenstände enthält, deren Ein- oder Ausfuhr gesetzlich verboten ist, im Verhältnis Bahrain-Bulgarien überhaupt nicht regelt, da er insofern keine Anwendung findet. Wenn diese Frage aber durch die WVRK nicht geregelt wird, greift der Grundsatz des letzten Absatzes der Präambel der WVRK wonach „die Sätze des Völkergewohnheitsrechts weiterhin für Fragen gelten, die in diesem Übereinkommen nicht geregelt sind". Sollte Bahrein einmal bulgarisches Kuriergepäck öffnen oder zurückhalten, so wäre dieses Verhalten dann nach Völkergewohnheitsrecht zu beurteilen. Anders ist die Lösung, wenn man vom allgemeinen Völkerrecht ausgeht. Dann bleibt der Art. 27 Abs. 3 in seiner ursprünglichen Form erhalten.

206 (4) Läßt der Vertrag selbst gewisse Vorbehalte ausdrücklich zu, so kommt es auf die Reaktion der anderen Vertragspartner nicht mehr an (zB Art. 57 der Europäischen Menschenrechtskonvention, s. Rn 201). Insbesondere hat die Ablehnung eines Vorbehalts keinerlei Auswirkungen.

207 **Zuständig** für die Erklärung, Annahme oder Ablehnung eines Vorbehalts ist immer das Organ, das auch zum Vertragsabschluß zuständig ist, dh für den Bund immer der Bundespräsident gemäß Art. 59 Abs. 1 Satz 1 GG bzw – geht man von der verfassungsrechtlich fragwürdigen Praxis (s. Rn 139 und 190) aus – die Bundesregierung oder die Ressortminister bei Verwaltungsabkommen. Auf der Ebene der Länder ist dies in der Regel der Ministerpräsident bzw in Berlin der Regierende Bürgermeister, in Bremen und Hamburg der Senat sowie in Nordrhein-Westfalen die Landesregierung (s. Rn 141).

208 Ein besonderes Problem stellt sich bei Vorbehalten zu Verträgen, die eines Vertragsgesetzes bedürfen. Da ein Vorbehalt oder die Annahme eines Vorbehalts den Vertragsinhalt ändern kann, fragt sich, ob die Erklärung oder Annahme eines Vorbehalts ebenfalls eines Vertragsgesetzes bedarf. Die Meinungen in der Literatur gehen auseinander. Eine Meinung beruft sich auf die Praxis, wonach in solchen Fällen kein Vertragsgesetz erlassen wird. Eine andere Meinung hält diese Lösung für bedenklich, da eine vertragsändernde Wirkung eines Vorbehalts nach der Zweckrichtung des Art. 59 Abs. 2 Satz 1 GG ein Vertragsgesetz verlange. In der Praxis versuchte

man das Problem dadurch zu umgehen, daß bei der Erklärung von Vorbehalten diese mit in das Vertragsgesetz aufgenommen werden.

Beispiel: Beim Verfahren des Vertragsgesetzes zum Übereinkommen über die Beschränkung der Haftung der Eigentümer von Seeschiffen vom 10. Oktober 1957 hatte der Bundesrat verfassungsrechtliche Bedenken dahingehend angemeldet, „daß die Bundesregierung befugt sein soll, Vorbehalte zu erklären, die für und gegen jedermann gelten sollen, ohne daß diese Vorbehalte in den Willen des Bundesgesetzgebers aufgenommen worden sind oder daß die Bundesregierung zur Rechtsetzung insoweit ermächtigt wird." (ZaöRVR 1974, S. 508). Daraufhin wurden die beabsichtigten Vorbehalte ins Vertragsgesetz aufgenommen (BGBl. 1972 II, S. 653 f, 681).

Beispiele wie dieses führten schließlich zu einer einheitlichen **pragmatischen Lösung**, an der Bundesregierung und Länder beteiligt waren. Eine Kommission der Landesjustizverwaltungen erarbeitete mit den betroffenen Bundesministerien „Leitsätze zu mit völkerrechtlichen Verträgen zusammenhängenden Rechtsfragen", darunter auch zur Erklärung von Vorbehalten in völkerrechtlichen Verträgen, die vom Rechtsausschuß des Bundesrates in seiner Sitzung am 7./8. Juni 1977 beschlossen wurden (Text in: *Fastenrath*, Kompetenzverteilung im Bereich der auswärtigen Gewalt, München 1986, S. 289 ff). Danach ist die Bundesregierung bei der Erklärung oder Unterlassung von Vorbehalten an ausdrückliche Maßgaben des Gesetzgebers gebunden. Zu diesem Zweck teilt sie den gesetzgebenden Körperschaften rechtzeitig ihre Absicht mit, einen Vorbehalt zu erklären. Diese können dann durch eine Ergänzung des Vertragsgesetzes die Bundesregierung binden, den beabsichtigten Vorbehalt zu erklären oder zu unterlassen (vgl dazu *Weißauer*, Völkerrechtliche Verträge – Zusammenwirken von Bund und Ländern, in: Festschrift für *K. Bengl*, München 1984, S. 149 ff, 165 f). **209**

Vom **dogmatischen Standpunkt** aus gesehen ist dieser Lösung, die die zweite Meinung widerspiegelt, der Vorzug zu geben. Es würde die Zielrichtung des Art. 59 Abs. 2 Satz 1 GG zerstören, wenn die Beteiligung der gesetzgeberischen Körperschaften dadurch umgangen werden könnte, daß man einen Vertrag so formuliert, daß kein Vertragsgesetz notwendig ist und seinen Inhalt dann durch einen Vorbehalt so ändert, daß nun ein Vertragsgesetz notwendig wäre. Man wird daher ein Vertragsgesetz für alle Vorbehalte fordern müssen, die dem Vertrag einen solchen Inhalt geben, daß er unter Art. 59 Abs. 2 Satz 1 GG fällt (vgl im einzelnen *Jarass*, in: DÖV 1975, S. 117 ff, 119 ff). **210**

Dasselbe gilt für die Annahme von Vorbehalten, wenngleich hier der Fall der Notwendigkeit eines Vertragsgesetzes mehr theoretischer Natur ist. Denn solche Vorbehalte beziehen sich in der Regel auf die Rechtsordnung des Staates, der den Vorbehalt anmeldet. Immerhin ist es bei Vorbehalten denkbar, die sich auf die politischen Beziehungen des Bundes iSv Art. 59 Abs. 2 Satz 1 Alternative 1 GG beziehen. **211**

Das gefundene Ergebnis gilt für die **Länderverfassungen** entsprechend. Nach dem Wortlaut der Verfassungen von Berlin und Bremen, die nur ein einphasiges Verfahren vorsehen, wäre nie ein Vertragsgesetz notwendig. Anders ist dies zu beurteilen, wenn man auch in diese Verfassungen die Unterscheidung zwischen mehr- und einphasigen Verfahren hineininterpretiert (s. Rn 197). **212**

Literatur: *Fastenrath*, Kompetenzverteilung im Bereich der auswärtigen Gewalt, München 1986, S. 232-235; *Heintschel von Heinegg*, Vorbehalte zu völkerrechtlichen Verträgen, in: Jura 1992, S. 457 ff; *Hilpold*, Das Vorbehaltsregime der Wiener Vertragsrechtskonvention, in: ArchVR 34 (1996), S. 376 ff; *Jarass*, Die Erklärung von Vorbehalten zu völkerrechtlichen Verträgen, in: DÖV 1975, S. 117 ff; *Treviranus*, Vorbehalte zu normativen völkerrechtlichen Verträgen in der Bundesrepublik Deutschland, in: DÖV 1976, S. 325 ff; *ders.*, Vorbehalte zu mehrseitigen Verträgen – Wohltat oder Plage?, in: GYIL 1982, S. 515 ff; *Wiese*, Verfassungsrechtliche Aspekte der Vorbehalte zu völkerrechtlichen Verträgen, in: DVBl. 1975, S. 73 ff.

b) Ungültigkeit von Verträgen

213 **Fall 8:** Nordrhein-Westfalen ficht im Verfahren der abstrakten Normenkontrolle vor dem BVerfG das Vertragsgesetz zu dem inzwischen vom Bundespräsidenten ratifizierten und in Kraft getretenen Vertrag zwischen der Bundesrepublik und Tuvalu (**Fall 5**, Rn 110) an. Zur Begründung wird angeführt, daß der Bund hinsichtlich des Art. 5 kein Vertragsschließungsrecht besitze. Dieses stehe gemäß Art. 32 Abs. 3 GG ausschließlich den Ländern zu. Die Bundesregierung beruft sich im Verfahren auf das Lindauer Abkommen. Trotzdem erklärt das BVerfG das Vertragsgesetz insoweit für nichtig. Kann die Bundesrepublik unter Berufung auf dieses Urteil den Vertrag erfolgreich anfechten? Anmerkung: Es ist davon auszugehen, daß beide Staaten Partner der WVRK sind. (**Lösung: Rn 221**).

214 Die Artikel 46-53, 69 WVRK regeln die Ungültigkeit von Verträgen. Folgende **Gründe** sind vorgesehen:

a) Offenkundige Verletzung innerstaatlicher Kompetenzvorschriften über den Abschluß von Verträgen (Art. 46).
b) Überschreiten der Vollmacht des vertragsschließenden Staatenvertreters (Art. 47).
c) Irrtum (Art. 48).
d) Betrug (Art. 49).
e) Bestechung des vertragsschließenden Staatenvertreters (Art. 50).
f) Zwang gegen den vertragsschließenden Staatenvertreter (Art. 51).
g) Zwang gegen den Staat (Art. 52).
h) Widerspruch zu einer zwingenden Norm des Völkerrechts (ius cogens), die vertraglich nicht abdingbar ist (Art. 53).

215 Als **Folge** sieht Art. 69 Abs. 1 WVRK die Nichtigkeit des Vertrages vor. Für die Fragestellung des Staatsrechts III ist lediglich Art. 46 WVRK von Bedeutung. Dieser bestimmt:

„Innerstaatliche Bestimmungen über die Zuständigkeit zum Abschluß von Verträgen.

(1) Ein Staat kann sich nicht darauf berufen, daß seine Zustimmung, durch einen Vertrag gebunden zu sein, unter Verletzung einer Bestimmung seines innerstaatlichen Rechts über die Zuständigkeit zum Abschluß von Verträgen ausgedrückt wurde und daher ungültig sei, sofern nicht die Verletzung offenkundig war und eine innerstaatliche Rechtsvorschrift von grundlegender Bedeutung betraf.

(2) Eine Verletzung ist offenkundig, wenn sie für jeden Staat, der sich hierbei im Einklang mit der allgemeinen Übung und nach Treu und Glauben verhält, objektiv erkennbar ist."

Art. 46 WVRK stellt also auf die objektive Erkennbarkeit einer grundlegenden innerstaatlichen **Kompetenzvorschrift** über den Abschluß von Verträgen ab (sog. abgeschwächte Relevanztheorie oder Evidenztheorie, vgl dazu *Ipsen*, Völkerrecht, S. 159). Dabei ist umstritten, ob auch materielle innerstaatliche Vorschriften mit zu berücksichtigen sind, wenn diese zB maßgeblich sind für die Notwendigkeit des mehrphasigen Verfahrens oder die Notwendigkeit der Mitwirkung anderer Staatsorgane beim Vertragsabschluß. **216**

Die Frage, wann die – hinsichtlich der „**Offenkundigkeit**" reichlich vage formulierten – Voraussetzungen des Art. 46 Abs. 2 WVRK vorliegen, ist allein nach völkerrechtlichen Kriterien zu beurteilen und hat zunächst keinen Bezug zum innerstaatlichen Recht. Man wird jedenfalls dann nicht mehr von „Offenkundigkeit" sprechen können, wenn es sich um Auslegungen des innerstaatlichen Rechts handelt, die über den Wortlaut der Bestimmungen hinausgehen bzw in Praxis und Lehre umstritten sind. So wird ein Vertrag, den der Bund über einen Gegenstand der Landesgesetzgebung schließt, nicht anfechtbar sein, da die Auslegung des Art. 32 GG nicht einmal innerstaatlich „offenkundig" ist. **217**

Hingegen ist das innerstaatliche Recht relevant, wenn es gilt, festzustellen, welche Bestimmungen des GG oder der Länderverfassungen „**grundlegende Bedeutung**" iSd Art. 46 Abs. 1 WVRK haben, um bestimmen zu können, wann die Bundesrepublik oder ein Land unter Berufung auf Art. 46 WVRK einen Vertrag anfechten kann. **218**

Dies kann grundsätzlich nur anhand des Einzelfalls abschließend beurteilt werden. Immerhin lassen sich einige generelle Aussagen machen. Danach sind folgende Bestimmungen von „grundlegender Bedeutung": **219**

a) Bestimmungen über die Vertragsfähigkeit (Art. 32 Abs. 1 und 3 GG). Dabei ist insbesondere die Festlegung der Vertragsfähigkeit der Länder hervorzuheben. So wäre zB der Vertrag eines Landes über einen Gegenstand der Bundesgesetzgebung anfechtbar. Ebenso wäre nach der hL ein Vertrag anfechtbar, den ein Land ohne Zustimmung der Bundesregierung gemäß Art. 32 Abs. 3 GG abgeschlossen hat.

b) Bestimmungen über die Organe des Vertragsschlusses (Art. 59 Abs. 1 Satz 1 und 2 GG, Art. 59 Abs. 2 Satz 2 GG, entsprechende Bestimmungen der Länderverfassungen, s. Rn 141). Danach wäre zB ein Vertrag anfechtbar, den ein Verwaltungsbeamter ohne Vollmacht im einphasigen Verfahren abgeschlossen hat.

c) Umstritten ist die Lage bei Bestimmungen über die Festlegung des zweiphasigen Verfahrens. Dazu kommt noch, daß es insbesondere auch fraglich ist, ob bei der schwierigen und umstrittenen Interpretation des Art. 59 Abs. 2 Satz 1 GG noch in jedem Fall von einer „Offenkundigkeit" iSv Art. 46 Abs. 2 WVRK gesprochen werden kann. Mag man dies bei evident hochpolitischen Verträgen des Bundes noch bejahen, so dürfte es sicherlich im Fall eines Vertrags zu verneinen sein, der deshalb eines Vertragsgesetzes des Bundes bedarf, weil er durch Landesgesetze ausgeführt werden muß (s. Rn 171). Die Lehre neigt eher dazu, diese Bestimmungen gänzlich aus der Anwendung des Art. 46 WVRK auszuschließen. Entsprechendes gilt für die Länderverfassungen.

220 Von diesem Ergebnis unabhängig ist die innerstaatliche Behandlung eines Vertrages, der gegen das GG verstößt. Ein solcher Vertrag kann vor dem BVerfG angefochten werden, das seine Verfassungsmäßigkeit oder Nichtigkeit feststellen kann. Stellt es die Nichtigkeit fest, so hat dies völkerrechtlich allerdings keine Auswirkungen, sofern sich die Bundesrepublik nicht auf Art. 46 WVRK berufen kann. Der Vertrag gilt völkerrechtlich weiter und die Bundesrepublik ist zu seiner Erfüllung verpflichtet. Innerstaatlich darf er allerdings nicht mehr angewandt werden (s. BVerfGE 72, S. 200 ff, 264 f).

221 **Lösung Fall 8** (Rn 213):

1. Die Bundesrepublik kann sich gegenüber Tuvalu nur dann mit Erfolg auf die Ungültigkeit des Vertrages berufen, wenn ein völkerrechtlich anerkannter Ungültigkeitsgrund vorliegt. Das Urteil des BVerfG allein ist kein ausreichender Anfechtungs- bzw Ungültigkeitsgrund.

2. In Betracht käme insoweit Art. 46 WVRK. Die WVRK wäre aber nur dann anwendbar, wenn sowohl die Bundesrepublik als auch Tuvalu Vertragspartner der WVRK sind. Dies ist laut Sachverhalt gegeben.

3. Die vom BVerfG festgestellte Verletzung innerstaatlicher Zuständigkeitsbestimmungen müßte demnach „offenkundig" iSv Art. 46 Abs. 2 WVRK, dh objektiv aus dem Wortlaut der Verfassung erkennbar sein.

Der für die Kompetenzverteilung zwischen Bund und Ländern im Bereich der auswärtigen Beziehungen einschlägige Art. 32 GG verweist aber zum einen in Abs. 3 auf andere Verfassungsvorschriften (= die in sich wieder in vielen Einzelheiten umstrittenen Artikeln 70 ff) weiter, ist also nicht ohne weiteres aus sich heraus verständlich. Zum anderen gibt die Formulierung des Abs. 3, wonach die Länder unter bestimmten Voraussetzungen selbst völkerrechtliche Verträge abschließen „können", für einen fremden Staat nicht zu erkennen, daß sich aus dieser Bestimmung zugleich ein Vertragsabschlußverbot für den Bund ergeben soll.

Angesichts dieser schon für die deutsche Staatsrechtslehre bestehenden Interpretationsschwierigkeiten war die vom BVerfG gerügte GG-Verletzung für Tuvalu nicht „offenkundig", so daß sich die Bundesrepublik insofern nicht mit Erfolg auf die Ungültigkeit des Vertrages berufen kann.

4. Art. 46 Abs. 1 WVRK stellt des weiteren darauf ab, daß eine „innerstaatliche Rechtsvorschrift von grundlegender Bedeutung" betroffen ist. Dies kann zwar für Art. 32 GG ganz allgemein bejaht werden, eine konkrete Prüfung kann aber im vorliegenden Fall dahingestellt bleiben. Denn die Aufzählung der Tatbestandsvoraussetzungen des Art. 46 Abs. 1 WVRK ist kumulativ, und bei Wegfall der Voraussetzung der „Offenkundigkeit" greift Art. 46 Abs. 1 WVRK insgesamt nicht ein.

Ergebnis: Die Bundesrepublik kann den Vertrag mit Tuvalu nicht mit Aussicht auf Erfolg unter Berufung auf das Urteil des BVerfG anfechten.

Literatur: *Geck*, Die völkerrechtlichen Wirkungen verfassungswidriger Verträge, Köln 1963; *Geiger*, S. 103-105; *Zehetner*, Staatliche Außenvertretungsbefugnis im Völkerrecht, in: ZaöRVR 37 (1977), S. 244 ff.

c) Änderung von Verträgen

Fall 9: Die Bundesrepublik vereinbart mit Tuvalu, den zwischen ihnen geschlossenen Vertrag (**Fall 5**, Rn 110) dahingehend zu ändern, daß Art. 17 Buchstabe c um folgenden Satz ergänzt wird: „Diese Beschränkung gilt nicht, wenn ein Staatsangehöriger einer Vertragspartei schon länger als 10 Jahre seinen ständigen Wohnsitz im Staatsgebiet der anderen Vertragspartei hat." Ist für diese Änderung ein Vertragsgesetz notwendig? (**Lösung: Rn 227**). **222**

Gemäß Art. 39 WVRK kann ein Vertrag durch Übereinkunft zwischen den Vertragsparteien geändert werden. In der Regel handelt es sich dabei um den Abschluß eines **Änderungsvertrages**, der nach den üblichen Regeln über den Vertragsabschluß zustandekommt. Des weiteren unterliegt die Änderung eines Vertrages den Grundsätzen der Relativität und des Koordinationscharakters des Völkerrechts (s. Rn 9). Dies bedeutet, daß jede Vertragspartei für sich entscheidet, ob sie sich an der Vertragsänderung beteiligen will, und daß keine Vertragspartei dazu gezwungen werden kann. Die Folge davon ist, daß sich der Vertrag in den ursprünglichen und den novellierten Vertrag aufspalten kann. Art. 40 WVRK regelt diese Aufsplitterung. **223**

In seltenen Fällen sehen Verträge, insbesondere Gründungsverträge internationaler Organisationen, die Möglichkeit einer **mehrstimmigen Änderung** vor. Solche Regelungen durchbrechen den Koordinationscharakter und die Relativität des Völkerrechts. **224**

Beispiel: Art. 108 der Satzung der Vereinten Nationen vom 26. Juni 1945 (Sartorius II, Nr 1) bestimmt:

„Änderungen dieser Charta treten für alle Mitglieder der Vereinten Nationen in Kraft, wenn sie mit Zweidrittelmehrheit der Mitglieder der Generalversammlung angenommen und von zwei Dritteln der Mitglieder der Vereinten Nationen einschließlich aller ständigen Mitglieder des Sicherheitsrats nach Maßgabe ihres Verfassungsrechts ratifiziert worden sind."

Da sich die Vertragsänderung selbst wieder in Form eines Vertrages vollzieht, gelten für diesen die Bestimmungen des GG und der Länderverfassungen über das Verfahren zum Abschluß von Verträgen. Eine solche Änderung kann für sich gesehen eines Vertragsgesetzes bedürfen. Darüber hinaus ist man sich einig, daß für eine Änderung, die eine Bestimmung des ursprünglichen Vertrags betrifft, die die Notwendigkeit eines Vertragsgesetzes bedingte, ebenfalls ein Vertragsgesetz notwendig ist. Hingegen ist umstritten, ob eine Änderung, die für sich gesehen keines Vertragsgesetzes bedarf und auch nicht eine die Notwendigkeit eines Vertragsgesetzes bedingende Bestimmung des ursprünglichen Vertrages betrifft, schon deshalb ein Vertragsgesetz notwendig macht, weil der ursprüngliche Vertrag eines Vertragsgesetzes bedurfte. Ein Teil der Lehre bejaht dies, wobei sie sich auf die Praxis stützen kann (zB *Rojahn*, in: *v. Münch*, Art. 59, Rn 44; aA *Zuleeg*, in: Alternativkommentar, Art. 59, Rn 34). **225**

Als hauptsächliches Argument wird dabei auf die Erhaltung der Kontrollfunktion der gesetzgebenden Körperschaften abgestellt. Nur so könne verhindert werden, **226** daß zustimmungsfreie Vertragsteile, die aber der eigentliche Anlaß für die politische Entscheidung über die Zustimmung zum Vertrag waren, herausgelöst und ohne neues Vertragsgesetz geändert werden. Diese Argumentation nähert sich stark der vom Bundesrat zeitweise vertretenen „Mitverantwortungstheorie" bei der Frage der Änderung zustimmungsbedürftiger Gesetze an (vgl *Kutscher,* DÖV 1952, S. 710 ff).

227 **Lösung Fall 9** (Rn 222):

1. Ein Vertragsgesetz wäre dann notwendig, wenn die Vertragsänderung für sich gesehen ein Vertrag gemäß Art. 59 Abs. 2 Satz 1 GG wäre.

a) Die Ergänzung von Art. 17 Buchstabe c des Vertrages mit Tuvalu regelt – genauso wie der ursprüngliche Vertrag selbst – nicht die politischen Beziehungen iSv hochpolitisch. Die politische Dimension ist – wenn überhaupt – eine Nebenwirkung.

b) Die Ergänzung von Art. 17 Buchstabe c des Vertrages mit Tuvalu bezieht sich auch nicht auf Gegenstände der Bundesgesetzgebung. Sie bedarf, da sie keinen eigenständigen neuen Regelungsgehalt hat, zu ihrer Erfüllung keines Gesetzes. Vielmehr wird der ursprüngliche Rechtszustand teilweise wiederhergestellt. Für diese Fälle kommt das Einkommensteuergesetz wieder unbeschränkt zur Anwendung, ohne daß es geändert werden müßte.

2. Die Notwendigkeit eines Vertragsgesetzes könnte sich aber daraus ergeben, daß die Vertragsänderung eine Bestimmung des ursprünglichen Vertrages betrifft, die ihrerseits ein Vertragsgesetz bedingte.

Die Änderung betrifft Art. 17 Buchstabe c des Vertrages mit Tuvalu. Diese Bestimmung war eine, die sich auf Gegenstände der Bundesgesetzgebung bezog und daher ein Vertragsgesetz bedingte (vgl Rn 168). So gesehen wäre auch für die Änderung ein Vertragsgesetz notwendig.

3. Ein Teil der Lehre vertritt die Auffassung, daß jede Änderung eines Vertrages, der ursprünglich ein Vertragsgesetz bedingte, wiederum eines Vertragsgesetzes bedarf, unabhängig von seinem Inhalt und auch dann, wenn kein Fall der Ziffern 1 oder 2 dieser Lösungsskizze vorliegt. Folgt man dieser Ansicht, dann ist nur darauf abzustellen, daß der Vertrag mit Tuvalu eines Vertragsgesetzes bedurfte (s. Rn 168 und 172).

Ergebnis: Für die Änderung des Vertrages mit Tuvalu ist ein Vertragsgesetz notwendig.

Literatur: *Backsmann*, Über die Mitwirkung des Gesetzgebers bei der Änderung völkerrechtlicher Verträge, in: DVBl. 1956, S. 317 ff; *Härle*, Die völkerrechtlichen Verwaltungsabkommen der Bundesrepublik, in: JIR 12 (1965), S. 93 ff, 103 ff.

d) Beendigung und Suspendierung von Verträgen

228 **Fall 10:** Nachdem aufgrund politischer Meinungsverschiedenheiten von Tuvalu die diplomatischen Beziehungen mit der Bundesrepublik abgebrochen wurden, beabsichtigt die Bundesregierung den Vertrag (**Fall 5**, Rn 110) zu kündigen. Ist dazu ein Vertragsgesetz notwendig? (**Lösung: Rn 235**).

229 Beendigung und Suspendierung von Verträgen sind größtenteils in der WVRK geregelt. Darüber hinaus existieren aber weitere Gründe für Beendigung und Suspen-

dierung von Verträgen, die sich aus allgemeinem Völkerrecht ergeben. Folgende **Gründe** sind vorgesehen:

a) Erfüllung.
b) Verzicht.
c) Kriegsausbruch. Nach allgemeinem Völkerrecht werden zwischen den Kriegsgegnern alle bilateralen Verträge bzw alle Vertragsbeziehungen im Rahmen multilateraler Verträge beendet. Eine Ausnahme gilt nur für die Vertragsbeziehungen im Rahmen multilateraler unpolitischer Verträge (zB Europäisches Kulturabkommen vom 19. Dezember 1954, BGBl. 1955 II, S. 1128 ff). Diese werden für die Dauer des Krieges suspendiert.
d) Vertraglich vorgesehene Gründe (Art. 54 Buchstabe a, Art. 57 Buchstabe a und Art. 58 Abs. 1 Buchstabe a WVRK).
e) Zustimmung aller Vertragsparteien (Art. 54 Buchstabe b und Art. 57 Buchstabe b WVRK).
f) Kündigung (Art. 56 Abs. 1 WVRK).
g) Partielle Suspendierung im Rahmen multilateraler Verträge (Art. 58 Abs. 1 Buchstabe b WVRK).
h) Abschluß eines späteren Vertrages (Art. 59 WVRK).
i) Reaktion auf Vertragsverletzung der Vertragspartner (Art. 60 WVRK).
j) Unmöglichkeit der Erfüllung (Art. 61 WVRK).
k) Grundlegende Änderung der Umstände, Berufung auf die clausula rebus sic stantibus (Art. 62 WVRK).
l) Entstehung einer neuen zwingenden Norm (ius cogens) des Völkerrechts (Art. 64 WVRK).

Die **Beteiligung der staatlichen Organe** bei der Beendigung und Suspendierung 230
von Verträgen ist unterschiedlich. Während es zu einer Suspendierung immer des ausdrücklichen Tätigwerdens staatlicher Organe bedarf (Ausnahme: Kriegsausbruch), tritt die Beendigung von Verträgen manchmal ohne ein solches ein (so in den Fällen der Buchstaben a, j, l). In allen anderen Fällen aber muß ein staatliches Organ verzichten, zustimmen, kündigen oder sich auf andere Beendigungsgründe berufen (so in den Fällen der Buchstaben i und k). Beim Abschluß eines späteren Vertrages handelt es sich überhaupt um ein neues, eigenständiges Vertragsschließungsverfahren, und die Frage nach der Beteiligung staatlicher Organe richtet sich dann danach.

Für die Fragestellung des Staatsrechts III ist also von Bedeutung, welche Organe die Beendigung und Suspendierung von Verträgen gegenüber den Vertragspartnern geltend machen und ob dabei die gesetzgebenden Körperschaften mitwirken müssen.

Zuständig für die Geltendmachung der Suspendierung oder Beendigung sind für 231
den Bund der Bundespräsident gemäß Art. 59 Abs. 1 Satz 1 GG bzw die Bundesregierung oder die Ressortminister bei Verwaltungsabkommen. Auf der Ebene der Länder ist zuständig in der Regel der Ministerpräsident bzw in Berlin der Regierende Bürgermeister, in Bremen und Hamburg der Senat sowie in Nordrhein-Westfalen die Landesregierung (s. Rn 141).

232 Schwieriger ist die Frage zu beantworten, ob bei der Suspendierung und Beendigung von Verträgen die gesetzgebenden Körperschaften mitwirken müssen. Dieses Problem ist in der Literatur vornehmlich bezüglich der Kündigung diskutiert worden. Die hL geht dabei davon aus, daß eine Kündigung **keiner Mitwirkung** der gesetzgebenden Körperschaften bedürfe. Begründet wird dies hauptsächlich damit, daß der Wortlaut des Art. 59 Abs. 2 GG eben nur den Abschluß von Verträgen umfasse. Dies sei ein wechselseitiger Akt der Willensübereinstimmung, während die Kündigung ein einseitiger Akt eines Vertragspartners sei. Die Praxis entspricht durchaus der hL, ja geht sogar darüber hinaus, indem die Bundesregierung die Kompetenz zur Kündigung in Anspruch nimmt, und zwar auch dann, wenn es sich nicht um Verwaltungsabkommen handelt. Dies entspricht auch der Meinung des BVerfG (BVerfGE 68, S. 1 ff, 85 ff).

Beispiel: Das Internationale Übereinkommen zum Schutz des menschlichen Lebens auf See vom 31. Mai 1929 (RGBl. 1931 II, S. 235 ff) wurde von der Bundesregierung am 10. November 1954 gekündigt (BGBl. 1955 II, S. 905).

233 Eine Mindermeinung hält allerdings die **Mitwirkung** der gesetzgebenden Körperschaften für **notwendig**, sofern eine solche für den Abschluß des zu kündigenden Vertrages notwendig war. Insbesondere für Verträge, die die politischen Beziehungen des Bundes regeln, wird (mit einer Art actus-contrarius-Theorie) vorgebracht, daß ihre Kündigung ebenso die politischen Beziehungen beeinflusse und daher unter Art. 59 Abs. 2 Satz 1 Alternative 1 GG falle. Als politische Lösung wird vorgeschlagen, daß im Vertragsgesetz eine eventuelle Kündigung des Vertrages unter den Vorbehalt eines neuerlichen Vertragsgesetzes gestellt werde.

234 Für die Länderverfassungen gelten die für das GG entwickelten Argumente entsprechend (vgl insbesondere für die Verfassung von Schleswig-Holstein BVerwGE 60, S. 162 ff, 175 ff).

235 **Lösung Fall 10** (Rn 228):

1. Der Vertrag zwischen der Bundesrepublik und Tuvalu enthält zwar keine Bestimmungen über eine Kündigung, eine solche ist aber eventuell gemäß Art. 56 WVRK erlaubt.
2. Obwohl es sich um einen Vertrag handelt, der sich auf Gegenstände der Bundesgesetzgebung bezieht (s. Rn 172), bedarf es keiner Mitwirkung der gesetzgebenden Körperschaften, da Art. 59 GG nur den Abschluß, nicht aber die Beendigung völkerrechtlicher Verträge regelt (hL und ständige Praxis).
3. Zudem handelt es sich nicht um einen Vertrag, der die politischen Beziehungen des Bundes regelt (s. Rn 164), und daher ist auch seine Kündigung ohne Auswirkung auf die politischen Beziehungen.
4. Daher ist für die Kündigung ein Vertragsgesetz nicht notwendig.

Literatur: *Bayer*, Die Aufhebung völkerrechtlicher Verträge im deutschen parlamentarischen Regierungssystem, Köln 1969, S. 201-216; *Diehl*, Die Mitwirkung des Parlaments bei der Kündigung völkerrechtlicher Verträge, Diss. Mainz 1967; *Stelzig*, Die Zuständigkeit des Bundestages für die Kündigung von Staatsverträgen nach geltendem Staatsrecht, Diss. Bonn

1957; *Schiffmann*, Die Frage der Mitwirkung der parlamentarischen Körperschaften bei der Aufhebung völkerrechtlicher Verträge, Tübingen 1962.

II. Völkergewohnheitsrecht

Das Gewohnheitsrecht ist die zweite wichtige Quelle des Völkerrechts. In den internationalen Beziehungen regeln zwar zunehmend völkerrechtliche Verträge die Rechte und Pflichten der Staaten, und man ist bestrebt, immer mehr Verträge zur Kodifikation des Völkergewohnheitsrechts abzuschließen, dennoch hat das Gewohnheitsrecht weiterhin eine wichtige Funktion. Dies gilt insbesondere im Zusammenhang mit der Relativität des Völkerrechts (s. Rn 9). Denn bei den großen multilateralen Kodifikationskonventionen ist es noch in keinem einzigen Fall dazu gekommen, daß alle Staaten Vertragspartner geworden sind. Daher regeln sich die Rechtsbeziehungen zwischen Vertragspartnern und Nichtvertragspartnern nach wie vor nach Gewohnheitsrecht. **236**

1. Begriff

In Art. 38 Abs. 1 Buchstabe b StIGH wird das Gewohnheitsrecht definiert als „Ausdruck einer allgemeinen, als Recht anerkannten Übung". Daraus ergeben sich die beiden entscheidenden Definitionselemente für das Gewohnheitsrecht: **237**

(1) die **Übung** (consuetudo, objektives Element) und
(2) die **Rechtsüberzeugung** (opinio iuris, subjektives Element).

Dementsprechend kann man das Völkergewohnheitsrecht definieren als Summe der Normen, die durch eine von der Rechtsüberzeugung getragene Übung der Völkerrechtssubjekte entstanden sind. Diese Definition entspricht der hL, der Staatenpraxis und der internationalen Gerichtsbarkeit (vgl zB IGH in: ICJ-Reports 1969, S. 3 ff, 42 ff; 1985, S. 6 ff, 29 f; 1986, S. 14 ff, 97 f). Auch das BVerfG judiziert unter Zugrundelegung dieser Definition (vgl zB BVerfGE 16, S. 27 ff, 34; 66, S. 39 ff, 64 f). **238**

Da diese Definition beide Elemente des Art. 38 Abs. 1 Buchstabe b StIGH enthält, spricht man von einer **dualistischen Theorie** des Gewohnheitsrechts. Daneben werden vereinzelt **monistische Theorien** vertreten, die nur auf eines der beiden Definitionselemente abstellen und dieses für die Entstehung von Gewohnheitsrecht als ausreichend erachten. **239**

So wird beispielsweise die **Rechtsüberzeugung** als psychologisch-subjektives Element als kaum nachweisbar und überflüssig bezeichnet. Die Übung allein genüge zum Entstehen von Gewohnheitsrecht, und bei der Prüfung, ob ein bestimmtes Gewohnheitsrecht vorliege, werde ohne weiteres von der Übung auf die dahinterstehende Rechtsüberzeugung geschlossen. Die Schwäche dieser Theorie liegt darin, daß sie nicht erklären kann, wie eine soziale Tatsache aus dem Seins-Bereich (Übung) plötzlich zu einem Sollens-Satz (Norm) wird. Darüber hinaus läßt sich mit **240** dieser Theorie Gewohnheitsrecht nicht von der Völkercourtoisie (s. Rn 14) unterscheiden.

241 Auf der anderen Seite wird vertreten, daß die **Übung** zwar für den Nachweis von Gewohnheitsrecht bedeutend, für dessen Entstehen aber nicht notwendig sei. Entscheidend dafür sei einzig und allein die übereinstimmende Rechtsüberzeugung der Völkerrechtssubjekte. Dies gehe soweit, daß es spontan entstandenes Gewohnheitsrecht gebe, das durch Übung lediglich bestätigt werde (sog. diritto spontaneo, vgl *Ago*, RdC 90 [1956 II], S. 857 ff, 932 ff).

242 Kaum Meinungsverschiedenheiten gibt es hingegen über die **Erscheinungsformen** des Völkergewohnheitsrechts. So unterscheidet man üblicherweise zwischen universellem (= für alle geltendem), allgemeinem (= für eine Vielzahl von Völkerrechtssubjekten geltendem), partikulärem, regionalem oder lokalem (= für eine bestimmte geographisch, historisch, ideologisch etc abgegrenzte Anzahl von Völkerrechtssubjekten geltendem) und bilateralem (= zwischen zwei Völkerrechtssubjekten geltendem) Gewohnheitsrecht. Letzteres war längere Zeit umstritten, bis es der IGH im „Durchgangsrecht über indisches Gebiet-Fall" anerkannt hat (ICJ-Reports 1957, S. 125 ff).

2. Entstehung

243 Völkergewohnheitsrecht entsteht, wenn staatliche Organe, getragen von der Rechtsüberzeugung, Übungshandlungen setzen. Dabei ist anerkannt, daß diese in positivem Handeln oder in Unterlassen bestehen können (vgl Ständiger IGH im „Lotus-Fall", PCIJ, Series A, Nr 9, S. 28). Ebenso ist anerkannt, daß alle staatlichen Organe, nicht nur die Organe der auswärtigen Gewalt (wie Staatsoberhaupt, Regierung, Außenminister), relevante Übungshandlungen setzen können, also auch Gerichte, Behörden, beliehene Unternehmen etc. Da jedes Organhandeln, gleichgültig welches Organ auftritt, dem Staat bzw dem Völkerrechtssubjekt zuzurechnen ist, kann auch jedes Organ an der Entstehung von Gewohnheitsrecht mitwirken. Das Völkerrecht verweist insofern vollinhaltlich auf die innerstaatliche Rechtsordnung und deren Bestimmungen über Organe. Nicht ganz so klar ist dies bei der Frage, ob auch jedes Organ die Rechtsüberzeugung artikulieren kann (s. Rn 256).

244 Hinsichtlich der genauen Bestimmung der einzelnen **Elemente des Gewohnheitsrechts** läßt sich folgendes anführen:

a) Übung

245 Das objektive Element des Gewohnheitsrechts, die Übung, muß nach hL einheitlich, allgemein und von Dauer sein.

246 aa) **Einheitlichkeit** der Übung meint Widerspruchslosigkeit. Die einzelnen Präzedenzfälle müssen gleichartig sein, zumindest so gleichartig, daß sich daraus eine Regel ableiten läßt.

Beispiel: Im „Haya de la Torre-Fall" ging es um die Frage, ob Kolumbien dem peruanischen Staatsbürger Haya de la Torre, der nach einer erfolglosen Militärrebellion in Peru in die kolumbianische Botschaft in Lima geflüchtet war, diplomatisches Asyl gewähren könne mit der Folge, daß Haya de la Torre frei aus Peru ausreisen dürfe. Kolumbien berief sich dabei ua auf bestehendes kontinentales Gewohnheitsrecht, wonach diplomatisches Asyl anerkannt sei, und insbesondere auf eine Reihe von Präzedenzfällen. Der IGH, der gegen Kolumbien entschied, lehnte ein solches Gewohnheitsrecht ab und führte bezüglich der Präzedenzfälle aus (ICJ-Reports 1950, S. 266 ff, 277):

„The facts brought to the knowledge of the Court disclose so much uncertainty and contradiction, so much fluctuation and discrepancy in the exercise of diplomatic asylum ... that it is not possible to discern in all this any constant and uniform usage, accepted as law ..."

bb) **Allgemeinheit** der Übung bedeutet, daß alle in ihren Interessen betroffenen Völkerrechtssubjekte sich einheitlich verhalten. Dies würde bei universellem Gewohnheitsrecht alle existierenden Völkerrechtssubjekte umfassen. Dabei geht man davon aus, daß nicht alle sich aktiv an der Übung beteiligt haben müssen, sondern daß es genügt, wenn die Nichtbeteiligten zustimmen oder sogar nur nicht widersprechen. Wenn sie dann allerdings in die Situation kommen, wo sich die Frage nach der Anwendung des Gewohnheitsrechts stellt, müssen sie sich einheitlich verhalten. Im streng dogmatischen Sinn muß man eigentlich den Begriff „allgemein" beziehen auf alle Völkerrechtssubjekte, die von der Gewohnheitsrechtsnorm gebunden werden sollen. Es wäre daher in jedem Einzelfall zu untersuchen, ob gerade die beteiligten Völkerrechtssubjekte sich an der Übung aktiv beteiligt bzw zugestimmt oder nicht widersprochen haben. Dabei werden sich Beteiligung und Zustimmung leichter nachweisen lassen als mangelnder Widerspruch, der ja letztlich aus dem Schweigen des Völkerrechtssubjekts abgeleitet werden muß. Die völkerrechtliche Judikatur und ein Teil der Lehre tendieren daher auch dazu, weniger auf die am Einzelfall beteiligten Völkerrechtssubjekte abzustellen, als vielmehr darauf, ob die Übung *überwiegend* praktiziert wird. 247

Anerkannt ist hingegen allgemein, daß ein Völkerrechtssubjekt, das sich von Anfang an einer Übung beharrlich widersetzt hat (sog. **persistent objector**), etwa durch Proteste oder eine erklärt anders geartete Übung, nicht durch diese ansonsten allgemein geübte Norm des Gewohnheitsrechts gebunden sein kann. 248

Beispiel: Im britisch-norwegischen Fischereistreit ging es um die Ausdehnung des norwegischen Küstenmeers und um die Art und Weise dessen Grenzziehung. Durch die von Norwegen praktizierte Grenzziehung nach der sog. Methode der markanten Punkte (vgl Art. 4 des Genfer Übereinkommens über das Küstenmeer und die Anschlußzone vom 29. April 1958, *Schweitzer/Rudolf*, S. 326 ff; jetzt auch Art. 7 des Seerechtsübereinkommens der Vereinten Nationen vom 10. Dezember 1982, Sartorius II, Nr 350) wurden ausländische und insbesondere britische Fischer von wichtigen Fischgründen ausgeschlossen. Großbritannien rief den IGH an und bestritt die Rechtmäßigkeit dieser Grenzziehung. Der IGH entschied gegen Großbritannien mit der Begründung, die seit langer Zeit von Norwegen und anderen Staaten geübte Grenzziehung sei auf keinerlei ernsthafte Proteste irgendwelcher Staaten, auch nicht Großbritanniens, gestoßen. Auf das britische Vorbringen, bei dieser Art der Grenzziehung existiere eine allgemeine, auch für Norwegen verbindliche Übung dahingehend, daß die gefundene Basislinie eine Länge von zehn Seemeilen nicht überschreiten dürfe, erwiderte der IGH (ICJ-Reports 1951, S. 115 ff, 131):

„In these circumstances the Court deems it neccessary to point out that although the ten-mile rule has been adopted by certain States both in their national law and in their treaties and conventions, and although certain arbitral decisions have applied it as between these States, other States have adopted a different limit. Consequently, the ten-mile rule has not acquired the authority of a general rule of international law.

In any event the ten-mile rule would appear to be inapplicable as against Norway inasmuch as she has always opposed any attempt to apply it to the Norwegian coast.“

249 cc) Die **Dauer** der Übung wird zwar allgemein als notwendige Voraussetzung für die Entstehung von Gewohnheitsrecht anerkannt, über eine genaue Festlegung der Dauer ist man sich aber uneinig. Der IGH forderte ursprünglich eine „sufficiently long practice“ (so im britisch-norwegischen Fischereistreit, ICJ-Reports 1951, S. 115 ff, 139). Später hat er dieses Erfordernis relativiert, indem er eine kurze Zeit gelten läßt, wenn die Übung „extensive and virtually uniform“ ist (so in den „Nordsee-Kontinentalschelf-Fällen“, ICJ-Reports 1969, S. 3 ff, 43). Die hL geht auch davon aus, daß sich Gewohnheitsrecht sehr schnell bilden kann, wenn die Übung entsprechend intensiv ist.

Beispiel: Die Einführung einer dem bisherigen Vertrags- und Gewohnheitsrecht widersprechenden „ausschließlichen Wirtschaftszone“ in der Ausdehnung von 200 sm, in der dem Küstenstaat souveräne Rechte auf wirtschaftliche Betätigung zustehen, ist in knapp 10 Jahren vor sich gegangen. Spätestens ab 1982 (= Unterzeichnung des Seerechtsübereinkommens der Vereinten Nationen [Sartorius II, Nr 350], das diese „ausschließliche Wirtschaftszone“ in den Artikeln 55-75 garantiert) wird das Recht der Küstenstaaten auf diese Zone als geltendes Gewohnheitsrecht angesehen.

b) Rechtsüberzeugung

250 Neben der Übung fordert die hL auch noch das subjektive Element der Rechtsüberzeugung für die Entstehung von Gewohnheitsrecht. Hinsichtlich des genauen Gehalts der Rechtsüberzeugung bestehen allerdings fundamentale Meinungsunterschiede.

251 Nach der traditionellen Lehre bedeutet die Rechtsüberzeugung, daß das die Übung setzende Völkerrechtssubjekt davon überzeugt ist, zu diesem Verhalten rechtlich verpflichtet zu sein. Die Rechtsüberzeugung ist danach also ein Produkt der **Rechtserkenntnis**. Die Schwierigkeit dieser Theorie liegt darin, daß die ersten Übungshandlungen, die zur Entstehung von Gewohnheitsrecht führen, dann entweder auf einer irrtümlichen Rechtsüberzeugung beruhen oder ohne Rechtsüberzeugung gesetzt werden. Noch gravierender ist der Einwand, daß die ersten Übungshandlungen, die zur Änderung bestehenden Gewohnheitsrechts führen, entweder auf einer irrtümlichen Rechtsüberzeugung beruhen oder gar einen Rechtsbruch darstellen. Denn das Völkerrechtssubjekt, das diese Übung setzt, weiß, wenn es nicht irrtümlich handelt, ganz genau, daß es bestehendes Gewohnheitsrecht verletzt.

Man versucht, diesem Dilemma zu entkommen, indem man von der opinio iuris sive necessitatis spricht, so daß die Rechtsüberzeugung nicht nur die Überzeugung hinsichtlich eines rechtlich gebotenen, sondern auch eines politisch notwendigen Verhaltens sein kann. Teilen andere Staaten diese Einschätzung einer politischen Notwendigkeit, werden sie sich gleichmäßig verhalten und allmählich wird die opinio necessitatis zu einer opinio iuris. Man spricht in diesem Zusammenhang auch von „stabilisierten Verhaltenserwartungen", die zur Bildung von Völkergewohnheitsrecht führen.

In diesem Bereich nähert sich die hL der zweiten wichtigen Theorie zur Rechtsüberzeugung. Danach ist die Rechtsüberzeugung die Überzeugung, daß eine bestimmte Übung rechtens sein soll. Sie ist also ein Akt der **Rechtsschöpfung**. Teilen andere Staaten diese Überzeugung, setzen auch sie entsprechende Übungshandlungen. Es kommt zu einer Willensübereinstimmung und damit zur Schaffung einer Norm. Das Ganze läuft auf die Theorie hinaus, die das Gewohnheitsrecht als stillschweigenden Vertrag (pactum tacitum) betrachtet. **252**

Die **Rechtsprechung des IGH** hat bisher wenig zur Lösung dieses Theorienstreits beigetragen, da sie dazu keine Stellung genommen hat. Man versucht neuerdings in der Lehre, das Problem pragmatischer zu behandeln. Man spricht daher ua von einer Überzeugung, eine im Werden befindliche Norm zu beobachten, man ordnet je nach Lage des Falles die opinio iuris einmal der Rechtserkenntnis und dann der Rechtsschöpfung zu und weist vor allem darauf hin, daß das Gewohnheitsrecht dynamisch sei, daß man sein genaues Inkrafttreten gar nicht exakt feststellen könne und daß es daher nur darauf ankomme, festzustellen, welchen Inhalt eine Norm des Gewohnheitsrechts zu einem bestimmten Zeitpunkt gerade habe. **253**

3. Regelung im GG und in den Länderverfassungen

Weder das GG noch die Länderverfassungen verwenden den Begriff des Völkergewohnheitsrechts. Hingegen besteht Einigkeit darüber, daß die Art. 25 GG, Art. 84 der Verfassung von Bayern, Art. 122 der Verfassung von Bremen und Art. 67 der Verfassung von Hessen sich zumindest auch (wenn nicht ausschließlich) auf Völkergewohnheitsrecht beziehen. **254**

Allerdings regeln diese Bestimmungen lediglich die Transformation von Gewohnheitsrecht (s. Rn 471 ff) und setzen im übrigen Begriff und Einzelheiten des Gewohnheitsrechts voraus.

GG und Länderverfassungen können daher in bezug auf Gewohnheitsrecht nur insofern herangezogen werden, als sie die **Organe** bestimmen, die zuständig sind für die Setzung von Übungshandlungen und für die Äußerung der Rechtsüberzeugung. **255**

Hinsichtlich der **Übung** sind dies nach der hL alle staatlichen Organe (s. Rn 243), also Bundes- und Landesorgane der Gesetzgebung, der Rechtsprechung und der Vollziehung (vgl auch BVerfGE 15, S. 25 ff, 35; 16, S. 27 ff, 34 ff; 46, S. 342 ff, 367 f = Beispiel in Rn 257). Wer auch immer vom GG oder den Länderverfassungen zu hoheitlichem Handeln, zur Ausübung von Staatsgewalt ermächtigt wird, kann völkerrechtlich relevante Übungshandlungen setzen. Da der Bundesstaat – **256** völkerrechtlich gesehen – nach außen hin als Einheitsstaat auftritt (s. Rn 114), sind auch die von den Landesorganen gesetzten Übungshandlungen dem Bund zuzurechnen.

257 Hinsichtlich der **Rechtsüberzeugung** ist die Frage schwieriger zu beantworten. Äußerungen der Rechtsüberzeugung können sich üblicherweise finden in Erklärungen der für die auswärtigen Beziehungen zuständigen Organe, in Beschlüssen und Gesetzen der Parlamente und in Urteilen der Höchstgerichte. In diesen Erklärungen, Beschlüssen und Urteilen kann sich die Rechtsüberzeugung manifestieren, zumindest wenn man von der Ansicht ausgeht, wonach die Rechtsüberzeugung ein Produkt der Rechtserkenntnis ist.

Dies trifft zwar grundsätzlich auch für das Handeln aller anderen staatlichen Organe zu, die völkerrechtliche Relevanz ihres Handelns und daher ihre Rechtsüberzeugung wird aber teilweise mit dem Argument bestritten, daß sie ja nur interne staatliche Vorgänge und nicht zwischenstaatliche Beziehungen gestalten wollen. Die ihr Handeln begleitende Rechtsüberzeugung wird in aller Regel nicht darin bestehen, zu diesem Handeln *völkerrechtlich*, sondern vielmehr *innerstaatlich* verpflichtet zu sein. Verwaltungsbehörden und Gerichte müssen bestehende Gesetze anwenden. Dabei kommt es auf ihre völkerrechtliche Rechtsüberzeugung gar nicht an. Die Rechtsüberzeugung des Staates manifestiert sich vielmehr in diesen Gesetzen. Daher wird in vielen Fällen beim Handeln staatlicher Organe gar nicht ihre eigene Auffassung zum Völkergewohnheitsrecht zum Ausdruck kommen. Insgesamt gesehen wird man zwar auch bei der Rechtsüberzeugung grundsätzlich auf das Handeln aller staatlichen Organe abstellen können, muß aber im Einzelfall sehr genau prüfen, ob tatsächlich eine völkerrechtliche Rechtsüberzeugung nachweisbar ist. Insofern spielt auch hier die Ermächtigung des GG und der Länderverfassungen zur Ausübung von Staatsgewalt eine Rolle.

Beispiel: Für den gesamten Komplex der Überprüfung der Rechtsüberzeugung bietet der Beschluß des BVerfG vom 13. Dezember 1977 ein anschauliches Beispiel, der im Verfahren nach Art. 100 Abs. 2 GG (s. Rn 771) ergangen ist. Es handelte sich dabei um die Frage, ob Völkergewohnheitsrecht bestehe, das die Zwangsvollstreckung aus einem Urteil verbietet, das gegen einen ausländischen Staat in bezug auf seine nicht-hoheitliche Tätigkeit erlassen wurde. Konkret ging es um die Zwangsvollstreckung in ein Bankkonto dieses Staates, das im Inland besteht und zur Deckung der offiziellen Ausgaben und Kosten einer Botschaft bestimmt ist.

Das BVerfG führte zunächst allgemein zur Frage der für die Entstehung von Gewohnheitsrecht relevanten Staatsorgane aus (BVerfGE 46, S. 342 ff, 367):
„Bei der Ermittlung von Normen des Völkergewohnheitsrechts ist in erster Linie auf das völkerrechtlich erhebliche Verhalten derjenigen Staatsorgane abzustellen, die kraft Völkerrechts oder kraft innerstaatlichen Rechts dazu berufen sind, den Staat im völkerrechtlichen Verkehr zu repräsentieren. Daneben kann sich eine solche Praxis aber auch in den Akten anderer Staatsorgane, wie des Gesetzgebers oder der Gerichte bekunden, zumindest soweit ihr Verhalten unmittelbar völkerrechtlich erheblich ist, etwa zur Erfüllung einer völkerrechtlichen Verpflichtung oder zur Ausfüllung eines völkerrechtlichen Gestaltungsspielraums dienen kann."
Im weiteren untersuchte das BVerfG die Praxis einzelner Staaten, um eine Aussage über das Gewohnheitsrecht machen zu können. Im Falle der USA konnte das BVerfG auf den Foreign

Sovereign Immunities Act of 1976 abstellen, worin zwar grundsätzlich eine Immunität fremder Staaten im Erkenntnis- und im Vollstreckungsverfahren, aber auch eine Reihe von Ausnahmen festgelegt wurden. Daraus schließt das BVerfG (aaO, S. 378 f):

„Die Regelungen des Gesetzes bekunden damit die Hinwendung der Vereinigten Staaten von Amerika zur Lehre von der beschränkten Immunität fremder Staaten im Erkenntnis- wie im Vollstreckungsverfahren, und zwar gerade auch bei *in personam*-Verfahren, in denen der fremde Staat unmittelbar als Partei eines Erkenntnis- oder als Schuldner eines Vollstrekkungsverfahrens in Anspruch genommen wird. Mag es für die frühere Rechtsprechung der Gerichte der Vereinigten Staaten nicht unzweifelhaft sein, inwieweit sie als Ausdruck auch *völkerrechtlicher* Gebundenheit und nicht lediglich als *comitas gentium* zu werten ist ..., bei den Regelungen, die nunmehr der Foreign Sovereign Immunities Act of 1976 getroffen hat, spricht alles dafür, daß sie bewußt im Hinblick auch auf die Mindestverpflichtungen erlassen wurden, die das allgemeine Völkerrecht auferlegt, mag die Ausgestaltung des Gesetzes mitunter auch darüber hinausgehen und den fremden Staat günstiger stellen als nach allgemeinem Völkerrecht geboten. Darauf deutet einmal, daß es nach dem Inkrafttreten des Gesetzes fortan allein Sache der Gerichte ist, über Immunitätsfragen nach rechtlichen Maßstäben zu befinden. Es wird weiter belegt durch die Stellungnahmen des State Department, des Justizministeriums und der Kongreßausschüsse in den Vorarbeiten zu dem Gesetz. Darin heißt es, es sei das zentrale Anliegen des Gesetzes, daß Entscheidungen über die Inanspruchnahme von Immunität durch fremde Staaten am besten von den Gerichten auf der Grundlage einer gesetzlichen Regelung getroffen werden sollten, die Maßstäbe inkorporiere, die nach internationalem Recht anerkannt seien ...“

Im Ergebnis hat das BVerfG festgestellt, daß es keine Norm des Völkergewohnheitsrechts gebe, wonach eine Zwangsvollstreckung gegen einen fremden Staat in dessen im Gerichtsstaat belegene Vermögensgegenstände schlechthin verboten wäre. Eine solche Norm bestehe nur hinsichtlich von Vermögen, das hoheitlichen Zwecken diene. Bei einer erlaubten Zwangsvollstreckung gegen einen fremden Staat aber dürfe nicht auf Gegenstände zugegriffen werden, die seiner diplomatischen Vertretung zur Wahrnehmung ihrer amtlichen Funktionen dienen. Das Völkergewohnheitsrecht bestimme nämlich, daß Forderungen aus einem laufenden, allgemeinen Bankkonto der Botschaft eines fremden Staates, das im Gerichtsstaat bestehe und zur Deckung der Ausgaben und Kosten der Botschaft bestimmt sei, nicht der Zwangsvollstreckung unterliege.

Literatur: *Bleckmann*, Zur Feststellung und Auslegung von Völkergewohnheitsrecht, in: ZaöRVR 1977, S. 504 ff; *Ferdinand*, Die Rechtsprechung der Gerichte der Bundesrepublik Deutschland zum Völkergewohnheitsrecht, Frankfurt a.M. 1985; *Geiger*, Zur Lehre von Völkergewohnheitsrecht in der Rechtsprechung des Bundesverfassungsgerichts, in: AöR 103 (1978), S. 382 ff; *Ipsen*, Völkerrecht, S. 181-198; *Kimminich*, S. 218-222; *Seidl-Hohenveldern*, Gewohnheitsrecht, völkerrechtliches, in: Lexikon, S. 104 ff; *Simma*, Das Reziprozitätselement in der Entstehung des Völkergewohnheitsrechts, München 1970; *Steinberger*, Allgemeine Regeln des Völkerrechts, in: *Isensee/Kirchhof*, Bd. VII, S. 525 ff; *Zemanek*, Die Bedeutung der Kodifizierung des Völkerrechts für seine Anwendung, in: Internationale Festschrift für *A. Verdross* zum 80. Geburtstag, München 1971, S. 565 ff.

III. Allgemeine Rechtsgrundsätze

Als dritte Rechtsquelle des Völkerrechts nennt Art. 38 Abs. 1 Buchstabe c StIGH **258**
„die von den Kulturvölkern anerkannten allgemeinen Rechtsgrundsätze“. Zwar sind anerkanntermaßen alle Rechtsquellen des Völkerrechts gleichrangig und

es gelten daher die Sätze „lex posterior derogat legi priori" und „lex specialis derogat legi generali", in der Praxis kommen aber die allgemeinen Rechtsgrundsätze meist nur subsidiär zur Anwendung, da sie in aller Regel leges generales sind. Erst dort, wo weder im Vertrags- noch im Gewohnheitsrecht Regelungen bestehen, wo also im Völkerrecht Lücken existieren, bekommen sie originäre Bedeutung, indem sie diese Lücken ausfüllen.

259 Die Formulierung des Art. 38 Abs. 1 Buchstabe c StIGH, die auf die „**Kulturvölker**" abstellt, gilt heute nach einhelliger Meinung als überholt. Man subsumiert darunter alle Staaten.

1. Begriff

260 Einigkeit besteht darüber, daß die allgemeinen Rechtsgrundsätze die **von den nationalen Rechtsordnungen übereinstimmend anerkannten Grundsätze** sind. Dabei handelt es sich um Grundsätze und nicht um detaillierte Regelungen. Es sind Grundsätze, die übereinstimmend in den Rechtsordnungen der Staaten vorhanden sind. Man kann sie daher nur im Rahmen der Rechtsvergleichung erkennen. Sie können sowohl dem Privatrecht als auch dem öffentlichen Recht angehören, müssen aber auf die internationalen Beziehungen übertragbar sein, weil sie ansonsten keinen Anwendungsbereich haben. Aufgrund des Koordinationscharakters des Völkerrechts (s. Rn 9) sind meist Grundsätze des (ebenfalls koordinationsrechtlichen) Privatrechts besser übertragbar als solche des öffentlichen Rechts.

Beispiel: Als allgemeine Rechtsgrundsätze werden allgemein bezeichnet die Regeln über Verjährung von Forderungen, Treu und Glauben, Verbot des Rechtsmißbrauchs, estoppel (= Verbot des venire contra factum proprium), ungerechtfertigte Bereicherung, Schadensersatz, Achtung wohlerworbener Rechte, Irrtum, Grundsätze des gerichtlichen Verfahrens etc.

261 Diese übereinstimmenden Grundsätze werden als Ausdruck gemeinsamer Rechtsanschauungen eingestuft, und ihnen wird daher ein Rechtswert zugesprochen, der notwendiger Bestandteil auch des Völkerrechts sei. Erkennt man im Völkerrecht eine Lücke, so greift man auf die Grundsätze zurück, mit denen die Staaten diese Fragen innerstaatlich lösen.

262 In der **Praxis** werden die allgemeinen Rechtsgrundsätze entgegen dem theoretischen Konzept allerdings nicht aufgrund umfassender Rechtsvergleichung formuliert. Eine solche wäre wahrscheinlich auch kaum zu bewältigen. Meist beschränkt man sich auf die Analyse der wichtigsten Rechtskreise.

Beispiel: Im „Russischen Entschädigungsfall" hatte der Ständige Schiedshof zu entscheiden, ob die Türkei an Rußland Verzugszinsen für zu spät gezahlte Entschädigungen aufgrund des Friedensvertrages von Konstantinopel 1879 zu zahlen hätte. Dafür sah weder der Friedensvertrag noch das Völkergewohnheitsrecht eine Regelung vor. Der Ständige Schiedshof bejahte die grundsätzliche Verpflichtung zu Verzugszinsen, wobei er ausführte (*Neuhold/Hummer/Schreuer*, Österreichisches Handbuch des Völkerrechts, Bd. 2, 3. Aufl., Wien 1997, S. 82 f):

„Um festzustellen, worin die spezielle Verpflichtung des Schuldnerstaates besteht, welcher eine fällige und einforderbare Summe schuldet, ist es, wie in den zitierten Schiedssprüchen, angebracht, durch Analogie die allgemeinen öffentlichrechtlichen und privatrechtlichen Grundsätze in diesem Bereiche zu untersuchen, und zwar sowohl vom Standpunkt des Ausmaßes dieser Verpflichtung als auch dem der entgegenstehenden Ausnahmen.

Das Privatrecht der Staaten, welche das Europäische Konzert darstellen, ebenso wie früher das Römische Recht, anerkennen die Verpflichtung zumindest für Verzugszinsen aus dem Titel des Schadensersatzes, wenn es sich um die Nichterfüllung einer vertraglich fixierten, fälligen und einforderbaren Zahlungsverpflichtung handelt, und zwar zumindest vom Zeitpunkte der Einforderung. – Manche Rechtsordnungen gehen weiter und betrachten den Schuldner bereits vom Tage der Fälligkeit als im Verzuge oder sehen sogar vollen Schadensersatz statt Verzugszinsen vor."

Manchmal haben sich **internationale Gerichte** sogar schon auf die bloße, durch nichts substantiierte Behauptung der Existenz eines allgemeinen Rechtsgrundsatzes beschränkt. 263

Beispiel: Im „Chorzów-Fall" ging es vor dem Ständigen Internationalen Gerichtshof um die Frage des Schadensersatzes wegen Vertragsverletzung. Dazu führte der Gerichtshof aus (PCIJ, Series A, Nr 17, S. 29):

„As regards the first point, the Court observes that it is a principle of international law, and even a general conception of law, that any breach of an engagement involves an obligation to make reparation. In Judgment No. 8, when deciding on the jurisdiction derived by it from Article 23 of the Geneva Convention, the Court has already said that reparation is the indispensable complement of a failure to apply a convention, and there is no necessity for this to be stated in the convention itself."

In der **Lehre** wird teilweise der Begriff der allgemeinen Rechtsgrundsätze noch weiter gefaßt. Danach handelt es sich auch um Grundsätze, die aus der Struktur der Völkerrechtsordnung oder der Völkergemeinschaft abgeleitet werden können. Man gewinnt sie durch Abstraktion aus dem bestehenden Vertrags- und Gewohnheitsrecht. Man bezeichnet sie zu Unterscheidungszwecken meist als „allgemeine Grundsätze des Völkerrechts". 264

Beispiele: Dazu zählt man die sog. Grundrechte der Staaten (wie zB Gleichheit und Unabhängigkeit), den Grundsatz „pacta sunt servanda", die Grundsätze der Vertragsauslegung und Rechtserzeugung etc.

Da sie aber von der Geltungsgrundlage her gesehen dem Vertrags- und Gewohnheitsrecht zuzurechnen sind, wird man sie diesen Quellen und nicht den allgemeinen Rechtsgrundsätzen zuzuordnen haben.

2. Regelung im GG und in den Länderverfassungen

Weder das GG noch die Länderverfassungen verwenden den Begriff der allgemeinen Rechtsgrundsätze. Hingegen ist umstritten, ob sich die Art. 25 GG („allgemeine Regeln des Völkerrechts"), Art. 84 der Verfassung von Bayern und Art. 122 der Verfassung von Bremen („allgemein anerkannte Grundsätze des Völkerrechts") auf die allgemeinen Rechtsgrundsätze beziehen. Geht man mit der herrschenden Lehre 265 davon aus, daß die allgemeinen Rechtsgrundsätze die von den nationalen Rechtsordnungen übereinstimmend anerkannten Grundsätze sind, wird man dies eher verneinen. Denn die genannten Artikel regeln die Transformation bestimmter Rechtssätze (s. Rn 471 ff). Ein allgemeiner Rechtsgrundsatz kann aber nur dann bestehen, wenn er auch Bestandteil der Rechtsordnung der Bundesrepublik ist. Als solcher bedarf er aber keiner Transformation. Diese wäre sinnlos. Geht man aber von der Mindermeinung hinsichtlich des Begriffs der allgemeinen Rechtsgrundsätze aus, wonach diese Strukturgrundsätze der Völkerrechtsordnung seien, die aus Vertrags- und Gewohnheitsrecht abgeleitet werden, bedarf es wieder keiner eigenständigen Transformation, da sie mit dem Vertrags- und Gewohnheitsrecht gemeinsam ohnehin schon transformiert werden können.

266 Etwas anderes gilt für Art. 67 Satz 1 der Verfassung von Hessen. Danach sind die Regeln des Völkerrechts bindender Bestandteil des Landesrechts. Diese Formulierung umfaßt zunächst sicher auch die allgemeinen Rechtsgrundsätze. Dennoch ist Art. 67 Satz 1 auf sie nicht anwendbar. Denn wiederum bedarf es keiner Transformation eines bereits in der innerstaatlichen Rechtsordnung vorhandenen oder über Vertrags- oder Gewohnheitsrecht transformierbaren Rechtsgrundsatzes.

267 Der in Art. 123 Abs. 2 GG verwendete Begriff „allgemeine Rechtsgrundsätze" ist weiter gemeint und umfaßt alle Rechtsquellen des Völkerrechts (s. Rn 592).

Literatur: *Geck*, Das Bundesverfassungsgericht und die allgemeinen Regeln des Völkerrechts, in: Bundesverfassungsgericht und Grundgesetz, Bd. 2, Tübingen 1976, S. 125 ff; *Ipsen*, Völkerrecht, S. 198-201; *Kimminich*, S. 243-246; *Papadimitriu*, Die Stellung der allgemeinen Regeln des Völkerrechts im innerstaatlichen Recht, Berlin 1972; *Ress*, Rechtsgrundsätze, allgemeine, in: Lexikon, S. 216 ff; *Silagi*, Die allgemeinen Regeln des Völkerrechts als Bezugsgegenstand in Art. 25 GG und Art. 26 EMRK, in: EuGRZ 1980, S. 632 ff; *Steinberger*, Allgemeine Regeln des Völkerrechts, in: *Isensee/Kirchhof*, Bd. VII, S. 525 ff; *Verosta*, Die allgemeinen Rechtsgrundsätze in der Staatenpraxis, in: ÖJZ 1950, S. 101 ff.

IV. Beschlüsse internationaler Organisationen

1. Begriff

268 Beschlüsse internationaler Organisationen als Quellen des Völkerrechts werden in Art. 38 Abs. 1 StIGH nicht genannt. Dies ist zunächst historisch dadurch erklärbar, daß es sich bei den internationalen Organisationen um eine Entwicklung der jüngsten Zeit handelt, die bei der Formulierung des Art. 38 StIGH noch keine Rolle gespielt hat. Man hat aus diesem Grund versucht, sie einer der in Art. 38 Abs. 1 StIGH genannten Quellen zuzuordnen, insbesondere hat man sie als neue Form des Vertragsrechts, als **abgeleitetes Vertragsrecht**, bezeichnet. Dem kann insofern zugestimmt werden, als solche Beschlüsse immer auf dem Gründungsvertrag einer internationalen Organisation basieren. Genauso wie für den Gründungsvertrag gilt auch für die darin vorgesehenen Beschlüsse der Grundsatz „pacta sunt servanda". Wenn daher ein Mitgliedstaat einen verbindlichen Beschluß nicht befolgt, verletzt er den Gründungsvertrag.

Besonders klargestellt wird dies in der SVN. Diese sieht verbindliche Beschlüsse des Sicherheitsrates über Maßnahmen zur Wahrung des Weltfriedens und der internationalen Sicherheit vor. Der Sicherheitsrat legt auch fest, welche Mitglieder der Vereinten Nationen diese Maßnahmen zu treffen haben. In diesem Zusammenhang bestimmt Art. 48 Abs. 2 SVN (Sartorius II, Nr 1):

„Diese Beschlüsse werden von den Mitgliedern der Vereinten Nationen unmittelbar sowie durch Maßnahmen in den geeigneten internationalen Einrichtungen durchgeführt, deren Mitglieder sie sind."

Und Art. 25 SVN formuliert diese Pflicht noch einmal ganz allgemein:

„Die Mitglieder der Vereinten Nationen kommen überein, die Beschlüsse des Sicherheitsrats im Einklang mit dieser Charta anzunehmen und durchzuführen."

Eine Nichtbefolgung eines diesbezüglichen Beschlusses des Sicherheitsrates wäre also eine Verletzung des Art. 48 Abs. 2 und des Art. 25 der SVN.

Es mehren sich in der Lehre die Stimmen, Beschlüsse internationaler Organisatio- **269** nen als neue, **eigenständige Rechtsquelle** des Völkerrechts zu bezeichnen. Echten Rechtsquellencharakter können diese Beschlüsse allerdings nur dann haben, wenn sie verbindlich sind. Unverbindliche Beschlüsse in Form von Empfehlungen, Deklarationen etc (sog. *soft law*) haben keine normative Funktion und können daher nicht als Rechtsquelle eingestuft werden. Ihre Bedeutung liegt vielmehr im politischen Bereich, wobei sie allerdings erhebliche moralische Autorität entfalten können.

Beispiele:

– Allgemeine Erklärung der Menschenrechte der Generalversammlung der Vereinten Nationen vom 10. Dezember 1948 (Sartorius II, Nr 19).

– Deklaration der Generalversammlung der Vereinten Nationen über die Grundsätze des Völkerrechts betreffend die freundschaftlichen Beziehungen und die Zusammenarbeit zwischen Staaten in Übereinstimmung mit der Satzung der Vereinten Nationen vom 24. Oktober 1970 (Vereinte Nationen 4/1978, S. 138 ff).

– Gemeinsame Grundrechtserklärung des Europäischen Parlaments, des Rates und der Kommission vom 5. April 1977 (ABl. 1997, Nr C 103, S. 1).

Ebenfalls auszuscheiden sind die Beschlüsse, die zwar verbindlich sind, aber nur für **270** den Innenbereich der Organisation erlassen werden und sich in der Regel auf interne Organisationsfragen oder dienstrechtliche Belange beziehen (= internes Staatengemeinschaftsrecht, s. Rn 14).

Manche verbindlichen Beschlüsse internationaler Organisationen weisen noch die **271** Besonderheit auf, daß sie gegen den Willen von Mitgliedstaaten erlassen werden können. Dies wird entweder durch Mehrheitsbeschlüsse (zB im Rat der Europäischen Union), erreicht oder durch die Besetzung der Beschlußorgane dergestalt, daß nicht alle (zB im Sicherheitsrat der UNO) oder gar keine Mitgliedstaaten (zB in der Kommission der Europäischen Gemeinschaften) darin vertreten sind. Bisweilen werden solche Organisationen und ihre Beschlüsse als **supranational** bezeichnet (s. Rn 691).

2. Regelung im GG und in den Länderverfassungen

272 GG und Länderverfassungen enthalten mit einer Ausnahme (s. Rn 283) keine ausdrückliche Regelung über Beschlüsse internationaler Organisationen. Es kommen allerdings die Bestimmungen in Betracht, die Aussagen über den Beitritt zu internationalen Organisationen enthalten (s. Rn 696 ff).

273 Stuft man die Europäischen Gemeinschaften als internationale Organisationen ein (umstritten, s. dazu *Schweitzer/Hummer*, Europarecht, Rn 85 bis 87), so ist auch noch auf Art. 23 Abs. 3 Satz 1 GG hinzuweisen, der auf Rechtsetzungsakte der Europäischen Union abstellt. Da diese aber allgemein nicht als internationale Organisation eingestuft wird (s. Rn 19), kann im hier behandelten Zusammenhang nur die Erste Säule der Europäischen Union in Betracht kommen (s. Rn 17).

274 Der **Beitritt der Bundesrepublik** kann sich vollziehen in Form eines Vertragsabschlusses über die Gründung einer internationalen Organisation. Damit werden auch die Bestimmungen des Gründungsvertrages über die Beschlußfassung, deren Verbindlichkeit und die Befolgungsverpflichtungen akzeptiert. In diesen Fällen gelten daher die Bestimmungen des GG über den Abschluß von Verträgen. In vielen Fällen wird ein Beitritt zu einer internationalen Organisation die politischen Beziehungen des Bundes regeln und daher gemäß Art. 59 Abs. 2 Satz 1 Alternative 1 GG ein Vertragsgesetz bedingen.

Beispiel: Gesetz über den Beitritt der Bundesrepublik Deutschland zum Europarat vom 8. Juli 1950 (BGBl. 1950, S. 263 ff).

275 Davon abgesehen wird in einer Reihe von Fällen der Gründungsvertrag einer internationalen Organisation sich auf Gegenstände der Bundesgesetzgebung beziehen und daher ein Vertragsgesetz nach Art. 59 Abs. 2 Satz 1 Alternative 2 GG notwendig machen.

Beispiel: Gesetz ... über die Errichtung einer Europäischen Organisation für kernphysikalische Forschung (CERN) vom 25. Juni 1969 (BGBl. 1969 II, S. 1197 ff).

276 In den Fällen, in denen mit dem Beitritt auch **Hoheitsrechte** auf die internationalen Organisationen **übertragen** werden, kommen zudem Art. 23 GG und Art. 24 GG zur Anwendung. Dabei regelt Art. 23 Abs. 1 Satz 2 GG die Übertragung von Hoheitsrechten auf die Europäische Union, Art. 24 Abs. 1 GG die Übertragung von Hoheitsrechten auf andere internationale Organisationen allgemein, während sich Art. 24 Abs. 2 GG auf internationale Organisationen bezieht, die zur Wahrung des Friedens ein System der kollektiven Sicherheit errichten.

277 Für die Übertragung von Hoheitsrechten gemäß Art. 23 Abs. 1 Satz 2 GG und Art. 24 Abs. 1 GG gelten die oben dargestellten Bedingungen (s. Rn 54 ff). Danach bedarf es eines Gesetzes, das insofern eine Doppelfunktion hat, als es sowohl als Gesetz für die Übertragung von Hoheitsrechten gemäß Art. 23 Abs. 1 Satz 2 GG oder Art. 24 Abs. 1 GG als auch als Vertragsgesetz gemäß Art. 59 Abs. 2 Satz 1 GG einzustufen ist.

278 Demgegenüber spricht Art. 24 Abs. 2 GG nur von der „**Beschränkung**" von Hoheitsrechten. Man sieht den wesentlichen Unterschied zu Abs. 1 darin, daß eine Or-

ganisation gemäß Abs. 2 die Hoheitsrechte nicht eigenständig handhaben kann und einer rechtlichen und tatsächlichen Kündigungsmöglichkeit unterliegen muß.

Des weiteren enthält Art. 24 Abs. 2 GG keine Aussage über die Form der Beschränkung der Hoheitsrechte; insbesondere wird **kein Gesetz** gefordert. Daher sieht man in Art. 24 Abs. 2 GG nur eine Ergänzung und Klarstellung zu Art. 32 GG und Art. 59 GG. Wenn gemäß Art. 32 Abs. 1 GG die Pflege der Beziehungen zu auswärtigen Staaten als Sache des Bundes erklärt wird, gehört es auch zur Kompetenz des Bundes, einem System der kollektiven Sicherheit beizutreten. Dies ist gemäß Art. 24 Abs. 2 GG nur dann erlaubt, wenn es zur Wahrung des Friedens dient. Diese Friedenspflicht ist allerdings wiederum nur eine Klarstellung, da sie umfassend in Art. 26 GG angelegt ist. Die Form des Beitritts bestimmt sich dabei nach Art. 59 Abs. 2 GG. Da ein solcher Beitritt in jedem Fall die politischen Beziehungen des Bundes regelt, ist immer ein Vertragsgesetz notwendig. **279**

Unter einem **System der kollektiven Sicherheit** versteht man ein System, in dem sich die Mitgliedstaaten zur friedlichen Beilegung ihrer Streitigkeiten sowie zu gegenseitigem Nichtangriff und damit zur gegenseitigen Sicherheit verpflichten, wobei der Friedenszustand notfalls durch Einsatz von Streitkräften wiederhergestellt wird (zB UNO, vgl BVerfGE 90, S. 286 ff, 349). Umstritten war, ob auch solche Systeme umfaßt werden, die die gegenseitige Unterstützung im Falle eines Angriffs auf einen Mitgliedstaat vorsehen. **280**

Beispiel: Nordatlantikvertrag vom 4. April 1949 (Sartorius II, Nr 55):

„Art. 1:
Die Parteien verpflichten sich, in Übereinstimmung mit der Satzung der Vereinten Nationen jeden internationalen Streitfall, an dem sie beteiligt sind, auf friedlichem Wege so zu regeln, daß der internationale Friede, die Sicherheit und die Gerechtigkeit nicht gefährdet werden, und sich in ihren internationalen Beziehungen jeder Gewaltandrohung oder Gewaltanwendung zu enthalten, die mit den Zielen der Vereinten Nationen nicht vereinbar ist.

Art. 5 Abs. 1:
Die Parteien vereinbaren, daß ein bewaffneter Angriff gegen eine oder mehrere von ihnen in Europa oder Nordamerika als ein Angriff gegen sie alle angesehen werden wird; sie vereinbaren daher, daß im Falle eines solchen bewaffneten Angriffs jede von ihnen in Ausübung des in Artikel 51 der Satzung der Vereinten Nationen anerkannten Rechts der individuellen oder kollektiven Selbstverteidigung der Partei oder den Parteien, die angegriffen werden, Beistand leistet, indem jede von ihnen unverzüglich für sich und im Zusammenwirken mit den anderen Parteien die Maßnahmen, einschließlich der Anwendung von Waffengewalt, trifft, die sie für erforderlich erachtet, um die Sicherheit des nordatlantischen Gebiets wiederherzustellen und zu erhalten …“

Das **BVerfG** hatte die NATO zunächst als zwischenstaatliche Einrichtung iSd Art. 24 Abs. 1 GG qualifiziert. Zur Begründung hatte das BVerfG auf eine Art Integrationsdynamik des NATO-Vertrags abgestellt, der für sich gesehen noch keine ausdrückliche Übertragung von Hoheitsrechten vorsehe. Im einzelnen führte das BVerfG dazu aus (BVerfGE 68, S. 1 ff, 68): **281**

„… ist die sachliche Reichweite des Gesetzesvorbehalts in Art. 24 Abs. 1 GG auch mit Blick auf die Art und Weise zu bestimmen, in der Einrichtungen im Sinne dieser Vorschrift auf der zwischenstaatlichen Ebene errichtet werden und funktionieren. Dies geschieht typischerweise im Rahmen eines Integrationsprozesses. In seinem zeitlichen Verlauf sind zahlreiche einzelne Vollzugsakte erforderlich, um den im Gründungsvertrag angestrebten Zustand herbeizuführen. Die Rechtsformen, in denen sich das vollzieht, können vielfältig sein. Auch dort, wo nicht schon der Gründungsvertrag selbst den Ablauf eines Integrationsprozesses nach Inhalt, Form und Zeitpunkt festgelegt hat, bedarf es für die einzelnen Vollzugsschritte nicht von vornherein jeweils eines gesonderten Gesetzes im Sinne des Art. 24 Abs. 1 GG. Es ist dort entbehrlich, wo bereits der Gründungsvertrag, dem durch Gesetz zugestimmt worden ist, diesen künftigen Vollzugsverlauf hinreichend bestimmbar normiert hat."

Es hat insbesondere darauf hingewiesen, daß im Zusammenhang mit der Stationierung von Mittelstreckenraketen aufgrund der diesbezüglichen Entscheidungsbefugnisse des Präsidenten der USA über den Einsatz dieser Raketen Hoheitsrechte auf die NATO übertragen werden (aaO, S. 93).

282 In der Literatur wird demgegenüber aber auch vertreten, daß auf die NATO keine Hoheitsrechte übertragen wurden. Es entscheidet nämlich jeder Mitgliedstaat der NATO für sich, ob er den Bündnisfall (Art. 5 NATO-Vertrag) als gegeben ansieht und – wenn er dies tut – auf welche Weise – militärisch oder anders – er seiner Beistandsverpflichtung genügen will. Auch die Zuteilung nationaler Truppen zu integrierten Stäben kann jederzeit rückgängig gemacht werden. Darüber hinaus können die Organe der NATO keine für die Mitgliedstaaten verbindlichen Beschlüsse fassen. Dies alles spricht eher gegen eine Einordnung der NATO in den Bereich des Art. 24 Abs. 1 GG (s. dazu *Ipsen*, JöR 21 [1972], S. 1 ff, 50 f). In seinem „**Blauhelme-Urteil**" vom 12. Juli 1994 (BVerfGE 90, S. 286 ff, 350 f; s. Rn 703) hat das BVerfG die NATO dann auch als „System gegenseitiger kollektiver Sicherheit im Sinne des Art. 24 Abs. 2 GG" eingestuft (ebenso im „**Kosovo-Beschluß**" EuGRZ 1999, S. 355 ff, 356).

283 Vollzieht sich der Beitritt der Bundesrepublik zu einer bereits bestehenden internationalen Organisation durch eine Beitrittserklärung, so stellt diese für die Organisation und deren Mitglieder einen einseitigen Akt dar. Da aber die Folgen eines solchen einseitigen Aktes darin bestehen, daß die Bundesrepublik Mitglied des Gründungsvertrages wird, kommt dies auf seiten der Bundesrepublik einem Vertragsabschluß gleich. Daher gilt auch für dieses Verfahren das bisher Ausgeführte.

284 Das GG nimmt – sieht man von Art. 23 Abs. 3 Satz 1 GG ab (s. Rn 272) – nur in einem Fall, nämlich in **Art. 80a Abs. 3 GG**, ausdrücklich Bezug auf einen Beschluß einer internationalen Organisation. Diese Bestimmung wird als „Bündnisklausel" oder „NATO-Klausel" bezeichnet. Sie enthält keine näheren Aussagen über den Begriff des Beschlusses einer internationalen Organisation, sondern setzt ihn im Rahmen bestehender Bündnisverpflichtungen der Bundesrepublik voraus. Art. 80a Abs. 3 GG dient primär dazu, die Kompetenzfestlegung des Art. 80a Abs. 1 GG zugunsten der Bundesregierung zu verschieben, um so die außenpolitische Manövrierfähigkeit der Bundesregierung zu fördern (vgl BT-Drucks. V/2873, S. 12). Der Bundestag wird jedoch nicht gänzlich ausgeschaltet, da er – mit der Mehrheit seiner Mitglieder – verlangen kann, daß die nach diesem Verfahren angewandten Maßnahmen wieder aufzuheben sind.

Einigkeit besteht darüber, daß die **Länder** keinen internationalen Organisationen beitreten können, wenn damit die Übertragung von Hoheitsrechten verbunden ist. Dazu fehlen positivrechtliche Verfassungsbestimmungen. Allerdings dürfen sie gemäß Art. 24 Abs. 1a GG unter den dort genannten Voraussetzungen Hoheitsrechte auf grenznachbarschaftliche Einrichtungen übertragen (s. Rn 67). Sie dürfen des weiteren im Rahmen ihrer Vertragsschließungsgewalt (s. Rn 117 ff) sonstigen internationalen Organisationen oder Kommissionen im Rahmen völkerrechtlicher Verträge beitreten. **285**

Beispiel: Übereinkommen über den Schutz des Bodensees gegen Verunreinigung vom 27. Oktober 1960 (GBl. für Baden-Württemberg 1962, S. 1 ff):

„Art. 1 Abs. 1:
Die Anliegerstaaten des Bodensees, das Land Baden-Württemberg, der Freistaat Bayern, die Republik Österreich und die Schweizerische Eidgenossenschaft (Kantone St. Gallen und Thurgau), verpflichten sich zur Zusammenarbeit auf dem Gebiet des Gewässerschutzes für den Bodensee.

Art. 3 Abs. 1 und 2:
(1) Der Zusammenarbeit dient die von den Anliegerstaaten gebildete ständige Internationale Gewässerschutzkommission für den Bodensee (nachstehend Kommission genannt).
(2) In der Kommission ist jeder Anliegerstaat durch eine Delegation vertreten, der jeweils eine Stimme zukommt.

Art. 4:
Die Kommission hat folgende Aufgaben:
a) Sie stellt den Zustand des Bodensees und die Ursachen seiner Verunreinigung fest.
b) Sie beobachtet laufend die Wasserbeschaffenheit des Bodensees.
c) Sie berät und empfiehlt den Anliegerstaaten Maßnahmen zur Behebung bestehender Mißstände sowie zur Verhütung künftiger Verunreinigungen.
d) Sie erörtert geplante Maßnahmen eines Anliegerstaates im Sinne des Art. 1 Abs. 3.
e) Sie prüft die Möglichkeit und den etwaigen Inhalt einer Reinhalteordnung für den Bodensee, die gegebenenfalls den Gegenstand eines weiteren Abkommens der Anliegerstaaten bilden soll.
f) Sie behandelt sonstige Fragen, die die Reinhaltung des Bodensees berühren können.“

Literatur: *Doehring*, in: *Isensee/Kirchhof*, Bd. VII, S. 669 ff; *Golsong/Ermacora*, Das Problem der Rechtsetzung durch internationale Organisationen (insbesondere im Rahmen der UN), Berichte der deutschen Gesellschaft für Völkerrecht, Heft 10, Karlsruhe 1971; *Miehsler*, Zur Autorität von Beschlüssen Internationaler Organisationen, in: *Schreuer* (Hrsg.), Autorität und internationale Ordnung, Berlin 1979, S. 35 ff; *Nolte,* Bundeswehreinsätze in kollektiven Sicherheitssystemen. Zum Urteil des Bundesverfassungsgerichts vom 12. Juli 1994, in: ZaöRVR 54 (1994), S. 652 ff; *Schreuer*, Die Beschlüsse Internationaler Organisationen, in: *Neuhold/Hummer/Schreuer*, Österreichisches Handbuch des Völkerrechts, Bd. 1, 3. Aufl. Wien 1997, S. 90; *Schroeder,* Verfassungs- und völkerrechtliche Aspekte friedenssichernder Bundeswehreinsätze, in: JuS 1995, S. 398 ff.

V. Einseitige Rechtsgeschäfte

1. Begriff

286 Das Völkerrecht als Koordinationsrecht (s. Rn 9) entsteht durch Zusammenwirken der Völkerrechtssubjekte. Einseitige Rechtssetzung ist nicht vorgesehen. Dennoch ist es anerkannt, daß in manchen Fällen Völkerrechtssubjekte durch einseitige Akte völkerrechtliche Rechte und Pflichten begründen, ändern oder beenden können. Man spricht dann von den „einseitigen Rechtsgeschäften".

287 Diese sind anerkanntermaßen **keine** eigenständige **Völkerrechtsquelle**. Vielmehr bestimmt das allgemeine Völkerrecht, daß einseitige Rechtsgeschäfte Rechtsfolgen hervorrufen können. Welcher Völkerrechtsquelle diese Bestimmung zuzuordnen ist, ist umstritten. Meist qualifiziert man sie als Bestandteil des Völkergewohnheitsrechts, manchmal als Bestandteil der allgemeinen Rechtsgrundsätze (speziell als Produkt des Prinzips von Treu und Glauben).

288 Grundsätzlich sind alle einseitigen Rechtsgeschäfte **empfangsbedürftig**. In der Praxis werden sie üblicherweise notifiziert, dh förmlich mitgeteilt.

2. Arten einseitiger Rechtsgeschäfte und die Regelung im GG und in den Länderverfassungen

289 Die einzelnen einseitigen Rechtsgeschäfte kann man danach unterscheiden, ob sie abhängig sind von einem anderen einseitigen Rechtsgeschäft oder einem völkerrechtlichen Vertrag (in diesen Fällen spricht man von **abhängigen** einseitigen Rechtsgeschäften) oder ob sie ohne eine solche Abhängigkeit Rechte und Pflichten erzeugen können (in diesen Fällen spricht man von **selbständigen** einseitigen Rechtsgeschäften).

a) Abhängige einseitige Rechtsgeschäfte

aa) Angebot und Annahme

290 Angebot und Annahme sind einseitige Erklärungen, die auf die Entstehung bestimmter Rechtsfolgen gerichtet sind. Das Produkt von übereinstimmenden Erklärungen ist ein völkerrechtlicher Vertrag, meist ein mündlicher oder formloser.

Beispiel: Angebot zur Aufnahme diplomatischer Beziehungen und Annahme entweder mündlich oder durch Briefwechsel. Das Ergebnis (die Aufnahme diplomatischer Beziehungen) wird in der Regel in einer gemeinsamen Erklärung bekanntgegeben (zB Bundesrepublik Deutschland – Jugoslawien 1968, AdG 1968, S. 13700 C):

„Gemeinsame Erklärung der Wiederaufnahme der diplomatischen Beziehungen zwischen der BR Deutschland und der SFR Jugoslawien: Die Regierung der BR Deutschland und die Regierung der SFR Jugoslawien sind übereingekommen, mit Wirkung vom heutigen Tage diplomatische Beziehungen aufzunehmen. Sie werden sobald wie möglich diplomatische Vertretungen im Range von Botschaften errichten und Botschafter austauschen. Beide Regierungen sind davon überzeugt, daß die Wiederaufnahme diplomatischer Beziehungen dazu beitragen wird, die gegenseitigen Beziehungen zu fördern und zu erweitern. Sie sind ebenso davon überzeugt, daß dieser Beschluß der beiden Regierungen dem Bedürfnis nach verstärkter friedlicher Zusammenarbeit zwischen den europäischen Staaten entspricht und einen positiven Beitrag zu dem Prozeß der Entspannung in Europa darstellt."

Da Angebot und Annahme vertragsbedingende einseitige Rechtsgeschäfte sind, finden auf sie die Bestimmungen des GG und der Länderverfassungen über Zuständigkeit und Verfahren beim Vertragsabschluß Anwendung. Dabei handelt es sich immer um die Bestimmungen über **Verwaltungsabkommen** (s. Rn 189 ff), da formlose oder mündliche Verträge nur im einphasigen Verfahren abgeschlossen werden können. Bedingt der Inhalt von Angebot und Annahme die Anwendung von Art. 59 Abs. 2 Satz 1 GG, so bedarf es eines förmlichen Vertragsabschlußverfahrens. **291**

bb) Vorbehalt

Ein Vorbehalt ist eine einseitige Erklärung, die anläßlich der endgültigen Bindung an einen völkerrechtlichen Vertrag abgegeben wird, und durch die ein Völkerrechtssubjekt die Rechtswirkung einzelner Vertragsbestimmungen für sich ausschließen oder ändern will (vgl Art. 2 Abs. 1 Buchstabe d WVRK). **292**

Zu den näheren Einzelheiten und zur Regelung im GG und in den Länderverfassungen s. Rn 200 ff.

cc) Beitritt

Manche völkerrechtliche Verträge, insbesondere Gründungsverträge internationaler Organisationen, sehen vor, daß nach Inkrafttreten des Vertrages weitere Völkerrechtssubjekte durch Beitritt Vertragspartner werden können. Bei den Gründungsverträgen internationaler Organisationen wird ein Beitritt in der Regel von der Zustimmung der anderen Mitgliedstaaten bzw der Organe der Organisation abhängig gemacht. **293**

Beispiele: – Nordatlantikvertrag vom 4. April 1949 (Sartorius II, Nr 65):

„Art. 10:
Die Parteien können durch einstimmigen Beschluß jeden anderen europäischen Staat, der in der Lage ist, die Grundsätze dieses Vertrages zu fördern und zur Sicherheit des nordatlantischen Gebiets beizutragen, zum Beitritt einladen. Jeder so eingeladene Staat kann durch Hinterlegung seiner Beitrittsurkunde bei der Regierung der Vereinigten Staaten von Amerika Mitglied dieses Vertrags werden. Die Regierung der Vereinigten Staaten von Amerika unterrichtet jede der Parteien von der Hinterlegung einer solchen Beitrtittsurkunde."

– Charta der Vereinten Nationen vom 26. Juli 1945 (Sartorius II, Nr 1):

„Art. 4 (1):
Mitglied der Vereinten Nationen können alle sonstigen friedliebenden Staaten werden, welche die Verpflichtungen aus dieser Charta übernehmen und nach dem Urteil der Organisation fähig und willens sind, diese Verpflichtungen zu erfüllen.

(2) Die Aufnahme eines solchen Staates als Mitglied der Vereinten Nationen erfolgt auf Empfehlung des Sicherheitsrats durch Beschluß der Generalversammlung."

Bei den meisten Verträgen, die einen Beitritt vorsehen, insbesondere bei den Kodifikationskonventionen (s. Rn 236), wird der Kreis der potentiellen Beitrittskandida- **294** ten im Vertrag selbst umschrieben. Dabei bedient man sich in der Regel der sog. „Wiener Formel", wie zB in Art. 83 WVRK. Da damit nicht alle Staaten umfaßt werden, spricht man von **beschränkt offenen Verträgen**.

„Art. 83:
Dieses Übereinkommen steht jedem Staat zum Beitritt offen, der einer der in Artikel 81 bezeichneten Kategorien angehört. Die Beitrittsurkunden werden beim Generalsekretär der Vereinten Nationen hinterlegt.

Art. 81 (sog. „Wiener Formel"):
Dieses Übereinkommen liegt für alle Mitgliedstaaten der Vereinten Nationen, einer ihrer Spezialorganisationen oder der Internationalen Atomenergie-Organisation, für Vertragsparteien des Statuts des Internationalen Gerichtshofs und für jeden anderen Staat, den die Generalversammlung der Vereinten Nationen einlädt, Vertragspartei des Übereinkommens zu werden, wie folgt zur Unterzeichnung auf: bis zum 30. November 1969 im Bundesministerium für Auswärtige Angelegenheiten der Republik Österreich und danach bis zum 30. April 1970 am Sitz der Vereinten Nationen in New York."

295 In seltenen Fällen steht der Beitritt ohne Beschränkung allen Staaten offen. Man spricht dabei von **offenen Verträgen**.

Beispiel: Vertrag über die Grundsätze zur Regelung der Tätigkeiten von Staaten bei der Erforschung und Nutzung des Weltraums einschließlich des Mondes und anderer Himmelskörper vom 27. Januar 1967 (Sartorius II, Nr 395):

„Art. 14 Abs. 1:
Dieser Vertrag liegt für alle Staaten zur Unterzeichnung auf. Jeder Staat, der ihn vor seinem Inkrafttreten nach Absatz 3 nicht unterzeichnet hat, kann ihm jederzeit beitreten."

296 Ein Beitritt zu einem völkerrechtlichen Vertrag stellt sich für die Vertragspartner als einseitiger Akt dar. Für die Bundesrepublik und die Länder bedeutet es aber, daß diese Vertragspartner werden; er kommt also einem Vertragsabschluß gleich. Daher gelten für den Beitritt die Regelungen des GG und der Länderverfassungen über den Abschluß von Verträgen. Insbesondere wird der Beitritt zu einer internationalen Organisation in vielen Fällen gemäß Art. 59 Abs. 2 Satz 1 Alternative 1 GG ein Vertragsgesetz notwendig machen (vgl Rn 273 f).

dd) Kündigung, Vertragsbeendigung, Suspendierung

297 Die **Kündigung** (oder **Rücktritt**) ist die einseitige Erklärung eines Völkerrechtssubjekts, aus einem bestehenden Vertrag auszuscheiden. Sie ist gemäß Art. 54 und Art. 56 WVRK dann erlaubt, wenn sie im Einvernehmen aller Vertragsparteien vorgenommen wird, im Vertrag ausdrücklich vorgesehen ist oder wenn eine Gesamtinterpretation des Vertrages eine Kündigung nicht ausgeschlossen erscheinen läßt. Dies wird allerdings im Einzelfall nur sehr schwer feststellbar sein. So wird man eine Kündigung trotz fehlender einschlägiger Bestimmungen bei den Verträgen annehmen können, die vom Typ her gesehen üblicherweise Kündigungsklauseln enthalten, wie zB Handelsverträge. Als Gegenbeispiel wird von der hL die SVN angeführt, die keine Kündigung vorsieht und die wegen Sinn und Zweck der Organisation, insbesondere was die Sicherung des Weltfriedens anbelangt, auch so ausgelegt werden müsse, daß eine Kündigung ausgeschlossen sei.

Beispiel: Vertrag über das Verbot von Kernwaffenversuchen in der Atmosphäre, im Weltraum und unter Wasser vom 5. August 1963 (Sartorius II, Nr 59):

„Art. 4:
Dieser Vertrag hat unbegrenzte Geltungsdauer. Jede Vertragspartei ist in Ausübung ihrer nationalen Souveränität berechtigt, von dem Vertrag zurückzutreten, wenn sie feststellt, daß durch außergewöhnliche, den Gegenstand dieses Vertrags berührende Ereignisse eine Gefährdung der lebenswichtigen Interessen ihres Landes eingetreten ist. Sie zeigt diesen Rücktritt allen anderen Vertragsparteien drei Monate im voraus an."

Die **Beendigung** ist die einseitige Erklärung eines Völkerrechtssubjekts über die Beseitigung der Vertragsbeziehungen. Ihre Abgrenzung zur Kündigung und zum Rücktritt ist des öfteren fließend. Sie ist gemäß Art. 54, Art. 60, Art. 61 Abs. 1 Satz 1 und Art. 62 WVRK dann erlaubt, wenn sie aufgrund ausdrücklicher Vertragsbestimmungen im Einvernehmen aller Vertragsparteien, als Reaktion auf erhebliche Vertragsverletzungen durch die anderen Vertragsparteien, wegen Unmöglichkeit der Vertragserfüllung oder wegen grundlegender Änderung der Umstände erklärt wird. **298**

Beispiel: Am 13. September 1968 beschloß das albanische Parlament als Reaktion auf den Einmarsch von Truppen des Warschauer Pakts in die Tschechoslowakei im August 1968 den Austritt Albaniens aus dem Pakt. Zur Begründung für die Vertragsbeendigung wurde angeführt die „Tatsache, daß der Vertrag im Hinblick auf die Volksrepublik Albanien … von der Regierung der UdSSR und den Regierungen der anderen Mitgliedsländern gröblich und systematisch verletzt worden ist, daß die gesamte Tätigkeit der Regierung der UdSSR und der Regierung der anderen ihr folgenden Mitgliedsländer des Vertrages zum Schaden der grundlegenden Interessen der Völker und in offenem Gegensatz zum gesamten Geist des Vertrages von den auf die Weltherrschaft ausgerichteten imperialistischen Zielen der sowjetisch-amerikanischen Kollaboration ausgeht …" (Text nach *Haefs*, Die Ereignisse in der Tschechoslowakei vom 27.6.1967 bis 18.10.1968, Bonn 1969, S. 233).

Die **Suspendierung** ist die einseitige Erklärung eines Völkerrechtssubjekts, daß ein völkerrechtlicher Vertrag vorübergehend nicht zur Anwendung kommt, ohne daß er außer Kraft tritt. Sie ist gemäß Art. 57, Art. 60 und Art. 61 Abs. 1 Satz 2 WVRK unter den dort näher genannten Bedingungen dann erlaubt, wenn sie aufgrund ausdrücklicher Vertragsbestimmungen im Einvernehmen aller Vertragsparteien, als Reaktion auf erhebliche Vertragsverletzungen durch die anderen Vertragsparteien oder wegen vorübergehender Unmöglichkeit der Vertragserfüllung erklärt wird. **299**

Zur Regelung im GG und in den Länderverfassungen s. Rn 229 ff.

ee) Unterwerfungserklärung

Mit der Unterwerfungserklärung ordnet sich ein Völkerrechtssubjekt der Zuständigkeit oder Jurisdiktion eines internationalen Organs, in aller Regel im Rahmen einer internationalen Organisation, unter. Damit werden die zukünftigen Beschlüsse oder Urteile dieser Organe anerkannt und ihre Befolgung zugesagt. **300**

Beispiel: Österreichische Unterwerfungserklärung gemäß Art. 36 StIGH (BGBl. 1974 II, S. 1417 f):

„Hiermit erkläre ich, daß die Republik Österreich die Zuständigkeit des Internationalen Gerichtshofs von Rechts wegen und ohne besondere Übereinkunft gegenüber jedem anderen Staat, der dieselbe Verpflichtung übernimmt oder übernommen hat, für alle in Artikel 36 Abs. 2 des Statuts des Internationalen Gerichtshofs bezeichneten Rechtsstreitigkeiten als obligatorisch anerkennt.

Diese Erklärung gilt nicht für eine Streitigkeit, bezüglich derer die Streitparteien zwecks endgültiger und bindender Entscheidung eine andere Art der friedlichen Beilegung vereinbart haben oder vereinbaren.

Diese Erklärung bleibt für einen Zeitabschnitt von fünf Jahren und danach so lange in Kraft, bis sie durch eine schriftliche Erklärung beendet oder geändert wird.

Gegeben zu Wien am 28. April 1971

Franz Jonas
Bundespräsident"

301 **Zuständig** zur Abgabe von Unterwerfungserklärungen sind nach dem GG der Bundespräsident und nach hL und Praxis auch die Bundesregierung oder die Ressortminister, wenn es sich um Erklärungen im Zusammenhang mit Verwaltungsabkommen handelt (s. Rn 189 ff). Eine Mitwirkung der gesetzgebenden Körperschaften ist nicht notwendig. Dies erklärt sich daraus, daß Art. 59 Abs. 2 Satz 1 GG seinem Wortlaut nach nur auf Verträge Anwendung findet und nicht auf einseitige Rechtsgeschäfte. Ähnliche Überlegungen wie bei der Mitwirkung der gesetzgebenden Körperschaften bei Vorbehalten (s. Rn 208 ff) oder nach der Mindermeinung in der Lehre bei der Kündigung (s. Rn 233) kommen hier nicht zum Tragen. Denn eine Unterwerfungserklärung hat keinen Einfluß auf den Inhalt des Vertrages, mit dem das internationale Organ eingesetzt wurde. Da es sich zudem bei diesen Verträgen fast immer um Gründungsverträge internationaler Organisationen handelt, unterlagen diese in vielen Fällen gemäß Art. 59 Abs. 2 Satz 1 Alternative 1 GG einem Vertragsgesetz. Damit ist die Mitwirkungsbefugnis der gesetzgebenden Körperschaften ausreichend gewahrt.

302 Auf der **Länderebene** ist zuständig für die Abgabe von Unterwerfungserklärungen (sofern den Ländern in diesem Bereich überhaupt Kompetenzen zustehen, s. Rn 284) der Ministerpräsident bzw in Berlin der Regierende Bürgermeister, in Bremen, Hamburg und Nordrhein-Westfalen der Senat bzw die Landesregierung sowie die Ressortminister bei Erklärungen im Zusammenhang mit Verwaltungsabkommen. Auch hier kommt es nicht zur Mitwirkung der Landtage und Bürgerschaften bzw des Abgeordnetenhauses.

b) Selbständige einseitige Rechtsgeschäfte

aa) Anerkennung

303 Die Anerkennung ist eine einseitige Erklärung eines Völkerrechtssubjekts, daß ein Zustand oder ein Anspruch außer Streit gestellt wird bzw rechtmäßig ist. Die Anerkennung ist ausdrücklich oder stillschweigend möglich, letzteres meist durch konkludente Handlungen.

Beispiel: Anerkennung des Staates Malta durch die Bundesrepublik 1964 (*Schweitzer/Rudolf*, S. 831 f):

„Exzellenz, der Präsident der Bundesrepublik Deutschland hat mich ermächtigt, Euerer Exzellenz mitzuteilen, daß die Bundesrepublik Deutschland Malta als unabhängigen und souveränen Staat anerkennt und bereit ist, diplomatische Beziehungen mit Malta aufzunehmen.

Das deutsche Volk begrüßt in diesem Augenblick Malta als neues Mitglied in der Gemeinschaft der freien und unabhängigen Staaten der Welt. Es ist davon überzeugt, daß Malta zur Erhaltung des Friedens und der Freiheit in der Welt und zu den Bemühungen um ein gegenseitiges Verständnis der Völker einen wertvollen Beitrag leisten wird. Es wird das Bestreben der Regierung der Bundesrepublik Deutschland sein, die seit langer Zeit bestehenden Bande der Freundschaft und Sympathie zwischen dem deutschen Volk und dem Volk von Malta weiter zu vertiefen und zu stärken.

Ich bitte Sie, Herr Ministerpräsident, meine, der Bundesregierung und des ganzen deutschen Volkes besten Wünsche für eine glückliche und erfolgreiche Entwicklung Ihres Landes entgegennehmen zu wollen.

Genehmigen Sie den Ausdruck meiner ausgezeichneten Hochachtung.

Ludwig Erhard
Bundeskanzler
der Bundesrepublik Deutschland“

Zuständig für die Anerkennung ist nach dem klaren Wortlaut des Art. 59 Abs. 1 **304**
Satz 1 GG nur der **Bundespräsident**. Er kann allenfalls andere Staatsorgane beauftragen, die Anerkennung in seinem Namen auszusprechen (s. die eben zitierte Anerkennung Maltas durch den Bundeskanzler nach Ermächtigung durch den Bundespräsidenten). Auch hier ist aber die Praxis gegenläufig, indem Anerkennungen häufig von der Bundesregierung oder einzelnen ihrer Mitglieder ausgesprochen werden.

So hat der damalige Bundeskanzler Adenauer im Jahre 1960 den neuentstandenen Staat Madagaskar anerkannt, ohne sich auf eine Ermächtigung durch den Bundespräsidenten zu berufen (Bulletin des Presse- und Informationsamtes der Bundesregierung 1960, S. 1152).

Die hL behilft sich – wie bei der Vertragsabschlußbefugnis (s. Rn 139) – mit der Annahme einer Delegation oder mit der Auslegung des Art. 59 Abs. 1 GG dahingehend, daß die Sätze 2 und 3 den Inhalt der völkerrechtlichen Vertretungsbefugnis des Satzes 1 umschreiben. So gesehen fiele die Anerkennung gänzlich aus der Kompetenz des Bundespräsidenten heraus.

Hinsichtlich der **Länder** scheiden aus ihrem Kompetenzbereich sämtliche Aner- **305**
kennungen aus, die nicht im Zusammenhang mit einem völkerrechtlichen Vertrag stehen, wie zB die Anerkennung fremder Staaten. Das ergibt sich aus Art. 32 Abs. 3 GG, der auswärtige Kompetenzen der Länder nur im Bereich der Verträge vorsieht. Eine Zuständigkeit der Länder könnte also allenfalls existieren für Anerkennungen, die sich auf den Anspruch aus einem Vertrag beziehen, zB auf eine ganz bestimmte Auslegung eines Vertrages. Da dies eher auf das Institut des Vorbehalts, im speziellen des Interpretationsvorbehalts hinausläuft, sind diese Fälle nach den für Vorbehalte geltenden Regelungen zu beurteilen (s. Rn 207).

bb) Protest

306 Der Protest ist eine einseitige Erklärung eines Völkerrechtssubjekts, daß ein Zustand oder ein Anspruch bestritten wird bzw unrechtmäßig ist. Der Protest bewirkt, daß die Heilung der Unrechtmäßigkeit nicht eintreten kann, daß insbesondere nicht von einer stillschweigenden Anerkennung gesprochen werden kann. Besondere Bedeutung erlangt der Protest bei der Entstehung von Völkergewohnheitsrecht für den persistent objector (s. Rn 248).

Beispiel: Protest der Vereinigten Staaten gegenüber der UdSSR vom 16. August 1961 (Bulletin des Presse- und Informationsamtes der Bundesregierung 1961, S. 1487):

„Am 13. August haben die ostdeutschen Behörden verschiedene Maßnahmen in Kraft gesetzt, mit denen der Verkehr an der Grenze zwischen den Westsektoren und dem Sowjetsektor Berlins geregelt wird. Diese Maßnahmen hatten eine Begrenzung der Passage vom Sowjetsektor in die Westsektoren der Stadt zur Folge, die an eine völlige Unterbindung heranreicht. Begleitet waren diese Maßnahmen von einer Abschließung der Sektorengrenze durch beträchtliche Einheiten der Polizei und durch militärische Verbände, die zu diesem Zweck nach Berlin gebracht wurden.

Alles dies stellt eine flagrante und besonders ernste Verletzung des Vier-Mächte-Status Berlins dar ... Die Regierung der Vereinigten Staaten betrachtet daher die von den ostdeutschen Behörden verfügten Maßnahmen als illegal. Sie wiederholt, daß sie die Behauptung, der Sowjetsektor Berlins bilde einen Teil der sogenannten Deutschen Demokratischen Republik und Berlin liege auf deren Territorium, nicht anerkennt ...

Die Regierung der Vereinigten Staaten protestiert feierlich gegen die obengenannten Maßnahmen, für die sie die sowjetische Regierung verantwortlich macht. Die Regierung der Vereinigten Staaten erwartet, daß die sowjetische Regierung diesen illegalen Maßnahmen ein Ende setzt. Diese einseitige Verletzung des Vier-Mächte-Status Berlins kann nur die bestehenden Spannungen und Gefahren vergrößern."

307 **Zuständig** für den Protest ist gemäß Art. 59 Abs. 1 Satz 1 GG der **Bundespräsident**. Allerdings gilt auch beim Protest das bei der Anerkennung Ausgeführte über die gegenläufige Praxis und deren Begründung (s. Rn 303).

308 Auch für die **Länder** gilt das bei der Anerkennung Ausgeführte (s. Rn 304). Sie besitzen die Kompetenz für Proteste in bezug auf alle Fragen, die im Zusammenhang stehen mit von ihnen abgeschlossenen Verträgen. Als zuständige Organe kommen die Ministerpräsidenten, die Regierungen und bei Verwaltungsabkommen auch die Ressortminister in Frage.

cc) Verzicht

309 Der Verzicht ist die einseitige Erklärung eines Völkerrechtssubjekts, mit der ein Recht oder ein Anspruch aufgegeben wird. Die Folge ist, daß das Recht oder der Anspruch damit untergehen. Der Verzicht ist ausdrücklich oder stillschweigend möglich, letzteres meist durch konkludente Handlungen.

Beispiel: Japanische Kapitulationsurkunde vom 2. September 1945 (JIR 1948, S. 428):

„We, acting by command of and in behalf of the Emperor of Japan, the Japanese Government and the Japanese Imperial General Headquarters, hereby accept the provisions set forth in the declaration issued by the heads of the Governments of the United States, China and Great

Britain on 26 July 1945, at Potsdam, and subsequently adhered to by the Union of Soviet Socialist Republics, which four powers are hereafter referred to as the Allied Powers."

In den angesprochenen Teilen der Potsdamer Deklaration vom Juli 1945 wurde die japanische Souveränität auf Honshu, Hokkaido, Kyushu, Shikoku und einige kleinere Inseln beschränkt. Damit verzichtete Japan ua auf Formosa und Korea. Dieser Verzicht wurde im japanischen Friedensvertrag vom 8. September 1951 bestätigt.

Zuständig für den Verzicht ist nach dem Wortlaut des Art. 59 Abs. 1 Satz 1 GG der **Bundespräsident**. Auch beim Verzicht gilt das bei der Anerkennung Ausgeführte über die gegenläufige Praxis und deren Begründung (s. Rn 303). Meinungsverschiedenheiten könnten sich ergeben bei einem Verzicht in bezug auf ein vertragliches Recht, wenn für den Vertrag ein Vertragsgesetz gemäß Art. 59 Abs. 2 Satz 1 GG notwendig war. Hier gilt das bei der Kündigung von Verträgen Ausgeführte entsprechend (s. Rn 232 f). **310**

Verzichtserklärungen der **Länder** sind nur möglich hinsichtlich von Rechten aus von ihnen abgeschlossenen Verträgen, da ihnen wegen Art. 32 Abs. 3 GG darüber hinaus keine völkerrechtlichen Rechte oder Ansprüche zustehen können. Hinsichtlich des Problems eines Verzichts in bezug auf ein Recht aus einem Vertrag, zu dem ein Vertragsgesetz notwendig war, gilt ebenfalls das zur Kündigung von Verträgen Ausgeführte entsprechend (s. Rn 234). **311**

dd) Versprechen

Das Versprechen ist die einseitige Erklärung eines Völkerrechtssubjekts, mit dem sich dieses zu einem bestimmten Verhalten verpflichtet. **312**

Beispiel: In den „Kernwaffenversuche-Fällen" ging es um Klagen von Australien und Neuseeland gegen Frankreich wegen dessen Kernwaffenversuchen in der Atmosphäre im Südpazifik. Trotz einer Verfügung des IGH vom 22. Juni 1973, wonach während der Anhängigkeit des Verfahrens keine weiteren Versuche stattfinden dürften, führte Frankreich, das die Zuständigkeit des IGH bestritt, 1973 und 1974 zwei weitere Versuchsserien durch. Danach gab Frankreich mehrere gleichlautende Erklärungen ab, die Australien und Neuseeland auch offiziell zugestellt wurden. Darin hieß es (ICJ-Reports 1974, S. 253 ff, 266):

„La France, au point où en est parvenue l'exécution de son programme de défense en moyens nucléaires, sera en mesure de passer au stade des tirs souterrains aussitôt que la série d'expériences prévues pour cet été sera achevée.

Ainsi, les essais atmosphériques qui seront prochainement effectués seront normalement les derniers de ce type."

Der IGH entschied daraufhin, daß diese rechtsverbindlichen Erklärungen ausreichen würden und daß damit die Klagen gegenstandslos geworden seien.

Zuständig für Versprechen ist gemäß Art. 59 Abs. 1 Satz 1 GG der **Bundespräsident**. Wiederum gilt das bei der Anerkennung Ausgeführte über die gegenläufige Praxis und deren Begründung (s. Rn 303). Beim Versprechen wird zudem das grundsätzliche Problem besonders deutlich, daß nämlich nach der hL und Praxis einseitige Rechtshandlungen nicht gemäß Art. 59 Abs. 2 Satz 1 GG eines Vertragsgesetzes bedürfen. Aufgrund dieser Auslegung wäre es daher möglich, Versprechen abzugeben, die – inhaltlich gesehen – die politischen Beziehungen des Bundes re- **313**

geln oder sich auf Gegenstände der Bundesgesetzgebung beziehen, ohne daß es zu einem Mitwirken der gesetzgebenden Körperschaften käme. Es wäre so eine Umgehung von Art. 59 Abs. 2 Satz 1 GG möglich, wenn die Regierung, anstatt einen Vertrag zu schließen, der ein Vertragsgesetz notwendig macht, ein gleichlautendes Versprechen abgäbe. Daher muß man von der Zielrichtung des Art. 59 Abs. 2 Satz 1 GG ausgehend auch in diesen Fällen eine Beteiligung der gesetzgebenden Körperschaften fordern. Es ist deshalb in jedem Einzelfall zu prüfen, ob durch ein Versprechen nicht eigentlich ein konkludenter Vertragsabschluß bewirkt wird. Ist das der Fall, kommt Art. 59 Abs. 2 Satz 1 GG zur Anwendung (BVerfGE 90, S. 286 ff, 359 ff). Es bedarf dann eines förmlichen Vertragsabschlußverfahrens.

314 Versprechen der **Länder** sind nur im Zusammenhang mit Verträgen möglich, zu deren Abschluß sie berechtigt sind. Insbesondere wäre ein Versprechen denkbar, einen bestimmten Vertrag abzuschließen. Nach der klaren Zielrichtung des Art. 32 Abs. 3 GG bedürfte schon ein solches Versprechen der Zustimmung der Bundesregierung. Als zuständige Organe kommen die Ministerpräsidenten, die Regierungen und bei Verwaltungsabkommen auch die Ressortminister in Frage.

ee) Sonstige selbständige einseitige Rechtsgeschäfte

315 In der völkerrechtlichen Praxis kommen noch weitere selbständige einseitige Rechtsgeschäfte vor. Dazu gehören die Neutralitätserklärung, die Erklärung über die Breite des Küstenmeeres oder die Errichtung einer Fischerei- oder Wirtschaftszone, die Kapitulationserklärung etc.

Beispiel: Proklamation der Bundesrepublik Deutschland über die Errichtung einer Fischereizone der Bundesrepublik Deutschland in der Nordsee vom 21. Dezember 1976 (BGBl. 1976 II, S. 1999 f):

„In Ausführung der Entschließung des Rates der Europäischen Gemeinschaften vom 3. November 1976 und nach Konsultation mit den anderen Mitgliedstaaten erklärt die Bundesrepublik Deutschland folgendes:

1. Die Bundesrepublik Deutschland errichtet mit Wirkung vom 1. Januar 1977 in der Nordsee vor der seewärtigen Grenze ihres Küstenmeers eine Fischereizone von bis zu 200 Seemeilen, gemessen von der Basislinie, und übt in dieser Zone hoheitliche Rechte zum Zwecke der Erhaltung und Nutzung der Fischbestände aus. Die Abgrenzung der Fischereizone der Bundesrepublik Deutschland gegenüber den Fischereizonen anderer Staaten in der Nordsee bleibt Vereinbarungen mit diesen Staaten vorbehalten.

2. In Übereinstimmung mit der Entschließung des Rates der Europäischen Gemeinschaften vom 3. November 1976 ist die Ausübung der Fischerei in der Fischereizone der Bundesrepublik Deutschland Fischern aus den Mitgliedstaaten der Europäischen Gemeinschaften nach Maßgabe des Gemeinschaftsrechts, Fischern aus Drittländern vom 1. Januar 1977 an nur aufgrund von besonderen Genehmigungen oder Vereinbarungen mit diesen Drittländern gestattet. Für den Fall von Zuwiderhandlungen behält sich die Bundesrepublik Deutschland vor, erforderlichenfalls die geeigneten Maßnahmen zu treffen …"

316 Hinsichtlich der Zuständigkeitsaufteilung für diese einseitigen Rechtsgeschäfte zwischen Bund und Ländern und hinsichtlich der jeweils zuständigen Organe gelten die im Vorstehenden entwickelten Grundsätze.

Für eines dieser einseitigen Rechtsgeschäfte enthält das GG eine ausdrückliche Regelung. Gemäß Art. 115a GG kann der Bundespräsident unter bestimmten Voraussetzungen völkerrechtliche Erklärungen über das Bestehen des **Verteidigungsfalles** mit Zustimmung des Bundestages abgeben. Das Völkerrecht kennt allerdings solche Erklärungen nicht, völkerrechtlich läßt sich daraus daher nichts ableiten. Aus diesem Grund sieht man darin übereinstimmend die **Kriegserklärung**, dh die Erklärung, daß die Bundesrepublik sich völkerrechtlich gesehen im Kriegszustand befindet. Dies hat zur Folge, daß das völkerrechtliche Kriegsrecht an die Stelle des Friedensvölkerrechts tritt und daß ua Verträge beendet sind oder als suspendiert gelten (s. Rn 229). **317**

Art. 115a Abs. 5 GG stellt alle oben genannten Rechtsfragen bei der Abgabe einseitiger Erklärungen außer Streit. Eine Kriegserklärung kann danach nur der Bund abgeben. Das zuständige Organ ist ausschließlich der **Bundespräsident**, der dazu der Zustimmung des Bundestages bedarf. Da keine Gesetzesform vorgeschrieben ist, handelt es sich um einen einfachen Parlamentsbeschluß.

Art. 115l Abs. 3 GG regelt den Friedensschluß. Dabei handelt es sich nicht mehr um ein einseitiges Rechtsgeschäft, sondern um einen Vertrag, der Art. 59 Abs. 2 GG unterliegt. Indem Art. 115l Abs. 3 GG ein Bundesgesetz vorschreibt, wird klargestellt, daß ein solcher Vertrag eines Vertragsgesetzes bedarf. Dies ist aber insofern nur deklaratorisch, als es sich ohnehin immer um einen Vertrag gemäß Art. 59 Abs. 2 Satz 1 Alternative 1 GG handelt. Einigkeit besteht darüber, daß der Bundespräsident nach dem Erlaß des Bundesgesetzes über den Friedensschluß im Gegensatz zu sonstigen völkerrechtlichen Verträgen zur Ratifikation verpflichtet ist. **318**

Literatur: s. nach Rn 212 und 235; *Bindschedler*, Die Anerkennung im Völkerrecht, in: ArchVR 9 (1961/62), S. 377 ff; *Fiedler*, Zur Verbindlichkeit einseitiger Versprechen im Völkerrecht, in: JIR 19 (1976), S. 35 ff; *Kimminich*, S. 470-475; *Kokott*, Art. 59 Abs. 2 GG und einseitige völkerrechtliche Akte, in: Festschrift für *K. Doehring* zum 70. Geburtstag, Berlin ua 1989, S. 503 ff; *Leutert*, Einseitige Erklärungen im Völkerrecht, Diss. Bern 1979; *Miehsler/Uibopuu*, Die einseitigen Rechtsgeschäfte, in: *Neuhold/Hummer/Schreuer*, Österreichisches Handbuch des Völkerrechts, Bd. 1, 3. Aufl., Wien 1997, S. 97-101; *Rieder*, Die Entscheidung über Krieg und Frieden nach deutschem Verfassungsrecht, Berlin 1984, S. 285 ff; *Suy*, Rechtsgeschäfte, einseitige, in: Lexikon, S. 214 f.

C. Die Quellen des Europarechts

Fall 11: Gemäß Art. 93/99 aF EGV ist die Harmonisierung der Rechtsvorschriften der Mitgliedstaaten über bestimmte Steuern vorgesehen. **319**

Zu diesem Zweck erließ der Rat 1965 eine Entscheidung (E 1965) und 1967 eine darauf aufbauende Richtlinie (RL 1967), beide an die EWG-Mitgliedstaaten gerichtet. Darin wurde bestimmt, daß die Mitgliedstaaten bis spätestens zum 1. Januar 1970 ihre damaligen Umsatzsteuersysteme durch ein gemeinsames Mehrwertsteuersystem zu ersetzen hätten. Dieses neue Mehrwertsteuersystem sollte gemäß der RL 1967 auch an die Stelle solcher spezifischer Steuern treten, die bis dahin statt der Umsatzsteuer, zB auf die Güterbeförderung im Straßenverkehr, erhoben wurden.

Gemäß diesen EWG-Vorschriften führte die Bundesrepublik – schneller als andere Mitgliedstaaten, die hiermit zT bis zum Fristablauf warteten – 1968 durch das Umsatzsteuergesetz die Mehrwertsteuer ein. 1969 wurde außerdem ein Gesetz über die Besteuerung des Straßengüterverkehrs erlassen, demzufolge Beförderungen im (Straßen-)Güterfernverkehr zusätzlich mit 1 Pfennig pro t/km besteuert wurden (nach dem damaligen Bundesverkehrsminister „Leberpfennig" genannt).

Spediteur B beförderte 1969 Obstkonserven von Hamburg nach Wien. Beim Grenzübertritt nach Österreich erhob das deutsche Zollamt aufgrund des neuen Straßengüterbesteuerungsgesetzes von B eine Steuer von DM 179,35. B war der Auffassung, das Gesetz von 1969 verstoße gegen EWG-Recht und wollte mit dieser Begründung gegen den Steuerbescheid des Zollamtes gerichtlich vorgehen. Mit Aussicht auf Erfolg? (**Lösung: Rn 396**).

320 Im Sinne der oben entwickelten Definition des **Europarechts im weiteren Sinn** umfaßt dieses das Recht der europäischen internationalen Organisationen (s. Rn 15). Im Hinblick auf diese gilt das oben Ausgeführte über die Gründung von oder den Beitritt zu internationalen Organisationen (s. Rn 273 ff) sowie über deren Beschlüsse (s. Rn 267 ff).

Demgegenüber umfaßt das **Europarecht im engeren Sinn** das Recht der Europäischen Union, bestehend aus dem Unionsrecht und dem Europäischen Gemeinschaftsrecht (s. Rn 16 ff). Beide Gebiete wurden im Vertrag von Maastricht zusammengefaßt, der insofern ein gespaltener Vertrag ist. Im Hinblick auf die Zweite und Dritte Säule sowie auf das Dach und den Sockel (s. Rn 16) ist er ein völkerrechtlicher Vertrag. Man kann von primärem Unionsrecht sprechen. Daher gilt das oben Ausgeführte (s. Rn 103 ff). Im Hinblick auf die Erste Säule ist er Europäisches Gemeinschaftsrecht in Form von primärem Recht (s. Rn 322 ff).

320a Beschlüsse im Rahmen der Zweiten und Dritten Säule sind keine Beschlüsse internationaler Organisationen, sofern man mit der hL der Europäischen Union diese Qualifikation abspricht (s. Rn 19). Von den Rechtsquellen her gesehen kann man sie daher nur dem völkerrechtlichen Vertragsrecht zuordnen. Sie ergehen als Beschlüsse des (intergouvernemental agierenden) Rates in Form von Grundsätzen und allgemeinen Leitlinien, gemeinsamen Strategien, gemeinsamen Aktionen und gemeinsamen Standpunkten (Art. 13 bis 15 EUV) in der Zweiten Säule bzw in Form von gemeinsamen Standpunkten, Rahmenbeschlüssen, sonstigen Beschlüsse und Durchführungsmaßnahmen sowie Empfehlungen für den Abschluß von völkerrechtlichen Verträgen durch die Mitgliedstaaten (Art. 34 Abs. 2 EUV) in der Dritten Säule. Man kann diese Beschlüsse als sekundäres Unionsrecht bezeichnen. Beschlüsse im Rahmen der Ersten Säule sind Europäisches Gemeinschaftsrecht in Form von sekundärem Gemeinschaftsrecht (s. Rn 334 ff).

321 Die Quellen des Europäischen Gemeinschaftsrechts werden in primäres und sekundäres Gemeinschaftsrecht eingeteilt. Daneben kennt man ungeschriebenes Gemeinschaftsrecht in Form von allgemeinen Rechtsgrundsätzen und Gewohnheitsrecht, begleitendes Gemeinschaftsrecht sowie völkerrechtliche Verträge der Europäischen

Gemeinschaften. Trotz der Tatsache, daß die hL das Europäische Gemeinschaftsrecht nicht als Völkerrecht einstuft (s. Rn 45), ergibt sich eine Reihe von Überschneidungen, die zeigt, daß trotz aller theoretischer Überlegungen die Trennung des Gemeinschaftsrechts vom Völkerrecht in der Praxis nicht immer stattgefunden hat.

I. Primäres Gemeinschaftsrecht

1. Begriff

Unter primärem Gemeinschaftsrecht versteht man die Gründungsverträge der Europäischen Gemeinschaften EGKS, EWG und EAG einschließlich Anlagen, Anhängen und Protokollen sowie deren spätere Ergänzungen und Änderungen. **322**

Beispiele:

– Vertrag über die Gründung der Europäischen Gemeinschaft für Kohle und Stahl vom 18. April 1951 = Pariser Vertrag, Montanvertrag, EGKS, Montanunion (Sartorius II, Nr 195).

– Vertrag zur Gründung der Europäischen Wirtschaftsgemeinschaft vom 25. März 1957 = Römischer Vertrag, EWG, Gemeinsamer Markt (Sartorius II, Nr 150).

– Vertrag zur Gründung der Europäischen Atomgemeinschaft vom 25. März 1957 = Römischer Vertrag, EURATOM, EAG (Sartorius II, Nr 200).

– Protokoll über die Vorrechte und Befreiungen der Europäischen Gemeinschaften vom 8. April 1965 (Sartorius II, Nr 212).

– Protokoll über die Satzung des Gerichtshofes der Europäischen Gemeinschaft vom 17. April 1957 (Sartorius II, Nr 245).

– Vertrag zur Änderung bestimmter Haushaltsvorschriften der Verträge zur Gründung der Europäischen Gemeinschaften und des Fusionsvertrages vom 22.April 1970 = Haushaltsvertrag (ABl. 1971, Nr L 2, S. 1 ff).

– Einheitliche Europäische Akte vom 28. Februar 1986 (ABl. 1987, Nr L 169, S. 1 ff).

– Vertrag von Maastricht über die Europäische Union vom 7. Februar 1992 (Sartorius II, Nr 145).

– Vertrag über den Beitritt (des Königreichs Norwegen), der Republik Österreich, der Republik Finnland und des Königreichs Schweden zur Europäischen Union vom 24. Juni 1994 (ABl. 1994, Nr C 241, S. 9 ff).

– Vertrag von Amsterdam zur Änderung des Vertrags über die Europäische Union, der Verträge zur Gründung der Europäischen Gemeinschaften sowie einiger damit zusammenhängender Rechtsakte vom 2. Oktober 1997 = Vertrag von Amsterdam (Sartorius II, Nr 147).

– Protokoll über die Festlegung der Sitze der Organe und bestimmter Einrichtungen und Dienststellen sowie des Sitzes von Europol vom 2. Oktober 1997 (Sartorius II, Nr 214).

Das primäre Gemeinschaftsrecht umfaßt also sämtliche völkerrechtliche Verträge über die Gründung und Ausgestaltung der Europäischen Gemeinschaften. Daher unterliegt es allen obengenannten völkerrechtlichen Regelungen über das Recht der Verträge.

Diese Argumentation widerspricht der hL, die im primären Gemeinschaftsrecht **323**
kein Völkerrecht sieht (s. Rn 45). Allerdings gibt es gegen diese hL gewichtige

Einwände. Denn daß die Gründungsverträge der Europäischen Gemeinschaften ursprünglich völkerrechtliche Verträge waren, läßt sich ja nicht leugnen. Daß sie diesen Charakter später verändert haben, daß sie sich also von ihrem völkerrechtlichen Geltungsgrund gelöst haben sollen, ist – juristisch gesehen – kaum einsichtig. Diese Loslösung vom Geltungsgrund kann allenfalls ein soziologisches Phänomen sein, das eine weit fortgeschrittene Integration und eine Änderung des Rechtsbewußtseins der Integrationspartner voraussetzt. Dies läßt sich aber beim gegenwärtigen Zustand der Europäischen Gemeinschaften nur sehr bedingt behaupten. Nicht ausreichend dürfte sein, daß das Gemeinschaftsrecht einmalige Besonderheiten aufweise. Denn erachtet man das Völkerrecht als halbwegs dynamische Rechtsordnung, so sind atypische Regelungsmaterien eigentlich eine Selbstverständlichkeit. Außerdem sind die Besonderheiten, auf die der EuGH in seiner Rechtsprechung hinweist (s. Rn 47), im Völkerrecht nichts gänzlich Neues. Als Beispiel sei der Deutsche Zollverein von 1834 mit seinen unabhängigen Organen, Mehrheitsbeschlüssen und transformationslos geltenden Zollgesetzen genannt. Schließlich spricht auch ein verfassungsvergleichendes Argument gegen die hL. Während Art. 24 Abs. 1 GG, der für die Übertragung von Hoheitsrechten auf die Europäischen Gemeinschaften galt, und Art. 23 GG, der nunmehr bezüglich der EU gilt, wenig über deren völkerrechtlich oder nichtvölkerrechtlichen Charakter aussagen, ist dies bei den Verfassungen anderer Mitgliedstaaten keineswegs so. So sprechen zB Art. 49bis der luxemburgischen und Art. 92 der niederländischen Verfassung von „Institutionen des internationalen Rechts“ bzw von „völkerrechtlichen Organisationen“, denen Hoheitsrechte übertragen werden können. Es ist daher nur schwer einzusehen, warum völkerrechtliche Verträge, die Hoheitsrechte auf völkerrechtliche Organisationen übertragen, ihre Qualifikation als Völkerrecht verlieren sollen.

324 Anders als typische völkerrechtliche Verträge berechtigt und verpflichtet das primäre Gemeinschaftsrecht nicht nur die Mitgliedstaaten, sondern teilweise auch die natürlichen und juristischen Personen in den Mitgliedstaaten. Es hat nämlich **unmittelbare Geltung** in den Mitgliedstaaten. Mit Beitritt zur EU wird das primäre Gemeinschaftsrecht Bestandteil der innerstaatlichen Rechtsordnung eines jeden Mitgliedstaats. Begründet wird dies damit, daß das primäre Gemeinschaftsrecht Bestandteil einer originären Hoheitsgewalt ist (s. Rn 517 ff).

325 Diese unmittelbare Geltung schafft aber nur dann konkrete Rechte und Pflichten für natürliche und juristische Personen, wenn die betreffende Norm **unmittelbare Anwendbarkeit** besitzt, dh inhaltlich geeignet ist, dem einzelnen Rechte zu verleihen oder Pflichten aufzuerlegen (EuGH seit Rs. 26/62, van Gend & Loos, Slg. 1963, S. 1 ff, 25). „Unmittelbar anwendbar“ bedeutet letztlich das gleiche wie „self-executing“ (s. Rn 438 und 476), das entsprechende primäre Gemeinschaftsrecht ist daher vollzugsfähig (s. Rn 520). Der EuGH hat zB bezüglich des damaligen Art. 12 EWGV, der bestimmte, daß die Mitgliedstaaten keine neuen Zölle einführen und keine bestehenden erhöhen würden, in diesem Zusammenhang ausgeführt (aaO, S. 25):

„Aus alledem ist zu schließen, daß die Gemeinschaft eine neue Rechtsordnung des Völkerrechts darstellt, zu deren Gunsten die Staaten, wenn auch in begrenztem Rahmen, ihre Souveränitätsrechte eingeschränkt haben, eine Rechtsordnung, deren Rechtssubjekte nicht nur die Mitgliedstaaten, sondern auch die Einzelnen sind. Das von der Gesetzgbung der Mitgliedstaaten unabhängige Gemeinschaftsrecht soll daher den Einzelnen, ebenso wie es ihnen Pflichten auferlegt, auch Rechte verleihen. Solche Rechte entstehen nicht nur, wenn der Vertrag dies ausdrücklich vorsieht, sondern auch auf Grund von eindeutigen Verpflichtungen, die der Vertrag den Einzelnen wie auch den Mitgliedstaaten und den Organen der Gemeinschaft auferlegt. ... Der Wortlaut von Artikel 12 enthält ein klares und uneingeschränktes Verbot, eine Verpflichtung, nicht zu einem Tun, sondern zu einem Unterlassen. Diese Verpflichtung ist übrigens von keinem Vorbehalt der Staaten eingeschränkt, der ihre Erfüllung von einem internen Rechtssetzungsakt abhängig machen würde. Das Verbot des Artikels 12 eignet sich seinem Wesen nach vorzüglich dazu, unmittelbare Rechtsbeziehungen zwischen den Mitgliedstaaten und den in ihrem Recht unterworfenen Einzelnen zu erzeugen."

Kollidiert unmittelbar anwendbares primäres Gemeinschaftsrecht mit widersprechendem nationalen Recht, setzt es sich aufgrund seines **Vorrangs** durch, das nationale Recht darf daher nicht mehr angewandt werden (s. Rn 45 ff). **326**

Konsequenz der unmittelbaren Geltung und des Vorrangs von primärem Gemeinschaftsrecht ist letztlich die **Haftung der Mitgliedstaaten** gegenüber dem einzelnen bei Verletzung dieses Rechts, dem folgend aber auch bei Verletzung von sonstigem Gemeinschaftsrecht (s. auch Rn 351 f). Dieser Staatshaftungsanspruch wird vom EuGH unmittelbar aus dem primären Gemeinschaftsrecht abgeleitet. Er ist gegeben, wenn folgende Voraussetzungen vorliegen (EuGH, verb. Rs. C-46/93 und C-48/93, Brasserie du pêcheur/Bundesrepublik Deutschland, Slg. 1996, S. I-1029 ff, 1146 f): **327**

(1) Zurechenbarer Verstoß eines Mitgliedstaates durch Tun oder Unterlassen, wobei es auf Verschulden nicht ankommt.
(2) Verstoß gegen eine Norm, die bezweckt, dem einzelnen Rechte zu verleihen.
(3) Hinreichend qualifizierter Verstoß, was von der Klarheit und Genauigkeit der verletzten Norm und vom Umfang des Ermessensspielraums ebenso abhängt, wie von der Frage, ob der Verstoß vorsätzlich begangen wurde, ob ein etwaiger Rechtsirrtum entschuldbar ist oder ob eine einschlägige Rechtsprechung des EuGH vorliegt (vgl dazu EuGH, aaO, Rn 55 bis 57).
(4) Kausalzusammenhang zwischen Verstoß und Schaden.

Während der Staatshaftungsanspruch unmittelbar aus dem primären Gemeinschaftsrecht abgeleitet wird, richten sich Verfahren der Geltendmachung und Rechtsfolgen grundsätzlich nach nationalem Recht, in der Bundesrepublik Deutschland daher nach Art. 34 GG iVm § 839 BGB.

2. Regelung im GG und in den Länderverfassungen

Da es sich beim primären Gemeinschaftsrecht um völkerrechtliches Vertragsrecht handelt, kommen alle genannten Regelungen des GG über Verträge zur Anwendung. Insbesondere handelt es sich um Verträge, zu deren Abschluß aufgrund beider Alternativen des Art. 59 Abs. 2 Satz 1 GG Vertragsgesetze notwendig waren. Allerdings ergeben sich folgende Besonderheiten: **328**

(1) Der **Beitritt** zu den Europäischen Gemeinschaften bedeutete auch eine Übertragung von Hoheitsrechten iSv Art. 24 Abs. 1 GG. Daher bedurfte es nicht nur eines **329**

Gesetzes gemäß Art. 59 Abs. 2 Satz 1 GG, sondern auch eines solchen gemäß Art. 24 Abs. 1 GG (s. Rn 56 und 276).

330 (2) Zukünftige **Übertragungen von Hoheitsrechten** auf die Europäischen Gemeinschaften als Bestandteil der EU sind nur mehr über Art. 23 Abs. 1 GG iVm Art. 59 Abs. 2 Satz 1 GG möglich.

331 (3) Art. 23 Abs. 1 GG ermächtigt nur den **Bund**, nicht aber die Länder zur Übertragung von Hoheitsrechten. Daher kommen die Bestimmungen der Länderverfassungen über den Abschluß von Verträgen auf das primäre Gemeinschaftsrecht nicht zur Anwendung.

332 (4) Nach hL ist Art. 23 Abs. 1 GG dahingehend auszulegen, daß der Bund auch **Hoheitsrechte der Länder** übertragen darf. Insofern spielt die umstrittene Auslegung des Art. 32 GG (s. Rn 126 ff) im Bereich des primären Gemeinschaftsrechts keine Rolle.

333 (5) Art. 23 Abs. 1 und Art. 24 Abs. 1 GG ermächtigen den Bund **nicht schrankenlos** zur Übertragung von Hoheitsrechten. Das Ausmaß der Beschränkung ist allerdings umstritten. Als allgemein anerkanntes Mindestmaß gelten die in Art. 79 Abs. 3 GG genannten Rechtsgüter (s. Rn 58).

Literatur: s. nach Rn 22 und nach Rn 96; *Frowein*, Europäisches Gemeinschaftsrecht und Bundesverfassungsgericht, in: Bundesverfassungsgericht und Grundgesetz, Bd. 2, Tübingen 1976, S. 187 ff; *Ipsen*, Gemeinschaftsrecht, S. 62-93; *Meng*, Das Recht der Internationalen Organisationen – eine Entwicklungsstufe des Völkerrechts, Baden-Baden 1979; *Pechstein/Koenig*, Die Europäische Union, 2. Aufl. Tübingen 1998, S. 106-141; *Saenger*, Staatshaftung wegen Verletzung von europäischem Gemeinschaftsrecht, in: JuS 1997, S. 865 ff; *Schweitzer/Hummer*, Europarecht, Rn 967-988; *Streinz,* Anmerkungen zu dem EuGH-Urteil in der Rechtssache Brasserie du Pêcheur und Factortame, in: EuZW 1996, S. 201 ff.

II. Sekundäres Gemeinschaftsrecht

1. Begriff

334 Unter sekundärem Gemeinschaftsrecht versteht man das von den Organen der Europäischen Gemeinschaften nach Maßgabe der Gründungsverträge erlassene Recht (= organgeschaffenes Recht, Folgerecht). Völkerrechtlich gesehen handelt es sich um Beschlüsse internationaler Organisationen. Dennoch geht die hL, gestützt von der Rechtsprechung des EuGH, davon aus, daß das sekundäre Gemeinschaftsrecht dogmatisch nicht dieser Kategorie zuzuordnen sei, sondern daß es sich vielmehr um eine eigene, vom Völkerrecht unterschiedliche Rechtsordnung handle. Dies ist letztlich nur konsequent, da ja nach der hL schon das primäre Gemeinschaftsrecht nicht mehr dem Völkerrecht zuzuordnen ist.

So hat der EuGH seine diesbezügliche ständige Rechtsprechung eingeleitet mit dem Urteil vom 15. Juli 1964, wo es ua heißt (Rs. 6/64, Costa/ENEL, Slg. 1964, S. 1255 ff, 1270):

„Aus alledem folgt, daß dem vom Vertrag geschaffenen, somit aus einer autonomen Rechtsquelle fließenden Recht wegen dieser seiner Eigenständigkeit keine wie immer gearteten innerstaatlichen Rechtsvorschriften vorgehen können ..."

Daraus wurde allgemein die Rechtsansicht des EuGH abgeleitet, das primäre und sekundäre Gemeinschaftsrecht sei weder Völkerrecht noch nationales Recht. Diese Ansicht vertritt auch das BVerfG (zB BVerfGE 37, S. 271 ff, 277 f):

„Der Senat hält – insoweit in Übereinstimmung mit der Rechtsprechung des Europäischen Gerichtshofs – an seiner Rechtsprechung fest, daß das Gemeinschaftsrecht (gemeint ist sekundäres Gemeinschaftsrecht, Anm. d. Verf.) weder Bestandteil der nationalen Rechtsordnung noch Völkerrecht ist, sondern eine eigenständige Rechtsordnung bildet, die aus einer autonomen Rechtsquelle fließt."

2. Das Prinzip der begrenzten Ermächtigung

Das sekundäre Gemeinschaftsrecht wird beherrscht vom Prinzip der begrenzten Ermächtigung. Es besagt, daß die Gründungsverträge der Europäischen Gemeinschaften keine generelle Ermächtigung zum Erlaß von Rechtshandlungen, sondern nur Einzelermächtigungen für ganz bestimmte Rechtshandlungen kennen. **335**

Gemeinschaftsrechtlich ergibt sich das aus Art. 249 Abs. 1 EGV und Art. 161 Abs. 1 EAGV sowie aus Art. 7 Abs. 1 Unterabs. 2 EGV, die übereinstimmend den Erlaß von sekundärem Gemeinschaftsrecht durch die Organe „*nach Maßgabe dieses Vertrages*" bzw „*nach Maßgabe der ... in diesem Vertrag zugewiesenen Befugnisse*" vorsehen, während Art. 14 Abs. 1 EGKSV diese Ermächtigung „*im Rahmen der Bedingungen dieses Vertrages*" gibt (Organkompetenz). Gemäß Art. 5 Abs. 1 EGV wird die Gemeinschaft „*innerhalb der Grenzen*" der ihr im EGV zugewiesenen Befugnisse und gesetzten Ziele tätig (Verbandskompetenz). Hinzu kommt Art. 5 EUV, der dieses Prinzip bezüglich der Organkompetenz für alle drei Säulen der Europäischen Union festschreibt.

Staatsrechtlich gesehen entspricht dies Art. 23 Abs. 1 GG und Art. 24 Abs. 1 GG, die nur zur Übertragung einzelner, nicht aller Hoheitsrechte ermächtigen.

Die Organe der Europäischen Gemeinschaften können also nur in den Fällen sekundäres Gemeinschaftsrecht erlassen, die das primäre Gemeinschaftsrecht ausdrücklich vorsieht. Sie dürfen daher weder in Bereichen sekundäres Gemeinschaftsrecht erlassen, die im primären Gemeinschaftsrecht nicht geregelt sind, wie zB auf dem Gebiet des Staatsangehörigkeitsrechts, noch dürfen sie über die im primären Gemeinschaftsrecht einzeln angeführten Kompetenzen hinausgehen, indem sie zB anderes als das für den speziellen Fall vorgesehene sekundäre Gemeinschaftsrecht erlassen. Sie sind also hinsichtlich Inhalt und Form des sekundären Gemeinschaftsrechts beschränkt. Man spricht daher vom Prinzip der begrenzten Ermächtigung. Dadurch unterscheiden sich die gemeinschaftlichen von den staatlichen Legislativorganen, die grundsätzlich jede Materie regeln und auch hinsichtlich der Form (Verfassungsgesetz, Gesetz, Verordnung, Satzung) wählen können. **336**

3. Arten

Die verschiedenen Arten des sekundären Gemeinschaftsrechts werden in Art. 14 und Art. 15 EGKSV, Art. 249 EGV und Art. 161 EAGV aufgelistet. Die – materiell **337** übereinstimmenden – Kataloge verwenden allerdings unterschiedliche Bezeichnungen im EGV und EAGV einerseits und im EGKSV andererseits. Daneben gibt es noch mehrere Vertragsbestimmungen, die den Erlaß von sekundärem Gemeinschaftsrecht vorsehen, ohne es einer bestimmten Form der Kataloge zuzuordnen. Man spricht von ungekennzeichneten Rechtshandlungen. Zusammenfassend läßt sich folgender **Katalog des sekundären Gemeinschaftsrechts** erstellen:

(1) Verordnungen (Art. 249 Abs. 2 EGV, Art. 161 Abs. 2 EAGV) bzw (allgemeine) Entscheidungen (Art. 14 Abs. 2 EGKSV).

(2) Richtlinien (Art. 249 Abs. 3 EGV, Art. 161 Abs. 3 EAGV) bzw Empfehlungen (Art. 14 Abs. 3 EGKSV).

(3) (Individuelle) Entscheidungen (Art. 249 Abs. 4 EGV, Art. 161 Abs. 4 EAGV, Art. 14 Abs. 2 iVm Art. 15 Abs. 2 EGKSV).

(4) Empfehlungen und Stellungnahmen (Art. 249 Abs. 5 EGV, Art. 161 Abs. 5 EAGV) bzw Stellungnahmen (Art. 14 Abs. 4 EGKSV).

(5) Ungekennzeichnete Rechtshandlungen (EGV, EAGV, EGKSV passim).

338 Daneben gibt es noch andere Arten organgeschaffenen Rechts, wie zB Geschäfts- und Verfahrensordnungen oder interorgane Vereinbarungen. Sie haben aber nur interne Wirkung, insbesondere auf die Arbeitsweise der Organe, und sind (ebenso wie das sog. interne Staatengemeinschaftsrecht, s. Rn 14) ohne Bezug zum GG. Sie können daher von den weiteren Behandlungen ausgenommen werden.

a) Verordnungen bzw (allgemeine) Entscheidungen

339 Die wichtigste Art des sekundären Gemeinschaftsrechts ist die Verordnung. Sie wird im EGKSV Entscheidung genannt. Zur Abgrenzung zu individuell geltenden Entscheidungen spricht man von „allgemeinen Entscheidungen".

340 Die entscheidenden **Merkmale** der Verordnung werden in Art. 249 Abs. 2 EGV dahingehend umschrieben, daß sie allgemeine Geltung hat, in allen ihren Teilen verbindlich ist und unmittelbar in jedem Mitgliedstaat gilt. Für die (allgemeine) Entscheidung des EGKSV gilt trotz teilweise anderer Formulierung nach einheitlicher Meinung dasselbe.

341 Unter „**allgemeiner Geltung**" versteht man, daß die Verordnung (im Gegensatz zu einer individuellen Geltung) eine unbestimmte Vielzahl von Sachverhalten generell und abstrakt regelt und somit Rechtssatzqualität hat. Sie erfüllt die Bedingungen eines Gesetzes im materiellen Sinn. Dies wird noch durch den Hinweis auf ihre Gesamtverbindlichkeit unterstrichen.

342 Das besondere Merkmal der Verordnung aber ist ihre **unmittelbare Geltung** in den Mitgliedstaaten. Damit wird ausgesagt, daß sie mit Inkrafttreten im Staat gilt, ohne daß die Legislativorgane des Staates diese Geltung angeordnet haben. Die Legislativorgane werden in keiner Weise mehr beteiligt.

Dazu hat der EuGH (in der Rs. 94/77, Fratelli Zerbone/Amministrazione delle Finanze dello Stato, Slg. 1978, S. 99 ff, Rn 22/27) ausgeführt:

„Die Gemeinschaftsverordnung ist in allen ihren Teilen verbindlich und gilt unmittelbar in jedem Mitgliedstaat. Wie der Gerichtshof bereits … ausgeführt hat, setzt die unmittelbare Geltung voraus, daß die Verordnung in Kraft tritt und zugunsten oder zu Lasten der Rechtssubjekte Anwendung findet, ohne daß es irgendwelcher Maßnahmen zur Umwandlung in nationales Recht bedarf. Die Mitgliedstaaten dürfen aufgrund der ihnen aus dem Vertrag obliegenden Verpflichtungen nicht die unmittelbare Geltung vereiteln, die Verordnungen … äußern. Die gewissenhafte Beachtung dieser Pflicht ist eine unerläßliche Voraussetzung für die gleichzeitige und einheitliche Anwendung der Gemeinschaftsverordnungen in der gesamten Gemeinschaft. Folglich dürfen die Mitgliedstaaten keine Handlungen vornehmen, durch die die gemeinschaftliche Natur einer Rechtsvorschrift und die sich daraus ergebenden Wirkungen den einzelnen verborgen würden, noch dürfen sie die Vornahme einer solchen Handlung innerstaatlichen Körperschaften mit Rechtsetzungsmacht gestatten. Wenn auch eine einzelstaatliche Verwaltung im Falle von Auslegungsschwierigkeiten sich veranlaßt sehen kann, Maßnahmen zur Durchführung einer Gemeinschaftsverordnung zu ergreifen und bei dieser Gelegenheit entstandene Zweifel zu beheben, so ist sie dazu doch nur unter Beachtung der Gemeinschaftsbestimmungen berechtigt, ohne daß die einzelstaatlichen Behörden Auslegungsregeln mit bindender Wirkung erlassen könnten."

Damit gelten die Verordnungen nicht nur für die Mitgliedstaaten (das entspricht **343** dem herkömmlichen Typus von Beschlüssen internationaler Organisationen), sondern auch in den Mitgliedstaaten. Der einzelne kann sich darauf vor den **Behörden** und **Gerichten** berufen, diese haben die Verordnungen unmittelbar anzuwenden. Kollidieren sie mit nationalem Recht, haben sie Vorrang (s. Rn 46 ff, 68 ff) mit der Folge, daß das nationale Recht nicht mehr angewandt werden darf (Anwendungsvorrang). Behörden und Gerichte haben daher in Bezug auf kollidierendes nationales Recht eine **Verwerfungspflicht**. Verstoßen sie gegen diese Pflicht, so kann das einen Staatshaftungsanspruch auslösen (s. Rn 327).

Beispiel: Gemäß Art. 39 Abs. 2 EGV umfaßt die Freizügigkeit der Arbeitnehmer der Mitgliedstaaten, die gemäß Art. 39 Abs. 1 EGV vorgeschrieben ist, die Abschaffung jeder auf der Staatsangehörigkeit beruhenden unterschiedlichen Behandlung in bezug auf Beschäftigung, Entlohnung und sonstige Arbeitsbedingungen. In Ausführung dieser Bestimmung erging die Verordnung Nr 1612/68 über die Freizügigkeit der Arbeitnehmer innerhalb der Gemeinschaft vom 15. Oktober 1968 (Sartorius II, Nr 180). Darin werden in Art. 3 ua Rechts- und Verwaltungsvorschriften oder Verwaltungspraktiken eines Mitgliedstaats verboten, die zwar formal nichtdiskriminierend konzipiert sind, in Wirklichkeit aber eine Diskriminierung der Angehörigen der anderen Mitgliedstaaten bezwecken oder bewirken. Dazu bestimmt Art. 3 Abs. 1 Unterabs. 2 folgende Ausnahme:

„Diese Bestimmung gilt nicht für Bedingungen, welche die in Anbetracht der Besonderheit der zu vergebenden Stelle erforderlichen Sprachkenntnisse betreffen."

Diese Verordnung gilt unmittelbar. Ein Ausländer kann sich gegenüber den Arbeitsämtern darauf berufen. Sollte ihm die Bewerbung zB um die Stelle eines Autowäschers, die kein sprachliches Ausdrucksvermögen voraussetzt, mit der Begründung seiner mangelnden Sprachkenntnisse verweigert werden, kann er – gestützt auf die Verordnung – die Zulassung seiner Bewerbung verlangen. Im Falle der Ablehnung könnte er – wiederum gestützt auf die Verordnung – dagegen Klage erheben.

Für den **Gesetzgeber** bedeutet die unmittelbare Geltung von Verordnungen, daß er **343a** keine widersprechenden Gesetze erlassen darf. Tut er es trotzdem, so kommen diese Gesetze wegen des Vorrangs des Gemeinschaftsrechts nicht zur Anwendung. Der

EuGH geht sogar noch weiter, indem er dem nationalen Gesetzgeber sogar den Erlaß von gleichlautendem nationalem Recht untersagt. Er hat dies wie folgt begründet (Rs. 34/73, Variola/Amministrazione italiana delle Finanze, Slg. 1973, S. 981 ff, Rn 9 ff):

„In der vierten und fünften Frage geht es im wesentlichen darum, ob eine Aufnahme der streitigen Verordnungsvorschriften in die Rechtsordnung der Mitgliedstaaten durch innerstaatliche Rechtsvorschriften, die den Inhalt der gemeinschaftsrechtlichen Vorschriften wiedergeben, erfolgen kann und ob dies bewirkt, daß die betreffende Rechtsmaterie fortan dem innerstaatlichen Recht unterliegt und die Zuständigkeit des Gerichtshofes infolgedesssen ausgeschlossen ist.

Die unmittelbare Geltung setzt voraus, daß die Verordnung in Kraft tritt und zugunsten oder zu Lasten der Rechtssubjekte Anwendung findet, ohne daß es irgendwelcher Maßnahmen zur Umwandlung in nationales Recht bedarf. Die Mitgliedstaaten dürfen aufgrund der ihnen aus dem Vertrag obliegenden Verpflichtungen, die sie mit dessen Ratifizierung eingegangen sind, nicht die unmittelbare Geltung vereiteln, die Verordnungen und sonstige Vorschriften des Gemeinschaftsrechts äußern. Die gewissenhafte Beachtung dieser Pflicht ist eine unerläßliche Voraussetzung für die gleichzeitige und einheitliche Anwendung der Gemeinschaftsverordnungen in der gesamten Gemeinschaft.

Insbesondere dürfen die Mitgliedstaaten keine Maßnahmen ergreifen, die geeignet sind, die Zuständigkeit des Gerichtshofes zur Entscheidung über Fragen der Auslegung des Gemeinschaftsrechts oder der Gültigkeit der von den Organen der Gemeinschaft vorgenommenen Handlungen zu beschneiden. Infolgedessen sind Praktiken unzulässig, durch die die Normadressaten über den Gemeinschaftscharakter einer Rechtsnorm im unklaren gelassen werden. Die Zuständigkeit des Gerichtshofes, namentlich aufgrund von Artikel 177, bleibt ungeschmälert, unbeschadet aller Versuche, Normen des Gemeinschaftsrechts durch nationales Gesetz in innerstaatliches Recht zu transformieren."

b) Richtlinien bzw Empfehlungen

344 Die Richtlinie, im EGKSV Empfehlung genannt, ist gemäß Art. 249 Abs. 3 EGV für die Mitgliedstaaten, an die sie gerichtet ist, nur hinsichtlich des zu erreichenden Ziels verbindlich. Hingegen bleibt es den Mitgliedstaaten überlassen, die Form und die Mittel auszuwählen, die sie für die Erreichung des Ziels als geeignet erachten. Die Regelungen des EAGV und des EGKSV sind gleichartig, die des EGKSV weisen den Unterschied auf, daß sich Empfehlungen auch an Individuen, Unternehmen und Unternehmensverbände richten können.

345 Im Gegensatz zur Verordnung ist die Richtlinie nicht in allen ihren Teilen verbindlich, sondern nur hinsichtlich der festgelegten Ziele. Man spricht daher von einer „**gestuften Verbindlichkeit**". Indem die Richtlinie nur ein zu erreichendes Ziel vorgibt, ist es Sache der Mitgliedstaaten, wie sie dieses Ziel erreichen. Sie können dies durch Gesetz, Verordnung, völkerrechtliche Verträge oder auf jede andere mögliche Weise verwirklichen.

346 Nach der Rechtsprechung des EuGH haben die Mitgliedstaaten allerdings bei der Wahl der Form und der Mittel diejenigen zu ergreifen, die für die Gewährleistung der praktischen Wirksamkeit der Richtlinien am besten geeignet sind. Sie müssen sie daher so umsetzen, daß sie innerstaatlich verbindlich werden, schlichte Verwaltungspraktiken genügen nicht (Rs. 96/81, Kommission/Niederlande, Slg. 1982, S. 1791 ff, Rn 11 f). Es muß sich also um eine **normative Umsetzung** handeln. Daher hat der EuGH die Umsetzung einer Richtlinie in der Bundesrepublik Deutschland durch eine normenkonkretisierende Verwaltungsvorschrift (TA Luft) nicht für ausreichend erachtet (Rs. 361/88, Kommission/Bundesrepublik Deutschland, Slg. 1991, S. I-2567 ff, Rn 20 f).

Aufgrund dieser Konstruktion eignen sich die Richtlinien insbesondere als Instrument der **Rechtsangleichung**. Sie schreiben vor, welche einheitliche rechtliche Lage erreicht werden soll, und die Mitgliedstaaten passen daraufhin ihre Rechts- und Verwaltungsvorschriften in der innerstaatlich vorgesehenen und ausgewählten Form an. Damit wird erreicht, daß die Rechtslage überall gleich ist, die Rechtsgrundlagen und das Verfahren aber jeweils den nationalen Bedürfnissen angepaßt sind und daher differieren können. **347**

Beispiel: Die Personenfreizügigkeitsrechte des EGV (Art. 39 ff = Arbeitnehmerfreizügigkeit, Art. 43 ff = Niederlassungsfreiheit, Art. 49 ff = Freiheit des Dienstleistungsverkehrs) wurden durch eine Reihe von Verordnungen und Richtlinien spezifiziert. Von besonderer Bedeutung sind die Richtlinie Nr 68/360 zur Aufhebung der Reise- und Aufenthaltsbeschränkungen für Arbeitnehmer der Mitgliedstaaten und ihre Familienangehörigen innerhalb der Gemeinschaft vom 15. Oktober 1968 (Sartorius II, Nr 180c) und die Richtlinie 73/148 zur Aufhebung der Reise- und Aufenthaltsbeschränkungen für Staatsangehörige der Mitgliedstaaten innerhalb der Gemeinschaft auf dem Gebiet der Niederlassung und des Dienstleistungsverkehrs vom 21. Mai 1973 (Sartorius II, Nr 180a). In der Bundesrepublik galt 1968 das Ausländergesetz für alle Ausländer, gleichgültig, ob sie Angehörige von Mitgliedstaaten der EG waren oder nicht. In Durchführung der Richtlinie 68/360 und zur Behebung einiger Unklarheiten im Verhältnis des Ausländergesetzes zum Gemeinschaftsrecht wurde 1969 das Gesetz über Einreise und Aufenthalt von Staatsangehörigen der Mitgliedstaaten der Europäischen Wirtschaftsgemeinschaft erlassen (Sartorius I, Nr 560). Das alte Ausländergesetz gilt weiter, es gibt seit 1969 zwei Ausländergesetze. Damit war das vorgeschriebene Ziel der Richtlinie 68/360 erreicht. Die Bundesrepublik hat die Form und das Mittel eines eigenständigen Gesetzes für die EG-Ausländer gewählt. Sie hätte aber auch das alte Ausländergesetz novellieren oder aufgrund von Verordnungen Sonderregelungen für EG-Ausländer erlassen können (§ 2 Abs. 3 des Ausländergesetzes in der damaligen Fassung).

Lange umstritten war die Frage, ob auch Richtlinien eine **unmittelbare Geltung** in **348**
den Mitgliedstaaten besitzen. Dies ist nach dem Wortlaut der Art. 249 Abs. 3 EGV, Art. 161 Abs. 3 EAGV und Art. 14 Abs. 3 EGKSV zu verneinen. Danach tritt eine Geltung für den einzelnen erst dann ein, wenn die Mitgliedstaaten tätig geworden sind, insbesondere durch Gesetze. Nach der hL und der Rechtsprechung des EuGH kann hingegen eine Richtlinie uU eine **unmittelbare Wirkung** entfalten. Dies ist dann der Fall, wenn (1) die in der Richtlinie genannte Frist zur Zielverwirklichung abgelaufen ist, ohne daß der Mitgliedstaat die Richtlinie umgesetzt hat, wenn (2) die Richtlinie dem einzelnen gegenüber dem Staat Rechte einräumt bzw keine Verpflichtungen auferlegt und wenn (3) die Richtlinie so hinreichend genau formuliert ist, daß der einzelne daraus unmittelbar seine Rechte ableiten kann (unmittelbare Anwendbarkeit, s. Rn 325). Dies erscheint einleuchtend: Die Richtlinie gibt

ein Ziel vor; wenn der Mitgliedstaat dieses Ziel nicht verwirklicht, wirkt die Richtlinie unmittelbar, dh eben ohne Zutun des Mitgliedstaates. So kann kein Mitgliedstaat den Eintritt der mit der Richtlinie beabsichtigten Rechtswirkungen durch Nichtumsetzung hinauszögern oder vereiteln. Die unmittelbare Wirkung von Richtlinien ist daher gewissermaßen eine Sanktion gegenüber dem Mitgliedstaat.

Beispiel: Gemäß § 4 Nr 8 Buchstabe a des Umsatzsteuergesetzes von 1980 waren ab 1. Januar 1980 Umsätze aus Kreditvermittlung steuerbefreit.

Gemäß Art. 13 Teil B Buchstabe d Nr 1 der „Sechsten Richtlinie 77/388 der EWG zur Harmonisierung der Rechtsvorschriften der Mitgliedstaaten über die Umsatzsteuern – Gemeinsames Mehrwertsteuersystem: einheitliche steuerpflichtige Bemessungsgrundlage“ vom 17. Mai 1977 war dieselbe Steuerbefreiung vorgesehen. Die Richtlinie mußte bis 1. Januar 1979 innerstaatlich umgesetzt werden.

Eine Kreditvermittlerin beantragte bei einem deutschen Finanzamt eine Steuerbefreiung ihrer im Jahre 1979 erzielten Umsätze. Der Antrag wurde abgelehnt mit der Begründung, eine solche Befreiung komme erst ab 1. Januar 1980 in Frage. Nach erfolglosem Widerspruchsverfahren erhob die Kreditvermittlerin Klage beim zuständigen Finanzgericht.

Dieses setzte das Verfahren aus und ersuchte den EuGH gemäß Art. 177 (jetzt Art. 234) EGV um eine Vorabentscheidung über die Frage, ob die genannte Richtlinie bereits für 1979 unmittelbar wirkendes Recht in der Bundesrepublik gewesen sei.

Der EuGH bejahte die Frage, indem er ua ausführte (Rs. 8/81, Becker/Finanzamt Münster-Innenstadt, Slg. 1982, S. 53 ff, Rn 22 ff):

„Mit der den Richtlinien durch Artikel 189 zuerkannten verbindlichen Wirkung wäre es folglich unvereinbar, grundsätzlich auszuschließen, daß sich betroffene Personen auf die durch die Richtlinie auferlegte Verpflichtung berufen können.

Insbesondere in den Fällen, in denen etwa die Gemeinschaftsbehörden die Mitgliedstaaten durch Richtlinie zu einem bestimmten Verhalten verpflichten, würde die praktische Wirksamkeit einer solchen Maßnahme abgeschwächt, wenn die einzelnen sich vor Gericht hierauf nicht berufen und die staatlichen Gerichte sie nicht als Bestandteil des Gemeinschaftsrechts berücksichtigen könnten.

Daher kann ein Mitgliedstaat, der die in der Richtlinie vorgeschriebenen Durchführungsmaßnahmen nicht fristgemäß erlassen hat, den einzelnen nicht entgegenhalten, daß er die aus dieser Richtlinie erwachsenen Verpflichtungen nicht erfüllt hat.

Demnach können sich die einzelnen in Ermangelung von fristgemäß erlassenen Durchführungsmaßnahmen auf Bestimmungen einer Richtlinie, die inhaltlich als unbedingt und hinreichend genau erscheinen, gegenüber allen innerstaatlichen, nicht richtlinienkonformen Vorschriften berufen; einzelne können sich auf diese Bestimmungen auch berufen, soweit diese Rechte festlegen, die dem Staat gegenüber geltend gemacht werden können …

Einem Steuerpflichtigen, der in der Lage ist zu beweisen, daß er steuerrechtlich unter einen Befreiungstatbestand der Richtlinie fällt, kann ein Mitgliedstaat nicht entgegenhalten, daß er die Vorschriften, die die Anwendung eben dieser Steuerbefreiung erleichtern sollen, nicht erlassen hat.“

349 Gegen diese Rechtsprechung des EuGH gab es zum Teil Widerstand aus der nationalen Rechtsprechung, insbesondere von seiten des deutschen Bundesfinanzhofes.

Beispiel: In einem gleichgelagerten Fall beantragte eine Kreditvermittlerin zugleich mit der Klage die Aussetzung der Vollziehung des Umsatzsteuerbescheides für 1979. Das Finanzgericht gab dem Antrag statt. Dem Änderungsantrag des Finanzamts wurde nicht abgeholfen.

Dieses legte daraufhin Beschwerde beim BFH ein (§ 69 FGO). Der BFH hob den Beschluß des Finanzgerichts über die Aussetzung der Vollziehung auf (Beschluß vom 16. Juli 1981). Zur Begründung führte er an, daß das 1979 geltende Umsatzsteuergesetz eine solche Befreiung nicht vorsah. Hinsichtlich der Richtlinie entschied der BFH (EuR 1981, S. 442 ff, 443):

„Die der EG im Bereich der Umsatzsteuer übertragenen Rechte ergeben sich aus Art. 99, 100 EWGV. Das Instrumentarium der Rechtsetzung ergibt sich aus Art. 189 EWGV. Diese unterscheidet zwischen Verordnungen (Art. 189 Abs. 2 EWGV) und Richtlinien (Art. 189 Abs. 3 EWGV). Eine Verordnung hat allgemeine Geltung. Sie ist in allen ihren Teilen verbindlich und gilt unmittelbar in jedem Mitgliedstaat. Die Richtlinie dagegen ist für jeden Mitgliedstaat, an den sie gerichtet wird, hinsichtlich des zu erreichenden Ziels verbindlich, überläßt jedoch den innerstaatlichen Stellen die Wahl der Form und der Mittel.

Daraus folgt außerhalb jeden ernstlichen Zweifels, daß eine Richtlinie für die Vertragsstaaten verbindlich ist, ebenso aber auch, daß sie in den Vertragsstaaten kein unmittelbar geltendes Recht erzeugen kann. Die Antragstellerin kann sich daher für die Inanspruchnahme ihrer im Jahre 1979 aus Kreditvermittlungsgeschäften erzielten Umsätze nicht auf Art. 13 Abschn. B Buchst. d der 6. USt-Richtlinie berufen, auch wenn die Bundesrepublik Deutschland entgegen ihren Verpflichtungen als Mitgliedstaat die Anpassung ihrer innerstaatlichen Rechtsvorschriften entgegen der Richtlinie nicht zum 1. Januar 1979 vorgenommen hat. Denn insoweit ist die alleinige Gesetzgebungskompetenz der Vertragsstaaten unberührt geblieben."

Bemerkenswerterweise haben einige Instanzgerichte diese Rechtsprechung des BFH nicht akzeptiert. So hat das Finanzgericht Hamburg in seinem Vorlagebeschluß an den EuGH gemäß Art. 177 (jetzt Art. 234) EGV vom 4. September 1981 nicht nur die Meinung des BFH als unbegründet bezeichnet, sondern ihm auch eine Verletzung des Art. 177 (jetzt Art. 234) EGV vorgeworfen (RIW 1981, S. 692 ff). Das Niedersächsische Finanzgericht hat hinsichtlich des Urteils des BFH ausgeführt (Urteil vom 3. März 1983, RIW 1983, S. 523 f): „Dieser Entscheidung ... folgt der Senat nicht." Diese Art der Behandlung höchstrichterlicher Rechtsprechung durch Instanzgerichte war sicher ungewöhnlich, in der Sache aber wohl gerechtfertigt.

Der BFH hat daraufhin seine Meinung mit Urteil vom 25. April 1985 bekräftigt (EuR 1985, S. 191 ff, 196):

„Richtlinien dienen einer zweistufigen Rechtsetzung. Auf der ersten Stufe werden der Inhalt des zu harmonisierenden Rechts und die Frist zur Umsetzung durch die Mitgliedstaaten festgelegt. Auf der zweiten Stufe haben die Mitgliedstaaten die an sie gerichteten Richtlinien binnen der ihnen gesetzten Frist in staatliches Recht umzusetzen. Richtlinien können nur an Mitgliedstaaten ergehen und sind für den Staat, an den sie gerichtet werden, hinsichtlich des zu erreichenden Ziels verbindlich, überlassen jedoch den innerstaatlichen Stellen die Wahl der Form und der Mittel (Art. 189 Abs. 3 EWGV).

Mit der Zustimmung zu diesem Weg der Rechtsangleichung auf dem Gebiet der Umsatzsteuer und zu Art. 189 Abs. 3 EWGV sollte demnach nicht die Kompetenz übertragen werden, Richtlinien (in den nicht zur Rechtsetzung mit unmittelbarer Geltung übertragenen Bereichen) – auch nicht im Wege der Rechtsfortbildung – ähnliche Wirkungen beizulegen wie Verordnungen.

Von diesem Verständnis des Art. 189 EWGV sind die Vertragschließenden im Jahre 1957 ausgegangen."

Gegen dieses Urteil des BFH erhob die Klägerin Verfassungsbeschwerde zum BVerfG, das mit Beschluß vom 8. April 1987 das Urteil des BFH aufhob und die Möglichkeit der unmittelbaren Wirkung von Richtlinien bestätigte (BVerfGE 75, S. 223 ff). Das BVerfG führte aus, daß die Auslegung des Art. 189 (jetzt Art. 249) Abs. 3 EGV durch den EuGH sowohl sachlich zutreffend als auch mit Art. 24 Abs. 1 GG vereinbar sei, da es sich dabei um richterliche

Rechtsfortbildung, nicht aber um die Inanspruchnahme neuer, im EGV nicht vorgesehener Kompetenzen handele. Zugleich hob das BVerfG hervor (aaO, S. 236 f):

„(Der EuGH) hat dabei Richtlinien zwar nicht den Verordnungen förmlich gleichgestellt, wohl aber dem privaten Einzelnen die Möglichkeit zuerkannt, sich auf die Bestimmungen von Richtlinien gegenüber dem Mitgliedstaat, an den sie gerichtet sind – nicht auch gegenüber Dritten –, in gewissem Umfang zu seinen Gunsten zu „berufen“.“

Damit hat das BVerfG bestätigt, daß der Grund für die unmittelbare Wirkung von Richtlinien darin liegt, daß ein Mitgliedstaat sich gegenüber dem Bürger nicht auf sein eigenes vertragswidriges Verhalten (nämlich die Nichtumsetzung der Richtlinie innerhalb der vorgesehenen Frist) berufen darf.

350 Auf dieser Rechtsprechung aufbauend hat der EuGH ausdrücklich entschieden, daß es **keine unmittelbare Wirkung** von den einzelnen verpflichtenden (dh rechtlich belastenden) und auch nicht von Richtlinien mit horizontaler Wirkung, dh nur das Verhältnis von einzelnen untereinander regelnder Richtlinien, gibt. Auch diese Rechtsprechung läßt sich mit dem Sanktionsgedanken erklären. Es wäre keine Sanktion für die Mitgliedstaaten, wenn sie sich zu Lasten des einzelnen auf von ihnen nicht umgesetzte Richtlinien berufen könnten. Und bei Richtlinien, die nur das Verhältnis von einzelnen untereinander regeln (insbesondere bei der zivilrechtlichen Rechtsangleichung), gibt es sowohl Begünstigte als auch Belastete; der Belastete kann aber nicht für die Nichtumsetzung der Richtlinie sanktioniert werden.

Beispiele: – Gemäß der Mineralwasserrichtlinie 80/777 vom 15. Juli 1980 mußten die Mitgliedstaaten ua die erforderlichen Maßnahmen treffen, damit nur ein aus dem Boden eines Mitgliedstaats gewonnenes und behördlich anerkanntes Wasser als natürliches Mineralwasser in den Handel gebracht werden darf. Die Niederlande setzten die Richtlinie nicht fristgerecht um.

Das Unternehmen Kolpinghuis Nijmegen verkaufte in seinem Cafe ein aus Leitungswasser und Kohlensäure bestehendes Getränk unter der Bezeichnung „Mineralwasser“. Daraufhin wurde gegen das Unternehmen ein Strafverfahren mit der Begründung eingeleitet, es habe gegen die Inspektionsverordnung der Stadt Nijmegen verstoßen, wonach es verboten ist, fehlerhaft zusammengesetzte Lebensmittel zu verkaufen. Der Staatsanwalt berief sich dabei auf die Mineralwasserrichtlinie, aus der abzuleiten sei, daß es sich um ein „fehlerhaft zusammengesetztes“ Lebensmittel handle.

Das niederländische Gericht legte dem EuGH gemäß Art. 177 (jetzt Art. 234) EGV ua die Fragen vor, ob sich eine nationale Behörde zu Lasten einer Person auf eine nicht umgesetzte Richtlinie berufen kann und ob ein nationales Gericht auch dann eine Richtlinie unmittelbar anwenden muß, wenn Belastungen von Personen abzuleiten sind. Der EuGH verneinte beide Fragen (Rs. 80/86, Kolpinhuis Nijmegen, Slg. 1987, S. 3982 ff, Rn 6 ff).

– Die Richtlinie 85/577 betreffend den Verbraucherschutz im Falle von außerhalb von Geschäftsräumen geschlossenen Verträgen vom 20. Dezember 1985 sieht vor, daß bei solchen Haustürgeschäften der Verkäufer den Käufer schriftlich über ein Widerrufsrecht zu belehren habe. Der Käufer hat diesbezüglich das Recht, vom Vertrag zurückzutreten, wobei ihm eine Frist von mindestens sieben Tagen zur Verfügung steht.

Italien setzte die Richtlinie nicht fristgerecht um. Nach italienischem Recht war ein Widerruf von Verträgen, die bei Haustürgeschäften abgeschlossen wurden, nicht möglich.

Eine italienische Firma schloß mit Frau Dori im Rahmen eines Haustürgeschäfts einen Vertrag über einen Englischkurs im Fernunterricht. Frau Dori teilte der Firma nach vier Tagen mit, daß sie ihre Bestellung widerrufe. Sie berief sich dabei insbesondere auf das Widerrufsrecht nach der Richtlinie 85/577.

Es kam zu einem gerichtlichen Verfahren, in dem das italienische Gericht dem EuGH gemäß Art. 177 (jetzt Art. 234) EGV ua die Frage vorlegte, ob die Richtlinie „in der Zeit zwischen dem Ablauf der Umsetzungsfrist und dem Tag, an dem Italien tatsächlich umgesetzt hat, Wirkungen im Verhältnis ... der Bürger untereinander" entfalten konnte. Der EuGH hat eine solche horizontale Wirkung der nicht umgesetzten Richtlinie ausgeschlossen. Er hat dies insbesondere auch damit begründet, daß die EG anderenfalls die Befugnis bekäme, mit unmittelbarer Wirkung zu Lasten des einzelnen Verpflichtungen anzuordnen, was sie aber nur mittels Verordnungen machen dürfe (Rs. C-91/92, Faccini Dori/Recreb Srl, Slg. 1994, S. I-3325 ff, Rn 22 ff).

Der EuGH hat außerdem festgestellt, daß die **Nichtumsetzung** einer Richtlinie zur **Staatshaftung** führen kann (verb. Rs. C-6/90 und C-9/90, Francovich, Slg. 1991, S. I-5357 ff, s. auch Rn 327). Dazu müssen folgende Voraussetzungen vorliegen (ibidem, Rn 40): **351**

(1) Ziel der Richtlinie muß sein, dem einzelnen Rechte zu verleihen.
(2) Der Inhalt der Richtlinie muß unbedingt und hinreichend genau sein.
(3) Es muß ein Kausalzusammenhang zwischen dem Verstoß des Mitgliedstaates und dem entstandenen Schaden vorliegen.

Im Rahmen seiner Rechtsprechung zur Staatshaftung (s. Rn 327) geht der EuGH davon aus, daß die Nichtumsetzung einer Richtlinie immer als qualifizierter Verstoß einzustufen ist (verb. Rs. C-178/94, C-179/94, C-188/94 und C-190/94, Dillenkofer ua/Bundesrepublik Deutschland, Slg. 1996, S. I-4845 ff, Rn 26 ff). Hingegen muß bei einer **fehlerhaften Umsetzung** einer Richtlinie speziell geprüft werden, ob ein qualifizierter Verstoß vorliegt (s. zB Rs. C-392/93, The Queen/H.M. Treasury, ex parte: British Telecommunications, Slg. 1996, S. I-1631 ff). **352**

In seiner neuesten Rechtsprechung geht der EuGH schließlich von einer Art **objektiven Wirkung** von Richtlinien aus. Dahinter steht die Überlegung, daß Behörden und Gerichte als Staatsorgane an die Richtlinien gebunden sind und sie von Amts wegen anzuwenden haben, wenn der Mitgliedstaat sie nicht ordnungsgemäß umgesetzt hat, und zwar auch dann, wenn der einzelne sich nicht unmittelbar darauf beruft oder dann, wenn die Richtlinie gar keine Rechte für den einzelnen begründen will (s. zB Rs. C-431/92, Kommission/Bundesrepublik Deutschland, Slg. 1995, S. I-2189 ff, Rn 24 ff). **352a**

Letzteres kann im Ergebnis allerdings dazu führen, daß eine indirekte oder reflexartige rechtliche Belastung des einzelnen aus einer nicht umgesetzten Richtlinie entstehen kann, die einzelne weder berechtigen noch verpflichten will. Dies steht in gewissem Widerspruch zur bisherigen Rechtsprechung und bedarf noch weiterer Klarstellungen durch den EuGH. **352b**

Beispiel: In einem Rechtsstreit zwischen der Firma CIA Security International und zwei Konkurrenzfirmen ging es ua um die Auslegung der Richtlinie 83/189 vom 28. März 1983 über ein Informationsverfahren auf dem Gebiet der Normen und technischen Vorschriften. Gemäß Art. 8 dieser Richtlinie sind die Mitgliedstaaten verpflichtet, jeden Entwurf einer technischen Vorschrift (ausgenommen vollständige Übertragungen internationaler oder europäischer Normen) samt einer Begründung für deren Erforderlichkeit der Kommission zu übermitteln. Gemäß Art. 9 sind Fristen von 3, 6 oder 12 Monaten vorgesehen, vor deren Ablauf der betreffende Mitgliedstaat diese technische Vorschrift nicht annehmen darf.

Belgien hatte eine nicht der Kommission übermittelte Verordnung in Kraft gesetzt, in der detaillierte Vorschriften über die Zulassung und Vermarktung von Alarmsystemen in Belgien enthalten waren. Die Firma CIA Security hatte bei Gericht beantragt, zwei Konkurrenzfirmen wegen Verleumdung zu verurteilen. Diese hatten namlich behauptet, CIA Security vertreibe ein System zum Schutz vor Einbrüchen, das den belgischen Sicherheitsvorschriften nicht entspreche. Die Konkurrenzfirmen erhoben Widerklage und beantragten, CIA Security die Vermarktung des nicht zugelassenen Alarmsystems zu untersagen.

Das belgische Gericht legte dem EuGH gemäß Art. 177 (jetzt Art. 234) EGV einige Fragen vor und wollte ua wissen, ob die belgische Verordnung eine Vorschrift sei, die gemäß Art. 8 der Richtlinie 83/189 der Kommission vor Inkraftsetzung hätte übermittelt werden müssen. Der EuGH bejahte das. Das Gericht wollte weiters wissen, ob die Bestimmungen der Richtlinie 83/189, insbesondere die Artikel 8 und 9, unbedingt und hinreichend genau seien, um von einzelnen vor nationalen Gerichten herangezogen werden zu können. Auch das bejahte der EuGH. Schließlich wurde der EuGH gefragt, ob ein nationales Gericht gezwungen sei, die Anwendung einer nationalen Vorschrift, die der Kommission nicht gemäß Art. 8 der Richtlinie 83/189 übermittelt worden ist, abzulehnen. Der EuGH führte dazu ua aus (Rs. C-194/94, CIA Security International/Signalson, Securitel, Slg. 1996, S. I-2230 ff, Rn 48 und 50):

„Eine solche Auswirkung des Verstoßes gegen die Verpflichtungen, die sich aus der Richtlinie 83/189 ergeben, hängt nicht von einer dahin gehenden ausdrücklichen Bestimmung ab. Wie bereits ausgeführt, ist es unstreitig, daß Ziel der Richtlinie der Schutz des freien Warenverkehrs durch eine vorbeugende Kontrolle ist und daß die Mitteilungspflicht ein wichtiges Mittel zur Verwirklichung dieser gemeinschaftlichen Kontrolle darstellt. Die Wirksamkeit dieser Kontrolle ist um so größer, wenn die Richtlinie dahin ausgelegt wird, daß der Verstoß gegen die Mitteilungspflicht einen wesentlichen Verfahrensfehler darstellt, der zur Unanwendbarkeit der fraglichen technischen Vorschriften auf einzelne führen kann …

Im vorliegenden Fall hat die Richtlinie … nicht allein den Zweck, die Kommission zu informieren, sondern sie verfolgt … gerade das weitergehende Ziel, die Handelsschranken zu beseitigen oder zu verringern, die anderen Staaten über die von einem Staat geplanten technischen Vorschriften zu informieren, der Kommission und den anderen Mitgliedstaaten die nötige Zeit zu verschaffen, um zu reagieren und eine Änderung vorzuschlagen, die es erlaubt, die Einschränkungen des freien Warenverkehrs zu vermindern, die sich aus der geplanten Maßnahme ergeben, und der Kommission die nötige Zeit zu lassen, um eine Harmonisierungsrichtlinie vorzuschlagen. Der Wortlaut der Artikel 8 und 9 der Richtlinie 83/189 ist im übrigen klar, denn er sieht ein Verfahren für die gemeinschaftliche Kontrolle der Entwürfe nationaler Vorschriften vor und macht den Zeitpunkt ihres Inkrafttretens vom Einverständnis oder vom fehlenden Widerspruch der Kommission abhängig."

Im Ergebnis war damit festgestellt, daß die belgische Verordnung nicht anwendbar war. Obwohl also die Richtlinie nicht den einzelnen betrifft, sondern nur den Mitgliedstaaten eine Meldepflicht auferlegt, wurde CIA Security insofern belastet, als die Verleumdungsklage erfolglos sein mußte, während die Konkurrenzfirmen insofern berechtigt wurden, als sie mit ihren Widerklagen Erfolg haben mußten.

c) (Individuelle) Entscheidungen

353 Die Entscheidungen gemäß Art. 249 Abs. 4 EGV und Art. 161 Abs. 4 EAGV sind in allen ihren Teilen für diejenigen verbindlich, die sie bezeichnen. Sie richten sich also an einzelne. Dies können Mitgliedstaaten oder natürliche und juristische Personen sein. Man spricht wegen dieser individuellen Geltung von „individuellen Entscheidungen". Die Entscheidungen gemäß Art. 14 Abs. 2 iVm Art. 15 Abs. 2 EGKSV beziehen sich auf einen Einzelfall (sie werden daher auch als Einzelfallentscheidungen bezeichnet), gelten also auch individuell.

354 Die individuelle Entscheidung ist, wenn sie sich an einen einzelnen richtet, einem **Verwaltungsakt** vergleichbar. Allerdings gibt es auch Entscheidungen, die sich an eine Mehrzahl von natürlichen und juristischen Personen wenden. In diesen Fällen muß der Adressatenkreis allerdings individualisierbar, also feststehend und nicht mehr erweiterbar sein.

355 Umstrittener als bei den Richtlinien war die Frage nach der **unmittelbaren Geltung oder Wirkung** der individuellen Entscheidungen. Dabei handelt es sich allerdings nicht um die unmittelbare Geltung für die von der Entscheidung umfaßten Personen; diese ergibt sich schon aus dem Wortlaut der Art. 249 Abs. 4 EGV, Art. 161 Abs. 4 EAGV und Art. 14 Abs. 2 iVm Art. 15 Abs. 2 EGKSV. Gemeint ist vielmehr das Problem, ob individuelle Entscheidungen, die sich an einen oder mehrere Mitgliedstaaten richten, in diesem unmittelbar für die Individuen wirken. Dabei ist man sich darüber einig, daß eine derartige unmittelbare Wirkung dann nicht anzunehmen ist, wenn die Entscheidungen Verpflichtungen für den einzelnen enthalten. Deren Geltung für den einzelnen tritt erst ein, wenn die Staaten diese Entscheidungen (meist in gesetzlicher Form) umgesetzt haben. Hingegen wird eine unmittelbare Wirkung je nach dem Einzelfall vertreten für die Fälle, in denen individuelle Entscheidungen Verpflichtungen eines oder aller Mitgliedstaaten begründen, die wiederum Rechte für deren Bürger bewirken.

Der EuGH hatte eine derartige unmittelbare Wirkung zunächst im Prinzip bejaht, ohne daß es im konkreten Fall darauf angekommen wäre (Rs. 9/70, Grad/Finanzamt Traunstein, Slg. 1970, S. 825 ff, Rn 5 f):

„... Mit der den Entscheidungen durch Artikel 189 zuerkannten verbindlichen Wirkung wäre es unvereinbar, grundsätzlich auszuschließen, daß betroffene Personen sich auf die durch die Entscheidung auferlegte Verpflichtung berufen können. Insbesondere in den Fällen, in denen etwa die Gemeinschaftsbehörden einen Mitgliedstaat oder alle Mitgliedstaaten durch Entscheidung zu einem bestimmten Verhalten verpflichten, würde die nützliche Wirkung („effet utile") einer solchen Maßnahme abgeschwächt, wenn die Angehörigen dieses Staates sich vor Gericht hierauf nicht berufen und die staatlichen Gerichte sie nicht als Bestandteil des Gemeinschaftsrechts berücksichtigen könnten ...

Artikel 177, wonach die staatlichen Gerichte befugt sind, den Gerichtshof mit der Gültigkeit und Auslegung aller Handlungen der Organe ohne Unterschied zu befassen, setzt im übrigen voraus, daß die einzelnen sich vor diesen Gerichten auf die genannten Handlungen berufen können. Es ist daher in jedem einzelnen Fall zu prüfen, ob die Bestimmung, um die es geht, nach Rechtsnatur, Systematik und Wortlaut geeignet ist, unmittelbare Wirkungen in den Rechtsbeziehungen zwischen dem Adressaten der Handlung und Dritten zu begründen."

Später hat dann der EuGH die Möglichkeit der unmittelbaren Wirkung einer individuellen Entscheidung ausdrücklich festgestellt (Rs. C-156/91, Hansa Fleisch Ernst Mundt/Landrat des Kreises Schleswig-Flensburg, Slg. 1992, S. I-5567 ff).

d) Empfehlungen und Stellungnahmen

355a Die Empfehlungen und Stellungnahmen gemäß Art. 249 Abs. 5 EGV und Art. 161 Abs. 5 EAGV bzw Stellungnahmen gemäß Art. 14 Abs. 5 EGKSV sind **nicht verbindlich**. Dennoch können sie sowohl rechtliche als auch politische Wirkungen haben. So ist die Abgabe einer dieser Rechtshandlungen in manchen Fällen Prozeßvoraussetzung (zB Art. 226, Art. 227 Abs. 3 und 4 EGV) oder Voraussetzung für Organhandeln (zB Art. 134 Abs. 1 EGV). Darüberhinaus entfalten Empfehlungen und Stellungnahmen auch ohne rechtliche Verbindlichkeit kraft der dahinterstehenden Autorität der Gemeinschaften gewisse psychologische und politische Wirkungen (vgl *Ipsen*, Gemeinschaftsrecht, S. 461). Und schließlich hat der EuGH entschieden, daß die Gerichte der Mitgliedstaaten, Empfehlungen unter gewissen Umständen in ihrer Rechtsprechung zu berücksichtigen hätten.

Beispiel: Der italienische Staatsbürger Grimaldi war bis zu seinem Ruhestand 1980 in Belgien als Arbeitnehmer tätig. Als die öffentliche „Kasse für Berufskrankheiten" seinem Antrag auf Anerkennung einer Berufskrankheit nicht stattgab, erhob er Klage beim zuständigen Arbeitsgericht. Er begehrte die Anerkennung seiner durch ein Gutachten bestätigten Krankheit als Berufskrankheit, da diese einem speziellen Krankheitsbild gleichzustellen sei, das in der „Europäischen Liste der Berufskrankheiten" umschrieben werde. Diese Liste war einer Empfehlung der Kommission aus dem Jahre 1962 als Anlage beigefügt. In dieser Empfehlung schlug die Kommission den Mitgliedstaaten die Übernahme der in der Liste aufgeführten Krankheiten in das nationale Recht vor. Außerdem war für den Fall noch eine zweite Empfehlung der Kommission von Belang.

Das Arbeitsgericht rief den EuGH gemäß Art. 177 (jetzt Art. 234) EGV an und fragte ua, ob derartige Empfehlungen in einem Mitgliedstaat unmittelbare Wirkung erlangen können. Der EuGH führte dazu aus (Rs. C-322/88, Grimaldi/Fonds des maladies professionnelles, Slg. 1989, S. 4407 ff, Rn 13, 16 und 18):

„Dazu ist zu bemerken, daß Empfehlungen, die gemäß Artikel 189 Absatz 5 EWG-Vertrag nicht verbindlich sind, im allgemeinen dann von den Organen der Gemeinschaft ausgesprochen werden, wenn diese nach dem EWG-Vertrag nicht ermächtigt sind, rechtsverbindliche Maßnahmen zu erlassen, oder wenn nach ihrer Ansicht kein Anlaß zu einer zwingenderen Regelung besteht …

Unter diesen Umständen kann kein Zweifel daran bestehen, daß die fraglichen Maßnahmen echte Empfehlungen sind, dh Handlungen, die auch gegenüber ihren Adressaten keine bindende Wirkung entfalten sollen. Sie können folglich für die einzelnen keine vor den innerstaatlichen Gerichten durchsetzbaren Rechte begründen …

Um jedoch die Frage des vorlegenden Gerichts vollständig zu beantworten, ist darauf hinzuweisen, daß die fraglichen Maßnahmen nicht als rechtlich völlig wirkungslos angesehen werden können. Die innerstaatlichen Gerichte sind nämlich verpflichtet, bei der Entscheidung der bei ihnen anhängigen Rechtsstreitigkeiten die Empfehlungen zu berücksichtigen, insbesondere dann, wenn diese Aufschluß über die Auslegung zu ihrer Durchführung erlassener innerstaatlicher Rechsvorschriften geben oder wenn sie verbindliche gemeinschaftliche Vorschriften ergänzen sollen."

e) Ungekennzeichnete Rechtsakte

Als ungekennzeichnete Rechtsakte bezeichnet man diejenigen, für die im primären Gemeinschaftsrecht nicht eine der genannten Formen des sekundären Gemeinschaftsrechts vorgeschrieben ist (zB Art. 12 Abs. 2, Art. 26, Art. 95 Abs. 1 Satz 2 EGV etc). **356**

Nicht ganz klar ist bei den ungekennzeichneten Rechtsakten, ob sie einer der in den Katalogen genannten Arten zuzurechnen sind oder ob es sich um **eigenständige Formen des sekundären Gemeinschaftsrechts** handelt bzw ob die Gemeinschaftsorgane in den Fällen, in denen das primäre Gemeinschaftsrecht ungekennzeichnete Rechtshandlungen vorsieht, eine der in den Katalogen genannten Arten des sekundären Gemeinschaftsrechts verwenden dürfen oder ihnen dies wegen des Prinzips der begrenzten Ermächtigung (s. Rn 335 f) verwehrt ist. Rechtspolitisch gesehen ist jeweils der ersten Alternative der Vorzug zu geben. Dies hängt damit zusammen, daß der Individualrechtsschutz im Gemeinschaftsrecht in Art. 230 Abs. 4 EGV, Art. 146 Abs. 4 EAGV und Art. 33 Abs. 2 EGKSV Klagen nur gegen Verordnungen und individuelle Entscheidungen vorsieht. Würde man ungekennzeichnete Rechtshandlungen als eigenständige Art des sekundären Gemeinschaftsrechts einstufen, entfiele daher gegen sie jeder Individualrechtsschutz. Daher sollten Bestimmungen des primären Gemeinschaftsrechts, die solche ungekennzeichneten Rechtshandlungen vorsehen bzw ungekennzeichnete Rechtshandlungen selbst immer dahingehend interpretiert werden, welcher Art des sekundären Gemeinschaftsrechts sie zuzuordnen sind. Dies ist allerdings dort nicht notwendig, wo keine Rechte des einzelnen berührt sind (zB Beschluß des Rates über die Ersetzung der Finanzbeiträge der Mitgliedstaaten durch eigene Mittel der Gemeinschaften vom 21. April 1970 [ABl. 1970, Nr L 94, S. 19 ff], gestützt auf Art. 201 Abs. 3 EWGV [jetzt Art. 269 Abs. 2 EGV]). Das Argument der Sicherung des Individualrechtsschutzes kommt dann nicht zum Tragen. **357**

Diese rechtspolitische Forderung ist durchaus systemgerecht. Denn der EuGH hat zu der Frage der Bezeichnung der Rechtsakte allgemein die ständige Rechtsprechung entwickelt, wonach die rechtliche Qualifizierung eines Rechtsaktes nicht von der Bezeichnung, sondern vom Inhalt abhänge (zB verb. Rs. 22 und 23/60, Elz/Hohe Behörde, Slg. 1961, S. 389 ff, 408). Allerdings dürfe aus einer falschen Bezeichnung für den Betroffenen ohne dessen Eigenverschulden keine Beschränkung der Rechtsmittel resultieren (zB verb. Rs. 53 und 54/63, Lemmerz/Hohe Behörde, Slg. 1963, S. 517 ff, 537 f). In der Rechtsprechung des EuGH gibt es zudem die Tendenz, alle verbindlichen Organbeschlüsse als anfechtbar einzustufen (verb. Rs. 789 und 790/79, Calpak, Slg. 1980, S. 1949 ff, 1961; Rs. 294/83, Les Verts/Europäisches Parlament, Slg. 1986, S. 1339 ff, 1364 ff). Damit würde sich das Rechtsschutzproblem erledigen. **358**

In der **Praxis** wird auch in aller Regel so verfahren. Sieht das primäre Gemeinschaftsrecht ungekennzeichnete Rechtshandlungen vor, so ergehen sie meist in Form einer der in den Katalogen genannten Rechtshandlungen. In einigen Fällen ergehen sie aber auch als Beschlüsse, Entschließungen etc. **359**

Beispiel: – Art. 28 EWGV bestimmte in seiner ursprünglichen Fassung:
„Über alle autonomen Änderungen oder Aussetzungen der Sätze des Gemeinsamen Zolltarifs entscheidet der Rat einstimmig. Nach Ablauf der Übergangszeit kann der Rat für einen Zeitabschnitt von höchstens sechs Monaten mit qualifizierter Mehrheit auf Vorschlag der Kommission über Änderungen oder Aussetzungen entscheiden, die 20 v.H. jedes Zollsatzes nicht überschreiten dürfen. Sie können unter denselben Bedingungen nur um nochmals sechs Monate verlängert werden."
Gestützt auf Art. 28 EWGV wurde der Gemeinsame Zolltarif der EWG durch die Verordnung Nr 950/68 vom 28. Juni 1968 erlassen (später aufgehoben).

Heute lautet Art. 26 EGV:

„Der Rat legt die Sätze des Gemeinsamen Zolltarifs mit qualifizierter Mehrheit auf Vorschlag der Kommission fest." Es ist davon auszugehen, daß der Rat auch in Zukunft bei der Wahrnehmung dieser Kompetenz auf Verordnungen zurückgreifen wird.

4. Zuständige Organe

360 Zuständig zum Erlaß von sekundärem Gemeinschaftsrecht sind der Rat und das Europäische Parlament gemeinsam, der Rat allein oder die Kommission. In einigen Fällen sind auch das Europäische Parlament, der Wirtschafts- und Sozialausschuß bzw der Beratende Ausschuß oder der Ausschuß der Regionen beratend beteiligt.

a) Rat

361 Der Rat setzt sich gemäß Art. 123 Abs. 1 EGV zusammen aus je einem **Vertreter jedes Mitgliedstaates** auf Ministerebene, der befugt ist, für die Regierung des Mitgliedstaates verbindlich zu handeln. Damit ist zweierlei ausgesagt: Zum einem muß der Vertreter Ministerrang haben und zum anderen können auch – von der Zentralregierung bevollmächtigte – Regionalminister, insbesondere Länderminister in Bundesstaaten, in den Rat entsendet werden. Zudem bleibt es den Regierungen überlassen, welche Mitglieder sie entsenden. Es gibt in der Praxis keine ständigen „Ratsminister" oder „Europaminister". Vielmehr tagt der Rat in wechselnder Zusammensetzung, die sich je nach den zu behandelnden Angelegenheiten richtet. Man spricht daher je nach Zusammensetzung vom „Außenministerrat" (auch „Allgemeiner Rat" genannt), „Agrarministerrat", „Verkehrsministerrat" etc.

Der Rat hat sich – entgegen dem Wortlaut des primären Gemeinschaftsrechts – den Namen **Rat der Europäischen Union** gegeben (ABl. 1993, Nr L 281, S. 18).

362 Eine Besonderheit stellt der **Europäische Rat** dar. Er setzt sich zusammen aus den Staats- und Regierungschefs der Mitgliedstaaten sowie dem Präsidenten der Kommission. Sie werden von den Ministern für auswärtige Angelegenheiten und einem Mitglied der Kommission unterstützt (Art. 4 Abs. 2 EUV). Der Europäische Rat tritt mindestens zweimal jährlich zusammen.

363 Aufgabe dieses Gremiums ist es, der Union die erforderlichen Impulse für ihre Entwicklung zu geben und dafür die allgemeinen politischen Zielvorstellungen festzulegen (Art. 4 Abs. 1 EUV). Daraus ergibt sich, daß der Europäische Rat nicht an der Rechtsetzung im Rahmen der Europäischen Gemeinschaften beteiligt ist. Seine wichtigste Aufgabe besteht vielmehr in der Bestimmung der Grundsätze und allgemeinen Leitlinien der Gemeinsamen Außen- und Sicherheitspolitik in der Zweiten Säule (Art. 13 Abs. 1 EUV). Natürlich kann der normale Rat der Europäischen Union auch in der Zusammensetzung der Staats- und Regierungschefs tagen und wäre dann in der Lage, sekundäres Gemeinschaftsrecht zu erlassen. In der Praxis kommt dies aber nicht vor.

Der Rat faßt seine Beschlüsse gemäß Art. 205 EGV, Art. 118 EAGV und Art. 28 **364**
EGKSV mit Einstimmigkeit, qualifizierter Mehrheit oder Mehrstimmigkeit.

– **Einstimmigkeit** ist immer dann erforderlich, wenn das primäre Gemeinschaftsrecht dies für den Einzelfall vorschreibt. Grundsätzlich bedeutet Einstimmigkeit, daß alle Mitglieder des Rates, die je eine Stimme haben, zustimmen müssen. Allerdings sehen Art. 205 Abs. 3 EGV, Art. 118 Abs. 3 EAGV und Art. 28 Abs. 3 EGKSV vor, daß Stimmenthaltungen von anwesenden oder vertretenen Mitgliedern dem Zustandekommen von Beschlüssen nicht entgegenstehen. Ist ein Mitglied nicht anwesend und auch nicht durch ein anderes vertreten, so kann ein solcher Beschluß jedoch nicht zustandekommen (Politik des leeren Stuhls).

– **Qualifizierte Mehrheit** ist ebenfalls immer dann erforderlich, wenn das primäre Gemeinschaftsrecht dies für den Einzelfall vorschreibt. Die qualifizierte Mehrheit ist gekoppelt mit einer Stimmenwägung gemäß Art. 205 Abs. 2 EGV, Art. 118 Abs. 2 EAGV und Art. 28 Abs. 4 EGKSV. Unter Anwendung dieser Stimmenwägung kommt in der EG und in der EAG ein Beschluß mit 62 von 87 Stimmen zustande, wenn ein Beschluß vertragsgemäß auf Vorschlag der Kommission zu fassen ist, oder mit 62 von 87 Stimmen, welche die Stimmen von mindestens 10 Mitgliedstaaten umfassen, in allen anderen Fällen. Dies entspricht einer qualifizierten Mehrheit von über 2/3 und unter 3/4. In der EGKS kommt nur die zweite Alternative zur Anwendung (Art. 28 Abs. 5 EGKSV).

– **Einfache Mehrheit** ist in Art. 205 Abs. 1, Art. 118 Abs. 1 EAGV und Art. 28 Abs. 4 Satz 1 EGKSV als Regelfall vorgesehen und kommt immer dann zur Anwendung, wenn das primäre Gemeinschaftsrecht nichts über die Beschlußmehrheit aussagt. Es handelt sich dabei um eine absolute Mehrheit, dh um die Mehrheit der Mitglieder, das sind 8. Art. 28 Abs. 4 Satz 1 EGKSV schreibt außerdem vor, daß unter den 8 Stimmen auch die von zwei Mitgliedstaaten enthalten sein müssen, die mindestens je 1/10 des Gesamtwerts der Kohle- und Stahlproduktion in der Gemeinschaft umfassen.

In den Fällen, in denen der Rat mit einfacher oder qualifizierter Mehrheit abstim- **365**
men kann, sind Beschlüsse gegen den Willen einzelner Mitglieder möglich. In Verbindung mit der unmittelbaren Geltung von Verordnungen sieht man darin ein wesentliches Element der **Supranationalität** der Europäischen Gemeinschaften (s. Rn 691).

Diese Konstruktion der Supranationalität entspricht allerdings nicht immer der Pra- **366**
xis. Vielmehr haben die Bestimmungen über die verschiedenen Mehrheitsabstim-

mungen teilweise ihre Bedeutung verloren. Dies hat seinen Grund in der sog. **Luxemburger Vereinbarung** (Luxemburger Kompromiß) vom 29. Januar 1966. Dort heißt es bezüglich der Mehrheitserfordernisse (Bulletin der EWG 1966, Nr 3, S. 8 f):

„I. Stehen bei Beschlüssen, die mit Mehrheit auf Vorschlag der Kommission gefaßt werden können, sehr wichtige Interessen eines oder mehrerer Partner auf dem Spiel, so werden sich die Mitglieder des Rats innerhalb eines angemessenen Zeitraumes bemühen, zu Lösungen zu gelangen, die von allen Mitgliedern des Rats unter Wahrung ihrer gegenseitigen Interessen und der Interessen der Gemeinschaft gemäß Art. 2 des Vertrags angenommen werden können.

II. Hinsichtlich des vorstehenden Absatzes ist die französische Delegation der Auffassung, daß bei sehr wichtigen Interessen die Erörterung fortgesetzt werden muß, bis ein einstimmiges Einvernehmen erzielt worden ist."

Das Ergebnis der Luxemburger Vereinbarung ist, daß Mehrheitsbeschlüsse in den Fällen, in denen wichtige Interessen eines Mitgliedstaates betroffen sind, nur mehr dann gefaßt werden, wenn alle Mitglieder damit einverstanden sind.

367 Zwar ist die **Rechtsnatur** der Luxemburger Vereinbarung äußerst **umstritten** (vgl *Streinz,* Die Luxemburger Vereinbarung, München 1984), in der Praxis hat sie sich aber durchgesetzt. Der Rat hat dies in einer Anfragebeantwortung auch bestätigt (ABl. 1996, Nr C 217, S. 22):

SCHRIFTLICHE ANFRAGE E-0317/96

von James Moorhouse (PPE) an den Rat

(27. Februar 1996)

Betrifft: Anwendung des Kompromisses von Luxemburg im Rat

Kann der Rat folgende Fragen beantworten:

1. In wievielen Fällen haben sich Mitgliedstaaten seit dem Inkrafttreten
   - der Europäischen Einheitlichen Akte und
   - des Vertrags von Maastricht über die Europäische Union im Rat auf den Kompromiß von Luxemburg berufen?
2. Welcher Mitgliedstaat hat sich in jedem einzelnen der unter Frage 1 angesprochenen Fälle auf diesen Kompromiß berufen?
3. Stimmt der Rat mit der britischen und französischen Regierung überein, daß der Kompromiß von Luxemburg bei der Beschlußfassung im Rat nach wie vor eine übliche Praxis ist?

Antwort

3. Juni 1996

1. Da dem Rat keine entsprechende Aufstellung vorliegt, kann er die von dem Herrn Abgeordneten in seinen Fragen Nrn. 1 und 2 erbetenen Ausgaben nicht mitteilen.
2. Die Schlußfolgerungen der Sondertagung des Rates vom 17., 18., 27. und 28. Januar 1966 in Luxemburg stehen einer Beschlußfassung des Rates gemäß den Bestimmmungen des EG-Vertrags nicht entgegen. Zwar sieht der Vertrag in zahlreichen Fällen Mehrheitsbeschlüsse vor, dies hindert die Mitglieder des Rates jedoch nicht daran, sich vor der Beschlußfassung in der Regel um eine Annäherung ihrer Standpunkte zu bemühen.

Es kam seit 1966 nur ein einziges Mal zu einer Mehrheitsabstimmung gegen den ausdrücklichen Willen eines Mitgliedstaates, der sich auf „sehr wichtige Interessen" berief. Aber auch dieser Präzedenzfall hat gezeigt, daß an der Praxis der Einstimmigkeit weiterhin grundsätzlich festgehalten wird (vgl *Schweitzer*, in: *Grabitz/Hilf*, Art. 205, Rn 16). Die wachsende Anzahl von Mehrheitsbeschlüssen ist auf die Bereitschaft der Mitgliedstaaten zurückzuführen, sich auch in wichtigen Fragen überstimmen zu lassen und sich nicht auf die Luxemburger Vereinbarung zu berufen. **368**

Der Rat ist – gemeinsam mit dem Europäischen Parlament oder allein – nach dem EGV und dem EAGV das **Hauptrechtsetzungsorgan** für sekundäres Gemeinschaftsrecht. In aller Regel erläßt er die Verordnungen, Richtlinien, individuellen Entscheidungen und sonstige (ungekennzeichnete) Rechtshandlungen. Nach dem EGKSV hat er hingegen nur einige wenige Zuständigkeiten für ungekennzeichnete Rechtshandlungen. **369**

Eine Besonderheit stellt das Gremium „**Die im Rat vereinigten Vertreter der Regierungen der Mitgliedstaaten**" dar. Die Vertreter der Mitgliedstaaten auf Ministerebene bilden nämlich nicht nur den Rat, sondern, wenn sie nicht als solcher tagen, auch eine Regierungskonferenz. Diese tritt in Funktion, wenn das primäre Gemeinschaftsrecht dies vorsieht (zB Ernennung der Mitglieder der Kommission gemäß Art. 214 Abs. 2 Unterabs. 3 Satz 2 EGV) oder wenn mangels einer Kompetenz der EG integrationsrelevante Beschlüsse gefaßt werden sollen. Solche Beschlüsse werden „uneigentliche Ratsbeschlüsse" genannt, ihre Rechtsnatur ist umstritten. Überwiegend werden sie aber auf der völkerrechtlichen Vertragsebene angesiedelt, so daß auf sie – völkerrechtlich und verfassungsrechtlich gesehen – die entsprechenden Bestimmungen über völkerrechtliche Verträge zur Anwendung kommen. Sie stellen jedenfalls kein sekundäres Gemeinschaftsrecht dar (EuGH, verb. Rs. C-181/91 und C-248/91, Parlament/Rat und Kommission, Slg. 1993, S. I-3685 ff, Rn 9 ff). **369a**

b) Kommission

Die Kommission setzt sich gemäß Art. 213 Abs. 1 Unterabs. 1 EGV aus 20 Mitgliedern zusammen. Sie nennt sich – entgegen dem Wortlaut des primären Gemeinschaftsrechts – **Europäische Kommission**. Sie hat aber gleichzeitig beschlossen, bei juristischen und formellen Texten weiterhin die korrekte Bezeichnung **Kommission der Europäischen Gemeinschaften** zu verwenden (EuZW 1994, S. 34). Die Kommissionsmitglieder werden gemäß Art. 214 Abs. 2 Unterabs. 3 Satz 2 EGV von den Regierungen der Mitgliedstaaten im gegenseitigen Einvernehmen ernannt. Das Verfahren der Bestellung (sog. „Investiturverfahren") ist in Art. 214 Abs. 2 EGV näher geregelt. Die Kommissionsmitglieder bedürfen für ihre Ernennung der Zustimmung des Europäischen Parlaments. Sie müssen volle Gewähr für ihre Unabhängigkeit bieten und Staatsangehörige eines Mitgliedstaates sein, wobei für jeden Mitgliedstaat mindestens ein, höchstens aber zwei Staatsangehörige vorgesehen sind (Art. 213 Abs. 1 EGV). Ihre Amtszeit beträgt 5 Jahre (Art. 214 Abs. 1 Unterabs. 1 EGV). **370**

371 Im Gegensatz zu den Mitgliedern des Rates handelt es sich bei den Kommissionsmitgliedern nicht um Staats- oder Regierungsvertreter. Sie sind vielmehr mit **voller Unabhängigkeit** ausgestattet. Sie dürfen gemäß Art. 213 Abs. 2 Unterabs. 2 EGV Anweisungen von einer Regierung oder einer anderen Stelle weder anfordern noch entgegennehmen, und die Mitgliedstaaten sind verpflichtet, jede Beeinflussung zu unterlassen.

372 Die Kommission faßt ihre Beschlüsse gemäß Art. 219 Abs. 2 EGV immer mit **absoluter Mehrheit**, dh mit 11 Stimmen. Qualifizierte Mehrheit oder Einstimmigkeit ist nicht vorgesehen.

373 Da die Kommission aus unabhängigen, weisungsfreien Mitgliedern besteht und immer mehrstimmig abstimmt, sind Beschlüsse gegen den Willen einzelner oder sogar aller Mitgliedstaaten möglich. Auch darin wird ein wesentliches Element der **Supranationalität** der Europäischen Gemeinschaften gesehen (s. Rn 691).

374 Nach dem EGV und EAGV besitzt die Kommission nur sehr wenige Kompetenzen zum Erlaß von sekundärem Gemeinschaftsrecht. Daß in der Praxis dennoch die meisten Rechtsakte von der Kommission erlassen werden, hängt damit zusammen, daß sie dazu sehr oft vom Rat im Rahmen einer Delegation gemäß Art. 211 Spiegelstrich 4 EGV und Art. 124 Unterabs. 4 EAGV ermächtigt wird. Gemäß Art. 202 Spiegelstrich 3 Satz 1 EGV ist der Rat zu einer solchen Delegation im Rahmen der EG sogar verpflichtet (Prinzip der **Regeldelegation**). Dabei handelt es sich aber immer nur um Durchführungsvorschriften; die inhaltliche Gestaltung ist dabei vom Rat in der Delegationsvorschrift vorgegeben.

375 Hingegen besitzt die Kommission beim Erlaß von sekundärem Gemeinschaftsrecht ein sog. **Initiativmonopol**. Das bedeutet, daß der Rat zumeist erst auf Kommissionsvorschlag hin beschließen kann. Macht die Kommission keine Vorschläge, stockt die Entwicklung des sekundären Gemeinschaftsrechts. Nach dem EGKSV hat die Kommission eine nahezu umfassende Zuständigkeit zum Erlaß von sekundärem Gemeinschaftsrecht.

c) Europäisches Parlament

376 Das Europäische Parlament, das sich aus 626 direkt gewählten Vertretern der Völker der Mitgliedstaaten zusammensetzt, wird in der Regel beim Erlaß von sekundärem Gemeinschaftsrecht beteiligt. Ursprünglich war diese Beteiligung auf eine **Anhörung** beschränkt, an deren Ergebnis weder Kommission noch Rat gebunden waren (so heute noch zB in Art. 93, Art. 94 oder Art. 308 EGV). In den wenigen Fällen, in denen keine Anhörung vorgeschrieben ist (zB Art. 26 EGV), kommt es in der Praxis dennoch dazu.

377 Durch die Einheitliche Europäische Akte und den Vertrag von Maastricht wurde für einen Teil der Rechtshandlungen ein neuartiges **Verfahren der Zusammenarbeit** eingeführt, das in Art. 252 EGV detailliert geregelt ist. Das Parlament wird hier in zwei Phasen der Rechtsetzung beteiligt und kann durch seine Ablehnung oder uU

durch Änderungsvorschläge bewirken, daß der Rat einstimmig beschließen muß, wenn er seine Vorstellungen durchsetzen will, und zwar auch dort, wo nach dem Vertrag sonst qualifizierte Mehrheit ausreichen würde. Auch hier kann das Parlament aber seinen Willen letztlich nicht gegen den des Rates durchsetzen.

Der Vertrag von Maastricht führte ein weiteres Verfahren ein (Art. 251 EGV), in **378**
dem ein Vermittlungsausschuß mitwirkt (**Mitentscheidungsverfahren**). Die Mitwirkungsbefugnisse des Parlaments werden dabei insoweit verstärkt, als es letztlich das Zustandekommen von Rechtsakten gänzlich verhindern kann. Dieses Verfahren stellt seit dem Vertrag von Amsterdam den Regelfall der Parlamentsbeteiligung dar (s. zu den verschiedenen Verfahrensarten die Graphiken bei *Schweitzer/Hummer*, Europarecht, Rn 385 ff und Nachtrag, S. 13).

In einigen Fällen wird zudem – ohne ein besonderes Verfahren vorzusehen – die **379**
zwingende **Zustimmung** des Parlaments vorgeschrieben (zB Art. 214 Abs. 2 EGV, Art. 300 Abs. 3 Unterabs. 2 EGV, Art. 49 Abs. 1 EUV).

d) Wirtschafts- und Sozialausschuß und Beratender Ausschuß

Der Wirtschafts- und Sozialausschuß der EG und EAG (222 Mitglieder) bzw der **380**
Beratende Ausschuß der EGKS (bis zu 111 Mitglieder) werden beim Erlaß von Rechtsakten angehört, soweit dies in den Verträgen vorgesehen ist (zB für die EG Art. 262 Abs. 1 Satz 1 EGV). Die Stellungnahmen dieser Ausschüsse sind nicht verbindlich. Die Ausschüsse können auch fakultativ angehört werden, wenn ihre Anhörung nicht zwingend vorgeschrieben ist. Dies ist in der Praxis in aller Regel der Fall. In Art. 262 Abs. 1 Satz 3 EGV ist zudem vorgesehen, daß der Wirtschafts- und Sozialausschuß das Recht hat, von sich aus Stellungnahmen abzugeben.

e) Ausschuß der Regionen

Durch den Vertrag von Maastricht wurde ein Ausschuß der Regionen eingesetzt, in **381**
dem Vertreter der regionalen und kommunalen Gebietskörperschaften sitzen (Art. 263 Abs. 1 EGV). Er setzt sich aus 222 Mitgliedern zusammen. Der Ausschuß wird beim Erlaß von Rechtsakten angehört, wenn der EGV dies ausdrücklich vorsieht oder wenn Rat oder Kommission dies für zweckmäßig erachten. Seine Stellungnahmen sind nicht verbindlich. Gemäß Art. 265 Abs. 3 Satz 2 EGV kann der Ausschuß auch von sich aus Stellungnahmen abgeben, wenn nach seiner Auffassung spezifische regionale Interessen berührt sind.

5. Regelung im GG und in den Länderverfassungen

382 GG und Länderverfassungen enthalten keine ausdrücklichen Regelungen über das sekundäre Gemeinschaftsrecht.

Allerdings kamen ursprünglich die Art. 24 Abs. 1 GG und Art. 59 Abs. 2 GG zur Anwendung. Mit dem aufgrund dieser Bestimmungen erfolgten Beitritt der Bundesrepublik wurden auch die Bestimmungen des primären Gemeinschaftsrechts über die verschiedenen Arten des sekundären Gemeinschaftsrechts, über ihre Verbindlichkeit und eventuelle unmittelbare Wirkung sowie über das Verfahren zu ihrem Erlaß akzeptiert.

383 Eine Besonderheit ergibt sich in zweierlei Hinsicht. Zum einen erläßt der Rat in vielen Fällen sekundäres Gemeinschaftsrecht, das unmittelbar in der Bundesrepublik gilt. Im Rat ist die Bundesregierung in der Regel durch ein Regierungsmitglied vertreten (s. Rn 361). Aufgrund der Übertragung von Hoheitsrechten auf die Gemeinschaften und damit auf den rechtsetzenden Rat wirkt die **Bundesregierung** bei dieser Rechtsetzung mit. Zwar ist dieser Übergang legislativer (Teil)befugnisse von den gesetzgebenden Körperschaften auf die Bundesregierung vom Vertragsgesetz zu den Gemeinschaftsverträgen gedeckt, dennoch hat man aber versucht, die Situation zumindest verfahrensrechtlich teilweise zu entschärfen. Dazu bestimmt Art. 2 des Vertragsgesetzes zum EWGV und EAGV (BGBl. 1957 II, S. 753 f):

„Die Bundesregierung hat Bundestag und Bundesrat über die Entwicklungen im Rat der Europäischen Wirtschaftsgemeinschaft und im Rat der Europäischen Atomgemeinschaft laufend zu unterrichten. Soweit durch den Beschluß eines Rats innerdeutsche Gesetze erforderlich werden oder in der Bundesrepublik Deutschland unmittelbar geltendes Recht geschaffen wird, soll die Unterrichtung vor der Beschlußfassung des Rats erfolgen."

Damit wird erreicht, daß Bundestag und Bundesrat dazu Stellung nehmen können, ohne daß sie damit aber auf die Beschlußfassung im Rat Einfluß bekommen (sog. **Zuleitungsverfahren**). Dieses Verfahren ist jedoch mit dem neuen Art. 23 GG bedeutungslos geworden.

384 Die zweite Besonderheit bezieht sich auf die Frage der Mitwirkung der **Bundesländer** bei der Entstehung von sekundärem Gemeinschaftsrecht. Dies ist um so wichtiger, weil nach allgemein anerkannter Meinung über Art. 24 Abs. 1 GG (in Zukunft über Art. 23 Abs. 1 Satz 2 GG) auch Hoheitsrechte der Länder auf die Europäischen Gemeinschaften übertragen werden dürfen (s. Rn 54 und 60) und auch übertragen worden sind. Die Länder sind in etlichen Fällen (insbesondere bei Richtlinien) zum Erlaß der notwendigen Umsetzungsgesetze zuständig. Zudem muß ein Großteil des sekundären Gemeinschaftsrechts von den Ländern vollzogen werden. Demgegenüber sehen die Gemeinschaftsverträge – sieht man von dem eher einflußarmen Ausschuß der Regionen (s. Rn 381) ab – keinerlei institutionelle Einwirkungsmöglichkeiten der Länder auf die Organe der Gemeinschaften vor.

385 Nach mehreren Zwischenlösungen führte diese Situation schließlich zur Einrichtung des **Bundesratsverfahrens** durch Art. 23 GG, wobei Abs. 2 das allgemeine

Mitwirkungsrecht regelt, während die Absätze 4 und 5 die speziellen Fragen der Beteiligung des Bundesrates an der Willensbildung des Bundes behandeln.

Gemäß Art. 23 Abs. 2 Satz 1 GG wird zunächst ein **allgemeines Mitwirkungsrecht** der Länder über den Bundesrat bei **allen Angelegenheiten** der Europäischen Union eingeführt. Ergänzt wird diese Bestimmung durch Art. 50 GG. In Art. 23 Abs. 2 Satz 2 GG wird darüber hinaus die Bundesregierung verpflichtet, den Bundesrat in diesen Fällen umfassend und zum frühestmöglichen Zeitpunkt zu unterrichten. Die näheren Ein*zelheiten des Bundesratsverfahrens werden in Art. 23 Abs. 4 und 5 GG geregelt und sind zudem in dem „Gesetz über die Zusammenarbeit von Bund und Ländern in Angelegenheiten der Europäischen Union" vom 12. März 1993 (Ausführungsgesetz Bundesrat, BGBl. 1993 I, S. 313 ff) konkretisiert worden. Dieses Gesetz wurde schließlich noch durch eine „Bund-Ländervereinbarung über die Zusammenarbeit in Angelegenheiten der Europäischen Union" vom 29. Oktober 1993 (BAnz Nr 226 vom 2. Dezember 1993, S. 10425 ff) ergänzt.

Aus Art. 23 Abs. 4 GG ergibt sich der Umfang der Beteiligung des Bundesrates bei **386**
der Willensbildung des Bundes, während in Art. 23 Abs. 5 GG eine abgestufte Mitwirkung eingeführt wurde.

Die in Art. 23 Abs. 4 GG geregelte **Beteiligung** des Bundesrates ist zwingend; dies ergibt sich aus dem Wortlaut (= „ist zu beteiligen"). Die Beteiligung bezieht sich auf die Fälle, in denen der Bundesrat an einer entsprechenden innerstaatlichen Maßnahme mitzuwirken hätte oder in denen die Länder innerstaatlich zuständig wären. Aus diesen beiden Konstellationen wird deutlich, daß wegen der Verweisung auf die Mitwirkung des Bundesrates an einer entsprechenden innerstaatlichen Maßnahme dieser fast immer zu beteiligen ist. Ausgenommen sind eigentlich nur die Fälle, in denen es um unverbindliche Rechtshandlungen geht. Denn beim Erlaß von sekundärem Gemeinschaftsrecht wäre eine entsprechende innerstaatliche Maßnahme fast immer ein Gesetz.

§ 4 Abs. 1 des Ausführungsgesetzes Bundesrat konkretisiert Art. 23 Abs. 4 GG dahingehend, daß bei Vorliegen der Voraussetzungen des Art. 23 Abs. 4 GG die Bundesregierung vom Bundesrat benannte Vertreter der Länder an den Beratungen zur Festlegung der Verhandlungsposition zu beteiligen habe.

Art. 23 Abs. 5 GG regelt die **abgestufte Mitwirkung** und konkretisiert damit die in **387**
Art. 23 Abs. 4 GG festgelegte Beteiligung des Bundesrates.

(1) Gemäß Art. 23 Abs. 5 Satz 1 Alternative 1 GG hat die Bundesregierung, wenn es sich um Fälle der ausschließlichen Zuständigkeit des Bundes handelt, in denen Interessen der Länder berührt sind, die Stellungnahme des Bundesrates **zu berücksichtigen**. Gemäß Art. 23 Abs. 5 Satz 1 Alternative 2 GG ist dies ebenso der Fall, wenn der Bund das Recht zur Gesetzgebung hat und Länderinteressen berührt sind. Dies ist dann anzunehmen, wenn der Bund im Bereich der konkurrierenden und der Rahmengesetzgebung eine Kompetenz tatsächlich wahrgenommen hat oder unter den Voraussetzungen des Art. 72 Abs. 2 GG wahrnehmen könnte (Ansicht des Bundesrates). Nach anderer Meinung kommt es nur darauf an, ob es sich der Sache nach

um einen Fall der konkurrierenden oder Rahmengesetzgebung des Bundes handelt (Ansicht der Bundesregierung).

Liegt eine der beiden Alternativen vor, so hat die Bundesregierung die Stellungnahme des Bundesrates zu berücksichtigen. Darunter versteht man, daß die Bundesregierung die Argumente des Bundesrates zur Kenntnis nehmen, in ihre Entscheidung einbeziehen und sich mit ihnen auseinandersetzen muß (vgl BT-Drucks. 12/3896, B I 2 e).

388 (2) Gemäß Art. 23 Abs. 5 Satz 2 GG hat die Bundesregierung in den Fällen, in denen im Schwerpunkt Gesetzgebungsbefugnisse der Länder, die Einrichtung ihrer Behörden oder ihre Verwaltungsverfahren betroffen sind, die Auffassung des Bundesrates **maßgeblich zu berücksichtigen**. Maßgebliche Berücksichtigung bedeutet dabei, daß das Letztentscheidungsrecht beim Bundesrat liegt.

389 Diese maßgebliche Berücksichtigung erfährt allerdings gemäß Art. 23 Abs. 5 Satz 2 und 3 GG einige **Einschränkungen**.

– Zum ersten gilt sie nur, wenn die Länder im jeweiligen Schwerpunkt betroffen sind. Dies bedeutet, daß wesentliche Teile der Vorlage, insbesondere die ins Gewicht fallenden Teile, Länderrechte betreffen müssen. Auch hier vertritt die Bundesregierung einen anderen Standpunkt; sie stellt nämlich darauf ab, ob bei einer Gesamtschau diese Materien im Mittelpunkt stehen oder ganz überwiegend den Regelungsgegenstand bilden (BR-Drucks. 501/92, 20).

– Die zweite Einschränkung ist durch das Wort „insoweit“ in Art. 23 Abs. 5 Satz 2 GG bedingt. Dadurch wird verdeutlicht, daß die maßgebliche Berücksichtigung nur für die Teile der Vorlage gilt, die den Voraussetzungen des Art. 23 Abs. 5 Satz 2 GG entsprechen. Bei allen anderen Teilen steht das Letztentscheidungsrecht der Bundesregierung zu. Das bedeutet, daß der Bundesrat nur in den Schwerpunktbereichen einer Vorlage das Letztentscheidungsrecht hat.

– Eine dritte Einschränkung ergibt sich daraus, daß gemäß Art. 23 Abs. 5 Satz 2 Halbsatz 2 GG in den Fällen des Letztentscheidungsrechts des Bundesrates die gesamtstaatliche Verantwortung des Bundes zu wahren ist. Gemäß § 5 Abs. 2 Satz 2 des Ausführungsgesetzes Bundesrat schließt dies außenverteidigungs- und integrationspolitische Fragen ein. Dies bedeutet allerdings nicht, daß die Bundesregierung ermächtigt wäre, von einer Stellungnahme des Bundesrates abzuweichen. Vielmehr werden in § 5 Abs. 2 Sätze 3 bis 5 des Ausführungsgesetzes Bundesrat die Möglichkeiten dargestellt, wie zu verfahren ist, wenn die Ansichten über die gesamtstaatliche Verantwortung sich widersprechen. Dabei ist vorgesehen, daß sich letztlich der Bundesrat insofern durchsetzen kann, als er seinen Standpunkt mit einer Zweidrittelmehrheit erneut beschließt.

– Eine letzte Einschränkung ist schließlich in Art. 23 Abs. 5 Satz 3 GG enthalten. Sie gilt für den Sonderfall, daß ein Vorhaben zu Ausgabenerhöhungen oder Einnahmeminderungen für den Bund führt. In diesem Fall ist die Zustimmung der Bundesregierung erforderlich. Dies bedeutet ein Vetorecht der Bundesregierung. Das hat zur Folge, daß der Bundesrat erneut einen Beschluß fassen müßte.

390 Der Bundesrat hat zur Durchführung dieses Verfahrens eine **Europakammer** eingerichtet, deren Beschlüsse als Beschlüsse des Bundesrates gelten (Art. 52 Abs. 3a GG, § 45b GO Bundesrat). Durch diese Kammer soll das Bundesratsverfahren dann flexibel und schnell durchgeführt werden, wenn es sich um eilbedürftige oder vertrauliche Vorlagen handelt (vgl § 45d Abs. 1 GO Bundesrat).

Art. 23 Abs. 2 Satz 1 GG legt aber auch ein **Bundestagsverfahren** fest. Auch der Bundestag ist gemäß Art. 23 Abs. 2 Satz 2 GG von der Bundesregierung umfassend und zum frühest möglichen Zeitpunkt zu unterrichten. Nähere Einzelheiten dieses Bundestagsverfahrens wurden im „Gesetz über die Zusammenarbeit von Bundesregierung und Deutschem Bundestag in Angelegenheiten der Europäischen Union" vom 12. März 1993 (Ausführungsgesetz Bundestag, BGBl. 1993 I, S. 311 ff) festgelegt. **391**

Gemäß Art. 23 Abs. 3 Satz 1 GG gibt die Bundesregierung dem Bundestag Gelegenheit zur **Stellungnahme** vor ihrer Mitwirkung an Rechtsetzungsakten der Europäischen Union. Gemäß § 5 des Ausführungsgesetzes Bundestag muß dabei die Frist so bemessen sein, daß der Bundestag ausreichend Gelegenheit hat, sich mit der Vorlage zu befassen. Nach § 2 des Ausführungsgesetzes Bundestag bestellt der Bundestag einen Ausschuß für Angelegenheiten der Europäischen Union und kann ihn ermächtigen, für ihn Stellungnahmen abzugeben. **391a**

Gemäß Art. 23 Abs. 3 Satz 2 GG hat die Bundesregierung die Stellungnahme des Bundestages bei den Verhandlungen **zu berücksichtigen**. Das bedeutet aber nicht mehr als eine Befassungs-, Begründungs- und Sorgfaltspflicht. Eine rechtliche Bindung der Bundesregierung tritt nicht ein. Daran kann auch die weitergehende Formulierung des § 5 Satz 3 des Ausführungsgesetzes Bundestag (= „legt die Stellungnahme ihren Verhandlungen zugrunde") nichts ändern (s. *Streinz*, in: *Sachs*, Art. 23 Rn 101).

Neben dem Bundesratsverfahren enthält Art. 23 Abs. 6 GG auch noch eine weitere Vorschrift, die der Wahrung der Länderinteressen dient. In dieser Bestimmung ist vorgesehen, daß ein **Vertreter der Länder**, der vom Bundesrat zu bestimmen ist, die Rechte der Bundesrepublik Deutschland als Mitgliedstaat der Europäischen Union wahrnehmen soll, wenn im Schwerpunkt ausschließliche Länderkompetenzen betroffen sind. Die Wahrnehmung dieser Rechte erfolgt allerdings unter Beteiligung und in Abstimmung mit der Bundesregierung; außerdem ist dabei die gesamtstaatliche Verantwortung des Bundes zu wahren. **392**

Ein weiteres Recht der Länder enthält § 8 des Ausführungsgesetzes Bundesrat. Darin wird festgelegt – was einige Zeit umstritten war (s. Rn 739 f) –, daß die Länder **Länderbüros** bei der EU einrichten können. **393**

In § 7 Abs. 1 desselben Gesetzes ist schließlich des weiteren noch vorgesehen, daß die Bundesregierung auf Verlangen des Bundesrates **Klage beim Europäischen Gerichtshof** erhebt, soweit die Länder durch ein Handeln oder Unterlassen von Organen der Union in Bereichen ihrer Gesetzgebungsbefugnisse betroffen sind und der Bund kein Recht zur Gesetzgebung hat. Dabei ist allerdings die gesamtstaatliche Verantwortung des Bundes, einschließlich außen-, verteidigungs- und integrationspolitisch zu bewertender Fragen, zu wahren. Diese Vorschrift berührt aber nicht ein möglicherweise bestehendes eigenes Klagerecht der Länder beim Europäischen Gerichtshof. **394**

395 Im Bereich der **Länder** finden sich in der Mehrzahl der Verfassungen ausdrückliche Regelungen über Informationspflichten der Regierungen gegenüber den Parlamenten in Bezug auf die EG bzw die EU. Im Einzelnen handelt es sich um folgende Verfassungsbestimmungen: Berlin – Art. 50 Abs. 1 Satz 2, Brandenburg – Art. 94 Satz 2, Bremen – Art. 79 Satz 2, Hamburg – Art. 32a Abs. 1 Nr 5, Mecklenburg-Vorpommern – Art. 39 Abs. 1 Satz 2, Niedersachsen – Art. 25 Abs. 1 Satz 2, Sachsen-Anhalt – Art. 62 Abs. 1 Satz 2, Schleswig-Holstein – Art. 22 Abs. 1 Satz 2, Thüringen – Art. 67 Abs. 4.

396 **Lösung Fall 11** (Rn 319):

1. Voraussetzung einer erfolgreichen Klage ist – unabhängig davon, welches Gericht angerufen wird –, daß B durch den Bescheid in einem ihm zustehenden Recht verletzt ist. Da sowohl die E 1965 als auch die RL 1967 ausdrücklich nur an die Mitgliedstaaten adressiert sind, erscheint es fraglich, ob diese Vorschriften des sekundären Gemeinschaftsrechts überhaupt Rechte des B begründen können.

2. Dagegen spricht insbesondere der Wortlaut des Art. 249 EGV, wonach eine Richtlinie für jeden Mitgliedstaat, an den sie gerichtet wird, und eine Entscheidung für diejenigen, die sie bezeichnet, verbindlich sind. Unmittelbare Geltung wie einem nationalen Gesetz kommt dagegen gemäß Art. 249 Abs. 2 EGV nur Verordnungen zu, deren sich die EG bei der Umsatzsteuerharmonisierung aber nicht bedient hat.

3. Andererseits würden Richtlinien der EG rein faktisch eines Gutteils ihrer verbindlichen Wirkung beraubt, könnten sich betroffene Bürger nicht – zB in einer gerichtlichen Auseinandersetzung – auf die durch die Richtlinie für die Mitgliedstaaten begründete Verpflichtung berufen. Zudem enthält die RL 1967 ein ausdrückliches Verbot von Steuern, die statt der Umsatzsteuer erhoben werden, insbesondere von spezifischen auf die Güterbeförderung im Straßenverkehr erhobenen Steuern. Die Richtlinie legt also (obwohl nur an die Mitgliedstaaten adressiert und deshalb an sich noch durch innerstaatliche Maßnahmen ausführungsbedürftig) in diesem Punkt den genauen Umfang der die Mitgliedstaaten treffenden Verpflichtungen selbst fest. Die mit der RL 1967 statuierte Verpflichtung ist deshalb durchaus dazu geeignet, unmittelbare Rechtspositionen für Einzelpersonen zu begründen, die gegebenenfalls auch vor einem Gericht geltend gemacht werden können. Die RL 1967 erfüllt daher zwei von drei Voraussetzungen für eine unmittelbareWirkung (s. Rn 348): sie ist unmittelbar anwendbar und gibt dem einzelnen Rechte gegenüber dem Staat.

4. Allerdings gilt das durch die Richtlinie festgelegte Verbot von spezifischen, auf die Güterbeförderung bezogenen Steuern, die statt der Umsatzsteuer bzw der neu einzuführenden Umsatzsteuer in Form der Mehrwertsteuer erhoben werden, erst nach Ablauf der für die Einführung der Mehrwertsteuer vorgesehenen Frist. Dies war ab dem 1. Januar 1970 der Fall. Zwar hat die Bundesrepublik ihre Harmonisierungspflicht schon 1968 erfüllt. Das bedeutet aber nicht, daß man schon deswegen für die Klage des B davon auszugehen hat, daß ihr damit auch die Erhebung des „Leberpfennigs" verboten war. Dieser durfte vielmehr bis 31. Dezember 1969 weiterhin erhoben werden. Die RL 1967 konnte vor Ablauf der Frist nicht unmittelbar wirken. Dies ergibt sich schon allein aus der Überlegung, daß damit ein gemeinschaftsfreundlich handelnder Staat, der seinen Verpflichtungen schon frühzeitig und nicht erst mit Ablauf der dafür gesetzten Frist nachkommt, für dieses Verhalten „bestraft" würde, indem er eine den anderen Mitgliedstaaten weiterhin erlaubte Steuer nicht mehr erheben dürfte. Im übrigen ist von der hL und der Recht-

sprechung des EuGH anerkannt, daß eine unmittelbare Wirkung einer Richtlinie oder einer Entscheidung grundsätzlich erst nach Fristablauf eintreten kann. Erst dann stellt sich ja heraus, ob ein Mitgliedstaat die ihm auferlegte Pflicht nicht erfüllt hat. Und gerade letzteres ist die Begründung für die in Art. 249 EGV nicht vorgesehene unmittelbare Wirkung dieser Rechtshandlungen.

Ergebnis: Das bedeutet, daß der angegriffene Steuerbescheid noch nicht mit der E 1965 und der RL 1967 kollidieren konnte und daher B nicht mit Aussicht auf Erfolg mit der Begründung des Verstoßes gegen diese EG-Vorschriften gegen den Steuerbescheid gerichtlich vorgehen konnte (vgl Rs. 9/70, Grad/Finanzamt Traunstein, Slg. 1970, S. 825 ff).

Literatur: S. nach Rn 96; *Beutler ua*, S. 191-201, 212-219; *Bleckmann*, Europarecht, S. 69-120; *Hahn/Oberrath*, Die Rechtsakte der EG – eine Grundlegung, in: BayVBl. 1998, S. 353 ff und 388 ff; *Hilf/Stein/Schweitzer/Schindler*, Europäische Union: Gefahr oder Chance für den Föderalismus in Deutschland, Österreich und der Schweiz?, in: VVDStRL 53 (1994), Berlin 1994, S. 7-104; *Müller-Terpitz*, Die Beteiligung des Bundesrates am Willensbildungsprozeß der Europäischen Union, Stuttgart 1999; *Oppermann*, S. 106-161, 195-222; *Ruffert*, Dogmatik und Praxis des subjektiv-öffentlichen Rechts unter dem Einfluß des Gemeinschaftsrechts, in: DVBl. 1998, S. 69 ff; *Scholz*, Europäische Union und deutscher Bundesstaat, in: NVwZ 1993, S. 817 ff; *Schweitzer/Hummer*, Rn 143-254, 291-313, 335-390; *Schneider*, Die innerstaatliche Willensbildung der Bundesrepublik Deutschland für ihre Mitwirkung an Entscheidungen der Europäischen Union, in: europa blätter 1998, S. 201 ff; *Streinz*, Rn 243-326, 375-419; *ders.*, in: *Sachs*, Art. 23, Rn 90 ff; *Wilhelm*, Europa im Grundgesetz: der neue Artikel 23, in: BayVBl. 1992, S. 705 ff.

III. Ungeschriebenes Gemeinschaftsrecht

1. Begriff

Als ungeschriebenes Gemeinschaftsrecht bezeichnet man diejenigen Normen, die dem primären Gemeinschaftsrecht zuzuordnen, dort aber nicht in vertraglicher Form niedergelegt sind. Ungeschriebenes Gemeinschaftsrecht in Form von sekundärem Recht gibt es nicht. **397**

2. Arten

a) Allgemeine Rechtsgrundsätze

Als allgemeine Rechtsgrundsätze bezeichnet man die der Rechtsordnung der Gemeinschaften selbst inhärenten sowie die den Rechtsordnungen der Mitgliedstaaten gemeinsamen Rechtsgrundsätze. Die **erste Gruppe** ist unmittelbar aus dem bestehenden primären Gemeinschaftsrecht ableitbar. Als Beispiel kann das Prinzip der begrenzten Ermächtigung (s. Rn 335 f) angeführt werden. **398**

Die **zweite Gruppe** ist nicht direkt aus dem primären Gemeinschaftsrecht abzuleiten. Zwar verweisen Art. 288 Abs. 2 EGV und Art. 188 Abs. 2 EAGV ausdrücklich auf die „allgemeinen Rechtsgrundsätze, die den Rechtsordnungen der Mitgliedstaa- **399** ten gemeinsam sind", diese beiden Artikel gelten aber nur für das Amtshaftungsrecht der Gemeinschaften. Dennoch hat der EuGH die allgemeinen Rechtsgrundsätze – über die Fälle der Amtshaftung hinausgehend – zur Lückenschließung im Gemeinschaftsrecht herangezogen. Über die Methode der Ermittlung der allgemeinen Rechtsgrundsätze, die nicht verwechselt werden dürfen mit den allgemeinen Rechtsgrundsätzen des Völkerrechts (s. Rn 257 ff), läßt sich weder aufgrund der Rechtsprechung des EuGH eine klare Aussage machen, noch herrscht darüber in der Lehre eine einheitliche Meinung. Sicher ist, daß sie im Ansatz durch Rechtsvergleichung gewonnen werden, und daß dabei nicht die Methode des kleinsten gemeinsamen Nenners gilt. Man neigt vielmehr zu einer kritisch-wertenden Rechtsvergleichung, die zu denjenigen Lösungen tendiert, zu denen die verglichenen Rechtsordnungen sich tendenziell orientieren und die gleichzeitig den Zielsetzungen der Gemeinschaften am nächsten kommen. Dabei wird es nicht unbedingt als erforderlich erachtet, daß die so entwickelten Rechtsgrundsätze in ihrer konkreten Ausformulierung durch den EuGH immer in allen verglichenen Rechtsordnungen gleichzeitig vorkommen.

400 Ein Hauptanwendungsbereich für die allgemeinen Rechtsgrundsätze ist das **allgemeine Verwaltungsrecht** bei der Vollziehung des Gemeinschaftsrechts durch die Organe und Einrichtungen der Gemeinschaften. Für diese Fragen sind im primären und sekundären Gemeinschaftsrecht nur sehr wenige Regelungen vorgesehen. Der EuGH hat diese Lücken durch die Anwendung der allgemeinen Rechtsgrundsätze geschlossen. Die wichtigsten so entwickelten, auf dem Rechtsstaatsprinzip basierenden Grundsätze sind dabei:

Verhältnismäßigkeitsprinzip (jetzt als Bestandteil des geschriebenen primären Gemeinschaftsrechts in Art. 5 Abs. 3 EGV verankert), Vertrauensschutz, Gesetzmäßigkeit der Verwaltung, Schutz wohlerworbener Rechte, Rechtssicherheit, Schutz des guten Glaubens, rechtliches Gehör, Gleichbehandlung, Untersuchungsgrundsatz, Recht auf Akteneinsicht, Vertraulichkeit der Rechtsberatung, Widerruf und Rücknahme von Verwaltungsakten etc (s. *Schweitzer/Hummer*, Europarecht, Rn 15 f, 791 f).

Neben diesen, den nationalen Verwaltungsverfahrensrechten bekannten Grundsätzen greift der EuGH teilweise auf äußerst unbestimmte Prinzipien zurück, wie zB „zuteilende Gerechtigkeit", „gute Verwaltungsführung" oder „ordnungsgemäße Verwaltung" (s. *Schweitzer/Hummer*, Europarecht, Rn 791).

401 Das zweite Hauptanwendungsgebiet für die allgemeinen Rechtsgrundsätze sind die **Grundrechte**. Auch hier war das primäre Gemeinschaftsrecht äußerst lückenhaft. Es gab lediglich einige als Grundfreiheiten bezeichnete Rechte des einzelnen, wie zB das Diskriminierungsverbot des Art. 12 EGV oder die Freizügigkeitsrechte der Art. 39 ff, Art. 43 ff und Art. 49 ff EGV. Die eigentlichen Grundrechte hat der EuGH unter Anwendung der allgemeinen Rechtsgrundsätze entwickelt. Dabei hat die Rechtsprechung folgende Phasen durchlaufen:

– Urteil vom 12. November 1969: „Bei dieser Auslegung enthält die streitige Vorschrift nichts, was die in den allgemeinen Grundsätzen der Gemeinschaftsrechtsordnung, deren

Wahrung der Gerichtshof zu sichern hat, enthaltenen Grundrechte der Person in Frage stellen könnte.“ (Rs. 29/69, Stauder/Stadt Ulm, Slg. 1969, S. 419 ff, Rn 7).

– Urteil vom 17. Dezember 1970: „... die Beachtung der Grundrechte gehört zu den allgemeinen Rechtsgrundsätzen, deren Wahrung der Gerichtshof zu sichern hat. Die Gewährleistung dieser Rechte muß zwar von den gemeinsamen Verfassungsüberlieferungen der Mitgliedstaaten getragen sein, sie muß sich aber auch in die Struktur und die Ziele der Gemeinschaft einfügen.“ (Rs. 11/70, Internationale Handelsgesellschaft/ Einfuhr- und Vorratsstelle für Getreide und Futtermittel, Slg. 1970, S. 1125 ff, Rn 4).

– Urteil vom 14. Mai 1974: „Der Gerichtshof hat bereits entschieden, daß die Grundrechte zu den allgemeinen Rechtsgrundsätzen gehören, die er zu wahren hat, und daß er bei der Gewährleistung dieser Rechte von den gemeinsamen Verfassungsüberlieferungen der Mitgliedstaaten auszugehen hat. Hiernach kann er keine Maßnahmen als Rechtens anerkennen, die unvereinbar sind mit den von den Verfassungen dieser Staaten anerkannten und geschützten Grundrechten. Auch die internationalen Verträge über den Schutz der Menschenrechte, an deren Abschluß die Mitgliedstaaten beteiligt waren oder denen sie beigetreten sind, können Hinweise geben, die im Rahmen des Gemeinschaftsrechts zu berücksichtigen sind ... Die so garantierten Rechte sind aber weit davon entfernt, uneingeschränkten Vorrang zu genießen; sie müssen im Hinblick auf die soziale Funktion der geschützten Rechtsgüter und Tätigkeiten gesehen werden. Aus diesem Grunde werden Rechte dieser Art in der Regel nur unter dem Vorbehalt von Einschränkungen geschützt, die im öffentlichen Interesse liegen. In der Gemeinschaftsrechtsordnung erscheint es weiterhin auch berechtigt, für diese Rechte bestimmte Begrenzungen vorzubehalten, die durch die dem allgemeinen Wohl dienenden Ziele der Gemeinschaft gerechtfertigt sind, solange die Rechte nicht in ihrem Wesen angetastet werden.“ (Rs. 4/73, Nold/Kommission, Slg. 1974, S. 491 ff, Rn 13 f).

– Urteil vom 28. Oktober 1975: „Insgesamt stellen sich die Beschränkungen der ausländerpolizeilichen Befugnisse der Mitgliedstaaten als eine besondere Ausprägung eines allgemeineren Grundsatzes dar, der in den Artikeln 8, 9, 10 und 11 der am 4. November 1950 in Rom unterzeichneten und von allen Mitgliedstaaten ratifizierten Konvention zum Schutze der Menschenrechte und Grundfreiheiten und in Artikel 2 des am 16. September 1963 in Straßburg unterzeichneten Protokolls Nr 4 zu dieser Konvention verankert ist ...“ (Rs. 36/75, Rutili/Minister des Innern, Slg. 1975, S. 1219 ff, Rn 32).

– Urteil vom 13. Dezember 1979: „Auch wenn der Gemeinschaft nicht grundsätzlich die Möglichkeit abgesprochen werden kann, die Ausübung des Eigentumsrechts im Rahmen einer gemeinsamen Marktorganisation und aus strukturpolitischen Gründen zu beschränken, so ist doch noch zu prüfen, ob die in der umstrittenen Regelung enthaltenen Einschränkungen tatsächlich dem allgemeinen Wohl dienenden Zielen der Gemeinschaft entsprechen und ob sie nicht einen im Hinblick auf den verfolgten Zweck unverhältnismäßigen, nicht tragbaren Eingriff in die Vorrechte des Eigentümers darstellen, der das Eigentumsrecht in seinem Wesensgehalt antastet.“ (Rs. 44/79, Hauer/Land Rheinland-Pfalz, Slg. 1979, S. 3727 ff, Rn 23).

Insgesamt gesehen ergibt dies folgende **Grundrechtskonzeption**, die in diesen **402**
Grundzügen allgemein anerkannt wird:

(1) Es gelten Grundrechte, die den Verfassungen der Mitgliedstaaten gemeinsam sind.

(2) Es gelten Grundrechte – oder zumindest können sie zu berücksichtigende Hinweise geben –, die in von allen Mitgliedstaaten abgeschlossenen Verträgen festgelegt sind.

(3) Es gelten Grundrechtsschranken, die im gemeinschaftlichen Allgemeinwohl zu suchen sind.

(4) Es gelten das Verhältnismäßigkeitsprinzip und die Wesensgehaltsgarantie als Schranken-Schranken bei der Beschränkung der Grundrechte.

403 Auf dieser allgemeinen Grundrechtskonzeption basierend hat der EuGH bislang folgende **Einzelgrundrechte** festgestellt:

Achtung der Privatsphäre und des Familienlebens, Schutz des Arztgeheimnisses, Vertraulichkeit des Schriftverkehrs zwischen Anwalt und Mandanten, Unverletzlichkeit der Wohnung, Gleichheitssatz, Verbot der Geschlechterdiskriminierung, Religionsfreiheit, Vereinigungsfreiheit, Berufsfreiheit, Eigentumsschutz, freier Zugang zur Beschäftigung, freie wirtschaftliche Betätigung, Meinungs- und Veröffentlichungsfreiheit, Anspruch auf effektiven gerichtlichen Rechtsschutz und auf fairen Prozeß, Anspruch auf Rechtsschutz innerhalb angemessener Frist, Verbot der Rückwirkung von Strafgesetzen = nulla poena sine lege, Verbot der Doppelbestrafung = ne bis in idem.

404 Durch die Verträge von Maastricht und Amsterdam wurde die Beachtung der Grundrechte auch im geschriebenen Recht verankert. Während Art. 6 Abs. 1 EUV die Achtung der Menschenrechte und Grundfreiheiten als Grundsatz der Europäischen Union deklariert, gibt Art. 6 Abs. 2/Art. F.2 aF EUV die vom EuGH entwickelte Rechtsprechung zum Geltungsgrund der Grundrechte wieder, indem er bestimmt:

„Die Union achtet die Grundrechte, wie sie in der am 4. November 1950 in Rom unterzeichneten Europäischen Konvention zum Schutze der Menschenrechte und Grundfreiheiten gewährleistet sind und wie sie sich aus den gemeinsamen Verfassungsüberlieferungen der Mitgliedstaaten als allgemeine Grundsätze des Gemeinschaftsrechts ergeben."

b) Gewohnheitsrecht

405 Zum ungeschriebenen Gemeinschaftsrecht ist auch das Gewohnheitsrecht zu zählen. Über die Existenz eines Gemeinschaftsgewohnheitsrechts besteht in der Lehre kein Zweifel, aber ebensowenig gibt es eine gesicherte Theorie. Angeführt wird, daß keine Rechtsordnung ohne Gewohnheitsrecht auskäme, daß das Europäische Gemeinschaftsrecht nur einen Unterfall des Völkerrechts darstelle und deshalb dieselben Rechtsquellen wie dieses beinhalten müsse, und daß das Gewohnheitsrecht im Europäischen Gemeinschaftsrecht notwendig sei, weil die allgemeinen Rechtsgrundsätze der Rechtsstaatlichkeit dies forderten. Der EuGH hat bisher nur andeutungsweise Gewohnheitsrecht beachtet. Jedenfalls wird man davon ausgehen müssen, daß – mangels einer eigenständigen gemeinschaftlichen Gewohnheitsrechtstheorie – die Grundsätze des Völkerrechts über die Entstehung von Gewohnheitsrecht entsprechend heranzuziehen sind (s. Rn 242 ff). Man wird daher zumindest das Vorliegen einer Übung und einer Rechtsüberzeugung fordern müssen.

3. Regelung im GG und in den Länderverfassungen

406 Da die **allgemeinen Rechtsgrundsätze** – wie man sie auch immer definiert (s. Rn 398 f) – dem primären Gemeinschaftsrecht zuzuordnen sind, kommen auf sie die diesbezüglichen Regelungen des GG und der Länderverfassungen zur Anwendung. Dabei ist allerdings zu berücksichtigen, daß sie in ihrer Existenz und in ihrem Umfang durch die Rechtsprechung des EuGH festgestellt werden, so daß die Bestimmungen des GG und der Länderverfassungen insofern keinen Anwendungsbereich haben. Von Bedeutung sind sie hingegen im Bereich des Grundrechtsschutzes, da sie dabei in engem Zusammenhang mit der Rechtsprechung des BVerfG zur Vorrangfrage zu sehen sind (s. Rn 70 ff).

Beim **Gewohnheitsrecht** ergeben sich kaum Verbindungen zum GG, da das Ge- **407**
wohnheitsrecht – abgesehen von den Unklarheiten über seine Konzeption – nur innergemeinschaftliche Wirkung hat. Sollten sich dennoch Berührungspunkte ergeben, müssen bis zur Entwicklung einer eigenständigen gemeinschaftlichen Gewohnheitsrechtstheorie Regelungen des GG und der Länderverfassungen über das Völkergewohnheitsrecht entsprechend angewandt werden.

Literatur: *Bleckmann*, Zur Funktion des Gewohnheitsrechts im Europäischen Gemeinschaftsrecht, in: EuR 1981, S. 101 ff; *ders.*, Europarecht, S. 209-231; *Lecheler*, Der Europäische Gerichtshof und die allgemeinen Rechtsgrundsätze, Berlin 1971; *Meessen*, Zur Theorie der allgemeinen Rechtsgrundsätze des internationalen Rechts: Der Nachweis allgemeiner Rechtsgrundsätze des Europäischen Gemeinschaftsrechts, in: JIR 1974, S. 283 ff; *Oppermann*, S. 184-191; *Nicolaysen*, S. 53-67; *Schweitzer/Hummer*, Europarecht, Rn 15-17, 786-811; *Streinz*, Rn 354-374.

IV. Begleitendes Gemeinschaftsrecht

1. Begriff

Unter begleitendem Gemeinschaftsrecht versteht man alle Normen, die – ohne **408**
selbst Gemeinschaftsrecht zu sein – in **völkerrechtlichen Verträgen** enthalten sind und der Förderung der Ziele der Gemeinschaften dienen. Solche Verträge sind zB in Art. 293 EGV vorgesehen. Sie können aber auch unabhängig davon abgeschlossen werden.

Beispiele:

– Übereinkommen über die gerichtliche Zuständigkeit und die Vollstreckung gerichtlicher Entscheidungen in Zivil- und Handelssachen vom 27. September 1968 – gestützt auf Art. 293 EGV (BGBl. 1972 II, S. 774 ff)

– Übereinkommen über die gegenseitige Anerkennung von Gesellschaften und juristischen Personen vom 29. Februar 1968 – gestützt auf Art. 293 EGV (BGBl. 1972 II, S. 370 ff, noch nicht in Kraft)

– Übereinkommen über das europäische Patent für den Gemeinsamen Markt vom 15. Dezember 1975 – nicht auf Art. 293 EGV gestützt (BGBl. 1979 II, S. 834 ff)

In Art. 34 Abs. 2 Unterabs. 1 Buchstabe d EUV ist vorgesehen, daß der Rat in den **409**
Materien der justitiellen und polizeilichen Zusammenarbeit in Strafsachen Übereinkommen ausarbeiten und den Mitgliedstaaten zur Annahme empfehlen kann. Solche Abkommen haben die Wirkung von begleitendem Gemeinschaftsrecht; da sie aber in der Dritten Säule der Europäischen Union angesiedelt sind, kann man von begleitendem Unionsrecht sprechen.

Beispiel: Übereinkommen über die Errichtung eines Europäischen Polizeiamts (Europol-Übereinkommen) vom 26. Juli 1995 (Sartorius II, Nr 300).

2. Regelung im GG und in den Länderverfassungen

410 Da es sich beim begleitenden Gemeinschaftsrecht um völkerrechtliches Vertragsrecht handelt, kommen die diesbezüglichen Regelungen des GG und der Länderverfassungen zur Anwendung. Allerdings werden – was den möglichen Inhalt anbelangt – Verträge der Länder kaum vorkommen.

Literatur: *Schwartz*, Übereinkommen zwischen den EG-Staaten: Völkerrecht oder Gemeinschaftsrecht, in: Im Dienste Deutschlands und des Rechts, Festschrift für *G. Grewe*, Baden-Baden 1981, S. 551 ff; *Wuermeling*, Kooperatives Gemeinschaftsrecht – Die Rechtsakte der Gesamtheit der EG-Mitgliedstaaten, insbesondere die Gemeinschaftskonventionen nach Art. 220 EWGV, Kehl ua 1988.

V. Völkerrechtliche Verträge

411 Zu den Quellen des Europarechts im engeren Sinn zählen auch die von der EU abgeschlossenen völkerrechtlichen Verträge. Da die EU nach der hL keine völkerrechtsfähige internationale Organisation ist (s. Rn 19 und 693), über keine Vertragsschließungskompetenzen im Bereich der Zweiten und Dritten Säule verfügt und bislang auch keine solchen in Anspruch genommen hat, sind nur die innerhalb der Ersten Säule der EU von den Europäischen Gemeinschaften abgeschlossenen völkerrechtlichen Verträge von Bedeutung. Daran ändert sich auch durch den Art. 24 EUV nichts, der durch den Vertrag von Amsterdam eingefügt wurde. Dort ist zwar vorgesehen, daß der Rat im Bereich der Zweiten und Dritten Säule völkerrechtliche Verträge mit Staaten oder internationalen Organisationen abschließen kann, dadurch wird die EU aber nicht Vertragspartner. Der Rat handelt vielmehr *für* die Mitgliedstaaten. Dies ergibt sich aus der dem Vertrag von Amsterdam angefügten „Erklärungen zu den Artikeln J.14 und K.10 des Vertrags über die Europäische Union", wonach dies „keine Übertragung von Zuständigkeiten von den Mitgliedstaaten auf die Europäische Union" bedeutet. Für die Bundesrepublik Deutschland handelt es sich daher um normale völkerrechtliche Verträge.

1. Zuständigkeit der Europäischen Gemeinschaften

412 Die Gründungsverträge der Europäischen Gemeinschaften sehen in mehreren Fällen Kompetenzen zum Abschluß völkerrechtlicher Verträge vor. Dabei stellen EGV und EAGV jeweils nur auf Kompetenzen in Einzelfällen ab (zB Art. 133, Art. 310 EGV), während Art. 6 Abs. 2 EGKSV dieser Gemeinschaft eine allgemeine Vertragsschlußkompetenz (treaty-making power) verleiht. Jedoch besitzt die EG nicht nur dort Kompetenzen zum Vertragsschluß, wo ihr solche durch den EGV ausdrücklich zugewiesen werden. Nach der Rechtsprechung des EuGH kann sie auch in Bereichen nach außen tätig werden, die sie aufgrund der Vorschriften des EGV innergemeinschaftlich durch Erlaß von Sekundärrecht regeln darf. Diesen **Parallelismus zwischen Innen- und Außenkompetenz** stützt der EuGH auf die „implied powers"-Lehre. Bestimmungen des EGV, die eine interne Befugnis der EG begründen, schaffen demnach zugleich „implizit" ihre Kompetenz zum Abschluß völkerrechtlicher Verträge im Ausmaß dieser Befugnis. Dahinter steht die Überlegung, daß dies insbesondere dann notwendig ist, wenn eine der Innenkompetenz entsprechende Außenkompetenz zur Erreichung eines Gemeinschaftsziels notwendig ist, das sich durch den Erlaß von sekundärem Gemeinschaftsrecht sonst nicht erreichen läßt, und daß aus Praktikabilitätsgründen die inner- und außergemeinschaftlichen Aspekte einer der EG zugewiesenen Materie nicht voneinander getrennt werden können (EuGH, Rs. 22/70, AETR, Slg. 1971, S. 263 ff; Gutachten 1/76, Stillegungsfonds, Slg. 1977, S. 741 ff; Gutachten 1/94, WTO, Slg. 1994, S. I-5267 ff, Rn 72 ff).

2. Rang und Rechtswirkungen

Die völkerrechtlichen Verträge der Europäischen Gemeinschaften lassen sich nicht **413**
ohne weiteres den übrigen Rechtsquellen zuordnen. Einerseits werden sie von den Organen abgeschlossen (zum Verfahren s. Art. 300 EGV), beruhen daher auf Organhandeln und scheinen daher sekundäres Gemeinschaftsrecht zu sein. Andererseits sind die Verträge gemäß Art. 300 Abs. 7 EGV für die Gemeinschaft und die Mitgliedstaaten verbindlich. Da sie von den Gemeinschaftsorganen beim Erlaß von sekundären Gemeinschaftsrecht zu beachten sind, stehen die Abkommen folglich im **Rang zwischen primärem und sekundärem Gemeinschaftsrecht**.

Daß die Gemeinschaft an die von ihr geschlossenen Verträge gebunden ist, folgt be- **414**
reits aus dem völkerrechtlichen Grundsatz „pacta sunt servanda". Die in Art. 300 Abs. 7 EGV darüberhinaus statuierte Bindung der Gemeinschaft und der Mitgliedstaaten an die Gemeinschaftsabkommen ist demzufolge gemeinschaftsrechtlicher Natur. Der EuGH schließt aus dieser Vorschrift, daß die Gemeinschaftsabkommen einen „integrierenden Bestandteil der Gemeinschaftsrechtsordnung" bilden (EuGH, Rs. 181/73 Haegemann/Belgien, Slg. 1974, S. 449 ff, Rn 2/6). Das hat zur Folge, daß sie wie Primär- und Sekundärrecht in den Mitgliedstaaten **unmittelbar gelten** und wegen ihres **Vorrangs** kollidierendes innerstaatliches Recht verdrängen (s. Rn 324 und 326). Sofern ein Gemeinschaftsabkommen unmittelbar anwendbar („self-executing", s. Rn 325) ist, können sich auch einzelne vor innerstaatlichen Gerichten auf seine Bestimmungen berufen (EuGH, Rs. 87/75, Bresciani/Italienische Finanzverwaltung, Slg. 1976, S. 129 ff, Rn 16 ff). Besonders umstritten ist dies etwa beim WTO-Recht, dem der EuGH unmittelbare Anwendbarkeit abspricht (Rs. C-149/96, Portugal/Rat, IStR 2000, S. 31 f, [Auszug]).

3. Gemischte Abkommen

415 In der Praxis kommt es vor, daß ein völkerrechtlicher Vertrag Bereiche betrifft, die nur teilweise in die Kompetenz der Gemeinschaften fällt. Für die übrigen Teile liegt die Kompetenz bei den Mitgliedstaaten.

Beispiele:

– Beitritt der EG zur Welthandelsorganisation (WTO-Vertrag vom 12. April 1994, Sartorius II, Nr 500; s. EuGH, Gutachten 1/94, WTO, Slg. 1994, S. I-5267 ff).

– Beitritt zum Seerechtsübereinkommen der Vereinten Nationen vom 10. Dezember 1982 (Sartorius II, Nr 350).

416 Um Auseinandersetzungen über die Vertragsabschlußkompetenz zu vermeiden, werden in solchen Fällen die Verträge von der **Gemeinschaften und** den **Mitgliedstaaten** abgeschlossen (gemischte Abkommen). Damit wird der Teil des Vertrages, der von der Kompetenz der Gemeinschaften gedeckt ist, zum „integrierenden Bestandteil der Gemeinschaftsrechtsordnung" (s. Rn 414) und ist in bezug auf seinen Rang und seine Rechtswirkungen wie dargestellt zu behandeln. Der Rest des Vertrages ist nach den verfassungsrechtlichen Bestimmungen der Mitgliedstaaten über den Abschluß völkerrechtlicher Verträge zu behandeln.

4. Regelung im GG und in den Länderverfassungen

417 GG und Länderverfassungen enthalten in bezug auf völkerrechtliche Verträge der Europäischen Gemeinschaften keine ausdrücklichen Regelungen. Soweit es sich um reine **Gemeinschaftsabkommen** handelt, gelten die Ausführungen zum Sekundärrecht (s. Rn 382 f) entsprechend. Zwar stehen diese im Rang über dem Sekundärrecht. Da jedoch gemäß Art. 300 Abs. 2 EGV der Rat über den Abschluß eines Gemeinschaftsabkommens beschließt, ist der Vertragsschluß einem gemeinschaftlichen Rechtssetzungsverfahren vergleichbar, so daß insbesondere die geschilderte Beteiligung der deutschen Gesetzgebungsorgane gemäß Art. 23 GG zur Anwendung kommt. **Gemischte Abkommen** beurteilen sich hinsichtlich ihres gemeinschaftsrechtlichen Bestandteils folglich nach Art. 23 GG. Für den Teil des Abkommens, der auf der Kompetenz der Mitgliedstaaten beruht, bildet Art. 59 Abs. 2 GG die Rechtsgrundlage (s. Rn 162 ff und 189 ff; aA *Frenz*, in: DVBl. 1999, S. 945 ff, der allein auf Art. 23 GG abstellt). Dementsprechend kommt dann auch in diesem Bereich das Lindauer Abkommen (s. Rn 128) zur Anwendung. Um Meinungsverschiedenheiten darüber zwischen Bund und Ländern zu beheben, wird daher ein „Lindau II"-Abkommen vorgeschlagen (*Clostermeyer/Lehr*, in: DÖV 1998, S. 148 ff; s. auch das dort als Anhang abgedruckte Protokoll über die diesbezüglichen Verhandlungen zwischen Bund und Ländern).

417a Soweit es sich um **Verträge im Bereich der Zweiten und Dritten Säule** der EU handelt, muß Art. 59 Abs. 2 GG zur Anwendung kommen, da es sich immer nur um Abkommen der Mitgliedstaaten handelt (s. Rn 411).

Literatur: *Clostermeyer/Lehr,* Ländermitwirkung bei völkervertraglichem Handeln auf EU-Ebene, in: DÖV 1998, S. 148 ff; *Dörr,* Die Entwicklung der ungeschriebenen Außenkompetenzen der EG, in: EuZW 1996, S. 39 ff; *Frenz,* Die Verdrängung des Lindauer Abkommens durch Art. 23 GG, in: DVBl. 1999, S. 945 ff; *Geiger,* Vertragsschlußkompetenz der Europäischen Gemeinschaften und auswärtige Gewalt der Mitgliedstaaten, in: JZ 1995, S. 973 ff; *Schweitzer/Hummer,* Europarecht, Rn 650-689; *Stein,* Der Gemischte Vertrag im Recht der Außenbeziehungen der Europäischen Wirtschaftsgemeinschaft, Berlin 1986; *Streinz,* Rn 593-616.

§ 4 Der innerstaatliche Vollzug von Völkerrecht und Europarecht

A. Der innerstaatliche Vollzug des Völkerrechts

Das Völkerrecht regelt die Rechtsbeziehungen der Völkerrechtssubjekte untereinander. Die sich daraus ergebenden Rechte, insbesondere aber die Verpflichtungen, hat jedes Völkerrechtssubjekt selbst zu vollziehen. Speziell in bezug auf die Staaten bedeutet das, daß der Vollzug des Völkerrechts **dem innerstaatlichen Recht überlassen** wird. Es steht ihnen frei, wie sie sicherstellen, daß das Völkerrecht im innerstaatlichen Bereich befolgt wird. Lediglich das Ziel ist vorgegeben: Sie müssen erreichen, daß die innerstaatlichen Organe, insbesondere Verwaltungsbehörden und Gerichte, das Völkerrecht zu beachten haben. Dazu müssen sie in irgendeiner Form das Völkerrecht innerstaatlich für anwendbar erklären. 418

Besonders deutlich stellt sich dies dar, wenn man von einem **Dualismus** im Verhältnis Völkerrecht und nationales Recht ausgeht (s. Rn 31 ff). Denn wenn man auf eine grundsätzliche Trennung dieser beiden Rechtsordnungen abstellt, so ist das Völkerrecht im innerstaatlichen Bereich so lange nicht anwendbar, als der Staat dies nicht irgendwie anordnet. Aber auch der **Monismus** kommt nicht ohne eine solche Anordnung aus. Denn selbst wenn man Völkerrecht und nationales Recht als Einheit sieht (s. Rn 26 ff), wird durch das Völkerrecht zunächst nur der Staat verpflichtet, und es ist damit nichts darüber ausgesagt, welche Organe das Völkerrecht zu vollziehen haben. Dazu bedarf es eben einer innerstaatlichen Anordnung.

Um das Völkerrecht innerstaatlich zu vollziehen, ist es also notwendig, dieses innerstaatlich für anwendbar zu erklären. Dazu gibt es verschiedene **juristische Techniken**, die in aller Regel in den Verfassungen festgelegt sind. Dabei ist in der Staatenpraxis festzustellen, daß teilweise in ein- und derselben Verfassung für Vertrags- und Gewohnheitsrecht unterschiedliche Techniken vorgesehen sind. 419

I. Adoptionstheorie

Nach der Adoptionstheorie wird die Anwendung des Völkerrechts im innerstaatlichen Recht dergestalt bewirkt, daß das Völkerrecht in das innerstaatliche Recht ein- 420 verleibt wird. Das **Völkerrecht** wird durch innerstaatliches Recht im Einzelfall oder pauschal in den innerstaatlichen Rechtsbereich **eingelassen**. Dadurch wird es allerdings nicht in innerstaatliches Recht umgewandelt, sondern bleibt, ohne seinen Charakter zu wechseln, Völkerrecht. Die Adoptionstheorie hat ihren Ursprung in der von Blackstone 1769 geprägten und von der englischen Gerichtspraxis übernommenen Formel: „International law is part of the law of the land." Sie wird in der Regel mit dem Monismus gekoppelt. Denn wenn man vom Dualismus ausgeht und Völkerrecht und nationales Recht grundsätzlich als zwei verschiedene Rechtsordnungen betrachtet, die unterschiedlich entstehen, sich an unterschiedliche Rechtssubjekte wenden und unterschiedliche Materien regeln, so läßt sich kaum erklären, wie das Völkerrecht als *solches* im innerstaatlichen Bereich Anwendung finden kann.

421 Die **Folge** der Adoptionstheorie ist, daß durch die „Adoption" dem Völkerrecht der Weg in die innerstaatliche Rechtsordnung frei gemacht wurde. Es gilt als Völkerrecht innerstaatlich. Die Verwaltungsbehörden und die Gerichte haben es unmittelbar anzuwenden. Weil es aber seinen Charakter als Völkerrecht nicht verloren hat, richten sich Inkrafttreten, Wirksamkeit, Interpretation, Beendigung usw nach Völkerrecht. Wird dabei zB ein Vertrag aus irgendeinem Grund beendigt (s. Rn 229 ff), so wirkt dies nicht nur völkerrechtlich, sondern auch unmittelbar innerstaatlich. Dadurch unterscheidet sich die Adoptions- wesentlich von der Transformationstheorie (s. Rn 424 ff).

422 Über den **Rang**, den das dergestalt für anwendbar erklärte Völkerrecht in der innerstaatlichen Normenhierarchie einnimmt, sagt die Adoptionstheorie für sich gesehen nichts aus. Eine Aussage über den Rang kann daher nur gemacht werden, wenn die Adoptionsnorm oder eine andere Verfassungsbestimmung darüber Aufschluß gibt.

Beispiele:

– Art. VI Abs. 2 der Verfassung der Vereinigten Staaten von Amerika vom 17. September 1787 bestimmt:
„This Constitution, and the laws of the United States which shall be made in pursuance thereof; and all the treaties made, or which shall be made, under the authority of the United States, shall be the supreme law of the land; and the judges in every State shall be bound thereby, anything in the Constitution or laws of any State to the contrary notwithstanding."
Diese Bestimmung kann als Beleg für die Adoptionstheorie angeführt werden und als Bestimmung, die den Rang des adoptierten Vertragsvölkerrechts festlegt.

– In den Niederlanden wird überwiegend die Adoptionstheorie vertreten, ohne daß die Verfassung dazu Stellung nimmt. Hingegen findet sich eine Bestimmung über den Rang von adoptiertem Völkervertragsrecht in Art. 94:
„Innerhalb des Königreichs geltende gesetzliche Vorschriften werden nicht angewandt, wenn die Anwendung mit allgemeinverbindlichen Bestimmungen von Verträgen und Beschlüssen völkerrechtlicher Organisationen nicht vereinbar ist."

II. Vollzugslehre

Nach der Vollzugslehre wird die Anwendung des Völkerrechts im innerstaatlichen Recht dergestalt bewirkt, daß durch einen innerstaatlichen Vollzugsbefehl der **Vollzug** des Völkerrechts im innerstaatlichen Bereich **freigegeben** wird. Auch nach dieser Lehre ändert das Völkerrecht seinen Charakter nicht, der Vollzugsbefehl wandelt es nicht in innerstaatliches Recht um. Dies hat – wie nach der Adoptionstheorie – zur Folge, daß sich Inkrafttreten, Wirksamkeit, Interpretation, Beendigung usw nach Völkerrecht richten und daß keine Aussage über den Rang gemacht wird. Auch die Vollzugslehre wird meist nur im Rahmen eines Monismus vertreten und nähert sich insgesamt so sehr der Adoptionstheorie an, daß man von lediglich verschiedenen Bezeichnungen für ein und dieselbe Theorie gesprochen hat. 423

III. Transformationstheorie

Nach der Transformationstheorie wird die Anwendung des Völkerrechts im innerstaatlichen Recht dergestalt bewirkt, daß das **Völkerrecht** in innerstaatliches Recht **umgewandelt** wird. Als Transformator wird bei völkerrechtlichen Verträgen meist das Zustimmungsgesetz zum Vertragsabschluß (= Vertragsgesetz) durch das Parlament angesehen. Es wird gleichlautendes innerstaatliches Recht gesetzt. Damit ist die Materie völkerrechtlich und innerstaatlich in gleichlautender Weise geregelt, aber Geltungsgrund und Geltungsbereich sind jeweils verschieden. 424

Dies hat zur **Folge**, daß sich Inkrafttreten, Wirksamkeit, Interpretation, Beendigung usw einerseits nach Völkerrecht, andererseits nach innerstaatlichem Recht richten. Wird daher zB ein Vertrag aus irgendeinem Grund beendigt, so wirkt dies nur völkerrechtlich, nicht aber innerstaatlich. Das gleichlautende innerstaatliche Recht gilt weiter, bis es aufgehoben wird. Das ist der wesentliche Unterschied der Transformationstheorie zur Adoptionstheorie und zur Vollzugslehre. 425

Beispiele:

– Ein österreichisches Amtsgericht hatte 1939 das Reichsgericht mit einer Vormundschaftssache befaßt. Dieses hatte dabei zu entscheiden, ob das Vormundschaftsabkommen zwischen dem Deutschen Reich und der Republik Österreich vom 5. Februar 1927 (RGBl. 1927 II, S. 510 ff) trotz des 1938 erfolgten Anschlusses Österreichs an das Deutsche Reich zur Anwendung komme. Das Reichsgericht führte dazu aus (RGZ 160, S. 372 f, 373):
„Die zwischen dem Deutschen Reich und der Republik oder dem Bundesstaat Österreich geschlossenen Abkommen sind zwar mit dem Ende der Staatspersönlichkeit Österreichs als zwischenstaatliche Verträge erloschen. Soweit durch sie aber eine Erleichterung des Rechtsverkehrs herbeigeführt werden sollte, müssen ihre Bestimmungen weiter angewendet werden. Denn mit der Schaffung Großdeutschlands können die Rechtsbeziehungen zwischen Österreich und dem Altreich nur vertieft und erweitert, nicht aber erschwert worden sein. Darum müssen auch die Bestimmungen des Vormundschaftsabkommen für den Rechtsverkehr maßgebend bleiben …" Es mag dahingestellt bleiben, ob die Argumentation des Reichsgerichts von der Transformationstheorie geprägt ist (so *Bleckmann*, Grundgesetz und Völkerrecht, S. 289). Jedenfalls verdeutlicht dieses Beispiel die Konsequenz der innerstaatlichen Weitergeltung von transformiertem Völkerrecht.

Die Frage der heutigen Anwendbarkeit des Abkommens wurde außer Streit gestellt durch die Bekanntmachung vom 21. Oktober 1959 über die Wiederanwendung des deutsch-österreichischen Vormundschaftsabkommens (BGBl. 1959 II, S. 1250):

„Zwischen der Regierung der Bundesrepublik Deutschland und der Bundesregierung der Republik Österreich ist durch Notenwechsel Einverständnis darüber festgestellt worden, daß das in Wien am 5. Februar 1927 unterzeichnete Vormundschaftsabkommen zwischen dem Deutschen Reich und der Republik Österreich (Reichsgesetzbl. 1927 II, S. 510)

im Verhältnis zwischen der Bundesrepublik Deutschland und der Republik Österreich

mit Wirkung vom 1. Oktober 1959

wieder angewendet wird ......

Bonn, den 21. Oktober 1959.

Der Bundesminister des Auswärtigen"

– Art. 2 Abs. 1 Satz 2 des (Zustimmungs-)Gesetzes betreffend das Abkommen vom 28. Juli 1951 über die Rechtsstellung der Flüchtlinge vom 1. September 1953 (BGBl. 1953 II, S. 559) bestimmte: „Die Bestimmungen des Abkommens erhalten ... einen Monat nach Verkündung dieses Gesetzes für die Bundesrepublik Gesetzeskraft." Dies war am 24. Dezember 1953 der Fall. Das Abkommen selbst ist hingegen erst am 22. April 1954 völkerrechtlich für die Bundesrepublik in Kraft getreten.

426 Da nach der Transformationstheorie Völkerrecht in innerstaatliches Recht umgewandelt wird, obliegt es auch dem innerstaatlichen Recht, den **Rang** des transformierten Rechts in der innerstaatlichen Normenhierarchie zu bestimmen. Da aber jede Transformationsnorm dem transformierten Recht höchstens den Rang einräumen kann, den sie selbst besitzt, richtet sich der Rang des transformierten Rechts nach der Regelung in der Transformationsnorm oder – wenn eine solche Regelung fehlt – nach deren Rang.

Beispiel: Art. 55 der französischen Verfassung vom 28. September 1958 bestimmt:

„Die ordnungsgemäß ratifizierten oder genehmigten Verträge oder Abkommen erlangen mit ihrer Veröffentlichung höhere Rechtskraft als die Gesetze, vorausgesetzt, daß die Abkommen oder Verträge von den Vertragspartnern angewandt werden."

427 Insgesamt gesehen ergibt sich aus der strikten Trennung von Völkerrecht und nationalem Recht, daß die Transformationstheorie mit dem Dualismus gekoppelt ist. Zwar verbietet der Monismus keineswegs eine Umwandlung von Völkerrecht in innerstaatliches Recht, aber sie ist nicht notwendig und kann auch nicht die unmittelbare Wirkung des Völkerrechts im innerstaatlichen Recht mit den dargestellten Konsequenzen bewirken. Dies kann nach monistischer Sicht nur eine Adoption oder ein Vollzugsbefehl.

428 In vielen Fällen wird es allerdings kaum möglich sein, aus dem bloßen Wortlaut der Verfassungsbestimmungen einzelner Staaten eine eindeutige Festlegung auf eine der genannten Theorien abzuleiten. Vielmehr sind diese Bestimmungen meist so abgefaßt, daß jede Theorie sie für sich beanspruchen kann. Dies erklärt auch, warum in der Literatur kaum Einigkeit darüber besteht, welche Beispiele für welche Theorien heranzuziehen sind. Letztlich läßt sich die Geltung einer bestimmten Theorie für eine bestimmte Verfassung nur aus der dort hL und Rechtsprechung ableiten.

Als eine – jedoch auch nicht unumstrittene – Ausnahme davon kann Art. 29 Abs. 6 der irischen Verfassung vom 1. Juli 1937 angeführt werden, der bestimmt:

„Kein internationales Abkommen wird Bestandteil der innerstaatlichen Rechtsordnung, es sei denn, dies werde vom Oireachtas (= das Nationale Parlament, Anm. d. Verf.) bestimmt."

Im Rahmen der Transformationstheorie unterscheidet man zwischen **genereller** und **429**
spezieller Transformation.

1. Generelle Transformation

Unter genereller Transformation versteht man die generelle, globale oder en-bloc- **430**
Umwandlung von völkerrechtlichen Normen in innerstaatliches Recht. Man spricht auch von antizipierter Umwandlung, da die generelle Transformation des öfteren nicht nur gegenwärtiges, sondern auch alles künftige Völkerrecht in innerstaatliches Recht umwandelt.

Beispiel: Art. 9 der österreichischen Verfassung in der Fassung von 1929 bestimmt:

„Die allgemein anerkannten Regeln des Völkerrechts gelten als Bestandteil des Bundesrechts."

2. Spezielle Transformation

Unter spezieller Transformation versteht man die Umwandlung einer bestimmten **431**
gegenwärtigen völkerrechtlichen Norm in innerstaatliches Recht. Dies geschieht vornehmlich durch Zustimmungsgesetze zu völkerrechtlichen Verträgen (= Vertragsgesetze). Die spezielle Transformation kann aber auch durch andere innerstaatliche Rechtsvorschriften bewirkt werden.

Beispiel: § 18 Satz 1 des Gerichtsverfassungsgesetzes enthält eine – neben dem Vertragsgesetz zusätzliche – spezielle Transformation des Wiener Übereinkommens über diplomatische Beziehungen: „Die Mitglieder der im Geltungsbereich dieses Gesetzes errichteten diplomatischen Missionen, ihre Familienmitglieder und ihre privaten Hausangestellten sind nach Maßgabe des Wiener Übereinkommens über diplomatische Beziehungen vom 18. April 1961 (Bundesgesetzbl. 1964 II, S. 957 ff) von der deutschen Gerichtsbarkeit befreit."

Wenn § 18 Satz 2 dies unter dem Vorbehalt der Gegenseitigkeit auch auf die Diplomaten von Staaten ausdehnt, die nicht Vertragspartei des Wiener Übereinkommens über diplomatische Beziehungen sind, so stellt dies keine Transformation des Übereinkommens mehr dar. Denn dann bestehen zwischen diesen Staaten und der Bundesrepublik keine diesbezüglichen vertraglichen Beziehungen, und daher kann auch nichts transformiert werden.

IV. Gemäßigte Transformationstheorie

Die Transformationstheorie hat insbesondere mit dem **Problem** zu kämpfen, daß **432**
durch die scharfe Trennung zwischen Völkerrecht und transformiertem Recht der Zusammenhang zwischen Völkerrecht und innerstaatlichem Recht aufgelöst wird. Dies entspricht zwar einem konsequenten Dualismus, ist aber realitätsfremd.

433 Man hat daher auf verschiedenartige Weise versucht, dieses Problem zu lösen. Zunächst ist man punktuell vorgegangen und hat Einzelfragen behandelt. So ist zB hinsichtlich der Diskrepanz zwischen innerstaatlichem und völkerrechtlichem **Inkrafttreten** eines Vertrags (s. Rn 425, 2. Beispiel) die These aufgestellt worden, daß die Vertragsbestimmungen über das Inkrafttreten ebenfalls transformiert würden und daß sich daher auch das innerstaatliche Inkrafttreten danach richten würde. Teilweise hat man auch die Transformationsfunktion des Zustimmungsgesetzes von dem völkerrechtlichen Inkrafttreten des Vertrages abhängig gemacht.

Schließlich versucht man das Problem dadurch zu lösen, daß man bei einem frühzeitigen Inkrafttreten des Vertragsgesetzes nur die Zustimmung zum Vertragsabschluß durch den Bundespräsidenten als in Kraft befindlich betrachtet, nicht hingegen die Transformation.

Beispiel: Das OVG Münster hat in seinem Urteil vom 19. September 1961 hinsichtlich des innerstaatlichen Inkrafttretens des Versailler Friedensvertrages vom 28. Juni 1919, der völkerrechtlich am 10. Januar 1920 in Kraft getreten ist, wohingegen das Zustimmungsgesetz der Deutschen Nationalversammlung (RGBl. 1919, S. 687) schon am 13. August 1919 in Kraft getreten ist, ausgeführt (OVGE 17, S. 67 ff, 69 f):

„Durch dieses Zustimmungsgesetz wurde vielmehr nur innerstaatlich die Regierung ermächtigt, den völkerrechtlichen Vertrag abzuschließen. Damit wird den Bestimmungen dieses Vertrages für den Fall seines vertragsmäßigen völkerrechtlichen Inkrafttretens innerstaatliche Gesetzeskraft verliehen, so lange und so weit der Vertrag den vertragschließenden Staat völkerrechtlich bindet, mithin aber nicht über die Vertragsbestimmungen hinaus."

434 Ebenso wird hinsichtlich der **Beendigung** völkerrechtlicher Verträge argumentiert. Auch hier interpretiert man das Vertragsgesetz und die Transformationsfunktion dahingehend, daß sie sich nur auf den in Geltung befindlichen Vertrag beziehen. *Bleckmann* spricht in diesem Zusammenhang von aufschiebenden und auflösenden Bedingungen (*Bleckmann*, GG und Völkerrecht, S. 286, 289).

435 In Vermeidung dieser Schwierigkeiten der Transformationstheorie geht die **gemäßigte Transformationstheorie** davon aus, daß zwar grundsätzlich der Vollzug des Völkerrechts im innerstaatlichen Recht durch Transformation, dh durch Umwandlung des Völkerrechts in innerstaatliches Recht vorgenommen, daß aber die Verbindung des transformierten Rechts zum Völkerrecht nicht unterbrochen wird. Der ursprüngliche Systemzusammenhang zwischen dem Völkerrecht und dem transformierten Recht bleibt erhalten. Hingegen bewirkt die Transformation eine Änderung des Adressatenkreises. Während das Völkerrecht nur den Staat verpflichtet, gibt das transformierte Recht dem Rechtsunterworfenen Rechte, auf die er sich vor Behörden und Gerichten berufen kann. Die Theorie basiert auf dem gemäßigten Dualismus (s. Rn 33 ff) und kann die oben geschilderten Probleme ohne weiteres lösen. Denn indem die Verknüpfung zwischen Völkerrecht und transformiertem Recht bestehen bleibt, richten sich Inkrafttreten, Wirksamkeit, Interpretation, Beendigung usw weiterhin nach dem Völkerrecht.

V. Vollzugsfähiges und nicht-vollzugsfähiges Völkerrecht

Unabhängig davon, welche Theorie zum innerstaatlichen Vollzug des Völkerrechts man vertritt, stellt sich gleichermaßen das Problem, ob das in Frage stehende Völkerrecht überhaupt vollzugsfähig ist oder nicht. Man spricht diesbezüglich bei der Transformationstheorie von transformablem und nicht-transformablem Völkerrecht. **436**

Im Prinzip ist dabei anerkannt, daß nicht jede Norm des Völkerrechts die Staaten dazu verpflichtet, sie innerstaatlich zu vollziehen, indem ihr innerstaatliche Rechtswirkung verliehen wird. Denn etliche völkerrechtliche Normen sind so gestaltet, daß sie sich nur an den Staat als Ganzes wenden. Sie sind dann einem innerstaatlichen Vollzug gar nicht zugänglich. **437**

Beispiel: Artikel 1 des Vertrags über gute Nachbarschaft, Partnerschaft und Zusammenarbeit zwischen der Bundesrepublik Deutschland und der ehemaligen UdSSR vom 9. November 1990 (Sartorius II, Nr 661, mit Hinweis auf die Fortgeltung für die Nachfolgestaaten der Sowjetunion) bestimmt:

„Die Bundesrepublik Deutschland und die Union der Sozialistischen Sowjetrepubliken lassen sich bei der Gestaltung ihrer Beziehungen von folgenden Grundsätzen leiten:
Sie achten gegenseitig ihre souveräne Gleichheit und ihre territoriale Integrität und politische Unabhängigkeit.

Sie stellen den Menschen mit seiner Würde und mit seinen Rechten, die Sorge für das Überleben der Menschheit und die Erhaltung der natürlichen Umwelt in den Mittelpunkt ihrer Politik.

Sie bekräftigen das Recht aller Völker und Staaten, ihr Schicksal frei und ohne äußere Einmischung zu bestimmen und ihre politische, wirtschaftliche, soziale und kulturelle Entwicklung nach eigenen Wünschen zu gestalten.

Sie bekennen sich zu dem Grundsatz, daß jeder Krieg, ob nuklear oder konventionell, zuverlässig verhindert und der Frieden erhalten und gestaltet werden muß.

Sie gewährleisten den Vorrang der allgemeinen Regeln des Völkerrechts in der Innen- und internationalen Politik und bekräftigen ihre Entschlossenheit, ihre vertraglichen Verpflichtungen gewissenhaft zu erfüllen.

Sie bekennen sich dazu, das schöpferische Potential des Menschen und der modernen Gesellschaft für die Sicherung des Friedens und für die Mehrung des Wohlstands aller Völker zu nutzen."

Diese Vorschrift richtet sich erkenntlich an die Staaten als Vertragspartner und betrifft nicht die Rechtsstellung des einzelnen. Eines innerstaatlichen Vollzugs bedarf es daher nicht.

Damit eine völkerrechtliche Norm, die sich nicht nur an den Staat als Ganzes richtet, sondern auch den einzelnen betreffen soll, einem innerstaatlichen Vollzug zugänglich ist, muß sie vollzugsfähig oder transformabel ausgestaltet sein, dh sie muß so ausgestaltet sein, daß sie mit der Transformation die innerstaatlichen Rechtswirkungen, die sie hervorrufen soll, auch tatsächlich hervorrufen kann. Sie muß also nach Wortlaut, Zweck und Inhalt dementsprechend aufgebaut sein, so daß sie Staatsorgane und Rechtsunterworfene ohne weiteres bindet bzw berechtigt, ohne daß zu ihrer Durchführung noch innerstaatliche Rechtsnormen notwendig sind. Erfüllt eine völkerrechtliche Norm diese Voraussetzung, so bezeichnet man sie als **self-executing**. Nur self-executing-Normen sind vollzugsfähig bzw transformabel. **438**

Beispiel: Art. 5 Abs. 1 der Konvention zum Schutze der Menschenrechte und Grundfreiheiten vom 4. November 1950 (Sartorius II, Nr 130) bestimmt:

„Jeder Mensch hat ein Recht auf Freiheit und Sicherheit. Die Freiheit darf einem Menschen nur in den folgenden Fällen und nur auf dem gesetzlich vorgeschriebenen Wege entzogen werden:

a) wenn er rechtmäßig nach Verurteilung durch ein zuständiges Gericht in Haft gehalten wird;

b) wenn er rechtmäßig festgenommen worden ist oder in Haft gehalten wird wegen Nichtbefolgung eines rechtmäßigen Gerichtsbeschlusses oder zur Erzwingung der Erfüllung einer durch das Gesetz vorgeschriebenen Verpflichtung;

c) wenn er rechtmäßig festgenommen worden ist oder in Haft gehalten wird zum Zwecke seiner Vorführung vor die zuständige Gerichtsbehörde, sofern hinreichender Verdacht dafür besteht, daß der Betreffende eine strafbare Handlung begangen hat, oder begründeter Anlaß zu der Annahme besteht, daß es notwendig ist, den Betreffenden an der Begehung einer strafbaren Handlung oder an der Flucht nach Begehung einer solchen zu verhindern;

d) wenn es sich um die rechtmäßige Haft eines Minderjährigen handelt, die zum Zwecke überwachter Erziehung angeordnet ist, oder um die rechtmäßige Haft eines solchen, die zwecks Vorführung vor die zuständige Behörde verhängt ist;

e) wenn er sich in rechtmäßiger Haft befindet, weil er eine Gefahrenquelle für die Ausbreitung ansteckender Krankheiten bildet, oder weil er geisteskrank, Alkoholiker, rauschgiftsüchtig oder Landstreicher ist;

f) wenn er rechtmäßig festgenommen worden ist oder in Haft gehalten wird, weil er daran gehindert werden soll, unberechtigt in das Staatsgebiet einzudringen oder weil er von einem gegen ihn schwebenden Ausweisungs- oder Auslieferungsverfahren betroffen ist."

Diese Norm ist self-executing.

439 Erfüllt eine völkerrechtliche Norm diese Voraussetzungen nicht, bezeichnet man sie als **non-self-executing**. Non-self-executing-Normen sind nicht vollzugsfähig bzw nicht transformabel. Sie bedürfen besonderer staatlicher Durchführungsvorschriften, in der Regel eines Gesetzes. Die Norm gilt dann zwar für den Staat, ist aber innerstaatlich nicht anwendbar.

Beispiel: Art. 2 der Europäischen Sozialcharta vom 18. Oktober 1961 (Sartorius II, Nr 115) bestimmt:

„Um die wirksame Ausübung des Rechtes auf gerechte Arbeitsbedingungen zu gewährleisten, verpflichten sich die Vertragsparteien,

1. für eine angemessene tägliche und wöchentliche Arbeitszeit zu sorgen und die Arbeitswoche fortschreitend zu verkürzen, soweit die Produktivitätssteigerung und andere mitwirkende Faktoren dies gestatten;

2. bezahlte öffentliche Feiertage vorzusehen;

3. die Gewährleistung eines bezahlten Jahresurlaubs von mindestens zwei Wochen sicherzustellen;

4. für die Gewährleistung zusätzlicher bezahlter Urlaubstage oder einer verkürzten Arbeitszeit für Arbeitnehmer zu sorgen, die mit bestimmten gefährlichen oder gesundheitsschädlichen Arbeiten beschäftigt sind;

5. eine wöchentliche Ruhezeit sicherzustellen, die, soweit möglich, mit dem Tag zusammenfällt, der in dem betreffenden Land oder Bezirk durch Herkommen oder Brauch als Ruhetag anerkannt ist."

Diese Norm ist non-self-executing.

Allerdings unterscheidet ein Teil der Lehre in diesem Zusammenhang zwischen **Geltung** und **Anwendbarkeit** einer völkerrechtlichen Norm. Danach wird jede völkerrechtliche Norm zunächst transformiert bzw vollzogen, mit der Folge, daß sie innerstaatlich gilt. Erst dann wird entschieden, ob sie als self-executing-Norm anwendbar ist oder nicht (*Verdross/Simma*, Universelles Völkerrecht, S. 552). Eine self-executing-Norm gilt dann innerstaatlich und ist auch anwendbar; eine non-self-executing-Norm gilt dann zwar innerstaatlich, ist aber nicht anwendbar. **439a**

Im Hinblick auf die Rechtsstellung des einzelnen führen beide Meinungen zum selben Ergebnis: Der einzelne wird durch self-executing-Normen berechtigt oder verpflichtet, durch non-self-executing-Normen hingegen nicht. **439b**

Das BVerfG hat dazu ausgeführt, ohne daß eine Festlegung auf eine der beiden Meinungen erkenntlich ist (BVerfGE 29, S. 348 ff, 360):

„Nur solche völkerrechtliche Vertragsbestimmungen können durch das Zustimmungsgesetz in innerstaatlich anwendbares Recht umgesetzt werden, die alle Eigenschaften besitzen, welche ein Gesetz nach innerstaatlichem Recht haben muß, um berechtigen oder verpflichten zu können; die Vertragsbestimmung muß nach Wortlaut, Zweck und Inhalt wie eine innerstaatliche Gesetzesvorschrift rechtliche Wirkung auszulösen geeignet sein. Nur unter diesen Voraussetzungen entstehen für den Staatsbürger verbindliche Rechtsnormen."

Es ist daher in jedem einzelnen Fall zu untersuchen, ob die in Frage stehende völkerrechtliche Norm überhaupt einer Transformation zugänglich ist, ob sie also self-executing oder non-self-executing ist. Es handelt sich um eine Interpretationsfrage, die im Zweifelsfall die innerstaatlichen Gerichte zu lösen haben. Dabei sind – in Zusammenfassung des bisher ausgeführten – folgende Kriterien zu prüfen (vgl *Ipsen*, Völkerrecht, 3. Aufl., München 1990, S. 1090 f): **440**

(1) Bedarf die Norm noch eines innerstaatlichen Vollzugsaktes?

(2) Ist die Norm klar und ausreichend bestimmt?

(3) Berechtigt oder verpflichtet die Norm nach Wortlaut, Zweck und Inhalt den einzelnen?

Beispiel: In seinem Beschluß vom 20. Oktober 1977 prüfte das BVerfG ua die self-executing-Qualität des Art. 6 Abs. 1 des Auslieferungsvertrages zwischen Deutschland und Griechenland vom 27. Februar/12. März 1907 (RGBl. 1907, S. 545 ff – heute nicht mehr in Kraft), der folgenden Wortlaut hatte:

„Die Auslieferung soll nicht bewilligt werden, wenn die strafbare Handlung, wegen der sie beantragt wird, von dem ersuchten Teile als ein politisches Vergehen oder als eine mit einem solchen Vergehen im Zusammenhange stehende Handlung angesehen wird, oder wenn die beanspruchte Person beweist, daß der Auslieferungsantrag in Wirklichkeit zu dem Zwecke gestellt worden ist, um sie wegen einer strafbaren Handlung dieser Art zu verfolgen."

Das BVerfG kam dabei zu folgendem Ergebnis (BVerfGE 46, S. 214 ff, 220 f):

„Nach der ständigen Rechtsprechung des Reichsgerichts, der sich der Bundesgerichtshof angeschlossen hat, begründet ein Auslieferungsvertrag Rechte und Pflichten regelmäßig nur für die Vertragsstaaten; der Ausgelieferte selbst kann aus einem solchen Vertrag lediglich dann Rechte herleiten, wenn dies im Vertrag vereinbart ist (RGSt 70, 286 [287], mwN; BGHSt 18, 218 [220]). Nach diesen Grundsätzen, die ersichtlich keinen verfassungsrechtlichen Bedenken begegnen, stünde dem Beschwerdeführer der von ihm beanspruchte Rechtsschutz allenfalls dann zu, wenn ihm der Auslieferungsvertrag zwischen Deutschland und Griechenland eine die Anwendung des Art. 19 Abs. 4 GG rechtfertigende Rechtsposition eingeräumt hätte. Das ist indessen nicht der Fall. Der Beschwerdeführer beruft sich insoweit zu Unrecht auf Art. 6 Abs. 1 des Vertrages …

Entgegen der Auffassung des Beschwerdeführers dient diese Vertragsbestimmung nicht dem Schutz desjenigen, über dessen Auslieferung zu entscheiden ist; aus ihr erwachsen vielmehr – ebenso wie im Regelfall aus dem sonstigen Inhalt von Auslieferungsverträgen – entsprechend der internationalen Praxis nur den beteiligten Staaten Rechte und Pflichten."

Literatur: *Bungert,* Einwirkungen von Völkerrecht im innerstaatlichen Rechtsraum, in: DÖV 1994, S. 797 ff; *Geiger*, S. 158-162; *Ipsen*, Völkerrecht, 3. Aufl., München 1990, S. 1077-1082; *Kimminich*, S. 239-245; *Kunig*, in: *Vitzthum*, S. 118-125; *Partsch*, Die Anwendung des Völkerrechts im innerstaatlichen Recht. Überprüfung der Transformationslehre, Karlsruhe 1964, S. 13-48; *Rudolf*, S. 150-176.

VI. Regelung im GG

441 Das GG legt sich auf keine der dargestellten Theorien zum innerstaatlichen Vollzug des Völkerrechts fest. Die **Lehre** neigt mehr der Transformationstheorie zu, insbesondere in Form der gemäßigten Transformationstheorie, wie sie von *Rudolf* entwickelt wurde (*Rudolf*, S. 164 ff). Allerdings wird seit der Arbeit von *Partsch* (Die Anwendung des Völkerrechts im innerstaatlichen Recht. Überprüfung der Transformationslehre, Karlsruhe 1964) von einem gewichtigen Teil der Lehre auch die Vollzugslehre vertreten.

442 Aus der **Staatspraxis** läßt sich ebenfalls keine eindeutige Festlegung auf eine der Theorien ableiten. Immerhin läßt sich feststellen, daß bis 1955 die Zustimmungsgesetze zu völkerrechtlichen Verträgen einen auf die Transformationstheorie hinweisenden Zusatz hatten.

Beispiel: Gesetz über die Konvention zum Schutze der Menschenrechte und Grundfreiheiten vom 7. August 1952 (BGBl. 1952 II, S. 685):

„Der Bundestag hat das folgende Gesetz beschlossen:

Artikel I

Der in Rom am 4. November 1950 von den Regierungen der Mitgliedstaaten des Europarates unterzeichneten Konvention zum Schutze der Menschenrechte und Grundfreiheiten wird zugestimmt.

Artikel II

(1) Die Konvention wird nachstehend mit *Gesetzeskraft* (Hervorhebung d. Verf.) veröffentlicht …"

Ab Frühjahr 1955 wurde dieser Zusatz weggelassen. Ob darin allerdings eine Abkehr von der Transformationstheorie und eine Hinwendung zur Vollzugslehre durch den Gesetzgeber liegt, läßt sich nicht nachweisen.

443 Auch die **Rechtsprechung** des BVerfG läßt sich – von einigen Urteilen der allerersten Zeit abgesehen – nicht eindeutig einer bestimmten Theorie zuordnen. Dies wird insbesondere dadurch erschwert, daß viele Aussagen sowohl auf die gemäßigte Transformationstheorie als auch auf die Vollzugslehre zu passen scheinen.

Anfangs hat das BVerfG ausdrücklich den Begriff der Transformation verwendet (BVerfGE 1, S. 396 ff, 411; 6, S. 309 ff, 363). Diese Terminologie hat das Gericht in späteren Aussagen, die auf die Transformationstheorie hinweisen, aufgegeben (BVerfGE 29, S. 348 ff, 360). In einigen Urteilen kann man uU eine Verwendung der Vollzugslehre sehen (BVerfGE 18, S. 441 ff, 448; 27, S. 253 ff, 274; 46, S. 342 ff, 363; 73, S. 339 ff, 367, 375; 75, S. 223 ff, 244). Insbesondere die Rechtsprechung über die Auslegung völkerrechtlicher Verträge zeigt aber, daß die Ausführungen des BVerfG oft beiden genannten Theorien zugeordnet werden können. Das Gericht geht dabei in ständiger Rechtsprechung davon aus, daß bei der Auslegung völkerrechtlicher Verträge völkerrechtliche Auslegungsregeln anzuwenden seien. Da aber sowohl die gemäßigte Transformationstheorie als auch die Vollzugslehre die Verbindung von Völkerrecht und innerstaatlich anwendbarem Recht nicht abreißen lassen (s. Rn 432 ff und 421), können sich hier beide Theorien auf das BVerfG berufen (zB BVerfGE 46, S. 342 ff, 361).

Dies ist auch prompt dort geschehen, wo andere Höchstgerichte zu den Theorien Stellung nahmen. So hat das BVerwG in seinem Urteil vom 12. Juni 1970 hinsichtlich des Londoner Schuldenabkommens vom 27. Februar 1953 – der Transformationstheorie folgend – ausgeführt (BVerwGE 35, S. 262 ff, 265):

„Für die Frage, ob dieser Anspruch dem Art. 5 Abs. 2 LSchA unterfällt oder nicht, kann deshalb diese Vorschrift nicht in ihrer Eigenschaft als völkerrechtliche Vertragsbestimmung, sondern nur kraft ihrer daneben bestehenden *Geltung als transformiertes innerdeutsches Recht* (Hervorhebung d. Verf.) maßgebend sein. Als innerstaatliches Gesetz besitzt Art. 5 Abs. 2 LSchA jedoch keinen Vertragscharakter mehr. Er hat diesen durch den Transformationsvorgang (Art. 59 Abs. 2 GG; vgl auch BVerfGE 1, 396 [410, 411] verloren."

Demgegenüber führte der BGH in seinem Urteil vom 25. Juni 1969 bezüglich des deutsch-französischen Abkommens über den Schutz von Herkunftsangaben, Ursprungsbezeichnungen und anderen geographischen Bezeichnungen vom 8. März – trotz anderer Wortwahl wohl der Vollzugslehre folgend – 1960 aus (BGHZ 52, S. 216 ff, 219):

„Der vorliegende Staatsvertrag ist durch das Gesetz vom 21. Januar 1961 innerstaatliches Recht geworden (Art. 59 Abs. 2 GG). Staatsverträge verlieren durch ihre Transformierung in das innerstaatliche Recht nicht ihre Eigenschaft als Vertrag zwischen Staaten. Der doppelte Charakter des Zustimmungsgesetzes nach Art. 59 Abs. 2 GG, nämlich als Ermächtigung zum endgültigen Abschluß des Staatsvertrages und als *Einverleibung seiner Regelung in das innerstaatliche Recht* (Hervorhebung d. Verf.) (BVerfGE 1, 410), bedingt vielmehr in bezug auf den Staatsvertrag die Anwendung besonderer Auslegungsgrundsätze, die sich nicht völlig mit den bei der Auslegung innerstaatlicher Gesetze zu beachtenden Grundsätzen decken."

1. Völkerrechtliche Verträge

Fall 12: Um mit seinem neuen Rennrad den Rausch der Geschwindigkeit voll auskosten zu können, benutzt A die Autobahn bei Weil am Rhein. Nach einiger Zeit wird er von zwei Polizeibediensteten des Kantons Basel-Stadt, die in einem schweizerischen Dienstwagen die Autobahn befahren, zum Anhalten gezwungen. Sie weisen A darauf hin, daß er durch das Befahren der Autobahn den Verkehr erheblich gefährde, rufen über Funk die baden-württembergische Polizei und halten A, als dieser weiterfahren will, bis zu deren Eintreffen vorläufig fest. A macht geltend, daß die Baseler Polizei kein Recht habe, ihm auf deutschem Hoheitsgebiet Weisungen zu erteilen und ihn schon gar nicht festhalten dürfe. Die Baseler Polizeibediensteten, die für solche Fälle gerüstet sind, wei- **444**

sen darauf den Text des von Bundestag und Bundesrat gebilligten Vertrags zwischen der Bundesrepublik Deutschland und der Schweizerischen Eidgenossenschaft über den Autobahnzusammenschluß im Raum Basel und Weil am Rhein vom 9. Juni 1978 (BGBl. 1979 II, S. 822 ff) vor. Dort heißt es in Art. 13:

„Grenzübertritt zum Wenden

(1) Zoll- und Polizeibedienstete und Bedienstete der Straßenverwaltung der Vertragsstaaten sowie Hilfspersonen sind befugt, in Ausübung ihres Dienstes auf der Autobahn mit ihren Dienstfahrzeugen einschließlich Dienstausrüstung die Grenze zu überschreiten, um auf der Gegenfahrbahn in den Ausgangsstaat zurückzukehren …

(2) Nehmen die Polizeibediensteten während der Fahrt im Hoheitsgebiet des anderen Vertragsstaates einen Unfall oder einen den Verkehr gefährdenden Zustand wahr, so sind sie zur Feststellung des Sachverhalts und zur Vornahme unaufschiebbarer sonstiger Maßnahmen an Ort und Stelle befugt. Die Polizei des Gebietsstaats ist unverzüglich zu benachrichtigen. Bis zu deren Eintreffen können Personen vorläufig festgehalten werden."

A wendet ein, daß dieser Vertrag nicht ausreiche. Dazu müsse neben dem Vertrag noch ein Gesetz des Landes Baden-Württemberg existieren. Ein solches aber fehle.

Waren die Baseler Polizeibediensteten zu ihrem Vorgehen berechtigt (**Lösung: Rn 469**).

a) Verträge gemäß Art. 59 Abs. 2 Satz 1 GG

445 Der Vollzug völkerrechtlicher Verträge richtet sich nach Art. 59 Abs. 2 GG. Das Zustimmungsgesetz gemäß Art. 59 Abs. 2 Satz 1 GG zu einem völkerrechtlichen Vertrag (Vertragsgesetz) hat nicht nur die Funktion, den Bundespräsidenten zum Abschluß eines dort genannten Vertrages zu ermächtigen, sondern dient nach allgemeiner Meinung auch dem innerstaatlichen Vollzug. Insofern wird in dem Zustimmungsgesetz – je nach vertretener Theorie – ein Transformationsakt (s. Rn 424) oder ein Vollzugsbefehl (s. Rn 423) gesehen.

446 Geht man von der **Transformationstheorie** aus, so wird durch das Vertragsgesetz der völkerrechtliche Vertrag in dem Umfang, in dem er transformabel ist, in innerstaatliches Recht umgewandelt. Es handelt sich dabei um eine **spezielle Transformation** (s. Rn 431). Je nachdem, ob man eine strenge oder eine gemäßigte Transformationstheorie vertritt, geht damit der Zusammenhang zwischen Völkerrecht und innerstaatlichem Recht zugrunde bzw bleibt der ursprüngliche Systemzusammenhang erhalten.

447 Der **Rang** des transformierten Rechts richtet sich – da der Art. 59 Abs. 2 Satz 1 GG keine Aussage darüber macht – nach dem Transformator. Da dieser ein Bundesgesetz ist, hat das transformierte Recht den Rang eines einfachen Bundesgesetzes. Es geht damit untergesetzlichem Recht vor und bricht gemäß Art. 31 GG Landesrecht. Im Verhältnis zu anderen Bundesgesetzen gilt aber der lex-posterior-Satz mit der Folge, daß spätere Bundesgesetze vorgehen.

Eine wenig geglückte Sonderregelung enthält diesbezüglich § 2 der AO 1977:

„§ 2 Vorrang völkerrechtlicher Vereinbarungen

Verträge mit anderen Staaten im Sinne des Artikels 59 Abs. 2 Satz 1 des Grundgesetzes über die Besteuerung gehen, soweit sie unmittelbar anwendbares innerstaatliches Recht geworden sind, den Steuergesetzen vor."

Sofern diese Vorschrift als „Klarstellung" verstanden wird (BT-Drucks. 7/4292, S. 15) so gibt sie nur insoweit einen Sinn, als damit ausgedrückt wird, daß solche Verträge (= Doppelbesteuerungsabkommen), die in aller Regel leges speciales zu den Steuergesetzen sind, deshalb vorgehen. In keinem Fall kann durch § 2 aber ein Vorrang vor späteren, noch spezielleren Steuergesetzen konstruiert werden. Dies könnte nur das GG bestimmen, nicht aber ein einfaches Gesetz wie die AO 1977. In der Praxis geht man daher auch so vor, daß man versucht, mögliche Kollisionen vorab mit den Vertragspartnern auf dem Verhandlungswege und über eine Änderung der Doppelbesteuerungsabkommen zu vermeiden.

Gegenüber dem **GG** hat das transformierte Recht einen **niedrigeren Rang**. Der Rang richtet sich also ausschließlich nach dem Transformator und nicht nach dem Inhalt des Vertrages.

Teilweise wurde im Hinblick auf die Konvention zum Schutz der Menschenrechte und Grundfreiheiten vom 4. November 1950 (Sartorius II, Nr 130) ein Verfassungsrang vertreten (vgl *Menzel*, in: DÖV 1970, S. 509 ff, 513 f). Auch der BGH hat die Frage eines eventuellen Verfassungsrangs der Konvention zunächst offen gelassen, indem er in seinem Urteil vom 10. Januar 1966 ausführte (BGHZ 45, S. 46 ff, 49):

„Zutreffend ist der Ausgangspunkt der Klage und des Berufungsurteils, daß Art. 5 Abs. 5 der Menschenrechtskonvention die Grundlage eines klagbaren Schadensersatzanspruches bilden kann, also dem Betroffenen unmittelbare Ansprüche gewährt.
Die Europäische Menschenrechtskonvention ist ein völkerrechtlicher Vertrag. Die Bundesrepublik Deutschland hat an der Ausarbeitung des Vertragswerks teilgenommen und hat der Konvention mit der üblichen Formulierung zugestimmt, daß der Vertrag „mit Gesetzeskraft veröffentlicht wird" (BGBl 1952 II 685). Dieses Zustimmungsgesetz der Bundesrepublik bewirkte, daß damit die Konvention nach Maßgabe ihres Inhalts die Kraft eines Bundesgesetzes erlangte (BVerfGE 1, 396/410; 6, 290/294; 6, 389/440), wobei hier unentschieden bleiben kann, ob es etwa gar die Kraft einer Verfassungsnorm besitzt."

Heute gehen Rechtsprechung und Lehre davon aus, daß die Europäische Menschenrechtskonvention den Rang eines einfachen Bundesgesetzes hat (s. aber Rn 709).

Geht man von der **Vollzugslehre** aus, so wird durch das Vertragsgesetz gemäß **448**
Art. 59 Abs. 2 Satz 1 GG der **Anwendungsbefehl** für den innerstaatlichen Vollzug des Vertrages, dh der Vollzugsbefehl gegeben. Damit ändert das Völkerrecht seinen Charakter nicht, wird aber innerstaatlich anwendbar.

Über den **Rang** des dergestalt zum Vollzug freigegebenen Völkerrechts kann im **449**
Rahmen der Vollzugslehre eigentlich nichts ausgesagt werden. Denn wenn das Völkerrecht nicht in innerstaatliches Recht umgewandelt wird, kann es auch keinen Rang bekommen (aA etwa *Boehmer*, Der völkerrechtliche Vertrag im deutschen Recht, 1965, S. 66, der für einen Gesetzesrang eintritt). Teilweise wird allerdings vertreten, daß der innerstaatliche Rang sich nach Völkerrecht richte (vgl dazu *Partsch*, S. 74 ff). Dies führt aber kaum zu praktikablen Ergebnissen. Denn eine solche völkerrechtliche Rangregel (zB wird angeführt der Grundsatz „pacta sunt ser-

vanda") kann nur zu dem Ergebnis führen, daß dem Völkerrecht im innerstaatlichen Recht der höchste Rang zukommt. Denn die Einhaltung des Völkerrechts ist nur dann gewährleistet, wenn es kein derogierendes nationales Recht geben kann.

In diesem Zusammenhang kann der Ständige Internationale Gerichtshof zitiert werden, der im Gutachten über die griechisch-bulgarischen „Gemeinschaften" vom 31. Juli 1930 ausgeführt hat (PCIJ, Series B, Nr 17, S. 32): „... it is a generally accepted principle of international law that in the relations between Powers who are contracting Parties to a treaty, the provisions of municipal law cannot prevail over those of the treaty."

In der Praxis hat sich diese Ansicht aber nicht durchgesetzt. Die Bestimmung des innerstaatlichen Ranges von zu vollziehendem Völkerrecht ist nach allgemeiner Ansicht Sache jedes einzelnen Staates. Daher hat das BVerfG entschieden, daß das GG „in seiner Völkerrechtsfreundlichkeit nicht soweit gehe, die Einhaltung bestehender völkerrechtlicher Verträge durch eine Bindung des Gesetzgebers an das ihnen entsprechende Recht zu sichern" (BVerfGE 6, S. 309 ff, 362 f).

450 Auch bei der Frage des innerstaatlichen Vollzugs von völkerrechtlichen Verträgen ergibt sich das Problem der sog. **Parallelverträge** (s. Rn 173 f). Die hL geht davon aus, daß eine Transformation bzw ein Vollzugsbefehl dann nicht mehr notwendig ist, wenn aufgrund gleichlautenden innerstaatlichen Rechts der innerstaatliche Vollzug ohnehin schon gesichert ist. Dem wird entgegengehalten, daß nur eine Transformation bzw ein Vollzugsbefehl bewirken, daß der Gesetzgeber Bindungen unterliegt. Denn er kann spätere Gesetze erlassen, die nach der lex-posterior-Regel vorgehen. Wird der Parallelvertrag nicht transformiert, dann steht dem eigentlich nichts entgegen; wird er aber transformiert bzw zum Vollzug freigegeben, dann kann dies der Gesetzgeber nur unter Verletzung des Völkerrechts machen. In der Praxis ergeben sich keine Probleme, da ja die hL davon ausgeht, daß wegen der Zustimmungsfunktion des Vertragsgesetzes ein solches auch bei Parallelverträgen notwendig ist. Die Transformation bzw der Vollzugsbefehl laufen dann gewissermaßen mit und der Streit erübrigt sich.

451 Die schwierigste Frage – sowohl nach der Transformationstheorie als auch nach der Vollzugslehre – ergibt sich im Zusammenhang mit dem innerstaatlichen Vollzug von **Verträgen über Gegenstände der Landesgesetzgebung**, die der Bund abgeschlossen hat. Wenn man dem Bund ein solches Vertragsabschlußrecht zuspricht (s. Rn 127), und sei es nur nach der pragmatischen Lösung des Lindauer Abkommens (s. Rn 128), so ist damit noch nicht geklärt, wer diese Verträge transformiert bzw wer den Vollzugsbefehl gibt.

452 Nach der streng **zentralistischen Ansicht**, die von einem Teil der Lehre sowie vom Bund vertreten wird, besitzt der Bund gemäß Art. 32 Abs. 1 GG nicht nur ein umfassendes Vertragsabschlußrecht, sondern auch die dazugehörige Transformationskompetenz. Begründet wird dies damit, daß das GG keinesfalls ein Auseinanderfallen der völkerrechtlichen Bindung und der innerstaatlichen Transformation gewollt habe. Es wird auch von Transformationskompetenz „kraft Sachzusammenhangs" gesprochen. Da der Bund für die Erfüllung des Vertrages völkerrechtlich verantwortlich sei, könne er nicht den innerstaatlichen Vollzug den Ländern überlassen.

Wer völkerrechtliche Bindungen eingehe, müsse auch zu ihrer Erfüllung in der Lage sein. Teilweise wird auch zur Begründung vorgebracht, daß alles, was in einem völkerrechtlichen Vertrag geregelt ist, eine „auswärtige Angelegenheit" iSd Art. 73 Nr 1 GG sei. Daher sei auch die Transformation eine „auswärtige Angelegenheit" und stünde damit in der ausschließlichen Gesetzgebungszuständigkeit des Bundes.

Die **Problematik** einer derartigen streng zentralistischen Ansicht liegt auf der Hand. Der Bund bekäme damit die Möglichkeit, über den Abschluß und die Transformation völkerrechtlicher Verträge das Kompetenzaufteilungsgefüge des GG im Bereich der Gesetzgebung zu sprengen. Daher verbietet sich in diesem Fall die Annahme einer Kompetenz kraft Sachzusammenhangs. Der weiten Auslegung des Art. 73 Nr 1 GG kann ebenfalls nicht zugestimmt werden. Art. 73 Nr 1 GG wird zwar vom BVerfG und von der hL weit, aber mit ganz anderem Inhalt ausgelegt (s. Rn 741). **453**

Man wird daher mit einem Großteil der Lehre die Ansicht vertreten müssen, daß in solchen Fällen **nur die Länder** zur Transformation bzw zum Vollzugsbefehl zuständig sind. Dies führt – sofern man dem Bund nicht überhaupt ein Vertragsabschlußrecht über Gegenstände der Landesgesetzgebung abspricht (s. Rn 127) – zur Trennung von Vertragsabschluß und Transformation. Im Rahmen des Art. 59 Abs. 2 Satz 1 GG bedeutet dies, daß in den dort vorgesehenen Fällen zwar ein Vertragsgesetz notwendig ist, dieses aber lediglich die Ermächtigung des Bundespräsidenten zum Vertragsabschluß und keine Transformation enthält. Letzteres muß durch Landesgesetze erfolgen. Die Frage, ob es sich dabei um eine Transformation oder einen Vollzugsbefehl handelt, ist – ebenso wie die Bestimmung des Ranges – Sache der Länderverfassungen. **454**

Diese Ansicht verhindert eine mögliche Aushöhlung der Gesetzgebungszuständigkeiten der Länder. Sie hat allerdings den Nachteil, daß der Bund die Länder nur schwer zur Transformation zwingen kann, wenn diese sich weigern (s. Rn 460). **455**

In der Praxis versucht man, derartige Probleme durch eine Bundesstaatsklausel im Vertrag zu entschärfen. So heißt es zB in Art. 41 des Abkommens über die Rechtsstellung der Flüchtlinge vom 28. Juli 1951 (BGBl. 1953 II, S. 560 ff; 1969 II, S. 1294 ff):

„Im Falle eines Bundes- oder Nichteinheitsstaates werden nachstehende Bestimmungen Anwendung finden:

a) Soweit es sich um die Artikel des Abkommens handelt, für die der Bund die Gesetzgebung hat, werden die Verpflichtungen der Bundesregierung dieselben sein wie diejenigen der Unterzeichnerstaaten, die keine Bundesstaaten sind.

b) Soweit es sich um die Artikel dieses Abkommens handelt, für die die einzelnen Länder, Provinzen oder Kantone, die aufgrund der Bundesverfassung zur Ergreifung gesetzgeberischer Maßnahmen nicht verpflichtet sind, die Gesetzgebung haben, wird die Bundesregierung sobald wie möglich diese Artikel den zuständigen Stellen der Länder, Provinzen oder Kantone befürwortend zur Kenntnis bringen.

c) Ein Bundesstaat als Unterzeichner dieses Abkommens wird auf das ihm durch den Generalsekretär der Vereinten Nationen übermittelte Ersuchen eines anderen vertragschließenden Staates hinsichtlich einzelner Bestimmungen des Abkommens eine Darstellung der geltenden Gesetzgebung und ihrer Anwendung innerhalb des Bundes und seiner Glieder übermitteln, aus der hervorgeht, inwieweit diese Bestimmungen durch Gesetzgebung oder sonstige Maßnahmen wirksam geworden sind."

Allerdings kann eine solche Bundesstaatsklausel das Problem nicht grundsätzlich lösen.

456 Nach der gegenwärtigen Praxis werden die Fragen des Vertragsabschlußrechts des Bundes in Angelegenheiten der Ländergesetzgebung nach dem Lindauer Abkommen (s. Rn 128) gelöst. Dieses enthält in Punkt 3 eine Verfahrensvorschrift für die Transformationsproblematik, die es dem Bund ermöglichen soll, sich vor Vertragsabschluß über die spätere Transformation durch die Länder zu versichern:

„3. Beim Abschluß von Staatsverträgen, die nach Auffassung der Länder deren ausschließliche Kompetenzen berühren und nicht nach Ziff. 2 durch die Bundeskompetenz gedeckt sind, insbesondere also bei Kulturabkommen, wird wie folgt verfahren:

Soweit völkerrechtliche Verträge auf Gebieten der ausschließlichen Zuständigkeit der Länder eine Verpflichtung des Bundes oder der Länder begründen sollen, soll das Einverständnis der Länder herbeigeführt werden. Dieses Einverständnis soll vorliegen, bevor die Verpflichtung völkerrechtlich verbindlich wird. Falls die Bundesregierung einen solchen Vertrag dem Bundesrat gemäß Art. 59 Abs. 2 GG zuleitet, wird sie die Länder spätestens zum gleichen Zeitpunkt um die Erteilung des Einverständnisses bitten.

Bei den in Abs. 1 Satz 1 genannten Verträgen sollen die Länder an den Vorbereitungen für den Abschluß möglichst frühzeitig, in jedem Fall rechtzeitig vor der endgültigen Festlegung des Vertragstextes beteiligt werden."

457 Das Gremium, in dem dieses Verfahren abläuft, ist die **Ständige Vertragskommission der Länder**. In ihr sind die Länder durch ihre Bevollmächtigten beim Bund oder bevollmächtigte Beamte ihrer Berliner Vertretungen sowie der Bund durch das Auswärtige Amt vertreten. Bei Kulturabkommen wird auch die **Ständige Konferenz der Kultusminister** gutachtlich miteinbezogen. Die Einverständniserklärungen werden durch die nach den Länderverfassungen zuständigen Organe abgegeben. Das sind in Bremen, Hamburg und Nordrhein-Westfalen der Senat bzw die Landesregierung, in den übrigen Ländern der Ministerpräsident bzw der Regierende Bürgermeister in Berlin. Durch die bloße Einverständniserklärung liegt noch keine Transformation bzw kein Vollzugsbefehl vor. Dazu bedarf es nach allgemeiner Überzeugung der Zustimmung der Landesparlamente. Würde diese Zustimmung durch Gesetz erfolgen, wie dies ausdrücklich nur die Verfassungen von Mecklenburg-Vorpommern und des Saarlandes vorsehen, könnte darin ohne weiteres die Transformation bzw der Vollzugsbefehl gesehen werden. In der Praxis ist dies zudem auch in Baden-Württemberg, Hessen und Niedersachsen der Fall. In Bayern, Hamburg, Nordrhein-Westfalen und Rheinland-Pfalz und teilweise in Berlin wird in der Regel die Zustimmung durch Beschluß der Parlamente erteilt. In einem solchen Beschluß kann ebenfalls eine Transformation bzw ein Vollzugsbefehl gesehen werden, zumal dann, wenn der Vertragstext kundgemacht wird. So wird zB in Bayern der Beschluß des Landtages schon vor der endgültigen Festlegung des Vertragstextes eingeholt und der Beschluß des Landtages, die Einverständniserklärung des Freistaates Bayern sowie der Vertrag selbst im Gesetz- und Verordnungsblatt bekanntgemacht.

Beispiel: BayGVBl. 1979, S. 154:

„Bekanntmachung
des Europäischen Übereinkommens über die Zustellung von Schriftstücken in Verwaltungssachen im Ausland
und
des Europäischen Übereinkommens über die Erlangung von Auskünften und Beweisen in Verwaltungssachen im Ausland
vom 20. April 1979

Der Landtag des Freistaates Bayern hat mit Beschluß vom 4. April 1979 dem Europäischen Übereinkommen über die Zustellung von Schriftstücken in Verwaltungssachen im Ausland und dem Europäischen Übereinkommen über die Erlangung von Auskünften und Beweisen in Verwaltungssachen im Ausland zugestimmt. Aufgrund dieses Beschlusses habe ich gegenüber der Regierung der Bundesrepublik Deutschland das Einverständnis des Freistaates Bayern mit dem Abschluß dieser Übereinkommen erklärt. Die Übereinkommen werden nachstehend bekanntgemacht.

München, den 20. April 1979

Der Bayerische Ministerpräsident
Franz-Josef Strauß"

Die Bundesrepublik hat die beiden Übereinkommen am 6. November 1979 unterzeichnet. Der Bundestag hat mit Zustimmung des Bundesrates durch Gesetz vom 20. Juli 1981 (BGBl. 1981 II, S. 533 f) dem Übereinkommen zugestimmt. Sie sind nach Ratifikation durch den Bundespräsidenten am 1. Januar 1983 für die Bundesrepublik in Kraft getreten.

In Bremen, Saarland und Schleswig-Holstein werden die Einverständniserklärungen des Senats bzw der Landesregierungen ohne Einschaltung der Parlamente abgegeben (vgl *Regehr,* Die völkerrechtliche Vertragspraxis der Bundesrepublik Deutschland, München 1974, S. 202 ff). Deshalb muß man davon ausgehen, daß in diesen Ländern keine Transformation der vom Bund abgeschlossenen Verträge stattgefunden hat bzw daß kein Vollzugsbefehl erteilt wurde und daß deshalb diese Verträge nicht anwendbar sind. Dieses völkerrechtlich wie verfassungsrechtlich gesehen höchst bedenkliche Ergebnis zeigt aber, daß die Rechtslage nach wie vor – trotz des Lindauer Abkommens – ungeklärt ist. Zur Handhabung der Verfassungen in den neuen Bundesländern liegt noch keine ausreichende Praxis vor. **458**

Zur Lösung der Probleme hatte die Enquete-Kommission Verfassungsreform folgende Neufassung des Art. 32 GG vorgeschlagen (Zur Sache 3/1976, S. 251; Änderungen kursiv gedruckt): **459**

„(1) Die Pflege *der auswärtigen Beziehungen* ist Sache des Bundes.

(2) Vor dem Abschlusse eines Vertrages, der die besonderen Verhältnisse eines Landes berührt, ist das Land rechtzeitig zu hören.

(3) Soweit die Länder für die Gesetzgebung zuständig sind, können *auch* sie mit Zustimmung der Bundesregierung *völkerrechtliche Verträge* abschließen. *Schließt der Bund solche Verträge ab, so hat er vor dem Abschluß die Zustimmung der Länder einzuholen; dies gilt nicht, wenn nur ein für den Vertragszweck unwesentlicher Teil des Vertrages in die Zuständigkeit der Länder fällt. Die Länder treffen die zur Durchführung dieser Verträge erforderlichen Maßnahmen.*"

460 Jedenfalls geht die hL – unabhängig von der Frage, inwieweit durch die Mitwirkung der Parlamente der Länder eine Transformation stattfindet – davon aus, daß die Länder, haben sie einem Vertragsabschluß durch den Bund in Angelegenheiten der Ländergesetzgebungszuständigkeiten einmal zugestimmt, die Pflicht zur Erfüllung solcher Verträge haben. Dh, daß sie insbesondere die notwendigen Ausführungsgesetze erlassen müssen. Begründet wird dies mit dem Grundsatz der **Bundestreue**. Für den Fall der Weigerung wird die Anwendung des Bundeszwangs gemäß Art. 37 GG bejaht (vgl dazu *Rojahn,* in: *v. Münch*, Art. 32 Rn 55). Die ultima ratio wäre dabei die legislative Ersatzvornahme.

b) Verwaltungsabkommen

461 Da Verwaltungsabkommen diejenigen Verträge sind, die nicht unter Art. 59 Abs. 2 Satz 1 GG fallen (s. Rn 189 ff), bedürfen sie auch keiner Vertragsgesetze. Ihre Transformation bzw ihr Vollzugsbefehl erfolgt daher auch nicht durch Gesetz, sondern durch Rechtsverordnung, Verwaltungsverordnung, uU durch innerdienstliche Weisungen etc. Dabei kommt es auf den jeweiligen Inhalt des Verwaltungsabkommens an und darauf, wie dieser Inhalt innerstaatlich ausgeführt werden muß.

462 Ist für die innerstaatliche Ausführung eine **Rechtsverordnung** notwendig, wird durch diese das Verwaltungsabkommen transformiert bzw der Vollzugsbefehl erteilt. Damit bekommt – zumindest nach der Transformationstheorie – das Verwaltungsabkommen innerstaatlich einen Verordnungsrang.

Beispiel: BGBl. 1962 II, S. 113:

„Verordnung
über die Gewährung von Vorrechten und Befreiungen
an internationale Bedienstete der Nordatlantikvertrags-Organisation
Vom 29. März 1962

……

§ 1

(1) Für die Gewährung von Vorrechten und Befreiungen an Bedienstete der Nordatlantikvertrags-Organisation ist die …… am 30. November 1961 zwischen der Bundesregierung und der Nordatlantikvertrags-Organisation abgeschlossene Vereinbarung maßgebend …

(2) Die Vereinbarung vom 30. November 1961 wird nachstehend veröffentlicht."

Zur Klarstellung der Fragen des In- und Außerkrafttretens, die nach Transformationstheorie und Vollzugslehre unterschiedlich beurteilt werden können, bietet der § 2 der Verordnung eine pragmatische Lösung, die seither beibehalten wird:

„(1) Diese Verordnung tritt an dem Tage in Kraft, an dem die Vereinbarung vom 30. November 1961 in Kraft tritt.

(2) Diese Verordnung tritt an dem Tage außer Kraft, an dem die Vereinbarung vom 30. November 1961 außer Kraft tritt."

Wenn ein Verwaltungsabkommen nicht durch Rechtsverordnung zu vollziehen ist, sondern eine bloße **Verwaltungsanordnung** genügt, so liegt darin die Transformation oder der Vollzugsbefehl. Dementsprechend hat das transformierte Recht auch den Rang einer Verwaltungsanordnung. **463**

Beispiel: GMBl. 1966, S. 339:

„Abkommen
zwischen der Regierung der Bundesrepublik Deutschland
und den Regierungen des Königreichs Belgien,
des Großherzogtums Luxemburg und des
Königreichs der Niederlande
über die Übernahme von Personen an der Grenze
– RdSchr. d. BMI v. 4.7.1966 – I B 2 – 125 610 – B 3 – / 1 –

Zwischen der Bundesrepublik Deutschland und den Beneluxstaaten ist am 17. Mai 1966 das in Abdruck beigefügte Abkommen über die Übernahme von Personen an der Grenze geschlossen worden. Das Abkommen ist gemäß Artikel 18 am 1. Juli 1966 in Kraft getreten.

…

Artikel 12 des Abkommens ist dahingehend zu verstehen, daß Übernahme- und Durchbeförderungsersuchen vom Bundesministerium des Innern an die Justizministerien der Beneluxstaaten und umgekehrt von diesen an das Bundesministerium des Innern gerichtet werden. Ich bitte daher, mir solche Ersuchen von Ausländerbehörden zuzuleiten …

Das Abkommen entspricht im übrigen weitgehend den bisherigen, nunmehr gemäß Artikel 16 des Abkommens außer Kraft getretenen Übernahmeabkommen mit den Beneluxstaaten. Es enthält jedoch zusätzliche Regelungen über die Übernahme ausländischer Flüchtlinge (Art. 4 Abs. 3 und Art. 8 Abs. 3). Außerdem sind die Fristen für die Beantragung der Übernahme von Drittausländern (Art. 4 Abs. 2 und Art. 8 Abs. 2) und die formlose Überstellung (Art. 5 Abs. 1 und Art. 9 Abs. 1) verlängert worden.

Die nach Art. 13 des Abkommens zu vereinbarenden Grenzübergangsstellen für die Übernahme werde ich in Kürze bekanntgeben.

Ich bitte, die Ausländerbehörden zu unterrichten.

An die
Herren Innenminister (-senatoren)
der Länder“

Schließlich kann ein Verwaltungsabkommen auch durch **innerdienstliche Anweisungen** allgemeiner Natur oder im Einzelfall (ein Beispiel für diesen mehr theoretischen Fall gibt *Rudolf*, S. 225 Fn 169) transformiert werden bzw kann auf diese Art der Vollzugsbefehl erteilt werden. Wiederum richtet sich der Rang des transformierten Rechts nach dem Transformator. **464**

Wer im einzelnen zur Transformation bzw zur Erteilung des Vollzugsbefehls **zuständig** ist, bestimmt sich gemäß Art. 59 Abs. 2 Satz 2 GG nach den Vorschriften über die Bundesverwaltung. Damit wird nach hL auf die Vorschriften der Art. 83 ff GG verwiesen. Handelt es sich also um Verwaltungsabkommen im Bereich der **bundeseigenen Verwaltung**, so richtet sich die Zuständigkeit zur Transformation gemäß Art. 86 GG nach der internen Aufgabenverteilung der Bundesregierung oder nach einer bestehenden Verordnungsermächtigung gemäß Art. 80 Abs. 1 GG. **465**

466 Schwieriger ist es in den Bereichen der **Bundesgesetze ausführenden Länderverwaltung**. Macht dabei die Bundesregierung Gebrauch von ihrer Kompetenz gemäß Art. 84 Abs. 2 GG oder Art. 85 Abs. 2 Satz 1 GG, so ist darin eine Transformation bzw ein Vollzugsbefehl zu sehen. Dabei bedarf es allerdings der Zustimmung des Bundesrates. Ein Großteil der Lehre fordert für diese Fälle daher eine Zustimmung des Bundesrates bereits beim Abschluß des Verwaltungsabkommens. In der Praxis wurde eine solche auch des öfteren eingeholt.

Beispiel: Abkommen zwischen der Regierung der Bundesrepublik Deutschland und der französischen Regierung über den kleinen Grenzverkehr vom 16. Dezember 1954 (BAnz 1955, Nr 41, S. 1 ff).

Hinsichtlich der Zustimmung des Bundesrates hieß es in der Begründung der Vorlage im Bundesrat (BR-Drucks. Nr 502/53c, Begründung, S. 1):

„Das am 22. 1. 1953 paraphierte deutsch-französische Abkommen über den kleinen Grenzverkehr ist ein Verwaltungsabkommen. Es bedarf, da es materielle Verwaltungsvorschriften im Sinne des Art. 84 Abs. 2 GG enthält, der Zustimmung des Bundesrates."

Heute wird in der Bekanntmachung eines derartigen Verwaltungsabkommens auf die Zustimmung des Bundesrates ausdrücklich hingewiesen. Die Formel lautet dabei:

„Der Bundesrat hat dem Abkommen … nach Art. 59 Abs. 2 Satz 2 in Verbindung mit Art. 84 Abs. 2 (oder Art. 85 Abs. 2) GG zugestimmt."

467 Sind allerdings für die Durchführung eines Verwaltungsabkommens keine allgemeinen Verwaltungsvorschriften gemäß Art. 84 Abs. 2 GG oder Art. 85 Abs. 2 Satz 1 GG notwendig, so vollziehen die Länder im Falle des Art. 84 GG dieses Abkommen als eigene Angelegenheit, und daher muß ihnen auch die Transformationskompetenz zustehen. Im Falle des Art. 85 GG gilt dasselbe, solange keine Weisungen gemäß Art. 85 Abs. 3 GG vorliegen. Denn diese Weisungen können, sofern sie nicht nur Einzelheiten betreffen, auch als Transformator angesehen werden.

468 Auch bei den Verwaltungsabkommen stellt sich das Problem des Vollzugs von Verwaltungsabkommen über Gegenstände der Landesgesetzgebung, die der Bund abgeschlossen hat. Im theoretischen Bereich ist die Lösung nicht anders als bei Verträgen gemäß Art. 59 Abs. 2 Satz 1 GG (s. Rn 445 ff). In der Praxis kommt in diesen Fällen ebenfalls das **Lindauer Abkommen** zur Anwendung. Dies gilt insbesondere für Abkommen gemäß Ziffer 3 des Lindauer Abkommens (Rn 128).

Beispiel: BayGVBl. 1972, S. 421:

„Bekanntmachung

des Abkommens zwischen der Regierung der Bundesrepublik Deutschland und der Regierung der Französischen Republik über die Errichtung deutsch-französischer Gymnasien und die Schaffung des deutsch-französischen Abiturs sowie die Bedingungen für die Zuerkennung des Abiturzeugnisses

Vom 22. September 1972

Der Landtag des Freistaates Bayern hat mit Beschluß vom 12. Juli 1972 dem Abkommen zwischen der Regierung der Bundesrepublik Deutschland und der Regierung der Französischen Republik über die Errichtung deutsch-französischer Gymnasien und die Schaffung des deutsch-französischen Abiturs sowie die Bedingungen für die Zuerkennung des Abiturzeugnisses zugestimmt. Aufgrund dieses Beschlusses habe ich gegenüber der Regierung der Bundesrepublik Deutschland das Einverständnis des Freistaates Bayern mit dem Abschluß des Abkommens erklärt. Das Abkommen wird nachstehend bekanntgemacht.

München, den 22. September 1972

Der Bayerische Ministerpräsident
In Vertretung
Dr. Held
Stellvertreter des Ministerpräsidenten
und Staatsminister der Justiz"

Lösung Fall 12 (Rn 444): Die Baseler Polizeibediensteten waren dann zu ihrem Vorgehen berechtigt, wenn der Vertrag vom 9. Juni 1978 für sie eine ausreichende Rechtsgrundlage darstellte und ein Fall des Art. 13 Abs. 2 des Vertrages vorlag. **469**

1. Der Bund müßte die Kompetenz zum Abschluß des Vertrages haben. Die steht ihm gemäß Art. 32 Abs. 1 GG jedenfalls dann zu, wenn er für die betroffene Materie die Gesetzgebungszuständigkeit besitzt.

In Frage käme eine Kompetenz nach Art. 74 Abs. 1 Nr 22 GG. Danach steht dem Bund die konkurrierende Gesetzgebung über den Straßenverkehr zu. Damit ist das Straßenverkehrsrecht gemeint, das ua die polizeilichen Anforderungen regelt, die an den Verkehr und an die Verkehrsteilnehmer gestellt werden, um Gefahren abzuwenden. Das Straßenverkehrsrecht ist – so gesehen – sachlich begrenztes Ordnungsrecht, für das der Bund – abweichend vom sonstigen Ordnungsrecht – die Gesetzgebungszuständigkeit besitzt. Daher lassen sich die Eingriffsbefugnisse des Art. 13 Abs. 2 des Vertrages unter den Begriff des Straßenverkehrsrechts fassen. Der Bund hatte demnach gemäß Art. 32 Abs. 1 GG die Vertragsabschlußkompetenz.

2. Der Vertrag müßte aber auch in innerstaatliches Recht transformiert worden sein bzw es müßte ein innerstaatlicher Vollzugsbefehl für den Vertrag vorliegen.

a) Dafür müßte der Vertrag zunächst vollzugsfähig sein. Er müßte so ausgestaltet sein, daß mit Transformation oder Vollzugsbefehl die innerstaatlichen Rechtswirkungen, die hervorgerufen werden sollen, auch tatsächlich hervorgerufen werden können. Dazu müßte Art. 13 Abs. 2 nach Inhalt und Zweck derart aufgebaut sein, daß er Staatsorgane und Rechtsunterworfene ohne weiteres bindet oder berechtigt. Dies ist hier der Fall. Die jeweiligen Polizeibediensteten der Vertragsparteien können aus Art. 13 Abs. 2 des Vertrages ohne weiteres ihre Zuständigkeiten in fremden Hoheitsgebieten ableiten, und die Rechtsunterworfenen können daraus eine Befolgungspflicht ersehen.

b) Aus dem Sachverhalt ergibt sich, daß der Vertrag von Bundestag und Bundesrat gebilligt und im BGBl. veröffentlicht worden ist. Daraus kann auf ein Gesetz gemäß Art. 59 Abs. 2 Satz 1 GG geschlossen werden. Dieses Gesetz bewirkt dann aber auch – neben der Zustimmung zum Vertragsschluß – die Transformation bzw den Vollzugsbefehl.

3. Da der Bund die Gesetzgebungs- und damit die Vertragsabschlußkompetenz besitzt, besitzt er auch die Transformations- bzw Vollzugskompetenz. Ein dementsprechendes Gesetz hat er erlassen. Daher ist ein Landesgesetz weder notwendig noch erlaubt. Die Argumentation des A ist insofern nicht zutreffend. Die Baseler Polizeibediensteten waren auch ohne ein Gesetz des Landes Baden-Württemberg grundsätzlich zur Ausübung von Hoheitsgewalt berechtigt.

4. Im konkreten Fall müßten schließlich noch die Voraussetzungen des Art. 13 Abs. 2 des Vertrages vorliegen. Dies ist zu bejahen. Die Baseler Polizeibediensteten nahmen

auf ihrer im Rahmen des Art. 13 Abs. 1 stattfindenden (unterstellt) Fahrt auf der deutschen Autobahn einen den Verkehr gefährdenden Zustand wahr. Sie ergriffen mit dem Anhalten des A unaufschiebbare Maßnahmen, informierten unverzüglich die baden-württembergische Polizei und hielten A bis zu deren Eintreffen vorläufig fest, um ihm am weiteren Befahren der Autobahn zu hindern.

Ergebnis: Die Baseler Polizeibediensteten waren zu ihrem Vorgehen berechtigt.

Literatur: *Böhmer*, Der völkerrechtliche Vertrag im deutschen Recht, Köln 1965; *Bungert*, Einwirkung und Rang von Völkerrecht im innerstaatlichen Rechtsraum, DÖV 1994, S. 797 ff; *Ipsen*, Völkerrecht, 3. Aufl., München 1990, S. 1093-1101; *Kunig*, in: *Vitzthum*, S. 131-153; *Randelzhofer*, Innerstaatlich erforderliche Verfahren für das Wirksamwerden der von der Exekutive abgeschlossenen völkerrechtlichen Vereinbarungen, in: AöR 99 (1974), Beiheft 1, S. 18 ff; *Rudolf*, S. 205-226; *ders.*, Mitwirkung der Landtage bei völkerrechtlichen Verträgen und bei der EG-Rechtsetzung, in: Einigkeit und Recht und Freiheit, Festschrift für *K. Carstens*, Bd. 2, Köln 1984, S. 757 ff; *ders.*, Völkerrechtliche Verträge über Gegenstände der Landesgesetzgebung, in: Rechtsfragen im Spektrum des Öffentlichen, Festschrift für *H. Armbruster*, Berlin 1976, S. 59 ff; *Treviranus*, Inkraftsetzen völkerrechtlicher Vereinbarungen durch Rechtsverordnungen, NJW 1983, S. 1984 ff.

2. Völkergewohnheitsrecht

470 **Fall 13:** Der in der Bundesrepublik lebende ausländische Staatsbürger A wurde 1956 für seinen im Inland gelegenen Grundbesitz gemäß § 17 des Lastenausgleichsgesetzes zur Vermögensabgabe veranlagt. Alle seine Rechtsmittel dagegen waren erfolglos. A erhob frist- und formgerecht Verfassungsbeschwerde mit der Begründung, die Auferlegung der Vermögensabgabe sei deshalb ungerechtfertigt, weil eine allgemeine Regel des Völkerrechts es verbiete, die Folgekosten eines völkerrechtswidrigen Angriffskrieges auf Ausländer abzuwälzen. Ist die Verfassungsbeschwerde zulässig? (**Lösung: Rn 485**).

471 Der Vollzug des Völkergewohnheitsrechts richtet sich nach Art. 25 GG. Dabei ist umstritten, ob sich Art. 25 GG nur auf Völkergewohnheitsrecht oder auch auf andere „Regeln des Völkerrechts" bezieht. Jedenfalls besteht Einigkeit darüber, daß sich Art. 25 GG *auch* auf Völkergewohnheitsrecht bezieht.

472 So geht das BVerfG – unterstützt von einem Teil der Lehre – davon aus, daß Art. 25 GG auch die **allgemeinen Rechtsgrundsätze** umfasse: „Die allgemeinen Regeln des Völkerrechts sind vorwiegend universell geltendes Völkergewohnheitsrecht, ergänzt durch anerkannte allgemeine Rechtsgrundsätze" (zB BVerfGE 23, S. 288 ff, 317; 31, S. 145 ff, 177). Dieser Auslegung kann nicht zugestimmt werden. Versteht man unter den allgemeinen Rechtsgrundsätzen nämlich die Grundsätze, die aus der Struktur der Völkerrechtsordnung oder der Völkergemeinschaft abgeleitet werden, so sind sie entweder nicht-vollzugsfähig und fallen daher nicht in den Anwendungsbereich des Art. 25 GG (zB der Gleichheitssatz der Völkerrechtssubjekte) oder unterliegen als Bestandteil des Völkergewohnheitsrechts (s. Rn 263) ohnehin schon dem Art. 25 GG. Versteht man darunter aber die den nationalen Rechtsordnungen gemeinsamen Rechtsgrundsätze (zB das Verbot des Rechtsmißbrauchs), so müssen sie in der Rechtsordnung der Bundesrepublik schon vorhanden sein, und eine Transformation über Art. 25 GG wäre überflüssig, da der innerstaatliche Vollzug des Völkerrechts auch so möglich ist. Dazu kommt, daß sie in aller Regel die Beziehungen der Völkerrechtssubjekte untereinander regeln und daher ohnehin nicht-vollzugsfähig sind.

Völkerrechtliche **Verträge**, selbst wenn sie Völkergewohnheitsrecht kodifizieren, zählen nicht zu den allgemeinen Regeln des Völkerrechts iSd Art. 25 GG. Sie unterfallen immer nur Art. 59 GG oder den Bestimmungen der Länderverfassungen über völkerrechtliche Verträge. Falls die Kodifikation rein deklaratorisch ist, so unterfällt die entsprechende Regel als Gewohnheitsrecht Art. 25 GG und als Vertragsrecht Art. 59 GG. Der Unterschied besteht lediglich darin, daß die Regel über Art. 25 GG einen höheren Rang bekommt (s. Rn 479) als über Art. 59 GG. **473**

Umstritten ist auch die Auslegung des Begriffs „**allgemein**". Die hL geht davon aus, daß dieser Begriff auf die Allgemeinheit der Völkerrechtssubjekte hinweist (und nicht auf den allgemeinen, im Gegensatz zum speziellen Inhalt einer konkreten Norm des Völkergewohnheitsrechts). Daher definiert man eine „allgemeine Regel des Völkerrechts" als eine Norm des Völkergewohnheitsrechts, die von der überwiegenden Mehrheit der Staaten als verbindlich anerkannt wird. Dabei wird meist die Meinung vertreten, daß es nicht darauf ankomme, ob die Bundesrepublik die betreffende Norm ausdrücklich als bestehend anerkannt habe (vgl BVerfGE 15, S. 25 ff, 34; 16, S. 27 ff, 33; abschwächend E 66, S. 39 ff, 64 f). Dies wird ganz bewußt im Gegensatz zu Art. 4 WRV herausgestellt, der folgenden Wortlaut hatte: „Die allgemein anerkannten Regeln des Völkerrechts gelten als bindende Bestandteile des deutschen Reichsrechts." Diese Bestimmung wurde fast einhellig dahingehend ausgelegt, daß eine besondere Anerkennung durch das Deutsche Reich erforderlich sei. In dem geänderten Wortlaut und der anderen Interpretation des Art. 25 GG sieht man heute einen Hinweis auf die Völkerrechtsfreundlichkeit des GG. **474**

Dennoch gilt es zu differenzieren. Sicherlich kann keine allgemeine Regel des Völkerrechts iSd Art. 25 GG entstehen, wenn die Bundesrepublik als „persistent objector" auftritt (s. Rn 248; BVerfGE 46, S. 342 ff, 389). Hingegen wird man die kommentarlose Haltung der Bundesrepublik zu einer Norm des Völkergewohnheitsrechts nicht als Verhinderung der Entstehung einer allgemeinen Regel des Völkerrechts iSd Art. 25 GG ansehen, wenn diese ansonsten überwiegend anerkannt wird. **475**

Gemäß Art. 25 Satz 1 GG sind die allgemeinen Regeln des Völkerrechts Bestandteil des Bundesrechts. Diese Bestimmung wird sowohl von den Anhängern der Transformationstheorie als auch der Vollzugslehre als Beweis ihrer Ansicht reklamiert. In der Tat kann man in dieser Bestimmung sowohl eine generelle Transformation als auch einen Vollzugsbefehl sehen. Dabei werden natürlich nur die **vollzugsfähigen (self-executing) Normen** des Völkergewohnheitsrechts umfaßt (s. Rn 436 ff). Das sind jene Normen, die unmittelbar Rechte und Pflichten des einzelnen begründen. Es können aber auch die sein, die zwar staatsgerichtet sind, dennoch aber in ihrer **476**

Anwendung indirekt Auswirkungen auf die Rechtsstellung des einzelnen haben können.

Beispiele:

– Vollzugsfähig sind zB die allgemeinen Regeln des Völkerrechts über die Staatenimmunität. Dazu hat das BVerfG ausgeführt (BVerfGE 46, S. 342 ff, 362 f):

„Aus Ziel und Zweck der Art. 25, 100 Abs. 2 GG ergibt sich indes, daß … für ein Vorlageverfahren auch jene allgemeinen Regeln des Völkerrechts in Betracht kommen, die nach ihrem Regelungsgehalt und Adressatenkreis subjektive Rechte oder Pflichten des privaten einzelnen auf der Ebene des Völkerrechts nicht begründen oder verändern, sondern sich dort ausschließlich an Staaten oder sonstige Völkerrechtssubjekte richten. Kraft des generellen Rechtsanwendungsbefehls, den Art. 25 Satz 1 GG erteilt hat, sind auch diese Art allgemeiner Regeln des Völkerrechts in ihrer jeweiligen Tragweite als Bestandteil des Bundesrechts mit Vorrang vor den Gesetzen von allen rechtsetzenden und rechtsanwendenden Organen der Bundesrepublik Deutschland als Normen objektiven Rechts zu beachten und je nach Maßgabe ihres Tatbestands und Regelungsgehalts anzuwenden. Der private einzelne – wie der fremde Staat – kann sich im Hoheitsbereich der Bundesrepublik Deutschland im Rahmen des jeweiligen Verfahrensrechts auch auf diese allgemeinen Regeln des Völkerrechts ebenso „berufen" wie auf sonstiges objektives Recht, wiewohl sie in diesem Rahmen auch ohne solche Berufung von Amts wegen zu beachten sind. Sie können sich – je nach ihrem Inhalt und in der Regel als Vorfrage – auf das rechtliche Begehren des einzelnen als objektives Recht auswirken und damit entscheidungserheblich sein. In diesem Sinne können auch sie Rechtswirkungen für und gegen den einzelnen erzeugen."

– Nicht-vollzugsfähig sind zB die völkergewohnheitsrechtliche Verpflichtung zur Achtung der Ehre fremder Staaten oder der Satz „pacta sunt servanda".

477 Wenn man mit einem Teil der Lehre zwischen innerstaatlicher Geltung und Anwendbarkeit unterscheidet (s. Rn 439a), so gelten zunächst alle allgemeinen Regeln des Völkerrechts gemäß Art. 25 Satz 1 GG im innerstaatlichen Bereich, wobei dann aber nur einige auch anwendbar – da self-executing – sind.

478 Jedenfalls können nur vollzugsfähige Normen des Völkergewohnheitsrechts der Bestimmung des Art. 25 Satz 2 GG unterliegen. Soweit dieser Artikel bestimmt, daß die transformierten allgemeinen Regeln des Völkerrechts Rechte und Pflichten unmittelbar für die Bewohner (= nicht nur Bürger) des Bundesgebietes erzeugen, wird ihm – vor allem auch vom BVerfG – rein **deklaratorischer** Charakter zugesprochen. Denn, so wird ausgeführt, mit der Transformation bzw dem Vollzugsbefehl des Art. 25 Satz 1 GG sei dieser Effekt ohnehin schon bewirkt worden (BVerfGE 15, S. 25 ff, 33 f). Demgegenüber vertritt ein Teil der Lehre die Meinung, daß die allgemeinen Regeln des Völkerrechts nach Art. 25 Satz 1 GG zunächst zum Bestandteil der objektiven Rechtsordnung der Bundesrepublik und erst danach – konstitutiv – gemäß Art. 25 Satz 2 GG für den einzelnen zugänglich gemacht würden. Im Ergebnis unterscheiden sich die beiden Ansichten kaum. Dies zeigt deutlich die Rechtsprechung des BVerfG (BVerfGE 46, S. 342 ff, 362 f; s. Rn 476).

479 **Konstitutiv** ist aber die **Rangregelung** in Art. 25 Satz 2 GG, zumal sie eine der deutschen Rechtsordnung ansonsten unbekannte Rangstufe einführt. Die Auslegung dieser Bestimmung ist insofern nicht umstritten, als dem transformierten Völkergewohnheitsrecht damit ein Rang über dem einfachen Gesetzesrecht eingeräumt wird. Darüber hinaus besteht aber Uneinigkeit darüber, ob dieser Rang unter dem Verfassungsrecht steht, auf der Verfassungsebene oder darüber, somit also auch dem GG vorgeht. Die hL geht von einem **Zwischenrang** über den Gesetzen, aber unter dem GG aus (vgl BVerfGE 6, S. 309 ff, 363; 37, S. 271 ff, 279). Das bewirkt, daß einfache Gesetze dem transformierten Völkergewohnheitsrecht nicht derogieren können. Sie sind vielmehr rechtswidrig (BVerfGE 23, S. 288 ff, 300). Ob dies Nichtigkeit oder nur Unanwendbarkeit bedeutet, ist umstritten (s. *Streinz*, in: *Sachs*, Art. 25 Rn 93), hat aber für die Rechtsstellung des einzelnen keine Auswirkungen. Ein angefochtener nationaler Rechtsakt ist auf jeden Fall aufzuheben (BVerfG, ibidem, S. 316).

Vereinzelt wird von einem **Verfassungsrang** oder sogar einem **Überverfassungsrang** des transformierten Völkergewohnheitsrechts ausgegangen. Als Begründung wird etwa angeführt, der Rang des transformierten Rechts richte sich nach dem Transformator (daher Verfassungsrang wie Art. 25 GG), oder „Gesetze" iSd Art. 25 Satz 2 GG seien alle Gesetze, daher auch das GG (daher Überverfassungsrang). In der Praxis haben sich diesbezüglich noch keinerlei klärungsbedürftige Fälle ergeben. **479a**

Sehr kontrovers wird die Frage diskutiert, ob Art. 25 GG auch **partikuläres und bilaterales Völkergewohnheitsrecht** (s. Rn 242) umfaßt. Von der hL wird dies verneint (vgl BVerfGE 96, S. 68 ff, 86). Als Hauptargument dient dabei der Wortlaut des Art. 25 Satz 1 GG (= „allgemeine" Regeln des Völkerrechts). Eine teilweise vorgeschlagene analoge Anwendung des Art. 25 GG auf partikuläres Gewohnheitsrecht wird abgelehnt, da die Rangregelung dies verbiete. Ein solcher der deutschen Rechtsordnung ansonsten unbekannter Zwischenrang zwischen Gesetzen und GG könne nur durch eine ausdrückliche Verfassungsbestimmung und nicht durch eine Analogie eingeführt werden. **480**

Die Schwierigkeit der hL besteht allerdings darin, zu erklären, wie denn dann partikuläres Völkergewohnheitsrecht transformiert werde. Denn die Erklärungen dafür, warum der Verfassungsgeber diese Fragen nicht geregelt habe, sind allesamt nicht überzeugend. So ist es kaum anzunehmen, daß das Problem schlicht übersehen wurde, zumal der Art. 67 der hessischen Verfassung bei der Abfassung des GG bereits existierte und natürlich mit in die Überlegungen einbezogen wurde. Wenn dort bestimmt wird, daß die Regeln des Völkerrechts bindende Bestandteile des Landesrechts sind, so bezieht sich dies vom Wortlaut her auf alle Erscheinungsformen des Gewohnheitsrechts, also auch auf partikuläres und bilaterales (s. Rn 511). Ebenfalls abzulehnen ist die Erklärung, daß der Verfassungsgeber die Transformation von partikulären und bilateralem Gewohnheitsrecht eben nicht gewollt habe. Dies würde der allgemein in Art. 25 GG hineininterpretierten Völkerrechtsfreundlichkeit (s. Rn 474) gründlich widersprechen. Als letzte Erklärung wird schließlich angeboten, daß der Verfassungsgeber davon ausgegangen sei, daß es transformables partikuläres Völkergewohnheitsrecht gar nicht gebe. Möglicherweise war man im Parlamentarischen Rat dieser Meinung, jedenfalls befand man sich dabei aber im Irrtum. Mögen auch die Fälle äußerst selten sein, die grundsätzliche Möglichkeit transformablen partikulären Gewohnheitsrechts ist sicherlich gegeben. In der Literatur **481** wird zur Lösung des Problems auf eine **verfassungsgewohnheitsrechtliche Transformationsnorm** abgestellt (s. *Rudolf*, S. 277 ff, unter Berufung auf RGSt 23, S. 267 und RGZ 62, S. 165 ff). Ob sich dies auch auf bilaterales Gewohnheitsrecht bezieht, ist noch nicht beantwortet (*Rudolf*, S. 270, verneint dies mit dem Hinweis, daß in diesem Fall immer auch innerstaatliches Gewohnheitrecht desselben Inhalts existieren müsse und es daher einer Transformation nicht mehr bedürfe) und auch der Rang des derart transformierten Gewohnheitsrechts ist unklar. Es bietet sich daher doch die Lösung an, auch partikuläres und bilaterales Völkergewohnheitsrecht unter Art. 25 GG zu subsumieren. Als Ansatzpunkt kann dabei der Begriff „allgemein" dienen, der auch bei der Entstehung von Völkergewohnheitsrecht eine Rolle spielt und dort so interpretiert werden kann, daß er auf die jeweils von einer konkreten Gewohnheitsrechtsnorm gebundenen Völkerrechtssubjekte hinweist (s. Rn 247).

482 Das transformierte Recht gilt als **Bundesrecht**, wobei es sich durchaus auch auf Materien der ausschließlichen Landesgesetzgebung beziehen kann.

483 Ein **Hauptanwendungsbereich** des Art. 25 GG ist das völkerrechtliche **Fremdenrecht**. Die Grundregel des Fremdenrechts lautet, daß jeder Staat Fremde in seinem Gebiet so behandeln muß, daß der völkerrechtliche „Mindeststandard" nicht unterschritten wird. Der genaue Inhalt dieses Mindeststandards ist nur sehr schwer zu beschreiben. Man zählt dazu ua das Recht auf Leben, Freiheit, Sicherheit und Eigentum; den Schutzanspruch gegen Angriffe auf diese Rechtsgüter; den Anspruch auf Rechtsschutz und ein faires Verfahren etc.

Diese und andere Inhalte des Mindeststandards wurden über Art. 25 GG transformiert. Sie gelten daher als Bundesrecht (s. Rn 482) und gehen den Gesetzen vor (s. Rn 479). Kein innerstaatliches Gesetz darf gegen diesen Mindeststandard verstoßen. Es wäre rechtswidrig. Hingegen dürfen die innerstaatlichen Gesetze in Übereinstimmung mit dem Mindeststandard oder sogar über ihn hinausgehend (dh günstiger) die Rechtsstellung der Fremden regeln.

484 Das Fremdenrecht der Bundesrepublik ist zum Teil schon im Grundgesetz selbst enthalten.

So stehen zB alle Grundrechte, die man als Menschenrechte bezeichnet, auch den Fremden zu (vgl dazu *Pieroth/Schlink*, Rn 107 ff). Ein reines Fremdengrundrecht ist das Asylrecht des Art. 16 a GG (vgl ibidem, Rn 971 ff).

Der größte Teil des Fremdenrechts findet sich in einfachen Gesetzen. Dabei handelt es sich um solche, die nicht zwischen Inländern und Fremden differenzieren (Inländergleichbehandlung), solche, die einzelne spezielle Bestimmungen für Fremde enthalten oder solche, die überhaupt nur für Fremde gelten.

Dazu zählen insbesondere das Gesetz über die Einreise und den Aufenthalt von Ausländern im Bundesgebiet (Ausländergesetz) vom 9. Juli 1990 (Sartorius I, Nr 565), das Gesetz über Einreise und Aufenthalt von Staatsangehörigen der Mitgliedstaaten der Europäischen Wirtschaftsgemeinschaft (Aufenthaltsgesetz/EWG) in der Fassung vom 31. Januar 1980 (Sartorius I, Nr 560), das Gesetz über die Rechtsstellung heimatloser Ausländer im Bundesgebiet vom 25. April 1951 (Sartorius I, Nr 563), das Asylverfahrensgesetz in der Fassung vom 27. Juli 1993 (Sartorius I, Nr 567) etc.

Schließlich ist ein Teil des Fremdenrechts niedergelegt in völkerrechtlichen Verträgen, die die Bundesrepublik abgeschlossen und transformiert hat. **484a**

Dazu zählen insbesondere das Abkommen über die Rechtsstellung der Flüchtlinge (Genfer Flüchtlingskonvention) vom 28. Juli 1951 (Sartorius II, Nr 28) das Übereinkommen über die Rechtsstellung der Staatenlosen vom 28. September 1954 (BGBl. 1976 II, S. 474 ff), das Europäische Niederlassungsabkommen vom 13. Dezember 1955 (Sartorius II, Nr 117) etc. Dazu kommen eine Reihe von bilateralen Niederlassungsabkommen.

Lösung Fall 13 (Rn 470): Die Zulässigkeit der Verfassungsbeschwerde richtet sich nach Art. 93 Abs. 1 Nr 4a GG iVm § 13 Nr 8a und §§ 90 ff BVerfGG (Aufbauschema mit zT abweichender Terminologie bei *Pieroth/Schlink*, Rn 1121 ff): **485**

1. Beschwerdebefugnis

A müßte beschwerdebefugt sein. Beschwerdebefugnis besitzt gemäß Art. 93 Abs. 1 Nr 4a GG, § 90 Abs. 1 BVerfGG jedermann, der Träger der dort genannten Rechte sein kann. Dies kann bei A sowohl allgemein angenommen werden, da er als natürliche, voll geschäftsfähige (unterstellt) Person – trotz der Tatsache, daß er Ausländer ist – Träger von dort genannten Rechten sein kann. Dies kann aber bei A auch speziell angenommen werden, wenn man darauf abstellt, ob er Träger des geltend gemachten Grundrechts sein kann. Mangels besonderer Hinweise im Sachverhalt kann davon ausgegangen werden, daß A sich auf Art. 2 Abs. 1 GG beruft. Das dort geregelte Grundrecht ist ein Menschenrecht, das In- und Ausländern gleichermaßen zusteht. Daher ist A als natürliche, voll geschäftsfähige (unterstellt) Person und Ausländer beschwerdebefugt.

2. Beschwerdegegenstand

Die Verfassungsbeschwerde müßte sich gegen eine Maßnahme der öffentlichen Gewalt richten. Darunter versteht man einen hoheitlichen Eingriff durch deutsche Gesetzgebung, Rechtsprechung oder Verwaltung. Die Verfassungsbeschwerde des A richtet sich sowohl gegen den Verwaltungsakt, der ihn zur Vermögensabgabe heranzieht, als auch gegen das letztinstanzliche, diesen Verwaltungsakt bestätigende Urteil. In beiden Fällen handelt es sich um eine Maßnahme der öffentlichen Gewalt. Ein Beschwerdegegenstand liegt also vor.

3. Beschwerdegrund

Der Beschwerdeführer müßte die Verletzung eines der in Art. 93 Abs. 1 Nr 4a GG, § 90 Abs. 1 BVerfGG genannten Rechte geltend machen. Die Verletzung müßte zumindest möglich erscheinen.

a) A beruft sich auf Art. 25 GG. Dieser Artikel enthält aber kein in Art. 93 Abs. 1 Nr 4a GG, § 90 Abs. 1 BVerfGG genanntes Recht. Er ist eine Vorschrift der objektiven Rechts- und Verfassungsordnung und enthält keine subjektiven Rechte. In bezug auf Art. 25 GG liegt also kein Beschwerdegrund vor.

b) Aus dem Vorbringen des A kann aber geschlossen werden, daß er sich auf Art. 2 Abs. 1 GG beruft. Die dort geregelte allgemeine Handlungsfreiheit ist in Art. 93 Abs. 1 Nr 4a GG, § 90 Abs. 1 BVerfGG genannt. Sie gewährleistet ua die Freiheit vor bestehenden staatlichen Eingriffen, die nicht der verfassungsmäßigen Ordnung entsprechen.

Der verfassungsmäßigen Ordnung entsprechen staatliche Eingriffe dann, wenn sie als Grundlage ein verfassungsmäßiges Gesetz haben, dh wenn die Rechtsgrundlage des Eingriffs formell und materiell dem GG entspricht. Dies kann mangels näherer Hinweise im Sachverhalt beim Lastenausgleichsgesetz unterstellt werden.

Hingegen begründet A seine Verfassungsbeschwerde mit einer allgemeinen Regel des Völkerrechts. Geht man davon aus, daß eine solche existieren könnte, dann würde sie gemäß Art. 25 Satz 1 GG zum Bestandteil des Bundesrechts, soweit sie self-executing ist. Letzteres kann man bejahen, da die geltend gemachte Norm für den einzelnen das unmittelbare Recht der Freiheit vor derartigen staatlichen Maßnahmen begründet. Die Folge davon wäre, daß diese allgemeine Regel des Völkerrechts den Gesetzen vorginge. Die ihr widersprechenden Gesetze wären daher rechtswidrig. Insofern kann dann ein solches Gesetz nicht zur verfassungsmäßigen Ordnung gehören. Ein darauf gestützter belastender staatlicher Eingriff entspricht nicht der verfassungsmäßigen Ordnung, die allgemeine Handlungsfreiheit des Art. 2 Abs. 1 GG wird dadurch verletzt.

So gesehen wäre bei einer Existenz der behaupteten allgemeinen Regel des Völkerrechts das Lastenausgleichsgesetz rechtswidrig und die Heranziehung zu einer Abgabe eine Verletzung des Art. 2 Abs. 1 GG. Ob die behauptete allgemeine Regel des Völkerrechts tatsächlich existiert, ist eine Frage der Begründetheit. Ein Beschwerdegrund liegt also vor.

c) Die geltend gemachte Grundrechtsverletzung erscheint möglich. Jedenfalls kann eine Grundrechtsverletzung nicht von vornherein ausgeschlossen werden. Das aber genügt für die Zulässigkeit der Verfassungsbeschwerde.

4. Rechtsschutzbedürfnis

A müßte ein subjektives und objektives Rechtsschutzbedürfnis haben.

a) *subjektiv:* A müßte durch den Verwaltungsakt oder das letztinstanzliche Urteil selbst, gegenwärtig und unmittelbar betroffen sein. Dies ist zu bejahen. Der rechtskräftig gewordene Verwaltungsakt und das letztinstanzliche Urteil belasten ihn in dieser Weise. Ein subjektives Rechtsschutzbedürfnis liegt also vor.

b) *objektiv:* Gemäß § 90 Abs. 2 Satz 1 BVerfGG müßte vor Erhebung der Verfassungsbeschwerde der Rechtsweg erschöpft sein. Dies ist laut Sachverhalt gegeben. Die mögliche Grundrechtsverletzung kann auch nicht auf andere Weise beseitigt werden (Subsidiarität). Ein objektives Rechtsschutzbedürfnis liegt also vor.

5. Frist und Form

Die Verfassungsbeschwerde müßte frist- (§ 93 BVerfGG) und formgerecht (§§ 23, 92 BVerfGG) eingereicht worden sein. Dies ist laut Sachverhalt geschehen.

Ergebnis: Die Verfassungsbeschwerde ist zulässig (vgl BVerfGE 23, S. 288 ff).

Literatur: *Bungert*, Einwirkung und Rang von Völkerrecht im innerstaatlichen Rechtsraum, in: DÖV 1994, S. 797 ff; *Doehring*, Die allgemeinen Regeln des völkerrechtlichen Fremdenrechts und das deutsche Verfassungsrecht, Köln 1963; *Geck*, Das Bundesverfassungsgericht und die allgemeinen Regeln des Völkerrechts, in: Bundesverfassungsgericht und Grundgesetz, Bd. II, Tübingen 1976, S. 125 ff; *Geiger*, Zur Lehre vom Völkergewohnheitsrecht in der Rechtsprechung des Bundesverfassungsgerichts, in: AöR 103 (1978), S. 382 ff; *Hofmann*, Art. 25 GG und die Anwendung völkerrechtswidrigen ausländischen Rechts, in: ZaöRVR 1989, S. 41 ff; *ders.*, Zur Bedeutung von Art. 25 GG für die Praxis deutscher Behörden und Gerichte, in: Festschrift für *W. Zeidler*, Berlin-New York 1987, Bd. 2, S. 1885 ff; *Rudolf*, S. 239-281; *ders.*, Die innerstaatliche Anwendung partikulären Völkergewohnheitsrechts, in: Internationale Festschrift für *A. Verdross*, München 1971, S. 435 ff; *Silagi*, Die allgemeinen Regeln des Völkerrechts als Bezugsgegenstand in Art. 25 GG und Art. 26 EMRK, in: EuGRZ 1980, S. 632 ff; *Steinberger*, Allgemeine Regeln des Völkerrechts, in: *Isensee/Kirchhof*, Bd. VII, S. 525 ff.

3. Allgemeine Rechtsgrundsätze

486 Geht man mit der hier vertretenen Auffassung davon aus, daß Art. 25 GG sich nicht auf die allgemeinen Rechtsgrundsätze bezieht (s. Rn 472), so enthält das **GG keine Regelung** über den Vollzug der allgemeinen Rechtsgrundsätze. Dies ist auch nicht notwendig, da die Rechtsgrundsätze ja schon in der deutschen Rechtsordnung existent sind, der Vollzug also gewährleistet ist.

487 Folgt man der nicht näher begründeten Auffassung des BVerfG, daß die allgemeinen Rechtsgrundsätze auch unter Art. 25 GG fallen (BVerfGE 15, S. 25 ff, 33 ff; 16, S. 27 ff, 33; 23, S. 288 ff, 317; 31, 145 ff, 177 f), so gelten die Ausführungen zum Völkergewohnheitsrecht entsprechend.

Literatur: *Geck*, Das Bundesverfassungsgericht und die allgemeinen Regeln des Völkerrechts, in: Bundesverfassungsgericht und Grundgesetz, Bd. II, Tübingen 1976, S. 176 ff; *Heinz*, Zur Bedeutung und Auslegung von Art. 25 des Grundgesetzes für die Bundesrepublik Deutschland, in: Recht und Staat, Festschrift für *G. Küchenhoff*, 2. Halbband, Berlin 1972, S. 805 ff; *Papadimitriu*, Die Stellung der allgemeinen Regeln des Völkerrechts im innerstaatlichen Recht, Berlin 1972, S. 75-79; *Steinberger*, Allgemeine Regeln des Völkerrechts, in: *Isensee/Kirchhof*, Bd. VII, S. 525 ff.

4. Beschlüsse internationaler Organisationen

488 Das GG enthält keine ausdrücklichen Bestimmungen über den innerstaatlichen Vollzug von Beschlüssen internationaler Organisationen. Dabei ist davon auszugehen, daß die Beschlüsse internationaler Organisationen in aller Regel ohnehin nicht vollzugsfähig sind. Sie richten sich vornehmlich an Staaten und haben üblicherweise nur empfehlenden Charakter. Daraus können für den einzelnen nur selten Rechte und Pflichten entstehen. Dies gilt aber dann nicht, wenn es sich um die Europäische Union, insbesondere die Erste Säule iSv Art. 23 Abs. 1 GG oder um internationale Organisationen iSv Art. 24 Abs. 1 GG handelt, auf die der Bund Hoheitsrechte übertragen hat (s. Rn 515 ff).

489 Wenn man das Recht der EU einmal beiseite läßt und auch von der mangelnden Praxisrelevanz der Frage absieht, so kann man davon ausgehen, daß sich der Vollzug von Beschlüssen internationaler Organisationen – ihre Vollzugsfähigkeit vorausgesetzt – nach den Vertragsgesetzen zu den Beitrittsverträgen bzw nach den Gesetzen gemäß Art. 24 Abs. 1 GG richtet. Denn darin ist die **antizipierte generelle Transformation** bzw der antizipierte Vollzugsbefehl für die künftigen in den Organisationsstatuten vorgesehenen Beschlüsse dieser Organisation zu sehen. Dem steht nicht entgegen, daß es im Einzelfall zu einer speziellen Transformation bzw zu einem Vollzugsbefehl in Form von Gesetzen oder Rechtsverordnungen kommt. Voraussetzung für eine solche spezielle Transformation bzw einen solchen Vollzugsbefehl ist lediglich, daß die Organisationsstatuten nicht ohnehin schon die unmittelbare Geltung der Beschlüsse vorsehen.

490 Handelt es sich um eine generelle Transformation, dann kommt den transformierten Beschlüssen **Gesetzesrang** zu, sofern die Vertragsgesetze zu den Gründungsverträ-

gen bzw die Gesetze gemäß Art. 24 Abs. 1 GG nicht einen niedrigeren Rang bestimmen. Bei einer speziellen Transformation richtet sich der Rang der transformierten Beschlüsse nach den Transformatoren selbst oder nach deren diesbezüglichen Bestimmungen bezüglich eines niedrigeren Ranges.

VII. Regelung in den Länderverfassungen

1. Völkerrechtliche Verträge

491 Die Länderverfassungen enthalten in der Regel ausdrückliche Bestimmungen über den Abschluß von völkerrechtlichen Verträgen und die Transformation bzw den Vollzugsbefehl. Daraus läßt sich aber ebensowenig wie aus dem GG die Festlegung auf eine der beiden Theorien ableiten. Übereinstimmend sehen die Länderverfassungen vor, daß beim Abschluß von Verträgen über die Gegenstände der Landesgesetzgebung die Parlamente zustimmen müssen. Allerdings ist als Form der Zustimmung nicht immer ein Gesetz vorgeschrieben, in der Praxis wird allerdings grundsätzlich darauf zurückgegriffen. In dieser Zustimmung wird allgemein die Transformation bzw der Vollzugsbefehl gesehen. Im einzelnen sehen die Länderverfassungen folgendes vor:

(1) Baden-Württemberg

492 Art. 50 Satz 2: Der Abschluß von Staatsverträgen bedarf der Zustimmung der Regierung und des Landtags.

Die Zustimmung wird in Form eines Gesetzes erteilt. Die Lehre geht davon aus, daß Verwaltungsabkommen nicht unter Art. 50 Satz 2 fallen. Daher vollzieht sich ihre Transformation mit der innerstaatlichen Durchführung durch Rechtsverordnung, Verwaltungsverordnung etc.

(2) Bayern

493 Art. 72 Abs. 2: Staatsverträge werden vom Ministerpräsidenten nach vorheriger Zustimmung des Landtags abgeschlossen.

Die Zustimmung wird in der Regel in Form eines Beschlusses erteilt. Verwaltungsabkommen unterliegen nach der Lehre nicht Art. 72 Abs. 2. Für sie wird – nicht unbestritten (s. Rn 195 f) – § 1 Abs. 2 Satz 2 der Geschäftsordnung der Bayerischen Staatsregierung (ibidem) herangezogen, der bestimmt:

„(Der Ministerpräsident) schließt … namens der Bayerischen Staatsregierung die von ihr gebilligten Verwaltungsabkommen ab …“

In der Billigung durch die Staatsregierung, die durch Beschluß erfolgt, wird die Transformation bzw der Vollzugsbefehl gesehen.

(3) Berlin

494 In der Verfassung von Berlin finden sich keine direkten Bestimmungen über den Abschluß von völkerrechtlichen Verträgen. Lediglich Art. 58 Abs. 1 Satz 1 betraut den Regierenden Bürgermeister mit der Vertretung Berlins nach außen. Aus der Vorschrift des Art. 59 Abs. 1, wonach die für alle verbindlichen Gebote und Verbote auf Gesetz beruhen müssen, leitet man aber bei Verträgen, die solche Gebote und Verbote enthalten, die Notwendigkeit eines Gesetzes für die Transformation bzw den Vollzugsbefehl ab. Verwaltungsabkommen werden durch Rechtsverordnung, Verwaltungsverordnung etc transformiert.

(4) Brandenburg

Art. 91 Abs. 2: Staatsverträge, insbesondere Verträge, die sich auf Gegenstände der Gesetzgebung beziehen oder Aufwendungen erfordern, für die Haushaltsmittel nicht vorgesehen sind, bedürfen der Zustimmung des Landtages. **495**

Die Zustimmung erfolgt in Form eines Gesetzes. Verwaltungsabkommen werden durch Rechtsverordnung, Verwaltungsverordnung etc. transformiert.

(5) Bremen

In der Verfassung von Bremen fehlen direkte Bestimmungen über den Abschluß von völkerrechtlichen Verträgen. Lediglich Art. 118 Abs. 1 Satz 2 bestimmt, daß der Senat das Land nach außen vertritt. Die Transformation bzw der Vollzugsbefehl bei Verträgen über Gegenstände der Landesgesetzgebung wird in Form eines Gesetzes der Bürgerschaft bewirkt, ohne daß die Verfassung dies vorschreibt. Begründet wird dies mit ungeschriebenem Verfassungsrecht und dem Gesetzesvorbehalt. Verwaltungsabkommen werden durch Rechtsverordnungen, Verwaltungsverordnungen etc transformiert. **496**

(6) Hamburg

Art. 43 Satz 3: (Die Ratifikation der Staatsverträge) bedarf der Zustimmung der Bürgerschaft, sofern die Verträge Gegenstände der Gesetzgebung betreffen oder Aufwendungen erfordern, für die Haushaltsmittel nicht vorgesehen sind. **497**

Die Zustimmung erfolgt in Form eines Gesetzes. Verwaltungsabkommen können wegen der Haushaltsmittel-Klausel unter Art. 43 Satz 3 fallen. Ist dies nicht der Fall, werden sie durch Rechtsverordnung, Verwaltungsverordnung etc transformiert.

(7) Hessen

Art. 103 Abs. 2: Staatsverträge bedürfen der Zustimmung des Landtags. **498**

Die Zustimmung erfolgt in Form eines Gesetzes. Verwaltungsabkommen fallen nach der Lehre nicht unter Art. 103 Abs. 2. Sie werden durch Rechtsverordnung, Verwaltungsverordnung etc transformiert.

Darüber hinaus enthält die hessische Verfassung als einzige Länderverfassung eine ausdrückliche Regel über den Rang des Vertragsrechts im innerstaatlichen Bereich.

Art. 67 Satz 2: Kein Gesetz ist gültig, das … mit einem Staatsvertrag im Widerspruch steht.

Damit ist ein Übergesetzesrang festgelegt. Nach den übrigen Verfassungen kann man höchstens von einem Gesetzesrang ausgehen, den man aus dem in Form eines Gesetzes ergangenen Transformator bzw dem Vollzugsbefehl ableiten kann.

(8) Mecklenburg-Vorpommern

499 Art. 47 Abs. 2: Staatsverträge, die Gegenstände der Gesetzgebung betreffen, bedürfen der Zustimmung des Landtages in Form eines Gesetzes.

Die Verfassung von Mecklenburg-Vorpommern ist damit neben der des Saarlandes die einzige, die ausdrücklich die Form eines Gesetzes für die Zustimmung vorschreibt.

(9) Niedersachsen

500 Art. 35 Abs. 2: Verträge des Landes, die sich auf Gegenstände der Gesetzgebung beziehen, bedürfen der Zustimmung des Landtages.

Die Zustimmung erfolgt in Form eines Gesetzes. Verwaltungsabkommen werden durch Rechtsverordnungen, Verwaltungsverordnungen etc transformiert.

(10) Nordrhein-Westfalen

501 Art. 66 Satz 2: Staatsverträge bedürfen der Zustimmung des Landtags.

Als Verträge im Sinne des Art. 66 Satz 2 werden solche angesehen, deren Inhalt nur durch Gesetz erlassen werden dürfte. Die Zustimmung erfolgt trotzdem nur durch Beschluß. Verwaltungsabkommen sind solche, deren Inhalt auch ohne Gesetz von der Exekutive geregelt werden könnte. Sie unterfallen daher nicht Art. 66 Satz 2 und werden durch Rechtsverordnungen, Verwaltungsverordnungen etc transformiert.

(11) Rheinland-Pfalz

502 Art. 101 Satz 2: Staatsverträge bedürfen der Zustimmung des Landtags.

Die Zustimmung erfolgt in Form eines Gesetzes. Verwaltungsabkommen werden auch ohne Zustimmung des Landtags abgeschlossen. Ihre Transformation vollzieht sich in Form von Rechtsverordnungen, Verwaltungsverordnungen etc.

(12) Saarland

503 Art. 95 Abs. 2: Der Abschluß von Staatsverträgen bedarf der Zustimmung des Landtages durch Gesetz. Die Landesregierung ist verpflichtet, den Landtag über andere wichtige Vereinbarungen zu unterrichten.

Die Verfassung des Saarlandes ist damit neben der von Mecklenburg-Vorpommern die einzige, die ausdrücklich eine Zustimmung durch Gesetz vorschreibt. Als Staatsvertrag iSd Art. 95 Abs. 2 werden solche angesehen, die innerstaatlich durch Gesetz vollzogen werden müssen. Verwaltungsabkommen werden durch Rechtsverordnungen, Verwaltungsverordnungen etc transformiert.

(13) Sachsen

Art. 65 Abs. 2: Der Abschluß von Staatsverträgen bedarf der Zustimmung der Staatsregierung und des Landtages. **504**

Die Zustimmung erfolgt in Form eines Gesetzes. Verwaltungsabkommen werden durch Rechtsverordnungen, Verwaltungsverordnungen etc transformiert.

(14) Sachsen-Anhalt

Art. 69 Abs. 2: Der Abschluß von Staatsverträgen bedarf der Zustimmung des Landtages. **505**

Die Zustimmung erfolgt in Form eines Gesetzes. Verwaltungsabkommen werden durch Rechtsverordnungen, Verwaltungsverordnunge etc transformiert.

(15) Schleswig-Holstein

Art. 30 Abs. 2: Verträge mit der Bundesrepublik oder mit anderen Ländern bedürfen der Zustimmung der Landesregierung. Soweit sie Gegenstände der Gesetzgebung betreffen oder zu ihrer Durchführung eines Gesetzes bedürfen, muß auch der Landtag zustimmen. **506**

Die Zustimmung erfolgt in Form eines Gesetzes. Verwaltungsabkommen werden durch Rechtsverordnungen, Verwaltungsverordnungen etc transformiert.

(16) Thüringen

Art. 77 Abs. 2: Staatsverträge bedürfen der Zustimmung des Landtags. **507**

Die Zustimmung erfolgt in Form eines Gesetzes. Verwaltungsabkommen werden durch Rechtsverordnungen, Verwaltungsverordnungen etc transformiert.

2. Völkergewohnheitsrecht und allgemeine Rechtsgrundsätze

Nur **drei Länderverfassungen** enthalten überhaupt Bestimmungen über das Völkergewohnheitsrecht bzw die allgemeinen Rechtsgrundsätze. Dabei läßt sich – genauso wie bei Art. 25 GG – keine Festlegung auf entweder die Transformationstheorie oder die Vollzugslehre konstatieren. Da es nach der hier vertretenen Auffassung keiner Vollziehung der allgemeinen Rechtsgrundsätze im innerstaatlichen Bereich bedarf, weil sie ohnehin schon dessen Bestandteil sind (s. Rn 486), beziehen sich auch die Länderverfassungen jeweils nicht auf diese Rechtsquelle des Völkerrechts. Insgesamt erhebt sich bei diesen Bestimmungen die Frage, inwieweit sie überhaupt neben Art. 25 GG noch eine eigenständige rechtliche Bedeutung haben. Ein Teil der Lehre geht davon aus, daß sie zumindest gegenstandslos geworden sind. Dabei ist aber festzustellen, daß keine der drei Bestimmungen mit Art. 25 GG gleichlautend ist, sondern daß sie weiter (Hessen) oder weniger weit (Bayern, Bremen) gehen. Für den Fall, daß sie weiter gehen, haben sie natürlich einen eigenständigen Regelungsgehalt und sind keineswegs gegenstandslos. Sind sie weniger weitgehend, dann sind sie – jedenfalls für die Dauer der Geltung des Art. 25 GG – ge- **508** genstandslos geworden. In keinem Fall aber sind sie wegen Art. 31 GG außer Kraft getreten (vgl dazu BVerfGE 36, S. 342 ff; BayVerfGH 12, S. 131 ff, 137).

Im einzelnen bestimmen die Länderverfassungen folgendes:

(1) Bayern

509 Art. 84: Die allgemein anerkannten Grundsätze des Völkerrechts gelten als Bestandteil des einheimischen Rechts.

Die Bestimmung ist enger als Art. 25 GG, da sie auf die „allgemein anerkannten" Grundsätze abstellt. Diese Formulierung entspricht Art. 4 WRV und stellt darauf ab, daß die Grundsätze auch von dem betreffenden Staat selbst (= Bayern) anerkannt sein müssen. Eine Aussage über den Rang der Grundsätze im innerstaatlichen Recht ist in Art. 84 nicht enthalten.

(2) Bremen

510 Art. 122: Die allgemein anerkannten Regeln des Völkerrechts sind Bestandteile des Landesrechts. Sie sind für den Staat und für den einzelnen Staatsbürger verbindlich.

Hier gilt das bei Bayern Ausgeführte. Vom Wortlaut her gesehen könnte man davon ausgehen, daß Art. 122 dadurch, daß er die Regeln als für den Staat verbindlich erklärt, sie mit Verfassungsrang oder sogar Überverfassungsrang ausstattet.

(3) Hessen

511 Art. 67: Die Regeln des Völkerrechts sind bindende Bestandteile des Landesrechts, ohne daß es ihrer ausdrücklichen Umformung in Landesrecht bedarf. Kein Gesetz ist gültig, das mit solchen Regeln … in Widerspruch steht.

Die Bestimmung ist weitergehend als Art. 25 GG, da alle Regeln des Völkerrechts umfaßt werden. Zwar reduziert sich der Begriffsinhalt dieser Regeln auch auf das Völkergewohnheitsrecht, er umfaßt aber auch partikuläres und bilaterales Völkergewohnheitsrecht. Wenn man also mit einem Teil der Lehre davon ausgeht, daß Art. 25 GG dieses nicht betreffe (s. Rn 480 f), ist Art. 67 weitergehend. Art. 67 Satz 2 gibt den Regeln des Völkerrechts einen Übergesetzesrang.

3. Beschlüsse internationaler Organisationen

512 Die Länderverfassungen enthalten keine Bestimmungen über die Beschlüsse internationaler Organisationen. Da die Länder keine Hoheitsrechte auf internationale Organisationen übertragen können (s. Rn 284), sind keine vollzugsfähigen Beschlüsse zu erwarten. Von der rein theoretischen Problemstellung her gesehen, müßten die Fragen der Vollziehung solcher Beschlüsse über das Vertragsrecht gelöst werden (s. Rn 489 für den Bund).

512a Die grenznachbarschaftlichen Einrichtungen iSv Art. 24 Abs. 1a GG sind keine internationalen Organisationen (s. Rn 67 und 285). Sie fallen damit nicht unter die hier behandelte Fragestellung. Andererseits wird wohl in aller Regel die Übertragung von Hoheitsrechten iSv Art. 24 Abs. 1a GG durch völkerrechtlichen Vertrag geschehen. Dann kämen aber bei den Fragen der Vollziehung von Beschlüssen solcher grenznachbarschaftlicher Einrichtungen doch wieder die Bestimmungen der Länderverfassungen über das Vertragsrecht zur Anwendung. Zur Zeit fehlen diesbezüglich noch jegliche Erfahrungen, da es noch keine Anwendungsfälle des Art. 24 Abs. 1a GG gibt.

Literatur: *Jellinek*, Kritische Betrachtungen zur Völkerrechtsklausel in den deutschen Verfassungsurkunden, in: Um Recht und Gerechtigkeit, Festgabe für *E. Kaufmann*, Stuttgart 1950, S. 181 ff; *Randelzhofer*, Innerstaatlich erforderliche Verfahren für das Wirksamwerden der von der Exekutive abgeschlossenen völkerrechtlichen Vereinbarungen, in: AöR 99 (1974), Beiheft 1, S. 18 ff; *Rudolf*, S. 231-238; *ders.*, Mitwirkung der Landtage bei völkerrechtlichen Verträgen und bei der EG-Rechtsetzung, in: Einigkeit und Recht und Freiheit, Festschrift für *K. Carstens*, Bd. 2, Köln 1984, S. 757 ff.

B. Der innerstaatliche Vollzug des Europarechts

Fall 14: Art. 10 der Richtlinie 69/335 betreffend die indirekten Steuern auf die Ansammlung von Kapital bestimmt: **513**

„Abgesehen von der Gesellschaftssteuer erheben die Mitgliedstaaten von Gesellschaften, Personenvereinigungen oder juristischen Personen mit Erwerbszweck keinerlei andere Steuern oder Abgaben auf:

a) …

b) …

c) die der Ausübung einer Tätigkeit vorangehende Eintragung oder sonstige Formalität, der eine Gesellschaft, Personenvereinigung oder juristische Person mit Erwerbszweck auf Grund ihrer Rechtsform unterworfen werden kann."

Ein EG-Mitgliedstaat hatte diese Richtlinie zwar frist- aber nicht ordnungsgemäß umgesetzt und in der Folge Eintragungsgebühren verlangt, die mit Art. 10 der Richtlinie nicht vereinbar sind. Mehrere Gesellschaften beantragten daraufhin die Erstattung dieser Beiträge für den Zeitraum von 10 Jahren. Nachdem die Anträge abgelehnt worden waren, erhoben die Gesellschaften Klage vor dem zuständigen nationalen Gericht. Dieses rief gemäß Art. 234 EGV den EuGH an und stellte folgende Fragen:

1) Kann sich der einzelne vor den nationalen Gerichten unmittelbar auf Art. 10 der Richtlinie berufen?

2) Kann eine nationale Verjährungsfrist (ihre grundsätzliche Zulässigkeit unterstellt) ab dem Tag des Ablaufs der Umsetzungsfrist oder erst ab dem Tag der ordnungsgemäßen Umsetzung zu laufen beginnen?

Wie sind die Fragen zu beantworten? (**Lösung: Rn 531**)

I. Europarecht im weiteren Sinn

514 Bei der Frage der innerstaatlichen Vollziehung des Europarechts muß zunächst differenziert werden. Handelt es sich um Europarecht im weiteren Sinn = Recht der europäischen internationalen Organisationen (s. Rn 15), so kommen die Bestimmungen des GG über völkerrechtliche Verträge (s. Rn 445 ff) und über Beschlüsse internationaler Organisationen (s. Rn 488 ff) zur Anwendung.

II. Europarecht im engeren Sinn (Recht der Europäischen Union)

1. Allgemein

515 Handelt es sich aber um das Europarecht im engeren Sinn (Recht der Europäischen Union, s. Rn 16 ff), so ist diese generelle Verweisung wie beim Europarecht im weiteren Sinn nach hL und Rechtsprechung nicht möglich. Dies hat seinen Grund zunächst in der Tatsache, daß der Beitritt der Bundesrepublik zu den Europäischen Gemeinschaften und später zur EU nicht nur eines Vertragsgesetzes gemäß Art. 59 Abs. 2 Satz 1 GG, sondern auch eines Gesetzes gemäß Art. 24 Abs. 1 GG bzw gemäß Art. 23 Abs. 1 Satz 2 GG bedurfte. Damit wurden auf die Europäischen Gemeinschaften bzw auf die EU Hoheitsrechte übertragen, ein Vorgang, den die hL so auslegt, daß die Bundesrepublik damit die Ausübung der Hoheitsgewalt durch diese Einrichtungen duldet (s. Rn 55). Der innerstaatliche Vollzug des Rechts der EU, der so gesehen nur das Recht der Ersten Säule = **Gemeinschaftsrecht** betrifft, da nur dieses Durchgriffscharakter besitzt, ist nicht etwa nach den allgemeinen Kriterien der Transformationslehre oder der Vollzugstheorie zu beurteilen. Vielmehr sind entsprechende Probleme durch Rückgriff auf das gemäß Art. 23 Abs. 1 GG bzw gemäß Art. 24 Abs. 1 GG in die deutsche Rechtsordnung hineinreichende Gemeinschaftsrecht zu lösen. Aus diesem Grund hat die hL die Versuche abgelehnt, die Transformation des bzw den Vollzugsbefehl für das primäre(n) Gemeinschaftsrecht(s) in den Vertragsgesetzen gemäß Art. 59 Abs. 2 Satz 1 GG zu sehen. Dasselbe gilt für die Ansicht, durch diese Vertragsgesetze sei das sekundäre Gemeinschaftsrecht antizipierend transformiert worden (s. *Rupp*, in: NJW 1974, S. 2153 ff, 2155), was auf eine generelle Transformation hinausläuft (s. Rn 430).

516 Der Vollzug des Rechts der Zweiten und Dritten Säule sowie des Dachs und des Sockels (s. Rn 16 ff) = **Unionsrecht** richtet sich demgegenüber nach den Grundsätzen des Vollzugs von völkerrechtlichem Vertragsrecht (s. Rn 445 ff), sowohl das primäre (s. Rn 320) als auch das sekundäre Unionsrecht (s. Rn 321) dem völkerrechtlichen Vertragsrecht zuzuordnen ist.

517 Die hL kann sich bei ihrer Argumentation bezüglich des Vollzugs von Gemeinschaftsrecht auf die **Rechtsprechung** sowohl des BVerfG als auch des EuGH berufen. Dies gilt beispielsweise für folgende Ausführungen des BVerfG, in denen sich auch die einschlägige Rechtsprechung des EuGH widerspiegelt (BVerfGE 31, S. 145 ff, 173 f):

„Denn durch die Ratifizierung des EWG-Vertrages … ist in Übereinstimmung mit Art. 24 Abs. 1 GG eine eigenständige Rechtsordnung der Europäischen Wirtschaftsgemeinschaft entstanden, die in die innerstaatliche Rechtsordnung hineinwirkt und von den deutschen Gerichten anzuwenden ist … Art. 24 Abs. 1 GG besagt bei sachgerechter Auslegung nicht nur, daß die Übertragung von Hoheitsrechten auf zwischenstaatliche Einrichtungen überhaupt zulässig ist, sondern auch, daß die Hoheitsakte ihrer Organe … vom ursprünglich ausschließlichen Hoheitsträger anzuerkennen sind. Von dieser Rechtslage ausgehend, müssen seit dem Inkrafttreten des Gemeinsamen Markts die deutschen Gerichte auch solche Rechtsvorschriften anwenden, die zwar einer eigenständigen außerstaatlichen Hoheitsgewalt zuzurechnen sind, aber dennoch … im innerstaatlichen Raum unmittelbare Wirkung entfalten und entgegenstehendes nationales Recht überlagern und verdrängen …"

Später hat das BVerfG dies noch konziser ausgedrückt (BVerfGE 58, S. 1 ff, 28):

„Diese Verfassungsbestimmung (= Art. 24 Abs. 1 GG, Anm. d. Verf.) öffnet die deutsche Rechtsordnung derart, daß der ausschließliche Herrschaftsanspruch der Bundesrepublik Deutschland im Geltungsbereich des Grundgesetzes zurückgenommen und der unmittelbaren Geltung und Anwendbarkeit eines Rechts aus anderer Quelle innerhalb des staatlichen Herrschaftsbereichs Raum gelassen wird (BVerfGE 37, 271 [280])"; (ebenso BVerfGE 59, S. 63 ff, 90; 73, S. 339 ff, 374).

Der Meinung, daß das sekundäre Gemeinschaftsrecht generell transformiert wurde, **518**
hat das BVerfG nicht ausdrücklich widersprochen. Indem es aber ursprünglich Verfassungsbeschwerden gegen sekundäres Gemeinschaftsrecht für unzulässig erklärt hat (s. Rn 70), hat es sich – indirekt – gegen die Transformationsthese gewandt. Denn eine Verfassungsbeschwerde gegen transformiertes sekundäres Gemeinschaftsrecht könnte nicht unzulässig sein. Außerdem ergibt sich aus der Rechtsprechung des BVerfG (BVerfGE 58, S. 1 ff, 28), daß es von „der unmittelbaren Geltung und Anwendbarkeit eines Rechts aus anderer Quelle innerhalb des staatlichen Herrschaftsbereichs", also nicht innerhalb der *staatlichen Rechtsordnung* ausgeht. Dies ist offenkundig mit der Transformationstheorie unvereinbar.

Daher kann man die Meinung vertreten, daß dieses aus anderer Quelle stammende **519**
Recht dann auch die Fragen der innerstaatlichen Vollziehung selbst lösen müsse.

2. Primäres Gemeinschaftsrecht

Voraussetzung der innerstaatlichen Vollziehung des primären Gemeinschaftsrechts **520**
ist, daß es überhaupt **vollzugsfähig** ist. Dies trifft anerkanntermaßen nur für die Normen des primären Gemeinschaftsrechts zu, die unmittelbar anwendbar sind. Im Prinzip richtet sich die Feststellung, welche Normen unmittelbar anwendbar und damit vollzugsfähig sind, nach denselben Kriterien wie beim Völkerrecht (s. Rn 436 ff). Rechtsprechung und Lehre gehen von einer Vollzugsfähigkeit primären Gemeinschaftsrechts aus, wenn die Normen so formuliert sind, daß sie:

(1) rechtlich vollkommen sind, dh ohne jede weitere Konkretisierung anwendbar sind;

(2) unbedingt sind;

(3) in einer Verpflichtung für die Mitgliedstaaten bestehen, die keine weiteren Vollzugsmaßnahmen erfordert;

(4) den Mitgliedstaaten keinen Ermessensspielraum lassen.

520a Konkret ist dies dann der Fall, wenn dem einzelnen ausdrücklich ein subjektives Recht gegeben wird (zB Art. 39 Abs. 2 und Abs. 3 EGV), wenn der einzelne ausdrücklich verpflichtet wird (zB Art. 81 Abs. 1 EGV) oder wenn den Mitgliedstaaten eindeutige Verpflichtungen zugunsten des einzelnen auferlegt werden (zB Art. 90 Abs. 1 und 2 EGV). Der EuGH hat dazu ausgeführt (Rs. 26/62, van Gend & Loos, Slg. 1963, S. 1 ff, 25):

> „Das von der Gesetzgebung der Mitgliedstaaten unabhängige Gemeinschaftsrecht soll daher den Einzelnen, ebenso wie es ihnen Pflichten auferlegt, auch Rechte verleihen. Solche Rechte entstehen nicht nur, wenn der Vertrag dies ausdrücklich bestimmt, sondern auch auf Grund von eindeutigen Verpflichtungen, die der Vertrag den Einzelnen wie auch den Mitgliedstaaten ... auferlegt."

521 Wenn die Normen des primären Gemeinschaftsrechts vollzugsfähig sind, dann wird ihre innerstaatliche Vollziehung nach der hL nicht mehr durch Vorschriften des GG, sondern des Gemeinschaftsrechts selbst gewährleistet. Zur Begründung wird auf die Rechtsprechung des EuGH verwiesen, der dazu ausgeführt hat (Rs. 6/64, Costa/ENEL, Slg. 1964, S. 1251 ff, 1269):

> „Zum Unterschied von gewöhnlichen internationalen Verträgen hat der EWG-Vertrag eine eigene Rechtsordnung geschaffen, die bei seinem Inkrafttreten in die Rechtsordnung der Mitgliedstaaten aufgenommen worden und von ihren Gerichten anzuwenden ist. Denn durch die Gründung einer Gemeinschaft für unbegrenzte Zeit, die mit eigenen Organen, mit der Rechts- und Geschäftsfähigkeit, mit internationaler Handlungsfähigkeit und insbesondere mit echten, aus der Beschränkung der Zuständigkeit der Mitgliedstaaten oder der Übertragung von Hoheitsrechten der Mitgliedstaaten auf die Gemeinschaft herrührenden Hoheitsrechten ausgestattet ist, haben die Mitgliedstaaten, wenn auch auf einem begrenzten Gebiet, ihre Souveränitätsrechte beschränkt und so einen Rechtskörper geschaffen, der für ihre Angehörigen und sie selbst verbindlich ist".

Außerdem wird auch das BVerfG angeführt, das diese Sicht im wesentlichen bestätigt hat (s. Rn 71).

522 Wenn aber die innerstaatliche Geltung des vollzugsfähigen primären Gemeinschaftsrechts aus der Tatsache der Gründung der Gemeinschaften hergeleitet wird, so ist dies – das hat das BVerfG auch ausgeführt – eben zumindest auf Art. 24 Abs. 1 GG (und in Zukunft auf Art. 23 Abs. 1 GG) und darüber hinaus wohl auch auf Art. 59 Abs. 2 Satz 1 GG zurückzuführen. Daraus und aus den mit Doppelfunktion ausgestatteten Gesetzen (s. Rn 276) zu den Gemeinschaftsverträgen ergibt sich die Gründung und Souveränitätsübertragung. Daher muß auch die innerstaatliche Geltung des vollzugsfähigen primären Gemeinschaftsrechts auf diesen Grundlagen basieren. Ob man dann den Geltungsgrund nur im Gesetz aufgrund von Art. 24 Abs. 1 GG (und in Zukunft aufgrund von Art. 23 Abs. 1 GG) allein sieht oder auch die Doppelfunktion des Gesetzes und damit Art. 59 Abs. 2 Satz 1 GG mit heranzieht, ändert am Ergebnis wohl nichts mehr. So gesehen ist die hL nicht unbedingt überzeugend.

522a Sind Normen des primären Gemeinschaftsrechts nicht vollzugsfähig, dh nicht unmittelbar anwendbar, dann bedürfen sie entweder Durchführungsvorschriften der Organe der EG (zB Art. 33f, Art. 42 EGV), staatlicher Durchführungsvorschriften (zB Art. 84, Art. 98 Satz 1, Art. 126 Abs. 1 EGV) oder völkerrechtlicher Durchführungsvorschriften (zB Art. 20 EGV).

3. Sekundäres Gemeinschaftsrecht

Auch beim sekundären Gemeinschaftsrecht ist Voraussetzung der innerstaatlichen Vollziehung seine **Vollzugsfähigkeit**. **523**

- Bei Verordnungen bzw (allgemeinen) Entscheidungen (s. Rn 339 ff) ist dies in aller Regel anzunehmen.
- Bei Richtlinien bzw Empfehlungen (s. Rn 344 ff) ist das Gegenteil der Fall, da sie sich von ihrer Konstruktion her gesehen nicht zur Vollzugsfähigkeit eignen. Allerdings sind Ausnahmen denkbar. Der EuGH bejaht die Vollzugsfähigkeit einer den einzelnen Rechte verleihenden bzw nicht verpflichtenden Richtlinie, wenn diese „inhaltlich als unbedingt und hinreichend genau" erscheint und von einem Mitgliedstaat nicht fristgerecht umgesetzt wurde (s. Rn 348 ff).
- Auch die (individuellen) Entscheidungen (s. Rn 353 ff), die den einzelnen Rechte verleihen bzw nicht verpflichten, aber an die Mitgliedstaaten gerichtet sind, sind von ihrer Konstruktion und Funktion her gesehen nicht vollzugsfähig. Dennoch sind auch bei ihnen Ausnahmen denkbar (s. Rn 355).

Auch beim vollzugsfähigen sekundären Gemeinschaftsrecht vertritt die hL die Meinung, daß ihre innerstaatliche Vollziehung nicht auf Vorschriften des GG, sondern auf dem Gemeinschaftsrecht selbst beruht. Dies sei eben Ausfluß der vertraglich verfaßten Hoheitsgewalt, die supranational sei. Zur Begründung wird auf Art. 249 Abs. 2 EGV verwiesen, der für die Verordnungen ausdrücklich eine unmittelbare Geltung in den Mitgliedstaaten vorschreibt. Dieses Argument läßt sich zwar auf Richtlinien und (individuelle) Entscheidungen nicht übertragen, aber im Rahmen dieser Begründung kann man natürlich auf die von der hL und vom BVerfG (BVerfGE 75, S. 223 ff, 240 ff) akzeptierte Rechtsprechung des EuGH zur unmittelbaren Wirkung dieser Rechtsakte hinweisen (s. Rn 348 ff und 355). **524**

Das BVerfG hat diese Ansicht so formuliert (BVerfGE 22, S. 293 ff, 295 f): **525**

„Die Verordnungen des Rates und der Kommission sind Akte einer besonderen, durch den Vertrag geschaffenen, von der Staatsgewalt der Mitgliedstaaten deutlich geschiedenen „supranationalen" öffentlichen Gewalt. Die Organe der EWG üben Hoheitsrechte aus, deren sich die Mitgliedstaaten zugunsten der von ihnen gegründeten Gemeinschaft entäußert haben. Die Gemeinschaft ist selbst kein Staat, auch kein Bundesstaat. Sie ist eine im Prozeß fortschreitender Integration stehende Gemeinschaft eigener Art, eine „zwischenstaatliche Einrichtung" im Sinne des Art. 24 Abs. 1 GG, auf die die Bundesrepublik Deutschland – wie die übrigen Mitgliedstaaten – bestimmte Hoheitsrechte „übertragen" hat. Damit ist eine neue öffentliche Gewalt entstanden, die gegenüber der Staatsgewalt der einzelnen Mitgliedstaaten selbständig und unabhängig ist; ihre Akte brauchen daher von den Mitgliedstaaten weder bestätigt („ratifiziert") zu werden noch können sie von ihnen aufgehoben werden. Der EWG-Vertrag stellt gewissermaßen die Verfassung dieser Gemeinschaft dar. Die von den Gemeinschaftsorganen im Rahmen ihrer vertragsgemäßen Kompetenzen erlassenen Rechtsvorschriften, das „sekundäre Gemeinschaftsrecht", bilden eine eigene Rechtsordnung, deren

Normen weder Völkerrecht noch nationales Recht der Mitgliedstaaten sind. Das Gemeinschaftsrecht und das innerstaatliche Recht der Mitgliedstaaten sind „zwei selbständige, voneinander verschiedene Rechtsordnungen"; das vom EWG-Vertrag geschaffene Recht fließt aus einer „autonomen Rechtsquelle ..."

526 Im Rahmen dieser Argumentation wird die Meinung von der antizipierten generellen Transformation von sekundärem Gemeinschaftsrecht (s. Rn 515) konsequenterweise abgelehnt. Aber auch hier gilt der Einwand, daß die Funktion der Gesetze zu den Gemeinschaftsverträgen gemäß Art. 24 Abs. 1 GG und Art. 23 Abs. 1 GG bzw Art. 59 Abs. 2 Satz 1 GG zu wenig berücksichtigt wird (s. Rn 522).

4. Völkerrechtliche Verträge

527 Handelt es sich bei einem völkerrechtlichen Vertrag der Europäischen Gemeinschaft um ein **reines Gemeinschaftsabkommen** (s. Rn 412), so gilt für dessen Vollzug das zum sekundären Gemeinschaftsrecht Gesagte (s. Rn 523 ff). Voraussetzung ist auch hier die Vollzugsfähigkeit. Daß ein völkerrechtlicher Vertrag self-executing sein kann, hat der EuGH ausdrücklich festgestellt (Rs. 104/81, Kupferberg, Slg. 1982, S. 3641 ff, 3665). Die vom EuGH außerdem festgestellte unmittelbare Geltung der völkerrechtlichen Verträge als „integrierender Bestandteil der Gemeinschaftsrechtsordnung" (s. Rn 414) besagt im übrigen, daß sich die Grundlage für ihren innerstaatlichen Vollzug aus dem Gemeinschaftsrecht selbst und nicht aus dem nationalen Recht ergibt.

528 Handelt es sich bei einem völkerrechtlichen Vertrag der Europäischen Gemeinschaften um ein **gemischtes Abkommen** (s. Rn 415 f), so ist der Vollzug unterschiedlich zu beurteilen. Für den Teil des Vertrages, der von der Kompetenz der Gemeinschaften gedeckt ist, gilt das zum Vollzug von Gemeinschaftsabkommen Gesagte (s. Rn 527). Der andere Teil des Vertrages wird wie jeder völkerrechtliche Vertrag vollzogen (s. Rn 445 ff).

528a Einen Sonderfall bilden das GATT- und das WTO-Recht (s. dazu *Schroeder/Selmayr*, in: JZ 1998, S. 344 ff).

5. Die Rolle des Gerichtshofs der Europäischen Gemeinschaften

529 Hat ein Gericht eines Mitgliedstaates in einem vor ihm anhängigen Rechtsstreit Zweifel über die Auslegung von Gemeinschaftsrecht oder über die Gültigkeit von sekundärem Gemeinschaftsrecht, so kann es das Verfahren aussetzen und die Frage dem EuGH nach Art. 234 EGV zur Vorabentscheidung vorlegen (**Vorabentscheidungsverfahren**). Gibt es gegen die Entscheidung des mitgliedstaatlichen Gerichts kein Rechtsmittel mehr, so *muß* es solche Fragen dem EuGH vorlegen. Auf diese Weise lassen sich auch Fragen der soeben beschriebenen Vollzugsfähigkeit von gemeinschaftsrechtlichen Normen klären.

530 Das BVerfG hat festgestellt, daß in diesem Zusammenhang auch der EuGH „gesetzlicher Richter" iSv Art. 101 Abs. 1 Satz 2 GG ist (BVerfGE 73, S. 339 ff, 366 f; 75,

S. 223 ff, 233 ff; 82, S. 159 ff, 192 ff). Ein deutsches Gericht, das willkürlich von einer Vorlage absieht, obwohl sich eine gemeinschaftsrechtliche Frage der genannten Art stellt, und obwohl es gegen die Entscheidung dieses Gerichtes kein Rechtsmittel mehr gibt, verletzt also Art. 101 GG. Das kann mit der Verfassungsbeschwerde – die selbst kein ordentliches Rechtsmittel ist – gerügt werden.

Lösung Fall 14 (Rn 513): **531**

1. Der einzelne kann sich vor den nationalen Gerichten dann unmittelbar auf Art. 10 der Richtlinie berufen, wenn diese unmittelbare Wirkung hat. Dazu müssen folgende Voraussetzungen erfüllt sein (s. Rn 348):

a) Fristablauf: Laut Sachverhalt wurde die Richtlinie zwar fristgerecht aber nicht ordnungsgemäß umgesetzt. Entgegen Art. 10 wurden Eintragungsgebühren verlangt. Insoweit wurde die Richtlinie daher nicht fristgerecht umgesetzt.

b) Rechte des einzelnen gegenüber dem Staat: Art. 10 der Richtlinie verbietet den Mitgliedstaaten die Erhebung bestimmter Steuern oder Abgaben. Sie werden also zu einem Unterlassen verpflichtet. Insoweit ist Art. 10 der Richtlinie geeignet, unmittelbare Rechtsbeziehungen zwischen den Mitgliedstaaten und dem einzelnen zu erzeugen, die der einzelne geltend machen kann.

c) Unmittelbare Anwendbarkeit: Art. 10 der Richtlinie müßte so hinreichend genau formuliert sein, daß der einzelne daraus unmittelbar seine Rechte ableiten kann. Dies ist zu bejahen. Die Formulierung ist eindeutig, die Verpflichtung der Mitgliedstaaten ist genau umschrieben, so daß das Recht der Steuer- und Abgabenfreiheit ohne weiteres abgeleitet werden kann.

Ergebnis: Der einzelne kann sich vor den nationalen Gerichten unmittelbar auf Art. 10 der Richtlinie berufen.

2. Eine nationale Verjährungsfrist kann ab dem Tag zu laufen beginnen, ab dem der einzelne sich unmittelbar auf Rechte aus der Richtlinie berufen kann. Dies ist nicht nur dann der Fall, wenn die Richtlinie ordnungsgemäß umgesetzt wurde, sondern auch dann, wenn die Richtlinie unmittelbare Wirkung hat.

Ergebnis: Eine nationale Verjährungsfrist kann ab dem Tag des Ablaufs der Umsetzungsfrist einer Richtlinie zu laufen beginnen, wenn diese unmittelbare Wirkung hat.

Literatur: *Frowein*, Europäisches Gemeinschaftsrecht und Bundesverfassungsgericht, in: Bundesverfassungsgericht und Grundgesetz, Bd. 2, Tübingen 1976, S. 187 ff; *Grabitz*, Die Rechtsetzungsbefugnis von Bund und Ländern bei der Durchführung von Gemeinschaftsrecht, in: AöR 1986, S. 1 ff; *Heitsch*, Prüfungspflichten des Bundesverfassungsgerichts unter dem Staatsziel der europäischen Integration, in: EuGRZ 1997, S. 461 ff; *Jarass*, Voraussetzungen der innerstaatlichen Wirkung des EG-Rechts, in: NJW 1990, S. 2420 ff; *Klein*, Unmittelbare Geltung, Anwendbarkeit und Wirkung von Europäischem Gemeinschaftsrecht. Vorträge, Reden und Berichte aus dem Europa-Institut Saarbrücken Nr 119, Saarbrücken 1988; *Kössinger*, Die Durchführung des Europäischen Gemeinschaftsrechts im Bundesstaat, Berlin 1989; *Schroeder/Selmayr*, Die EG, das GATT und die Vollzugslehre, in: JZ 1998, S. 344 ff; *Streinz*, Der Vollzug des Europäischen Gemeinschaftsrechts durch deutsche Staatsorgane, in: *Isensee/Kirchhof*, Bd. VII, S. 817 ff.

§ 5 Völkerrechtssubjekte

532 Als Völkerrechtssubjekte bezeichnet man die Handlungseinheiten, die die Fähigkeit besitzen, Träger von völkerrechtlichen Rechten und Pflichten zu sein. Diese Fähigkeit kam im klassischen Völkerrecht nur den **Staaten** zu. Im 20. Jahrhundert ist als neue Gruppe die der **internationalen Organisationen** hinzugekommen. Quantitativ gesehen ist diese neue Gruppe von Völkerrechtssubjekten zweimal so groß wie die der Staaten. Qualitativ gesehen spielen nach wie vor die Staaten die dominierende Rolle, da internationale Organisationen in aller Regel Instrumente der Staaten zur Erreichung bestimmter Ziele unter ihrer Kontrolle darstellen.

Daneben gibt es noch eine **dritte Gruppe** von Völkerrechtssubjekten, die entweder einen – zumindest historischen – Konnex zu den Staaten darstellen (zB Heiliger Stuhl, Malteser Ritterorden, Aufständische) oder nur historisch-politisch erklärbar sind (zB Internationales Komitee vom Roten Kreuz). Diese Gruppe wird im folgenden nicht näher behandelt.

533 Umstritten ist die Rolle des Individuums im Komplex der Völkerrechtssubjektivität. Während die hL des Völkerrechts ihm noch keine eigenständige Völkerrechtssubjektivität zuspricht, läßt sich nicht bestreiten, daß der **Einzelmensch** immer öfter als Träger von völkerrechtlichen Rechten und Pflichten auftritt, zB im Bereich der Menschenrechte einerseits (zB Europäische Menschenrechtskonvention, s. Rn 707 ff) und der Kriegsverbrechen andererseits (zB Jugoslawientribunal, Internationaler Strafgerichtshof). Die Entwicklung ist jedenfalls in Fluß geraten, die Position des Einzelmenschen ist nicht mehr nur die eines Objekts des Völkerrechts, aber auch noch nicht die eines vollberechtigten Subjekts des Völkerrechts. Allerdings bleibt der Einzelmensch in den meisten Bereichen weiterhin mediatisiert, dh seine Rechte können nur über seinen Heimatstaat geltend gemacht werden; eine Verletzung der Rechte eines Menschen stellt – völkerrechtlich gesehen – eine Verletzung der Rechte seines Heimatstaates dar, und es bleibt diesem überlassen, ob er sie geltend macht. Der einzelne hat allenfalls aufgrund von innerstaatlichem Recht einen Anspruch auf Tätigwerden seines Heimatstaates.

534 Man kann die Völkerrechtssubjekte nach verschiedenen Kriterien unterscheiden. Aus dieser Unterscheidung können jeweils konkrete Rechtsfolgen abgeleitet werden:

535 (1) Das klassische Unterscheidungsmerkmal ist die Staatlichkeit. Danach gibt es **staatliche** und **nichtstaatliche** Völkerrechtssubjekte. Als konkrete Rechtsfolgen sind daraus zB Beteiligungsrechte an völkerrechtlichen Verträgen oder Institutionen abzuleiten.

Beispiele:

– Art. 34 Abs. 1 StIGH (Sartorius II, Nr 2):
„Nur Staaten sind berechtigt, als Parteien vor dem Gerichtshof aufzutreten.“

– Art. 83 WVRK (Sartorius II, Nr 320):
„Die vorliegende Konvention steht jedem Staat zum Beitritt offen, der irgendeiner der in Art. 81 aufgeführten Kategorien (= „Wiener Formel", Anm. d. Verf.; s. Rn 293) angehört …"

(2) Nach dem Umfang der Völkerrechtssubjektivität unterscheidet man **generelle** und **partielle** Völkerrechtssubjekte. Dieser Umfang ergibt sich aus der Entstehung des Völkerrechtssubjekts. Während Staaten in aller Regel generelle Völkerrechtssubjekte sind, sind internationale Organisationen nur partielle. Der Umfang ihrer Rechtssubjektivität ergibt sich aus dem jeweiligen Gründungsvertrag. Auch Gliedstaaten eines Bundesstaates besitzen bisweilen partielle Völkerrechtssubjektivität, deren Umfang sich aus der Verfassung des Bundes ergibt (vgl Rn 112). Als konkrete Rechtsfolge ist daraus zB die Vertragsabschlußfähigkeit abzuleiten. **536**

Beispiel: Die Länder der Bundesrepublik können weder Verträge abschließen in Angelegenheiten, für die der Bund die ausschließliche Gesetzgebungskompetenz besitzt (s. Rn 118), noch dürfen sie internationalen Organisationen beitreten, denen Hoheitsrechte übertragen werden (s. Rn 285). Nach dem neuen Art. 24 Abs. 1a GG dürfen sie allerdings, soweit sie für die Ausübung der staatlichen Befugnisse und die Erfüllung der staatlichen Aufgaben zuständig sind, mit Zustimmung der Bundesregierung auf grenznachbarschaftliche Einrichtungen Hoheitsrechte übertragen (s. Rn 67).

(3) Des weiteren unterscheidet man Völkerrechtssubjekte mit, ohne oder mit beschränkter **Handlungsfähigkeit**. Die völkerrechtliche Handlungsfähigkeit umfaßt die Geschäftsfähigkeit, die Deliktsfähigkeit und die Prozeßfähigkeit. Die Beschränkung der Handlungsfähigkeit ist nicht aus der Entstehung des Völkerrechtssubjekts, sondern aus späteren tatsächlichen oder rechtlichen Vorgängen abzuleiten, wie zB Verzicht durch Vertrag oder einseitiges Rechtsgeschäft, Besetzung etc. **537**

Beispiel: Das BVerfG hat hinsichtlich der vor der Wiedervereinigung zentralen Frage des Fortbestehens des Deutschen Reiches in diesem Zusammenhang ausgeführt (BVerfGE 36, S. 1 ff, 15 f):

„Das Grundgesetz … geht davon aus, daß das Deutsche Reich den Zusammenbruch 1945 überdauert hat und weder mit der Kapitulation noch durch Ausübung fremder Staatsgewalt in Deutschland durch die alliierten Okkupationsmächte noch später untergegangen ist; das ergibt sich aus der Präambel, aus Art. 16, Art. 23, Art. 116 und Art. 146 GG. Das entspricht auch der ständigen Rechtsprechung des Bundesverfassungsgerichts, an der der Senat festhält. Das Deutsche Reich existiert fort (BVerfGE 2, 266 [277]; 3, 288 [319 f]; 5, 85 [126]; 6, 309 [336, 363]), besitzt nach wie vor Rechtsfähigkeit, ist allerdings als Gesamtstaat mangels Organisation, insbesondere mangels institutionalisierter Organe selbst nicht handlungsfähig." (s. Rn 630).

(4) Schließlich unterscheidet man noch **allgemeine** und **partikuläre** Völkerrechtssubjekte, je nachdem, ob ein Völkerrechtssubjekt von allen oder nur von einigen anderen als solches anerkannt ist. Dort, wo diese Anerkennung konstitutive Wirkung hat (s. Rn 580), wie zB bei internationalen Organisationen, ergibt sich als konkrete Rechtsfolge, daß die Rechtssubjektivität der partikulären Völkerrechtssubjekte überhaupt nur gegenüber den Anerkennenden existiert. Dies ist eine Folge des Koordinationscharakters und der Relativität des Völkerrechts (s. Rn 9). **538**

A. Staaten

539 **Fall 15**: Dem deutschen Staatsangehörigen A, der in der Bundesrepublik weder seinen Wohnsitz noch seinen dauernden Aufenthalt hat, wurde durch Urkunde die Staatsbürgerschaft des Fürstentums Sealand verliehen. Das Fürstentum Sealand ist eine frühere, inzwischen aufgegebene englische Flakstellung, die sich außerhalb der Hoheitsgewässer vor der Südküste Großbritanniens befindet. Die Flakstellung ist eine künstliche Insel, die durch starke Pfeiler mit dem Meeresgrund verbunden ist. Sie hat eine Größe von ca. 1300 m^2. Diese Insel wurde von einem britischen Major besetzt, der dort die „Principality of Sealand" ausrief. Er gab dem Fürstentum eine Verfassung und ernannte sich selbst zum Staatsoberhaupt. An über 100 Personen wurde die Staatsangehörigkeit von Sealand verliehen.

A stellte bei der zuständigen deutschen Behörde den Antrag auf Feststellung, daß er seine deutsche Staatsangehörigkeit durch die Verleihung der Staatsangehörigkeit von Sealand verloren habe. Die Behörde lehnte die Feststellung mit der Begründung ab, die Voraussetzungen des § 25 Abs. 1 des Reichs- und Staatsangehörigkeitsgesetzes lägen zwar soweit vor, bei dem Fürstentum Sealand handle es sich aber um keinen Staat iSd Völkerrechts.

Im weiteren Verlauf erhob A Klage beim Verwaltungsgericht und brachte vor: Sealand sei ein eigenständiger Staat. Es erfülle alle Voraussetzungen eines Staates iSd Völkerrechts. Insbesondere würden ständig 30-40 Personen auf der Insel leben, denen die Verteidigung obliege. Die Anerkennung durch andere Staaten stehe unmittelbar bevor. Dies habe zur Folge, daß er durch die Verleihung der Staatsangehörigkeit von Sealand seine deutsche Staatsangehörigkeit gemäß § 25 Abs. 1 des Reichs- und Staatsangehörigkeitsgesetzes vom 22. Juli 1913 verloren habe.

Ist die Argumentation des A richtig? (**Lösung: Rn 588**).

I. Begriff

540 Ein **Staat iSd Völkerrechts** liegt dann vor, wenn eine menschliche Gemeinschaft (= Staatsvolk) volle Selbstregierung (= Staatsgewalt) über ein Gebiet (= Staatsgebiet) effektiv ausübt.

Beispiel: Ende September 1973 proklamierte die Befreiungsbewegung PAIGC die unabhängige Republik Guinea-Bissao, obwohl die Kämpfe zwischen der Kolonialmacht Portugal und der PAIGC noch nicht beendet waren. Während die UNO die Staatsgründung anerkannte, äußerten sich mehrere Staaten zurückhaltend, da sie Bedenken hinsichtlich der vollen und effektiven Selbstregierung hatten. Die Bundesregierung erklärte hierzu (ZaöRVR 1975, S. 777):

„Die Anerkennung eines neuen Staates setzt voraus, daß sich ein Staat gebildet hat mit einem Staatsvolk, einem Staatsgebiet und einer Staatsgewalt, die durch eine effektive handlungsfähige Regierung verkörpert wird, die ihre Hoheitsgewalt über den größten Teil des Territoriums und die Mehrzahl der Einwohner effektiv ausübt und die sich mit Aussicht auf Dauer behaupten kann. Die Bundesregierung würde eine Bitte um Anerkennung Guinea-Bissaos als unabhängiger Staat wie in allen bisherigen Fällen nach diesen genannten Kriterien beurteilen."

1. Staatsvolk

a) Völkerrechtliche Regelung

Unter Staatsvolk versteht man die Gesamtheit der physischen Staatsangehörigen. Ihre Staatsangehörigkeit ergibt sich aus der staatlichen Verleihung. Ihr Verhältnis zum Staat ist geprägt von der Personalhoheit des Staates und einem besonderen Treueverhältnis ihm gegenüber. Die Anknüpfungspunkte für die Verleihung der Staatsangehörigkeit und die konkrete Rechtsstellung der Staatsangehörigen richtet sich nach innerstaatlichem Recht. Das Völkerrecht regelt diese Fragen im allgemeinen nicht. Dennoch können sie Gegenstand völkerrechtlicher Regelungen werden (zB Menschenrechtsverträge). **541**

Hinsichtlich der **Verleihung der Staatsangehörigkeit** stellt das Völkerrecht lediglich die Grenzen für eine völkerrechtlich relevante Verleihung auf. Werden diese Grenzen überschritten, so muß kein Staat die Verleihung anerkennen. Davon unabhängig ist die Frage, ob und inwieweit eine solche Verleihung dann innerstaatlich verbindlich ist. **542**

Anknüpfungspunkte für die Verleihung der Staatsangehörigkeit sind in der Regel Geburt von Staatsangehörigen (sog. **ius sanguinis**), Geburt im Staatsgebiet (sog. **ius soli**), Eheschließung, Adoption, Legitimation, Annahme eines öffentlichen Amtes, Einbürgerung etc. Daneben ist jeder beliebige Anknüpfungspunkt denkbar, wie Grundbesitz, vorübergehende Beschäftigung, Sprache etc. **543**

Die Grenze, die das Völkerrecht für die Verleihung der Staatsangehörigkeit errichtet, ist das Prinzip der „**genuine connection**" oder des „**genuine link**". Danach muß zwischen dem Staat und der Person, der er die Staatsangehörigkeit verleiht, eine tatsächliche nähere Beziehung bestehen, die enger ist als die Beziehung zu anderen Staaten. Existiert sie nicht, ist die Verleihung für andere Staaten nicht rechtsverbindlich. Dieses Prinzip hat sich seit dem Urteil des IGH im Nottebohm-Fall durchgesetzt. **544**

Der deutsche Staatsangehörige Nottebohm hatte seit 1905 seinen ständigen Wohnsitz in Guatemala, wo er sich auch wirtschaftlich betätigte. Anläßlich eines Europaaufenthalts im Jahre 1939 besuchte er auch mehrmals seinen in Vaduz lebenden Bruder. Dort stellte er im Oktober 1939 einen Antrag auf Einbürgerung. Diesem wurde noch im selben Monat stattgegeben, nachdem Nottebohm von der sonst üblichen Voraussetzung eines dreijährigen ordentlichen Wohnsitzes in Liechtenstein befreit worden war. Mit einem liechtensteinischen Reisepaß kehrte er 1940 nach Guatemala zurück.

Im Jahre 1941 trat Guatemala in den Krieg gegen das Deutsche Reich ein. 1943 wurde Nottebohm verhaftet und in den Vereinigten Staaten interniert. Sein Vermögen wurde zunächst beschlagnahmt und 1949 als Feindvermögen konfisziert.

Liechtenstein erhob als Heimatstaat 1951 Klage beim IGH gegen Guatemala auf Rückerstattung und hilfsweise Schadenersatz. Durch Urteil vom 6. April 1955 (ICJ Reports 1955, S. 4 ff) wurde die Klage als unzulässig abgewiesen.

Zur Begründung berief sich der IGH auf die fehlende „genuine connection" zwischen Liechtenstein und Nottebohm bei der Verleihung der Staatsangehörigkeit. Dabei führte er unter anderem aus (aaO, S. 23):

„According to the practice of States, to arbitral and judicial decisions and to the opinions of writers, nationality is a legal bond having as its basis a social fact of attachment, a genuine connection of existence, interests and sentiments, together with the existence of reciprocal rights and duties. It may be said to constitute the juridical expression of the fact that the individual upon whom it is conferred, either directly by the law or as the result of an act of the authorities, is in fact more closely connected with the population of the State conferring nationality than with that of any other State. Conferred by a State, it only entitles that State to exercise protection vis-à-vis another State, if it constitutes a translation into juridical terms of the individual's connection with the State which has made him its national."

Diese genuine connection habe bei der Einbürgerung nicht bestanden, da kein Wohnsitz, kein dauernder Aufenthalt, keine Absicht auf Niederlassung oder wirtschaftliche Betätigung etc vorgelegen habe. Daher sei diese Verleihung der Staatsangehörigkeit völkerrechtlich nicht beachtlich und Guatemala müsse sie nicht anerkennen. Daher müsse es auch nicht die Ausübung des Schutzrechts durch Liechtenstein als Heimatstaat anerkennen. Folglich sei die Klage unzulässig.

544a Wichtigste Frage einer völkerrechtlich verbindlichen Verleihung der Staatsangehörigkeit ist das Recht des Staates, seine Staatsangehörigen im Ausland zu schützen und zu vertreten (diplomatischer Schutz, **Schutzmacht**), ohne sich damit völkerrechtswidrig in die inneren Angelegenheiten eines fremden Staates einzumischen. Der einzelne hat aufgrund des Völkerrechts allerdings keinen Anspruch auf diplomatischen Schutz gegenüber seinem Heimatstaat. Ein solcher kann sich allenfalls aufgrund des nationalen Rechts ergeben.

Beispiele: – Art. 112 Abs. 2 WRV bestimmte in diesem Zusammenhang: „Dem Ausland gegenüber haben alle Reichsangehörigen inner- und außerhalb des Reichsgebiets Anspruch auf den Schutz des Reichs."

– Das GG enthält keine entsprechende Bestimmung. Dennoch hat das BVerfG eine solche Schutzpflicht bejaht, zunächst nur als objektive Verfassungspflicht (zB BVerfGE 40, S. 141, 177 f), später auch als subjektives Recht des einzelnen, das letztlich aus den Grundrechten abzuleiten ist (BVerfGE 55, S. 349 ff, 364 f).

545 Die Regelung des **Verlusts der Staatsangehörigkeit** ist nach Völkerrecht Sache jedes einzelnen Staates. Das Völkerrecht verbietet weder die Aberkennung noch die Ausbürgerung. Hingegen sind zunehmend Bestrebungen im Gange, dieses unbeschränkte Recht jedes Staates zu limitieren (zB durch die Konvention über die Verminderung der Staatenlosigkeit vom 30. August 1961, BGBl. 1977 II, S. 175 ff, die allerdings nur wenige Vertragspartner hat). Gründe für die Aberkennung der Staatsangehörigkeit sind in der Regel die freiwillige Annahme einer fremden Staatsangehörigkeit, andauernder Auslandsaufenthalt, ausländischer Wehrdienst, Strafe für politische Delikte etc.

546 Wegen der weitgehenden Freiheit der Staaten bei der Verleihung bzw der Aberkennung der Staatsangehörigkeit kann es zu **Doppelstaatsangehörigkeit** oder **Staatenlosigkeit** kommen.

Literatur: *Groot*, Staatsangehörigkeitsrecht im Wandel, Köln 1989; *Ipsen*, Völkerrecht, S. 290-306; *Kimminich*, S. 123-131; *Klein*, Diplomatischer Schutz und grundrechtliche Schutzpflicht, in: DÖV 1977, S. 794 ff; *Makarov*, Allgemeine Lehren des Staatsangehörigkeitsrechts, 2. Aufl. Stuttgart 1962; *Mansel*, Personalstatut, Staatsangehörigkeit und Effektivität, München 1988; *Renner*, Mehrstaatigkeit in Europa, in: ZAR 1993, S. 49 ff; *Verdross/ Simma*, S. 787-794; *Weis, P.*, Staatsangehörigkeit und Staatenlosigkeit im gegenwärtigen Völkerrecht, Berlin 1962.

b) Deutsche Staatsangehörigkeit

aa) Umfang

Erwerb und Verlust der deutschen Staatsangehörigkeit richten sich nach dem Reichs- und Staatsangehörigkeitsgesetz vom 22. Juli 1913 (Sartorius I, Nr 15), das trotz vieler Änderungen auch heute noch gilt. Die Gesetzgebungskompetenz für diese Änderungen besitzt der Bund nach Art. 73 Nr 2 GG. Dabei fällt auf, daß – etwa im Gegensatz zu Art. 16 Abs. 1 GG und Art. 116 GG – hier von der „**Staatsangehörigkeit im Bunde**" die Rede ist. Dies ist aber kein Widerspruch, sondern dient lediglich der Abgrenzung zur „Staatsangehörigkeit in den Ländern", die (nach Streichung des Art. 74 Abs. 1 Nr 8 GG) in die Zuständigkeit der Länder fällt. **547**

Vor der Wiedervereinigung stellte sich die Frage, ob auch Bürger der DDR Deutsche iSd Art. 16 und 116 GG waren, was insbesondere von Bedeutung war in den Fällen, in denen die **DDR-Staatsbürgerschaft** verliehen oder aberkannt wurde. Für den Fall der Verleihung hatte das BVerfG diese Frage grundsätzlich bejaht (BVerfGE 77, S. 137 ff, 148 f). Sie wird auch noch in Zukunft von Bedeutung sein, wenn zu entscheiden ist, ob ein von der DDR Eingebürgerter nun die deutsche Staatsbürgerschaft besitzt oder besaß. In den Grenzen des ordre public wird dies nach der Entscheidung des BVerfG zu bejahen sein. **548**

Wer die deutsche Staatsangehörigkeit besitzt, ist damit gemäß Art. 116 Abs. 1 **Deutscher iSd GG**, was insbesondere im Bereich der Grundrechte eine Rolle spielt („Deutschengrundrechte", vgl dazu *Pieroth/Schlink*, Rn 107 ff). **548a**

Ob Art. 116 Abs. 1 GG darüberhinaus auch eine **völkerrechtlich relevante Aussage** über den Umfang der deutschen Staatsangehörigkeit enthält, ist umstritten. Zwar unterscheidet Art. 116 Abs. 1 GG vom Wortlaut her gesehen zwischen deutschen Staatsangehörigen und sog. Statusdeutschen (= wer als Flüchtling oder Vertriebener deutscher Volkszugehörigkeit oder als dessen Ehegatte oder Abkömmling in dem Gebiete des Deutschen Reiches nach dem Stande vom 31. Dezember 1937 Aufnahme gefunden hat), so daß man davon ausgehen muß, daß Statusdeutscher nur sein kann, wer nicht deutscher Staatsangehöriger ist. Man könnte aber in Art. 116 Abs. 1 GG auch eine völkerrechtlich relevante Aussage über den Gesamtumfang des Staatsvolkes sehen (so ist wohl auch BVerfGE 36, S. 1 ff, 30 zu verstehen), mit der Folge, daß die Bundesrepublik auch Statusdeutsche im Ausland als Heimatstaat schützen und vertreten darf (Schutzmacht). Die Bundesrepublik hat einerseits den Anspruch auf ihre Schutzmachtfunktion gegenüber Statusdeutschen mehrmals erhoben und begründet (vgl BT-Prot. Bd. 92, 10908 B), andererseits aber des öfteren beim Abschluß von völkerrechtlichen Verträgen darauf gedrungen, die Ausdehnung auf Statusdeutsche in den Vertrag aufzunehmen. Bei multilateralen Verträgen hat sie dies in Form von vorbehaltsähnlichen Erklärungen zu erreichen versucht. **549**

Beispiel: BGBl. 1977 II, S. 1217:

„Bekanntmachung
über das Inkrafttreten des Übereinkommens zur Verminderung der Staatenlosigkeit

……

Die Regierung der Bundesrepublik Deutschland hat bei Hinterlegung der Beitrittsurkunde erklärt, daß sie das Übereinkommen anwenden wird

a) zur Beseitigung von Staatenlosigkeit auf Personen, die staatenlos nach Artikel 1 Abs. 1 des Übereinkommens vom 28. September 1954 über die Rechtsstellung der Staatenlosen sind;
b) zur Verhinderung von Staatenlosigkeit oder Erhaltung der Staatsangehörigkeit auf Deutsche im Sinne des Grundgesetzes für die Bundesrepublik Deutschland.“

550 In den **Ländern** enthält Art. 6 der bayerischen Verfassung nähere Bestimmungen über eine eigene Staatsangehörigkeit:

„(1) Die Staatsangehörigkeit wird erworben
1. durch Geburt;
2. durch Legitimation;
3. durch Eheschließung;
4. durch Einbürgerung.

(2) Die Staatsangehörigkeit kann nicht aberkannt werden.

(3) Das Nähere regelt ein Gesetz über die Staatsangehörigkeit.

Da das Gesetz gemäß Art. 6 Abs. 3 bislang noch nicht erlassen wurde, ist Art. 6 nach allgemeiner Meinung nicht vollziehbar (vgl BayVerfGH 24, S. 1 ff, 22).

551 Vollziehbar ist demgegenüber die Bestimmung des Art. 3 der Verfassung von Brandenburg, wonach Bürger im Sinne der Verfassung alle Deutschen iSd Art. 116 Abs. 1 GG mit ständigem Wohnsitz im Land Brandenburg sind.

bb) Erwerb

552 Das Reichs- und Staatsangehörigkeitsgesetz vom 22. Juli 1913 (Sartorius I, Nr 15), dessen Terminologie teilweise überholt ist, enthält folgende in § 3 aufgezählte **Erwerbsgründe:**

(1) Geburt, wenn *ein* Elternteil die deutsche Staatsangehörigkeit besitzt (§ 4 Abs. 1).

(2) Geburt in Deutschland, wenn die Eltern nicht die deutsche Staatsangehörigkeit besitzen. Voraussetzung dafür ist, daß ein Elternteil seit 8 Jahren rechtmäßig seinen gewöhnlichen Aufenthalt in Deutschland hat und eine Aufenthaltsberechtigung oder seit 3 Jahren eine unbefristete Aufenthaltserlaubnis besitzt (§ 4 Abs. 3). Die Staatsangehörigkeit kann allerdings unter den Voraussetzungen des § 29 Abs. 3 in Verlust geraten (s. Rn 557 Ziff. 6).

(3) Einbürgerung auf Antrag eines Ausländers, der am 1. Januar 2000 rechtmäßig seinen gewöhnlichen Aufenthalt in Deutschland und das 10. Lebensjahr noch nicht vollendet hat, wenn seit seiner Geburt die Voraussetzungen des § 4 Abs. 3 vorlie-

gen. Ein solcher Antrag kann allerdings nur bis zum 31. Dezember 2000 gestellt werden (§ 40b).

(4) Erklärung eines vor dem 1. Juli 1993 geborenen Kindes eines deutschen Vaters und einer ausländischen Mutter, deutscher Staatsangehöriger werden zu wollen, wenn eine nach den deutschen Gesetzen wirksame Anerkennung oder Feststellung der Vaterschaft erfolgt ist, das Kind seit 3 Jahren rechtmäßig seinen gewöhnlichen Aufenthalt in Deutschland hat und das 23. Lebensjahr noch nicht vollendet hat (§ 5).

(5) Adoption durch einen Deutschen, wenn das Kind im Zeitpunkt des Annahmeantrags das 18. Lebensjahr noch nicht vollendet hat. Der Erwerb der Staatsangehörigkeit erstreckt sich auf die Abkömmlinge des Kindes (§ 6).

(6) Eigenschaft als Deutscher iSd Art. 116 Abs. 1 GG, der nicht die deutsche Staatsangehörigkeit besitzt (Statusdeutscher) von Gesetzes wegen am 1. August 1999. Spätaussiedler und ihre nichtdeutschen Ehegatten und Abkömmlinge müssen zudem eine Spätaussiedlerbescheinigung gemäß § 15 Abs. 1 oder Abs. 2 des Bundesvertriebenengesetzes idF vom 2. Juni 1993 (BGBl. 1993 I, S. 829 ff) ausgestellt bekommen haben (§ 40a).

(7) Ausstellung einer Spätaussiedlerbescheinigung gemäß § 15 Abs. 1 oder Abs. 2 des Bundesvertriebenengesetzes für einen Deutschen iSd Art. 116 Abs. 1 GG, der nicht die deutsche Staatsangehörigkeit besitzt (Statusdeutscher). Der Erwerb der Staatsangehörigkeit erstreckt sich auf seine Kinder (§ 7).

(8) Einbürgerung eines Ausländers unter den Voraussetzungen des § 8 bzw § 14 und von Ehegatten Deutscher gemäß § 9. Ein Anspruch auf Einbürgerung ergibt sich aus § 8 bzw § 14 und § 9 jedoch nicht (Ermessenseinbürgerung). Ein solcher ist allerdings in den §§ 85 ff des Ausländergesetzes vom 9. Juli 1990 (Sartorius I, Nr 565) vorgesehen.

(9) Einbürgerung eines ehemaligen Deutschen ohne Niederlassung in Deutschland, dessen Kinder oder Adoptivkinder unter den Voraussetzungen des § 8 Abs. 1 Nr 1 und Nr 2 (§ 13).

(10) Auffinden eines Kindes in Deutschland (Findelkind). Das Findelkind gilt bis zum Beweis des Gegenteils als deutscher Staatsangehöriger (§ 4 Abs. 2).

Als weiterer Erwerbsgrund muß aufgrund der Rechtsprechung des BVerfG **553**
(s. Rn 548) – in den Grenzen des ordre public der Bundesrepublik Deutschland – auch der Erwerb der **Staatsbürgerschaft** der ehemaligen **DDR** angesehen werden, selbst wenn dieser aufgrund von Tatbeständen erfolgte, die keine Entsprechung im Reichs- und Staatsangehörigkeitsgesetz finden.

Darüber hinaus haben nach § 8 Abs. 1 des Gesetzes zur Regelung von Fragen der **554**
Staatsangehörigkeit vom 22. Februar 1955 (Sartorius I, Nr 22) auch **deutsche Volkszugehörige** (insbesondere Aussiedler), die nicht Statusdeutsche sind, aber in Deutschland ihren dauernden Aufenthalt haben, und denen die Rückkehr in ihre Heimat nicht zugemutet werden kann, einen Anspruch auf Einbürgerung. Werden sie eingebürgert, so haben auch ihre Ehegatten einen Einbürgerungsanspruch.

555 Ebenfalls einen Anspruch auf Einbürgerung hat gemäß Art. 2 des Gesetzes zur Verminderung der Staatenlosigkeit vom 29. Juni 1977 (BGBl. 1977 I, S. 1101 ff) unter den dort genannten Voraussetzungen ein seit Geburt **Staatenloser**, wenn er im Bundesgebiet geboren ist und seit 5 Jahren einen dauernden Aufenthalt hat.

556 Schließlich enthält Art. 116 Abs. 2 Satz 1 GG einen Anspruch auf Einbürgerung für **frühere deutsche Staatsangehörige** und deren Abkömmlinge, denen zwischen dem 30. Januar 1933 und dem 8. Mai 1945 die Staatsangehörigkeit aus politischen, rassischen oder religiösen Gründen entzogen worden ist (vgl die Aufzählung der einschlägigen NS-Vorschriften bei *Vedder,* in: *v. Münch,* Art. 116, Rn 73). Gemäß § 12 Abs. 1 des Gesetzes vom 22. Februar 1955 (Rn 554) gilt dies auch für Personen, die in dieser Zeit aus Verfolgungsgründen eine fremde Staatsangehörigkeit erworben haben, auch wenn sie ihren dauernden Aufenthalt im Ausland beibehalten. Nach Art. 116 Abs. 2 Satz 2 GG gelten die nationalsozialistischen Ausbürgerungen als nicht geschehen, wenn die betroffenen Personen nach dem 8. Mai 1945 ihren Wohnsitz in Deutschland genommen und nicht einen entgegengesetzten Willen zum Ausdruck gebracht haben.

cc) Verlust

557 Gemäß Art. 16 Abs. 1 GG darf die deutsche Staatsangehörigkeit nicht entzogen werden. Der Verlust der Staatsangehörigkeit darf nur aufgrund eines Gesetzes und gegen den Willen des Betroffenen nur dann eintreten, wenn der Betroffene dadurch nicht staatenlos wird. Als **Verlustgründe** nennt das Reichs- und Staatsangehörigkeitsgesetz folgende:

(1) Entlassung auf Antrag unter den Voraussetzungen der §§ 18-24. Dies ist nur möglich, wenn der Antragsteller den Erwerb einer ausländischen Staatsangehörigkeit beantragt und ihm die zuständige Stelle die Verleihung zugesichert hat (§ 18). Sie gilt als nicht erfolgt, wenn der Entlassene die ihm zugesicherte ausländische Staatsangehörigkeit nicht innerhalb eines Jahres nach der Entlassung erworben hat (§ 24). Diese Bestimmungen sollen das Entstehen einer Staatenlosigkeit des Antragstellers verhindern.

(2) Erwerb einer ausländischen Staatsangehörigkeit auf Antrag durch einen deutschen Staatsangehörigen, der im Inland weder seinen Wohnsitz noch seinen dauernden Aufenthalt hat (§ 25). Dieser automatische Verlust tritt dann nicht ein, wenn zuvor die Beibehaltung der deutschen Staatsangehörigkeit genehmigt wurde. Erfolgt der Erwerb der ausländischen Staatsangehörigkeit nicht auf Antrag, sondern von Gesetzes wegen (zB wegen Geburt im Ausland, das nach dem Prinzip des ius soli die Staatsangehörigkeit verleiht; Eheschließung), tritt kein Verlust ein. Es entsteht dann eine Doppelstaatsangehörigkeit.

(3) Verzicht eines deutschen Staatsangehörigen, wenn er mehrere Staatsangehörigkeiten besitzt, unter den Voraussetzungen des § 26.

(4) Adoption durch einen Ausländer, wenn damit der Erwerb der ausländischen Staatsangehörigkeit verbunden ist (§ 27). Der Verlust erstreckt sich auch auf die min-

derjährigen Abkömmlinge des Adoptierten, für die ihm die alleinige Sorge zusteht. Er tritt jedoch nicht ein, wenn der Adoptierte mit einem deutschen Elternteil verwandt bleibt.

(5) Freiwilliger Eintritt eines deutschen Staatsangehörigen in die Streitkräfte oder einen vergleichbaren bewaffneten Verband eines ausländischen Staates, es sei denn, er ist aufgrund eines zwischenstaatlichen Vertrags dazu berechtigt (§ 28).

(6) Erklärung eines Deutschen, der die Staatsangehörigkeit gemäß § 4 Abs. 3 oder gemäß § 40b erworben hat und eine ausländische Staatsangehörigkeit besitzt, daß er die ausländische Staatsangehörigkeit behalten will. Der Verlust tritt ebenfalls ein, wenn er bis zur Vollendung des 23. Lebensjahres nicht erklärt hat, daß er die deutsche Staatsangehörigkeit behalten will (§ 29 Abs. 1 und Abs. 2). Dasselbe gilt, wenn er zwar eine solche Erklärung abgegeben hat, aber bis zur Vollendung des 23. Lebensjahres nicht die Aufgabe oder den Verlust der ausländischen Staatsangehörigkeit nachweist, es sei denn, er bekommt von der zuständigen deutschen Behörde eine Beibehaltungsgenehmigung (§ 29 Abs. 3).

Literatur: *Bergmann/Korth*, Deutsches Staatsangehörigkeits- und Paßrecht, 2. Aufl., Köln ua 1989; *Grawert*, Staatsvolk und Staatszugehörigkeit, in: *Isensee/Kirchhof*, Bd. I, S. 663 ff; *Hailbronner/Renner/Lang*, Staatsangehörigkeitsrecht, Kommentar, München 1991; *Hailbronner*, Die Reform des deutschen Staatsangehörigkeitsrechts, in: NVwZ 1999, S. 1273 ff; *Huber/Butzke*, Das neue Staatsangehörigkeitsrecht und sein verfassungsrechtliches Fundament, in: NJW 1999, S. 2769 ff; *Klein*, Diplomatischer Schutz und grundrechtliche Schutzpflicht, in: DÖV 1997, S. 704 ff; *Makarov/v. Mangoldt*, Deutsches Staatsangehörigkeitsrecht, 3. Aufl., Loseblattsammlung, Frankfurt a.M.; *Renner*, Was ist neu am neuen Staatsangehörigkeitsrecht?, in: ZAR 1999, S. 154 ff.

2. Staatsgebiet

a) Völkerrechtliche Regelung

Unter Staatsgebiet versteht man den Raum, der unter der territorialen Souveränität des Staates steht, dh der dem freien Verfügungsrecht des Staates unterliegt. Von der **territorialen Souveränität** ist zu unterscheiden die **Gebietshoheit**, dh die tatsächliche Ausübung der staatlichen Hoheitsgewalt in einem Gebiet. In der Regel fallen territoriale Souveränität und Gebietshoheit zusammen, in besonderen Fällen können sie aber durch verschiedene Staaten ausgeübt werden. **558**

Beispiel: Durch Vertrag vom 16. und 23. Februar 1903 zwischen Kuba und den Vereinigten Staaten von Amerika wurde diesen das Recht der Errichtung eines Flottenstützpunktes in Guantánamo eingeräumt. Dazu bestimmt der Art. III (*Martens*, Nouveau recueil général de traités, 2e série, Bd. 34, Leipzig 1907, S. 338 f):

„While on the one hand the United States recognize the continuance of the ultimate sovereignty of the Republic of Cuba over the above described areas of land and water, on the other hand the Republic of Cuba consents that during the period of the occupation by the United States of said areas under the terms of this agreement the United States shall exercise complete jurisdiction and control over and within said areas …"

559 Das Völkerrecht enthält eine Reihe von Bestimmungen über die Abgrenzung des Staatsgebiets. Es unterscheidet dabei zwischen verschiedenen Räumen.

560 (1) **Landgebiet:** Zum Landgebiet zählt man die Erdoberfläche (Festland und Inseln) innerhalb der Staatsgrenzen einschließlich der Binnengewässer (zB Seen, Flüsse, Kanäle etc) und der maritimen Eigengewässer (zB Flußmündungen, Hafenanlagen, Buchten, Fjorde etc). Maritime Eigengewässer sind die an der Küste gelegenen Gewässer innerhalb der sog. Basislinie (s. Rn 561). Das Landgebiet setzt sich lotrecht unter der Erdoberfläche fort. Die Staatsgrenzen sind meist ein Produkt der historischen Entwicklung und wurden und werden in der Regel durch Grenzverträge festgelegt.

Falls vertraglich nichts festgelegt ist, verläuft die Staatsgrenze bei schiffbaren Flüssen entlang dem Talweg, dh den jeweils tiefsten Stellen des Flußbettes; bei nichtschiffbaren Flüssen verläuft sie der Mittellinie entlang. Bei Grenzseen gibt es keine einheitliche Regelung im Völkerrecht (s. Rn 568).

561 (2) **Küstenmeer:** Das Küstenmeer ist ein Meeresstreifen, der sich von der Küste ins Meer hinaus erstreckt. Es beginnt an der sog. Basislinie, die in der Regel dem Wasserstand bei Ebbe folgt (vgl dazu Art. 5 bis 7 des Seerechtsübereinkommens der Vereinten Nationen vom 10. Dezember 1982, Sartorius II, Nr 350). Zum Küstenmeer zählen außerdem der Meeresgrund und Meeresuntergrund. Die äußere Grenze des Küstenmeers wird vom Völkerrecht nicht abschließend geregelt, sondern lediglich die Maximalbreite von 12 sm festgelegt (vgl Art. 3 des Seerechtsübereinkommens der Vereinten Nationen, aaO). Innerhalb dieser Maximalbreite kann jeder Staat sein Küstenmeer beliebig ausdehnen. In der Regel beanspruchen die Staaten zwischen 3 und 12 sm. Allerdings gibt es auch einige Staaten, die eine größere Küstenmeerbreite bis hin zu 200 sm beanspruchen (vgl dazu *Ipsen*, Völkerrecht, S. 726). Die Bundesrepublik beansprucht in der Nordsee grundsätzlich 12 sm, in der Ostsee teilweise weniger, ohne damit den Rechtsanspruch auf 12 sm aufzugeben (s. BGBl. 1994 I, S. 3428 f).

Die im Küstenmeer existierende territoriale Souveränität und Gebietshoheit des Küstenstaates wird durch das Recht der friedlichen Durchfahrt für Schiffe aller Staaten beschränkt (vgl Art. 17 f des Seerechtsübereinkommens der Vereinten Nationen, aaO).

562 Nicht zum Küstenmeer und zum Staatsgebiet gehören die sog. **Anschlußzone** (vgl Art. 33 des Seerechtsübereinkommens der Vereinten Nationen, aaO) und der **Festlandsockel** (vgl Art. 76 des Seerechtsübereinkommens der Vereinten Nationen, aaO). Sie sind Gebiete der Hohen See, in denen dem Küstenstaat bestimmte exklusive Rechte zustehen.

563 (3) **Luftgebiet:** Zum Staatsgebiet zählt schließlich auch der Luftraum über dem Landgebiet und dem Küstenmeer. Der Luftraum reicht bis zur Grenze des Weltraums. Die genaue Höhe dieser Grenze ist allerdings umstritten. In der Praxis geht man meist von ca. 100 bis 110 km über der Erdoberfläche aus.

b) Deutsches Staatsgebiet

Das Grundgesetz enthält an verschiedenen Stellen Hinweise auf das Staatsgebiet, wobei unterschiedliche Begriffe verwendet werden: **564**

- Deutschland (Art. 116 Abs. 2 Satz 2 GG), Reich (Art. 134, Art. 135a GG), Deutsches Reich (Art. 116 Abs. 1 GG).
- Bundesgebiet (Art. 11 Abs. 1, Art. 25 Satz 2, Art. 29 Abs. 1 Satz 1, Art. 115a GG).
- (Gebiete der) Länder (Präambel, Art. 144 GG).

Den Raum, in dem die **territoriale Souveränität** der Bundesrepublik ausgeübt wird, und damit das Staatsgebiet, umschreibt Satz 2 der Präambel des GG. Das GG verweist durch die Aufzählung der Länder auf die Staatsgebiete der Länder. Daher ist jedes Landesgebiet Teil des Bundesgebiets. Insofern gibt es keine bundesfreien und auch keine bundesunmittelbaren Gebiete. Deshalb ist auch das Küstenmeer jeweils Landesgebiet. **565**

Die **Grenzen** des Bundesgebietes als Grenzen der Ländergebiete sind ein Produkt der historischen Entwicklung. Sie beruhen zum größten Teil auf Verträgen, die vor der Gründung der Bundesrepublik vom Deutschen Reich oder den deutschen Territorialstaaten abgeschlossen wurden. Dazu kam Gebietserwerb durch diese Staaten aufgrund anderer Titel (Heirat, Erbschaft, dynastische Nachfolge etc). Schließlich gibt es eine Reihe von Verträgen, die die Bundesrepublik zum Zwecke der Grenzberichtigung abgeschlossen hat: **566**

Verträge mit: Belgien vom 24. September 1956 (BGBl. 1958 II, S. 263 ff), Luxemburg vom 11. Juli 1959 (BGBl. 1960 II, S. 2079 ff), den Niederlanden vom 8. April 1960 und vom 30. Oktober 1980 (BGBl. 1963 II, S. 463 ff; BGBl. 1982 II, S. 735 ff), Österreich vom 29. Februar 1972 und vom 20. April 1977 (BGBl. 1975 II, S. 766 ff; BGBl. 1979 II, S. 379 ff), der Schweiz vom 23. November 1964 und vom 25. April 1977 (BGBl. 1967 II, S. 2041 ff; BGBl. 1978 II, S. 1202 ff).

Grenzverträge sind in der Bundesrepublik nach Art. 32 GG und Art. 59 Abs. 2 GG zu beurteilen. In der Lehre ist dabei insbesondere umstritten, ob bei Grenzverträgen, die gleichzeitig Grenzberichtigungen enthalten, die davon betroffenen Länder nach Art. 32 Abs. 2 GG nur zu hören sind oder ob sie zustimmen müssen (so die hL). Ebenso umstritten ist, ob der Abschluß solcher Verträge einer Verfassungsänderung bedarf. Die Probleme sind dadurch entstanden, daß die im Herrenchiemseer Entwurf vorgesehene Bestimmung, wonach dazu ein Bundesgesetz mit Zustimmung des betroffenen Landes und der betroffenen Bevölkerung notwendig sei, nicht ins GG übernommen wurde. **567**

Eine insofern eindeutige Regelung enthält Art. 3 Abs. 2 des österreichischen Bundes-Verfassungsgesetzes:

„Eine Änderung des Bundesgebietes, die zugleich Änderung eines Landesgebietes ist, ebenso die Änderung einer Landesgrenze innerhalb des Bundesgebietes kann – abgesehen von Friedensverträgen – nur durch übereinstimmende Verfassungsgesetze des Bundes und jenes Landes erfolgen, dessen Gebiet eine Änderung erfährt."

Unklar ist die Grenzziehung teilweise am **Bodensee**. Im Untersee und der Konstanzer Bucht ist die Grenze durch Verträge zwischen Baden und der Schweiz vom **568**

20. und 31. Oktober 1854 (BS 11, S. 49 ff) sowie vom 28. April 1878 (BS 11, S. 52 ff) und durch Vertrag zwischen dem Deutschen Reich und der Schweiz vom 24. Juni 1878 (BS 11, S. 56 ff) einvernehmlich festgelegt. Der Überlinger See wird unbestritten dem deutschen Staatsgebiet zugerechnet. Im restlichen Teil des Obersees ist hingegen der Grenzverlauf zwischen Deutschland, Österreich und der Schweiz umstritten. Die Schweiz vertritt den Standpunkt einer Realteilung entlang der Mittellinie, Österreich ist der Meinung, der See bilde ein Kondominium, in dem die territoriale Souveränität allen drei Staaten zustehe (wobei ein Streifen von 25 m entlang dem Ufer zum Staatsgebiet zu rechnen sei), und die Bundesrepublik hat sich bislang noch nicht ausdrücklich auf eine der beiden Ansichten festgelegt.

Der BayVGH hat in seinem Urteil vom 20. Februar 1963 (VerwRspr 16, Nr 103) bei der Prüfung der Frage, ob der dem bayerischen Ufer vorgelagerte Teil des Bodensees zum Landkreis Lindau gehörendes ausmärkisches Gebiet sei (woraus eine Befugnis des Landkreises zur Erhebung von Vergnügungssteuern bei Vergnügungsfahrten auf dem Bodensee abzuleiten wäre) die Realteilungstheorie ausdrücklich abgelehnt. Hingegen läßt sich – entgegen der Ansicht der Literatur – aus dem Urteil nicht ableiten, der Gerichtshof habe sich für die Kondominiumstheorie entschieden. Das Bayerische Wassergesetz in der Fassung vom 19. Juli 1994 (*Ziegler/Tremel*, Verwaltungsgesetze des Freistaates Bayern, Loseblattsammlung, München, Nr 930) läßt die Frage ebenfalls offen. Zwar wird in dem als Anlage beigefügten Verzeichnis der Gewässer erster Ordnung der Bodensee angeführt, allerdings findet sich darin die Bemerkung „bayerischer Anteil", der nicht definiert wird.

569 Zum Staatsgebiet außerhalb der Grenzen zählt die in der Schweiz gelegene Exklave **Büsingen**, ein Dorf mit ca. 1000 Einwohnern und rund 8 km^2 Fläche, das zum Land Baden-Württemberg gehört.

570 Ein besonderes Problem bildete bis zur Wiedervereinigung die Grenze zu **Polen**. Diese wurde erstmals im Potsdamer Abkommen (Potsdamer Protokoll, s. Rn 615) geregelt. Dabei wurden die Gebiete östlich der sog. Oder-Neiße-Linie einerseits als „ehemalige deutsche Gebiete" bezeichnet, andererseits aber wurde die endgültige Festlegung der Westgrenze Polens einem Friedensvertrag vorbehalten.

571 Diese **Oder-Neiße-Linie** wurde im folgenden in drei Verträgen behandelt. Im Grenzvertrag zwischen der Sowjetunion und Polen vom 16. August 1945 (UNTS 10, S. 198 ff) wurde die Regelung der Grenzfrage noch einem Friedensvertrag vorbehalten. Im Görlitzer Vertrag zwischen der DDR und Polen vom 6. Juli 1950 (DDR-GBl. 1950, S. 1205 ff) gingen die Vertragsparteien bereits von einer Souveränität Polens über die Gebiete östlich der Oder-Neiße-Linie aus.

In Art. I des Vertrages zwischen der Bundesrepublik Deutschland und der Volksrepublik Polen über die Grundlagen der Normalisierung ihrer gegenseitigen Beziehungen vom 7. Dezember 1970 (Warschauer Vertrag, Sartorius II, Nr 680) hieß es schließlich bezüglich der Oder-Neiße-Linie:

„(1) Die Bundesrepublik Deutschland und die Volksrepublik Polen stellen übereinstimmend fest, daß die bestehende Grenzlinie, deren Verlauf im Kapitel IX der Beschlüsse der Potsdamer Konferenz vom 2. August 1945 von der Ostsee unmittelbar westlich von Swinemünde und von dort die Oder entlang bis zur Einmündung der Lausitzer Neiße und die Lausitzer

Neiße entlang bis zur Grenze mit der Tschechoslowakei festgelegt worden ist, die westliche Staatsgrenze der Volksrepublik Polen bildet.

(2) Sie bekräftigen die Unverletzlichkeit ihrer bestehenden Grenzen jetzt und in der Zukunft und verpflichten sich gegenseitig zur uneingeschränkten Achtung ihrer territorialen Integrität.

(3) Sie erklären, daß sie gegeneinander keinerlei Gebietsansprüche haben und solche auch in Zukunft nicht erheben werden."

In der Diskussion um die Wiedervereinigung wurde sehr bald auch die Frage der Oder-Neiße-Linie aufgeworfen. Insbesondere Polen forderte eine endgültige Regelung. Darauf faßten der Bundestag und die Volkskammer der DDR am 21. Juni 1990 gleichlautende Entschließungen. Die Entschließung des Bundestages (Bulletin 1990, Nr 79, S. 684) lautete ua wie folgt: **572**

„Der Deutsche Bundestag

…

…

gibt seinem Willen Ausdruck, daß der Verlauf der Grenze zwischen dem vereinten Deutschland und der Republik Polen durch einen völkerrechtlichen Vertrag endgültig wie folgt bekräftigt wird:

Der Verlauf der Grenze zwischen dem vereinten Deutschland und der Republik Polen bestimmt sich nach dem „Abkommen zwischen der Deutschen Demokratischen Republik und der Republik Polen über die Markierung der festgelegten und bestehenden deutsch-polnischen Staatsgrenze" vom 6. Juli 1950 und den zu seiner Durchführung und Ergänzung geschlossenen Vereinbarungen (Vertrag zwischen der Deutschen Demokratischen Republik und der Volksrepublik Polen über die Abgrenzung der Seegebiete in der Oderbucht vom 22. Mai 1989; Akt über die Ausführung der Markierung der Staatsgrenze zwischen Deutschland und Polen vom 27. Januar 1951) sowie dem „Vertrag zwischen der Bundesrepublik Deutschland und der Volksrepublik Polen über die Grundlagen der Normalisierung ihrer gegenseitigen Beziehungen" vom 7. Dezember 1970.

Beide Seiten bekräftigen die Unverletzlichkeit der zwischen ihnen bestehenden Grenze jetzt und in der Zukunft und verpflichten sich gegenseitig zur uneingeschränkten Achtung ihrer Souveränität und territorialen Integrität.

Beide Seiten erklären, daß sie gegeneinander keinerlei Gebietsansprüche haben und solche auch in Zukunft nicht erheben werden.

Die Bundesregierung wird aufgefordert, diese Entschließung der Republik Polen förmlich als Ausdruck auch ihres Willens mitzuteilen."

Die geforderte völkerrechtliche Regelung ist kurz darauf vereinbart worden. Es handelt sich dabei um den Vertrag über die abschließende Regelung in bezug auf Deutschland vom 12. September 1990 (s. Rn 663) sowie um den Vertrag zwischen der Bundesrepublik Deutschland und der Republik Polen über die Bestätigung der zwischen ihnen bestehenden Grenzen vom 14. November 1990 (s. Rn 668). **573**

Literatur: *Bethge,* Das Staatsgebiet des wiedervereinigten Deutschlands, in: *Isensee/Kirchhof,* Bd. VIII, S. 603 ff; *Frowein,* Die deutschen Grenzen in völkerrechtlicher Sicht, in: EA 1979, S. 591 ff; *Habscheid,* Staatsgebiet, in: Lexikon, S. 264 f; *Hailbronner,* in: *Vitzthum,* S. 221-225; *Randelzhofer,* Grenze, in: Lexikon, S. 109 f; *Vitzthum,* Staatsgebiet, in: *Isensee/Kirchhof,* Bd. I, S. 709 ff.

3. Staatsgewalt

a) Völkerrechtliche Regelung

574 Unter **Staatsgewalt** iSd Völkerrechts versteht man das souveräne Recht zur Ausübung von Gewalt gegen Menschen und Sachen. Die Souveränität manifestiert sich nach außen in der Unabhängigkeit und nach innen in der Selbstregierung. Dies verwirklicht sich insbesondere in der Gebietshoheit gegenüber Menschen und Sachen im Staatsgebiet sowie in der Personalhoheit über die eigenen Staatsbürger. Der Staat ist dabei nur dem Völkerrecht und sonst keiner anderen, insbesondere staatlichen, Rechtsordnung unterworfen.

575 Die **Gestaltung** der Staatsgewalt ist vom Völkerrecht nicht geregelt; sie ist Sache jedes Staates. Das Völkerrecht ist in dieser Beziehung wertneutral. Es schreibt weder eine demokratische Verfassung vor noch verbietet es diktatorische Konstruktionen. Daher ist es auch unerheblich, wer Träger und wer Ausübender der Staatsgewalt ist. Für das Völkerrecht ist derjenige, der tatsächlich die Macht im Staat ausübt, daher vertretungsbefugt, ist „Regierung" des Staates. Es wird somit nur auf die Effektivität, nicht aber auf die Legitimität abgestellt.

576 Daraus wird teilweise die sog. „**act of state-doctrine**" abgeleitet; insbesondere amerikanische Gerichte haben dieser Lehre angehangen. Danach können Hoheitsakte eines fremden Staates, die dieser innerhalb seines Staatsgebietes setzt, von den Gerichten oder Verwaltungsbehörden anderer Staaten nicht auf ihre Rechtmäßigkeit hin überprüft werden. Diese ausländischen Hoheitsakte müssen anerkannt werden. Das Problem stellt sich des öfteren als Vorfrage in einem Prozeß. Die „act of state-doctrine" ist in der Literatur heftig umstritten. Insbesondere wird vorgebracht, daß damit auch völkerrechtswidrige Hoheitsakte fremder Staaten den Urteilen zugrunde zu legen seien. Nach Ansicht der deutschen Rechtsprechung (zB LG Hamburg, AWD 1973, S. 163 ff, 164) schreibt das Völkerrecht selbst aber weder die Anerkennung ausländischer völkerrechtswidriger Hoheitsakte vor, noch verbietet es sie.

Deutsche Gerichte lösen derartige Fälle nach zwei sukzessiv anzuwendenden Prinzipien. Zunächst werden ausländische Hoheitsakte grundsätzlich anerkannt, soweit der ausländische Staat sie auf seinem Territorium vornimmt, und zwar auch dann, wenn sie (möglicherweise) völkerrechtswidrig sind. Extraterritorialen Auswirkungen, insbesondere solchen auf deutschem Staatsgebiet, kann dagegen die Anerkennung versagt werden. Das beruht auf dem *Territorialitätsprinzip*, nach dem jeder Staat Hoheitsakte wirksam nur auf seinem eigenen Territorium setzen kann (siehe zB BGHZ 20, S. 4 ff, 10; 25, S. 134 ff, 140 f; 32, S. 256 ff, 259; 33, S. 195 ff, 197; 56, S. 66 ff, 69).

Ist nach dem soeben gesagten ein ausländischer Hoheitsakt grundsätzlich anzuerkennen, so tun dies deutsche Gerichte in einem zweiten Schritt ausnahmsweise doch nicht, wenn der Hoheitsakt gegen den deutschen *ordre public* verstößt (Art. 6 EGBGB, früher: Art. 30 EGBGB aF). Im „Bremer Tabakstreit" betreffend die Nationalisierung niederländischer Tabakplantagen in Indonesien (ArchVR 9, 1961/62, S. 318 ff) und im „Chilenischen-Kupfer-Fall" (Rabels Zeitschrift 37, 1973, S. 578 ff) hatten das Hanseatische Oberlandesgericht Bremen und das Landgericht Hamburg darüber zu entscheiden, ob die ausländische entschädigungslose Enteignung einen derartigen Fall darstelle. Dabei ging es jeweils um die Sequestration von Waren, die aus entschädigungslos enteigneten Betrieben stammten und zum Verkauf in die Bundesrepublik verschifft wurden. Beide Gerichte gingen von der grundsätzlichen Geltung der „act of state-doctrine" aus. Das Bremer Gericht sah dann aufgrund der konkreten Umstände die indonesische Nationalisierung nicht als Verstoß gegen den deutschen ordre public an. Das Hamburger Gericht ging zwar von einer Verletzung des Völkerrechts aus, die auch mit dem deutschen ordre public nicht vereinbar sei, hielt diesen aber nicht für anwendbar, weil es an der Beziehung des Geschehens zu deutschen Interessen fehle. Eine solche Beziehung werde nicht schon dadurch hergestellt, daß entschädigungslos enteignete Sachen in der Bundesrepublik verbracht würden.

b) Deutsche Staatsgewalt

Vor der Wiedervereinigung war eines der zentralen Probleme in der Diskussion über die Rechtslage Deutschlands (s. Rn 613 ff) die Frage nach der Unterscheidung zwischen der gesamtdeutschen Staatsgewalt als der Staatsgewalt des Deutschen Reiches und der der Bundesrepublik. Sofern man vom Weiterbestehen des Deutschen Reiches nach 1945 ausging, war unbestritten, daß dessen Staatsgewalt zumindest ruhte, da das Deutsche Reich handlungsunfähig war. **577**

Diesbezüglich lautet der Kernsatz des Urteils des BVerfG vom 31. Juli 1973 zum Grundlagenvertrag (BVerfGE 36, S. 1 ff, 15 f):

„Das Grundgesetz ... geht davon aus, daß das Deutsche Reich den Zusammenbruch 1945 überdauert hat und weder mit der Kapitulation noch durch Ausübung fremder Staatsgewalt in Deutschland durch die alliierten Okkupationsmächte noch später untergegangen ist ... Das Deutsche Reich existiert fort ..., besitzt nach wie vor Rechtsfähigkeit, ist allerdings als Gesamtstaat mangels Organisation, insbesondere mangels institutionalisierter Organe selbst nicht handlungsfähig."

Nach der Wiedervereinigung ist dieses Problem gegenstandslos geworden.

Was die Staatsgewalt der Bundesrepublik anbelangt, so ist sie im GG und in einfachen Gesetzen organisatorisch geregelt und durch die Rechtsprechung des BVerfG ergänzend ausgestaltet worden. Insoweit kann auf den Band Staatsrecht I der Schwerpunkte-Reihe von *Degenhart* verwiesen werden. **578**

4. Effektivität

Das bloße Vorliegen der drei Staatselemente ist aber für die Existenz eines Staates iSd Völkerrechts solange nicht ausreichend, als diese Elemente, insbesondere die Staatsgewalt, nicht effektiv sind. Eine solche Effektivität setzt voraus, daß die Staatselemente tatsächlich vorhanden und auf Dauer angelegt sind; vor allem die Staatsgewalt muß durchsetzbar sein. Die Beurteilung des Vorliegens der Effektivität der Staatselemente ist vom Einzelfall abhängig. Sie wird insbesondere dort schwierig vorzunehmen sein, wo sich eine Staatsentstehung in Form eines Bürgerkrieges vollzieht. **579**

Solche Grenzfälle stellten insbesondere **Biafra** und **Südrhodesien** dar.

(1) Die nigerianische Provinz Biafra wurde 1967 im Rahmen eines Bürgerkrieges als Staat ausgerufen und auch von einigen Staaten anerkannt. Die nigerianische Zentralregierung setzte den Kampf jedoch fort und nahm 1970 Biafra wieder ein.

(2) Südrhodesien wurde 1965 zum Staat ausgerufen, was aber weder vom Mutterland Großbritannien noch von den übrigen Staaten anerkannt wurde. Der Sicherheitsrat der Vereinten Nationen beschloß wirtschaftliche Sanktionsmaßnahmen gegen Südrhodesien. Wegen dieser Situation wurde trotz der ansonsten zweifelsohne vorliegenden Staatselemente die Effektivität verneint. 1979 wurde Südrhodesien als Zimbabwe von Großbritannien unabhängig. Da dies mit weltweiter Zustimmung geschah, war an der Effektivität ab diesem Zeitpunkt nicht mehr zu zweifeln.

Literatur: *Geiger*, S. 350-355; *Rotter*, Staat, in: Lexikon, S. 252 f; *Seidl-Hohenveldern*, Souveränität, in: Lexikon, S. 249 ff; *Uibopuu*, Gedanken zu einem völkerrechtlichen Staatsbegriff, in: *Schreuer* (Hrsg.), Autorität und internationale Ordnung, Berlin 1979, S. 87 ff; *Verdross*, Die völkerrechtliche und politische Souveränität der Staaten, in: Um Recht und Freiheit, Festschrift für *F. v.d. Heydte*, Halbband 1, Berlin 1977, S. 703 ff.

II. Die Anerkennung neuer Staaten

1. Anerkennung und Völkerrechtssubjektivität

580 Die Anerkennung neuer Staaten war in ihrer Wirkung lange Zeit umstritten. Man unterschied dabei die konstitutive und die deklaratorische Anerkennungstheorie.

Nach der **konstitutiven Theorie** entsteht die Völkerrechtssubjektivität eines neuen Staates erst durch die Anerkennung durch die anderen Staaten. Die Anerkennung ist für die Völkerrechtssubjektivität konstitutiv. Danach gibt es auch im Bereich der Völkerrechtssubjektivität eine Relativität in bezug auf anerkannte und nichtanerkannte Staaten.

Nach der **deklaratorischen Theorie** bestätigt die Anerkennung lediglich die bereits bestehende Völkerrechtssubjektivität. Sie stellt nur fest, daß die Elemente eines Staates iSd Völkerrechts vorliegen. Daraus leitet sich ohne weiteres die Völkerrechtssubjektivität ab. Daher bedarf es dafür beim Vorliegen der Staatselemente gar keiner Anerkennung. Die deklaratorische Theorie hat sich als hL durchgesetzt.

581 Daraus ergeben sich allerdings eine Reihe von Problemen. Zum einen wird in der Literatur nur sehr selten auf die Frage eingegangen, ob die Anerkennung der **Staatselemente**, aus der dann die Völkerrechtssubjektivität folgt, für sich gesehen konstitutiv oder deklaratorisch ist. Wird sie konstitutiv verstanden, dann ist zwischen den beiden Theorien nur wenig Unterschied. Wird sie deklaratorisch verstanden, bleibt offen, welche rechtliche Relevanz die Verweigerung der Anerkennung haben soll.

So beschloß die Generalversammlung der VN nach der Unabhängigkeit des südafrikanischen Homelands **Transkei** am 26. Oktober 1976 mit 134 zu 0 Stimmen bei einer Enthaltung folgende Resolution (VN 1976, S. 191):

„Die Generalversammlung,

– unter Hinweis auf ihre Entschließung 3411 D (XXX) vom 28. November 1975, in der die Schaffung von Bantustans durch das rassistische Regime von Südafrika verurteilt wurde,

– davon Kenntnis nehmend, daß das rassistische Regime von Südafrika am 26. Oktober 1976 die angebliche ‚Unabhängigkeit' der Transkei erklärte,

– nach Behandlung des Berichts des Sonderausschusses gegen Apartheid,

1. verurteilt streng die Schaffung von Bantustans als eine Maßnahme, bestimmt, die unmenschliche Apartheidpolitik zu verfestigen, die territoriale Unversehrtheit des Landes zu zerstören, die Herrschaft der weißen Minderheit zu verewigen und das afrikanische Volk von Südafrika seiner unveräußerlichen Rechte zu berauben;

2. weist die Erklärung der ‚Unabhängigkeit' der Transkei zurück und erklärt sie für ungültig;

3. fordert alle Regierungen auf, der sogenannten unabhängigen Transkei jede Form der Anerkennung zu verweigern und keinerlei Beziehungen zu der sogenannten unabhängigen Transkei oder zu anderen Bantustans zu unterhalten;

4. ersucht alle Staaten um wirksame Maßnahmen zur Verhinderung irgendwelcher Beziehungen von unter ihre Zuständigkeit fallenden natürlichen und juristischen Personen oder anderen Institutionen mit der sogenannten unabhängigen Transkei oder mit anderen Bantustans."

Zur Lösung dieses Problems bedient man sich meist der Konstruktion des **de facto-Regimes**, dem man die Völkerrechtssubjektivität nicht gänzlich abspricht, dem man aber andererseits nur einen Mindeststandard an völkerrechtlichen Rechten und Pflichten zubilligt (so zB Gebietshoheit, Gewaltverbot, Deliktsfähigkeit). Diese Betrachtungsweise läuft auf eine Art modifizierte deklaratorische Anerkennungstheorie hinaus. **582**

2. Formen der Anerkennung

In der Praxis unterscheidet man zwischen de facto- und de iure-Anerkennung, zwischen Anerkennung von Staaten und von Regierungen sowie zwischen ausdrücklicher und stillschweigender Anerkennung. **583**

Unter **de facto**-Anerkennung versteht man eine vorläufige Anerkennung, die ausgesprochen wird, solange die Effektivität der Staatselemente noch in Frage steht. Eine solche de facto-Anerkennung kann daher zurückgenommen werden. Die **de iure**-Anerkennung ist endgültig, sie kann nicht mehr zurückgenommen werden. **584**

Von den Staaten des ehemaligen Ostblocks wurde des öfteren die Einrichtung von Handelsvertretungen oder die Aufnahme konsularischer Beziehungen als de facto-Anerkennung qualifiziert, solange keine diplomatischen Beziehungen bestanden. Insofern war es von Bedeutung, daß die DDR noch vor ihrer ausdrücklichen Anerkennung konsularische Beziehungen mit Ägypten und Indien unterhielt.

Die Anerkennung von **Regierungen** bewirkt bei einem neuen Staat zwar die gleichzeitige Anerkennung des **Staates**, bei schon bestehenden Staaten hat sie aber keine Auswirkungen auf die Völkerrechtssubjektivität des Staates. Diese wird weder durch einen Regierungswechsel noch durch einen Wechsel der Staats- oder der Gesellschaftsform berührt. Die Anerkennung von neuen Regierungen hat daher zunächst primär politische Bedeutung. Dennoch hat die Nichtanerkennung einer Regierung zur Folge, daß mit ihr oder – wenn es sich um eine effektiv herrschende Regierung handelt – mit deren Staat keine Beziehungen unterhalten werden, da die Regierung nicht als vertretungsbefugt erachtet wird. **585**

So beschloß die Schweiz nach dem Tod Hitlers, die Regierung Dönitz nicht anzuerkennen. Über die Folgen wurde im diesbezüglichen Bundesratsbeschluß ua ausgeführt (zitiert nach *Bindschedler*, in: SchwJIR 6, [1949], S. 37 ff, 59):

„Völkerrechtlich entsteht mit der Erklärung des Bundesrates, daß er keine offizielle Reichsregierung mehr anerkennt, für die schweizerischen Behörden die Situation, das das Reich zwar als Staat nicht verschwunden ist, aber keine Regierung mehr hat und damit als Völkerrechtsubjekt nicht mehr handlungsfähig ist. Die gegenseitigen offiziellen Beziehungen fallen dahin. Dagegen bleiben die schweizerisch-deutschen Verträge rechtlich weiter bestehen …"

586 Die Anerkennung kann **ausdrücklich** oder **stillschweigend** (indirekt) durch konkludente Handlungen erfolgen. Wird sie ausdrücklich ausgesprochen, so handelt es sich um ein selbständiges einseitiges Rechtsgeschäft (s. Rn 302 ff). Eine stillschweigende Anerkennung kann sich ergeben aus der Aufnahme diplomatischer Beziehungen oder dem Abschluß eines völkerrechtlichen Vertrages mit einem Staat.

587 Hinsichtlich der Aufnahme diplomatischer Beziehungen ist dies als zwingend anerkannt. Umstritten ist es beim Abschluß völkerrechtlicher Verträge. Dabei geht ein Teil der Lehre davon aus, daß weder der Beitritt zu einem multilateralen Vertrag noch zur UNO die stillschweigende Anerkennung der anderen Vertragsparteien bzw der Mitglieder der UNO bedeuten muß. Man räumt den Staaten insofern das Recht der gegenteiligen Willensäußerung mit der Folge der Nichtanerkennung ein. Teilweise wird dies auch für den Abschluß bilateraler Verträge vertreten.

Eine etwas ungewöhnliche Form dieser Willensäußerung der Nichtanerkennung hat die Volksrepublik China anläßlich ihres Beitritts zum Wiener Übereinkommen über diplomatische Beziehungen vom 18. April 1961 gewählt, als sie folgendes erklärte (BGBl. 1976 II, S. 460):

„Die ‚Unterzeichnung' und ‚Ratifikation' dieses Übereinkommens durch die Tschiangkaischek-Clique, die den Namen China widerrechtlich führt, sind ungesetzlich und nichtig."

588 **Lösung Fall 15** (Rn 539):

1. Voraussetzung für den Verlust der deutschen Staatsangehörigkeit ist gemäß § 25 Abs. 1 des Reichs- und Staatsangehörigkeitsgesetzes (bei Vorliegen der übrigen, nach Sachverhalt zu bejahenden Voraussetzungen), daß eine *ausländische* Staatsangehörigkeit erworben wurde. Die Argumentation des A ist daher nur richtig, wenn die „Principality of Sealand" als Staat iSd Völkerrechts anzusehen ist und damit die Fähigkeit besitzt, völkerrechtlich relevant eine Staatsangehörigkeit zu verleihen.

2. Die Staatsqualität des Fürstentums iSd Völkerrechts ist dann zu bejahen, wenn die Kriterien des völkerrechtlichen Staatsbegriffs erfüllt sind. Dieser stellt darauf ab, daß eine menschliche Gemeinschaft (= Staatsvolk) volle Selbstregierung (= Staatsgewalt) über ein Gebiet (= Staatsgebiet) effektiv ausübt.

a) Fraglich ist, ob im vorliegenden Fall ein Staatsvolk existiert.

Es ist anerkannt, daß die Größe kein ausschlaggebendes Kriterium für das Vorhandensein eines Staatsvolkes ist. Entscheidend ist vielmehr, daß sich eine wie auch immer zusammengesetzte menschliche Gemeinschaft dauerhaft einer gemeinsamen Ordnung unterwirft oder unterworfen wird. Welche Zwecke sie dabei verfolgt, wie intensiv das Gemeinschaftsleben ausgeprägt ist, ob sie sich aus dem Staatsgebiet wirtschaftlich selbst erhalten kann etc, spielt hierfür keine Rolle. Wenn sich die zu Staatsangehörigen des

Fürstentums ernannten Personen einer gemeinsamen Verfassung unterordnen und sich ein Teil von ihnen ständig auf der Insel befindet, scheitert die Staatsqualität daher nicht daran, daß es an einem Staatsvolk fehlt.

b) Daß sich das Fürstentum selbst regiert und somit auf der Insel effektive Staatsgewalt ausübt, ist nach dem gegebenen Sachverhalt nicht zweifelhaft.

c) Fraglich ist allerdings, ob eine künstliche Insel überhaupt als Staatsgebiet im völkerrechtlichen Sinn angesehen werden kann.

Unter „Staatsgebiet" wird gemeinhin ein „Teil der Erdoberfläche" verstanden, der unter der territorialen Souveränität eines Staates steht. Dieser dem Bereich der Geographie entlehnte Begriff besagt – für sich betrachtet – noch nichts darüber, wie die betreffende Teilfläche beschaffen sein muß.

Bedenken könnten sich zunächst aus der kleinen Fläche des Staatsgebietes ergeben: Die derzeit kleinsten Staaten, der Staat der Vatikanstadt (0,44 km^2) und Monaco (1,9 km^2), sind immerhin rund 340- bzw 1460mal so groß wie die „Principality of Sealand". Andererseits läßt sich bisher völkergewohnheitsrechtlich keine in km^2 quantifizierbare Mindestgröße für Staatsgebiete nachweisen.

Problematisch ist das Merkmal „Staatsgebiet" aber auch aus einem anderen, allerdings mit der Größe indirekt ebenfalls zusammenhängenden Gesichtspunkt: bei einer künstlich geschaffenen Insel (wie im vorliegenden Fall) kann rein faktisch die Möglichkeit nicht ausgeschlossen werden, daß das gesamte „Staatsgebiet" durch das Versagen der technischen Konstruktion, zB bei einem starken Sturm, vernichtet wird. Ein in seiner Existenz durch solche äußere Zufälligkeiten gefährdetes Völkerrechtssubjekt würde ein Unsicherheitsmoment in den internationalen Beziehungen darstellen.

Hinzu kommt ein zweites Bedenken. Qualifizierte man auch ausschließlich künstlich geschaffene Flächen als Staatsgebiete, so könnte die Zahl der derzeit bestehenden Staaten – unterstellt, die übrigen Kriterien (Volk, Gewalt) lägen vor – beliebig vermehrt werden, also auch zB dadurch, daß wirtschaftlich dazu fähige Staaten über die Errichtung einer größeren Anzahl derartiger künstlicher Inseln eine Vielzahl neuer („Satelliten"-) Staaten schaffen, um sich ihrer etwa als Stellvertreter für bestimmte Handlungen, an denen sie selbst formell unbeteiligt bleiben wollen, oder zur Umkehr von Mehrheitsverhältnissen in internationalen Organisationen zu bedienen.

Aus diesen Gründen akzeptiert die Völkerrechtspraxis als Staatsgebiet nur auf natürliche Weise entstandene Landflächen, die durch künstliche Maßnahmen (Aufschüttungen, Deichbau etc) allenfalls vergrößert werden können. Die weiteren Gebiete, die nach Völkerrecht zum Staatsgebiet gezählt werden (Küstenmeer, Luftraum) spielen im vorliegenden Fall keine Rolle und sind zudem nur im Zusammenhang mit dem Landgebiet relevant.

3. Fraglich ist, ob die von A angekündigten Anerkennungen des Fürstentums durch andere Staaten für die Lösung des Falles relevant sind. Dies ist zu verneinen. Selbst wenn man nicht der heute in Völkerrechtspraxis und -lehre überwiegend anerkannten deklaratorischen Theorie folgt, sondern mit der konstitutiven Theorie die Anerkennung als Voraussetzung für die Erlangung der Staatsqualität ansieht, bleibt die Anerkennung doch nur eine Voraussetzung, die neben den anderen drei Elementen vorliegen muß. Da es bereits an einem dieser Elemente fehlt, kann die „Principality of Sealand" auch durch die Anerkennungen anderer Staaten nicht Staatsqualität erlangen. Im übrigen liegen noch gar keine Anerkennungen vor, so daß sich die Frage nach dem Einfluß derselben auf die Staatsqualität erübrigt.

4. Insgesamt folgt daraus, daß das Fürstentum Sealand kein Staat iSd Völkerrechts ist, da das Kriterium des Staatsgebietes nicht vorliegt. Daher hat es nicht die Fähigkeit, völkerrechtlich relevant eine Staatsangehörigkeit zu verleihen. Deshalb hat A nicht gemäß § 25 des Reichs- und Staatsangehörigkeitsgesetzes seine deutsche Staatsangehörigkeit verloren.

Ergebnis: Die Argumentation des A ist nicht richtig (vgl VG Köln, DVBl. 1978, S. 510 ff).

Literatur: *Bindschedler,* Die Anerkennung im Völkerrecht, ArchVR 9 (1961/62), S. 377 ff; *Frowein*, Die Entwicklung der Anerkennung von Staaten und Regierungen im Völkerrecht, in: Der Staat 11 (1972), S. 145 ff; *ders.*, Anerkennung, in: Lexikon, S. 8 ff; *Ipsen*, Völkerrecht, S. 222-242; *Loudwin*, Die konkludente Anerkennung im Völkerrecht, Berlin 1983; *Meissner,* Formen stillschweigender Anerkennung im Völkerrecht, Köln 1996; *Zivier,* Die Nichtanerkennung im modernen Völkerrecht, 2. Aufl., Berlin 1969.

III. Staatennachfolge

1. Begriff und Rechtsquellen

589 Unter **Staatennachfolge** versteht man die rechtlichen Folgen einer **Staatensukzession**, dh eines vollständigen Übergangs der territorialen Souveränität und Gebietshoheit über ein Staatsgebiet von einem Staat auf einen anderen.

590 Die Fälle der Staatensukzession lassen sich unterscheiden nach dem Schicksal des **Vorgängerstaates**. Dieser bleibt in folgenden Fällen der Staatensukzession **bestehen**:

(1) Abtretung von Gebieten: zB die Abtretung des Dodekanes durch Italien an Griechenland durch Art. 14 des Friedensvertrages mit Italien vom 10. Februar 1947 (UNTS 49, S. 3 ff).

(2) Dekolonisation: zB die Mehrzahl der heute bestehenden Staaten, die nach 1945 gegründet wurden.

(3) Losreißung bzw Separation: zB Separation Bangla Deshs von Pakistan 1972, Sloweniens ua von Jugoslawien 1991.

591 Daneben gibt es einige Fälle der Staatensukzession mit **Untergang** des oder der **Vorgängerstaaten**:

(1) Zusammenschluß bestehender Staaten zu einem neuen: zB Gründung des Deutschen Reiches 1871.

(2) Dismembration, dh Untergang eines Staates und Aufteilung seines gesamten Gebietes auf Nachfolger: zB Dismembration Österreich-Ungarns 1918, der UdSSR 1991.

(3) Freiwilliger Anschluß an einen fremden Staat: zB Anschluß Texas' an die Vereinigten Staaten von Amerika durch den Eingliederungsvertrag zwischen Texas und

den USA vom 12. April 1844 (*Martens*, Nouveau recueil général de traités, 1er série, Göttingen 1817-1842, Bd. 6, S. 378 ff) und durch die Joint Resolution of Congress vom 1. März 1845 (*Martens*, ibidem, Bd. 8, S. 117 ff).

(4) Annexion (Einverleibung): zB Annexion Österreichs durch das Deutsche Reich durch den Einmarsch am 13. März 1938, das österreichische Bundesverfassungsgesetz über die Wiedervereinigung Österreichs mit dem Deutschen Reich (ÖBGBl. 1938, Nr 75) und das deutsche Gesetz über die Wiedervereinigung Österreichs mit dem Deutschen Reich (RGBl. 1938 I, S. 237 f), beide vom selben Tag. Eine Annexion wird heute aber allgemein als völkerrechtswidrig erachtet, so daß sich daraus keine Fragen der Staatennachfolge ergeben.

Als Rechtsquelle für die Fragen der Staatennachfolge konnte lange Zeit nur Völker- **592**
gewohnheitsrecht herangezogen werden. Irreführend ist insoweit Art. 123 Abs. 2 GG, der bei der Frage der Weitergeltung von vom Deutschen Reich abgeschlossenen Staatsverträgen auf „allgemeine Rechtsgrundsätze" verweist. Gemeint sind damit sämtliche völkerrechtliche Grundsätze für die Weiterleitung, also insbesondere das Völkergewohnheitsrecht. Dieses war allerdings in Geltung und Inhalt umstritten. Es standen sich nämlich in Lehre und Staatenpraxis die beiden Prinzipien des grundsätzlichen Übergangs aller Rechte und Pflichten auf den Nachfolger (**Universalsukzession**) sowie des grundsätzlichen Untergangs aller Rechte und Pflichten für den Nachfolger (**clean slate, tabula rasa**) gegenüber. Ausgeschaltet wurden die Probleme dieser unsicheren Rechtslage nur dort, wo in Form von Übergangsverträgen oder -erklärungen des Nachfolgers die Nachfolgefrage im Sinne einer Universalsukzession geklärt wurde.

Zur Kodifikation der Staatennachfolge wurden in jüngster Zeit **zwei Verträge** abge- **593**
schlossen, und zwar die Wiener Konvention über die Staatennachfolge in Verträge vom 23. August 1978 (*Schweitzer/Rudolf*, S. 606 ff) und die Wiener Konvention über die Staatennachfolge in Vermögen, Archive und Schulden von Staaten vom 8. April 1983 (ILM 22, 1983, S. 306 ff). Während der erste Vertrag bereits in Kraft getreten ist, allerdings nur wenige Vertragspartner hat, ist bei dem zweiten Vertrag fraglich, ob ihm ausreichend viele Staaten beitreten werden, so daß er in Kraft treten kann. Das hängt damit zusammen, daß er teilweise gänzlich neue, nicht das Völkergewohnheitsrecht kodifizierende Regelungen enthält, deren Ziel vor allem eine Begünstigung unabhängig gewordener ehemaliger Kolonien ist.

Die Staatennachfolge in Völkergewohnheitsrecht und insbesondere die in allge- **594**
meine Rechtsgrundsätze hat in der Praxis keine Rolle gespielt und ist mehr eine theoretische Frage geblieben. Daher gibt es in diesem Bereich auch keine Kodifikation.

2. Staatennachfolge in völkerrechtliche Verträge

Die Wiener Konvention über die Staatennachfolge in Verträge (s. Rn 593) unter- **595**
scheidet nicht nur zwischen Separation bzw Dismembration und Staatenzusammen-

schluß, sondern darüber hinaus auch noch zwischen **kolonialen** und **nichtkolonialen** Staatensukzessionen, je nachdem ob diese Altstaaten oder Neustaaten betreffen. Daran werden dann unterschiedliche Rechtsfolgen geknüpft. So werden die nichtkoloniale Separation bzw Dismembration und der nichtkoloniale Zusammenschluß vom Prinzip der Universalsukzession beherrscht (Art. 34 Abs. 1, Art. 31 Abs. 1), während für die Dekolonisation als koloniale Separation und den kolonialen Zusammenschluß als Zusammenschluß ehemaliger Kolonien das Prinzip des clean slate (tabula rasa) gilt (Art. 16, Art. 30 Abs. 1). Allerdings ist in Art. 17 die Möglichkeit von Sukzessionserklärungen der Neustaaten in bezug auf bestimmte Verträge vorgesehen (Prinzip des free choice).

596 Für die Abtretung von Gebieten bestimmt Art. 15 das Prinzip der **beweglichen Vertragsgrenzen**, wonach der Geltungsbereich der vom Gebietsvorgänger abgeschlossenen Verträge eingeschränkt, der Geltungsbereich der vom Gebietsnachfolger abgeschlossenen Verträge hingegen auf das Gebiet ausgedehnt wird.

597 Sonderregelungen enthalten die Art. 11 und 12 für Verträge mit territorialem Bezug, die man auch als **radizierte Verträge** bezeichnet. Dazu gehören insbesondere Grenzverträge und Nutzungsverträge, zB für Flüsse oder Kanäle. Diese bleiben unberührt, wobei allerdings nach Art. 12 Abs. 3 Verpflichtungen aus militärischen Stützpunktverträgen ausdrücklich ausgenommen werden.

3. Staatennachfolge in Völkergewohnheitsrecht

598 Umstritten ist die Frage der Staatennachfolge in **Völkergewohnheitsrecht**. Während die hL mit unterschiedlichen Begründungen von einer Universalsukzession ausgeht, vertritt ein Teil der Lehre eine Lösung, die sich an der Staatennachfolge in Verträge orientiert. Teilweise wird in diesem Rahmen versucht, eine analoge Anwendung der vertraglichen Vorbehaltslehre einzuführen.

599 In der Praxis hat das Problem aber kaum eine Rolle gespielt. Viele Neustaaten sind zudem in Erklärungen gegenüber dem Generalsekretär der UNO, die sich auf die Staatennachfolge in Verträge bezogen, ohne weiteres von einer Staatennachfolge in Völkergewohnheitsrecht ausgegangen.

Beispiel: Die ehemalige britische Kolonie British Guiana gab als neuer Staat Guyana gegenüber dem Generalsekretär der UNO am 30. Juni 1966 folgende Erklärung bezüglich ihrer Vertragsverpflichtungen ab (Bericht des ILA-Committee on the sucession of new states to the treaties and certain other obligations of their predecessors, Buenos Aires Conference, 1968, S. 16 f):

„Sir,
I have the honour to inform you that the Government of Guyana, conscious of the desirability of maintaining existing legal relationships, and conscious of its obligations under international law to honour its treaty commitments, acknowledges that many treaty rights and obligations of the Government of the United Kingdom in respect of British Guiana were succeeded to by Guyana upon independence by virtue of customary international law.

Since, however, it is likely that by virtue of customary international law certain treaties may have lapsed at the date of independence of Guyana, it seems essential that each treaty should be subjected to legal examination. It is proposed after this examination has been completed, to indicate which, if any, of the treaties which may have lapsed by customary international law the Government of Guyana wishes to treat as having lapsed.

Owing to the manner in which British Guiana was acquired by the British Crown, and owing to its history previous to that date, consideration will have to be given to the question which, if any, treaties contracted previous to 1804 remain in force by virtue of customary international law."

4. Staatennachfolge in Vermögen, Archive und Schulden

Zum Vermögen des Staates gehört das **hoheitliche Vermögen** (domaine public, zB öffentliche Straßen) und das **Fiskalvermögen** (domaine privé, zB Staatsforste) einschließlich der Forderungsrechte gegenüber Drittstaaten. **600**

Mangels einer anderweitigen Vereinbarung geht nach der Wiener Konvention über die Staatennachfolge in Vermögen, Archive und Schulden (s. Rn 593) das ganze unbewegliche Vermögen des Vorgängerstaates im Nachfolgegebiet ohne Entschädigung auf den Nachfolgestaat über (Art. 11). Dies gilt auch für bewegliches Vermögen, wenn es mit einer Tätigkeit des Vorgängerstaates, die sich auf das Nachfolgegebiet bezieht, in Verbindung steht. Bei der Abtrennung eines Teiles des Staatsgebietes ist anderes bewegliches Staatsvermögen in einem billigen Verhältnis zu teilen, ebenso bei der Auflösung eines Staates (Art. 17, Art. 18). In diesem Fall gilt dies auch für unbewegliches Vermögen des Vorgängerstaates in Drittstaaten. Vermögenswerte eines Drittstaates, die sich im Nachfolgestaat befinden, werden von der Staatennachfolge nicht berührt (Art. 12). **601**

Bei **Neustaaten** darf nach der Konvention (Art. 15) eine abweichende Vereinbarung den „Grundsatz der ständigen Souveränität eines jeden Volkes über seine Reichtümer und seine Naturschätze" nicht beeinträchtigen. Unbewegliches und bewegliches Vermögen, das vor der Kolonialzeit zu dem Nachfolgegebiet gehörte und dann Eigentum des Vorgängerstaates geworden war, geht auf den Nachfolgestaat über. Sonstiges unbewegliches und bewegliches Vermögen des Vorgängerstaates ist zwischen diesem und dem Nachfolgestaat im Verhältnis zu dem Beitrag aufzuteilen, den das abhängige Gebiet zu diesem Vermögen geleistet hat, und zwar auch dann, wenn sich solches Vermögen in Drittstaaten befindet. Der Übergang erfolgt grundsätzlich unentgeltlich. **602**

Die Aufteilung der **Staatsarchive** zwischen Vorgänger- und Nachfolgestaat erfolgt nach dem Bedürfnis ordnungsgemäßer Verwaltung des von den Archiven erfaßten Gebietes („Betreffsprinzip", Art. 27 bis 31). Der Übergang der Staatsarchive erfolgt grundsätzlich kostenlos. Neustaaten folgen mangels anderweitiger Vereinbarung, die ihr Recht „auf Entwicklung, auf Information über ihre Geschichte und auf ihr kulturelles Erbe" nicht beeinträchtigen darf, auch in die Archive nach, die vor der Entstehung des Abhängigkeitsverhältnisses zu ihrem Gebiet gehört haben und dann Archive des Vorgängerstaates geworden sind. **603**

604 Hinsichtlich der **Schulden** regelt die Konvention nur die Staatennachfolge in Schulden gegenüber anderen Völkerrechtssubjekten. Herkömmlicherweise unterscheidet man zwischen allgemeinen Finanzschulden, gebietsbezogenen („radizierten") Finanzschulden und Verwaltungsschulden. Ausgeschlossen von der Staatennachfolge sind „bemakelte Schulden" (dettes odieuses), die zur Verfolgung von Zwecken aufgenommen worden waren, die gegen die Interessen des Nachfolgestaates gerichtet waren und deren Übernahme diesem daher nicht zumutbar ist. Nach der bisherigen **Praxis** gehen mangels anderweitiger Vereinbarung gebietsbezogene Finanzschulden auf den Nachfolgestaat über (res transit cum suo onere). Für nicht-gebietsbezogene Finanzschulden haftet der Vorgängerstaat weiter. Für Schulden, die eine Gebietskörperschaft mit Finanzautonomie aufgenommen hat, haftet weiterhin diese, da die Person des Schuldners hier von der Staatennachfolge nicht betroffen ist.

604a Nach der **Konvention** soll die Nachfolge in Schulden durch Vereinbarung geregelt werden (Art. 37). Mangels einer solchen geht im Falle einer Gebietsabtretung ein angemessener Teil der allgemeinen Staatsschuld unter besonderer Berücksichtigung des Verhältnisses zwischen den vom Gebietsvorgänger übernommenen Vermögenswerten und dessen Staatschuld auf den Gebietsnachfolger über. Im Falle der Fusion gehen die Schulden der fusionierenden Staaten auf den Nachfolgestaat über (Art. 39). Im Falle der Auflösung eines Staates gehen dessen Schulden in einem angemessenen Verhältnis auf die Gebietsnachfolger über (Art. 40). Neustaaten werden mangels anderweitiger Regelung, die jedoch den „Grundsatz der ständigen Souveränität eines jeden Volkes über seine Reichtümer und seine Naturschätze" nicht beeinträchtigen und das „grundlegende wirtschaftliche Gleichgewicht des neuen unabhängigen Staates nicht gefährden" darf, von sämtlichen Schulden freigestellt (Art. 38).

605 Die **Wiedervereinigung** stellte im Hinblick auf die DDR völkerrechtlich gesehen den freiwilligen Anschluß an einen anderen Staat und den Untergang des Völkerrechtssubjekts DDR dar. Daher ergaben sich eine Reihe von Fragen der Staatennachfolge (s. dazu Rn 675 ff).

Literatur: *Fastenrath/Schweisfurth/Ebenroth,* Das Recht der Staatensukzession, Berichte der Deutschen Gesellschaft für Völkerrecht 35 (1996), S. 9 ff; *Fiedler*, Die Konventionen zum Recht der Staatssukzession, in: GYIL 24 (1981), S. 9 ff; *Ipsen*, Völkerrecht, S. 306-325; *Schweitzer*, Staatennachfolge, in: Lexikon S. 257 ff; *Seidl-Hohenveldern*, Das Wiener Übereinkommen über Staatennachfolge in Vermögen, Archive und Schulden von Staaten, in: ÖZöRVR 34 (1983/84), S. 173 ff; *Silagi,* Staatsuntergang und Staatennachfolge mit besonderer Berücksichtigung der DDR, Frankfurt a.M. ua 1996; *Zemanek*, Die Wiener Konvention über die Staatennachfolge in Verträge, in: Ius Humanitatis, Festschrift für *A. Verdross*, Berlin 1980, S. 719 ff.

IV. Staatenimmunität

1. Immunität fremder Staaten

606 Aus der souveränen Staatsgewalt, die nur dem Völkerrecht und sonst keiner Rechtsordnung unterworfen ist, wird nicht nur die „act of state-doctrine" abgeleitet

(s. Rn 576), sondern auch die Immunität der Staaten und – teilweise – ihrer Organe. Die Staatenimmunität hat ihre Grundlage in der Rechtsparömie „**par in parem non habet imperium**". Man leitet daraus ab, daß fremde Staaten nicht der innerstaatlichen Gerichtsbarkeit unterliegen. Man unterscheidet allerdings heute zwischen hoheitlichem Handeln (acta iure imperii) und privatrechtlichem Handeln (acta iure gestionis) und billigt fremden Staaten nur mehr für hoheitliches Handeln absolute Immunität zu. Dabei ergibt sich natürlich die Schwierigkeit der Abgrenzung zwischen beiden Handlungsformen. Während man früher auf den Zweck des staatlichen Handelns abgestellt hat und dabei mit der Schwierigkeit zu kämpfen hatte, daß auch privatrechtliches Handeln hoheitlichen Zwecken dienen kann (zB Kauf von Ausrüstung oder Proviant für die Armee), betrachtet man heute die Art des staatlichen Handelns als maßgebend. Wenn man dabei feststellt, daß auch ein Privater diese Art des Handelns tätigen kann, dann qualifiziert man sie als iure gestionis.

Beispiel: Das BVerfG hat dazu folgendes ausgeführt (BVerfGE 16, S. 27 ff, 61 f):

„Die Unterscheidung zwischen hoheitlicher und nicht-hoheitlicher Staatstätigkeit kann nicht nach dem Zweck der staatlichen Betätigung und danach vorgenommen werden, ob diese Betätigung in erkennbarem Zusammenhang mit hoheitlichen Aufgaben des Staates steht. Denn letztlich wird die Tätigkeit des Staates, wenn nicht insgesamt, so doch zum weitaus größten Teil hoheitlichen Zwecken und Aufgaben dienen und mit ihnen in einem immer noch erkennbaren Zusammenhang stehen. Ebensowenig kann es darauf ankommen, ob der Staat sich gewerblich betätigt hat. Gewerbliche Tätigkeit des Staates unterscheidet sich nicht ihrem Wesen nach von sonstiger nicht-hoheitlicher Staatstätigkeit.

Maßgebend für die Unterscheidung zwischen Akten iure imperii und iure gestionis kann vielmehr nur die Natur der staatlichen Handlung oder des entstandenen Rechtsverhältnisses sein, nicht aber Motiv oder Zweck der Staatstätigkeit. Es kommt also darauf an, ob der ausländische Staat in Ausübung der ihm zustehenden Hoheitsgewalt, also öffentlich-rechtlich, oder wie eine Privatperson, also privatrechtlich, tätig geworden ist."

Davon ausgehend hat das BVerfG in dem betreffenden Verfahren nach Art. 100 Abs. 2 GG (s. Rn 771) eine Regel des Völkerrechts gemäß Art. 25 GG verneint, wonach die inländische Gerichtsbarkeit für Klagen gegen ausländische Staaten in bezug auf nicht-hoheitliche Betätigung ausgeschlossen sei. Daher hat es die Klage einer deutschen Firma gegen das Kaiserreich Iran auf Zahlung von rund 300,– DM für Reparaturarbeiten an der Heizungsanlage der iranischen Botschaft in Köln als völkerrechtlich unbedenklich erklärt.

Von der Frage der gerichtlichen Immunität zu trennen ist allerdings die Frage der **607**
Immunität von der **Zwangsvollstreckung**. In diesem Bereich geht man heute davon aus, daß nur das Staatsvermögen einer Zwangsvollstreckung unterliege, das nicht-hoheitlichen Zwecken dient. Hier wird also auf den Zweck abgestellt und untersucht, wozu der fremde Staat die Vermögensgegenstände verwendet.

Beispiel: s. Rn 256.

Auf der europäischen Ebene wurde zur Regelung der Fragen der Staatenimmunität **608**
das **Europäische Übereinkommen über Staatenimmunität** vom 16. Mai 1972 abgeschlossen (BGBl. 1990 II, S. 34 ff). Das Abkommen, das allerdings von den meisten europäischen Staaten bislang noch nicht ratifiziert worden ist, regelt die Umstände, in welchen die Staatenimmunität vor Gerichten der Vertragsparteien geltend gemacht werden kann oder nicht und verpflichtet die Vertragsstaaten – von gewis-

sen Ausnahmen abgesehen –, gegen sie ergangene Entscheidungen von Gerichten anderer Vertragsstaaten zu erfüllen. Das Abkommen ist am 11. Juni 1976 in Kraft getreten.

Das Abkommen enthält ein **Zusatzprotokoll**, das gesonderter Ratifikation bedarf. Es ist von noch weniger Staaten ratifiziert worden und am 22. Mai 1985 in Kraft getreten. Es sieht die Errichtung eines Europäischen Gerichts für Staatenimmunität vor, das zur Auslegung des Übereinkommens über Staatenimmunität berufen ist und in der Frage der Erfüllung gerichtlicher Entscheidungen auch von Einzelpersonen angerufen werden kann. Das Gericht setzt sich aus den Mitgliedern des Europäischen Gerichtshofs für Menschenrechte zusammen (s. Rn 714). Es ist am 28. Mai 1985 gegründet worden.

609 Besondere Schwierigkeiten bereitet die Frage nach der **Immunität fremder Staatsunternehmen**. Letztlich kann dabei sinnvollerweise nicht auf die Form der Eingliederung des Unternehmens in den fremden Staat, sondern wiederum nur auf die Art des Handelns abgestellt werden. Dies wird insbesondere dadurch bekräftigt, daß für Staatshandelsunternehmen in der Praxis eine absolute Immunität nicht beansprucht wird (vgl BVerfGE 46, S. 342 ff, 385 ff).

Beispiel: Das BVerfG hat dazu ausgeführt (BVerfGE 64, S. 1 ff, 22):
„Es besteht keine allgemeine Regel des Völkerrechts, die es geböte, einen fremden Staat als Inhaber von Forderungen aus Konten zu behandeln, die bei Banken im Gerichtsstaat unterhalten werden und auf den Namen eines rechtsfähigen Unternehmens des fremden Staates lauten. Der Gerichtsstaat ist nicht gehindert, das betreffende Unternehmen als Forderungsberechtigten anzusehen und aufgrund eines gegen dieses Unternehmen gerichteten Vollstreckungstitels, der in einem vorläufigen Rechtsschutzverfahren über ein nichthoheitliches Verhalten des Unternehmens ergangen ist, zur Sicherung des titulierten Anspruchs die betreffenden Forderungen zu pfänden."

Dementsprechend hat das BVerfG die Verfassungsbeschwerde der National Iranian Oil Company, einer im Eigentum des Iran stehenden Aktiengesellschaft iranischen Rechts, gegen die Pfändung ihrer deutschen Konten zurückgewiesen.

2. Immunität fremder Staatsorgane

610 Aus der Immunität fremder Staaten wird auch die gerichtliche Immunität ihrer Organe in bezug auf offen (also zB nicht bei Spionage) gesetzte **Hoheitsakte** abgeleitet. Ihre Akte werden dem fremden Staat zugerechnet. Ausgenommen davon sind nach allgemeiner Meinung nur völkerrechtswidrige Kriegshandlungen. Umstritten ist, ob die Ausnahme auch für schwere Menschenrechtsverletzungen gilt. Es gibt Ansätze in der Staatenpraxis, die darauf hindeuten (zB der Pinochet-Fall, s. dazu *Ambos*, in: JZ 1999, S. 16 ff). Von einer universellen Anerkennung kann aber zur Zeit noch nicht ausgegangen werden.

611 Zu unterscheiden ist die Immunität fremder Staatsorgane in bezug auf **nicht-hoheitliche Tätigkeit**. Hier wird lediglich dem Staatsoberhaupt eines fremden Staates eine absolute Immunität eingeräumt. Hingegen genießen andere Staatsorgane Immunität nur aufgrund von völkerrechtlichen Sonderregelungen oder ad hoc-Vereinbarungen.

Solche Sonderregelungen bestehen insbesondere für Diplomaten und Konsuln. So bestimmt zB das – Völkergewohnheitsrecht kodifizierende – Wiener Übereinkommen über diplomatische Beziehungen vom 18. April 1961 (Sartorius II, Nr 325) bezüglich der Immunität von Diplomaten:

„**Artikel 31:** (1) Der Diplomat genießt Immunität von der Strafgerichtsbarkeit des Empfangsstaats. Ferner steht ihm Immunität von dessen Zivil- und Verwaltungsgerichtsbarkeit zu; ausgenommen hiervon sind folgende Fälle:

a) dingliche Klagen in bezug auf privates, im Hoheitsgebiet des Empfangsstaates gelegenes unbewegliches Vermögen, es sei denn, daß der Diplomat dieses im Auftrag des Entsendestaats für die Zwecke der Mission im Besitz hat;

b) Klagen in Nachlaßsachen, in denen der Diplomat als Testamentsvollstrecker, Verwalter, Erbe oder Vermächtnisnehmer in privater Eigenschaft und nicht als Vertreter des Entsendestaats beteiligt ist;

c) Klagen im Zusammenhang mit einem freien Beruf oder einer gewerblichen Tätigkeit, die der Diplomat im Empfangsstaat neben seiner amtlichen Tätigkeit ausübt.

(2) …

(3) Gegen einen Diplomaten dürfen Vollstreckungsmaßnahmen nur in den in Absatz 1 Buchstaben a, b und c vorgesehenen Fällen und nur unter der Voraussetzung getroffen werden, daß sie durchführbar sind, ohne die Unverletzlichkeit seiner Person oder seiner Wohnung zu beeinträchtigen.

(4) …

Artikel 32: (1) Auf die Immunität von der Gerichtsbarkeit, die einem Diplomaten oder nach Maßgabe des Artikels 37 einer anderen Person zusteht, kann der Entsendestaat verzichten.

(2) Der Verzicht muß stets ausdrücklich erklärt werden.

(3) Strengt ein Diplomat oder eine Person, die nach Maßgabe des Artikels 37 Immunität von der Gerichtsbarkeit genießt, ein Gerichtsverfahren an, so können sie sich in bezug auf eine Widerklage, die mit der Hauptklage in unmittelbarem Zusammenhang steht, nicht auf die Immunität von der Gerichtsbarkeit berufen.

(4) Der Verzicht auf die Immunität von der Gerichtsbarkeit in einem Zivil- oder Verwaltungsgerichtsverfahren gilt nicht als Verzicht auf die Immunität von der Urteilsvollstreckung; hierfür ist ein besonderer Verzicht erforderlich."

Weitere gerichtliche Immunitätsvorschriften finden sich in Art. 37, Art. 38, Art. 39, Art. 40 und Art. 44 des Übereinkommens.

Literatur: *Bothe*, Die strafrechtliche Immunität fremder Staatsorgane, in: ZaöRVR 31 (1971), S. 246 ff; *Damian*, Staatenimmunität und Gerichtszwang, Berlin ua 1985; *Herndl*, Zur Problematik der Gerichtsbarkeit über fremde Staaten, in: Ius Humanitatis, Festschrift für *A. Verdross*, Berlin 1980, S. 421 ff; *Ipsen*, Völkerrecht, S. 333-340; *Ress*, Entwicklungstendenzen der Immunität ausländischer Staaten, in: ZaöRVR 40 (1980), S. 217 ff; *Stein*, Immunität, in: Lexikon, S. 120 ff; *Steinberger*, Zur Rechtsprechung des Bundesverfassungsgerichts zu Fragen der Immunität fremder Staaten, in: Einigkeit und Recht und Freiheit, Festschrift für *K. Carstens*, Bd. 2, Köln 1984, S. 889 ff.

V. Die Rechtslage Deutschlands

612 **Fall 16:** X, ein Bürger der früheren DDR, hatte einen kritischen Brief an den damaligen Staatsratsvorsitzenden der DDR geschrieben, der auch als Leserbrief in einer Zeitung der damaligen Bundesrepublik erschienen war. Dafür wurde X wegen staatsfeindlicher Hetze nach § 214 des Strafgesetzbuches der DDR zu einer Haftstrafe von dreieinhalb Jahren verurteilt. Nach der Wiedervereinigung erstattet X bei der zuständigen Staatsanwaltschaft Strafanzeige gegen den ehemaligen Staatsratsvorsitzenden wegen Freiheitsberaubung. Der Staatsanwalt zweifelte, ob die Einleitung der Strafverfolgung gegen den ehemaligen Staatsratsvorsitzenden wegen § 20 Abs. 2 GVG überhaupt möglich ist. Bestanden diese Zweifel zu Recht?

(Unbeachtlich bleiben die Frage der Anwendbarkeit des Strafgesetzbuchs der DDR gemäß Kapitel III/Sachgebiet C/Abschnitt II Nr 1b des Einigungsvertrages sowie Fragen der persönlichen Zurechenbarkeit der Verurteilung und der möglichen Immunität nach DDR-Verfassungsrecht. **Lösung: Rn 683**).

1. Die geschichtliche Entwicklung

613 Mit dem Abschluß des Wiedervereinigungsprozesses am 3. Oktober 1990 durch den „Vertrag zwischen der Bundesrepublik Deutschland und der DDR über die Herstellung der Einheit Deutschlands" – **Einigungsvertrag** – (Sartorius II, Nr 605) und der damit im Zusammenhang stehenden internationalen Verträge hat die Teilung Deutschlands ein Ende gefunden und sich damit auch die Rechtslage Deutschlands im internationalen Kontext grundlegend gewandelt. Diese war von folgenden Entwicklungsphasen geprägt.

a) Kapitulation und Übernahme der Regierungsgewalt durch die Besatzungsmächte

614 Mit der Unterzeichnung der **Kapitulationserklärung** durch das Oberkommando der Deutschen Wehrmacht am 8. Mai 1945 in Berlin und der Auflösung der letzten deutschen Regierung unter Großadmiral Dönitz am 23. Mai 1945 übernahmen die Besatzungsmächte provisorisch die oberste Regierungsgewalt in Deutschland, ohne allerdings eine Annexion vorzunehmen (s. „Erklärung in Anbetracht der Niederlage Deutschlands und der Übernahme der obersten Regierungsgewalt hinsichtlich Deutschlands" – sog. **Berliner Erklärung** – vom 5. Juni 1945: Amtsblatt des Kontrollrats in Deutschland, Ergänzungsblatt Nr 1, S. 7 ff). Deutschland (in den Grenzen vom 31. Dezember 1937) wurde in vier Besatzungszonen aufgeteilt (s. „Feststellung über die Besatzungszonen in Deutschland", Amtsblatt des Kontrollrats in Deutschland, Ergänzungsblatt Nr 1, S. 10) und das gemeinsame Besatzungsgebiet Groß-Berlin der Verwaltung einer interalliierten Behörde (Alliierte Kommandantur) unterstellt.

615 Durch das sog. **Potsdamer Abkommen** (Potsdamer Protokoll), dem „Protocol of the Proceedings of the Berlin Conference" vom 2. August 1945 (Supplement to the

AJIL, Official Documents 1945, S. 245 ff; eine deutsche – teilweise fehlerhafte – Übersetzung, die gegenüber dem Original erweitert wurde, ist abgedruckt in: Amtsblatt des Kontrollrats in Deutschland, Ergänzungsblatt Nr 1, S. 13 ff) wurde die Errichtung eines Rates der Außenminister zur Vorbereitung einer Friedensregelung festgelegt. Mit der Ausübung der höchsten Regierungsgewalt wurden die Oberbefehlshaber der Streitkräfte der vier Mächte in ihrer jeweiligen Besatzungszone und gemeinsam als Mitglieder des Kontrollrats für ganz Deutschland ermächtigt. Dieser Kontrollrat übte auch die auswärtige Gewalt für Deutschland aus (vgl Proklamation Nr 2 des Kontrollrats vom 20. September 1945, Amtsblatt des Kontrollrats Nr 1 vom 29. Oktober 1945, S. 8 ff).

b) Gründung und Entwicklung der Bundesrepublik Deutschland

Während durch die Übernahme der höchsten Regierungsgewalt durch die Besatzungsmächte eine deutsche gesamtstaatliche Hoheitsgewalt nicht mehr ausgeübt wurde, begann gleichzeitig der **Wiederaufbau der Organe** von unten, beginnend mit den übergangslos weiterarbeitenden Gemeinde- und Kreisverwaltungen. Schon Ende Mai 1945 wurde von den Amerikanern eine bayerische Landesregierung eingesetzt. Bis Herbst 1945 hatten alle Länder in der amerikanischen Besatzungszone Regierungen. In der britischen Besatzungszone wurde diese Entwicklung in der zweiten Hälfte des Jahres 1946, in der französischen Besatzungszone bis zum Juli 1947 abgeschlossen. In der Folge wurden verfassungsgebende Landesversammlungen gewählt, die Landesverfassungen ausarbeiteten, die nach Volksabstimmungen sukzessive ab 1946 in Kraft traten. **616**

Als die Besatzungsmächte auf der Londoner Konferenz im November und Dezember 1947 über die weitere Entwicklung Deutschlands keine Einigung erzielen konnten, beschlossen die Westmächte ein getrenntes Vorgehen in Form der **Errichtung eines westdeutschen Teilstaates**. Dies führte zur Formulierung und Annahme des GG durch den Parlamentarischen Rat am 8. Mai und zur Genehmigung durch die Besatzungsmächte am 12. Mai 1949. Ihr folgten die Abstimmung und Annahme in den elf westdeutschen Landtagen, die Veröffentlichung am 23. Mai (BGBl. 1949, S. 1 ff) und das Inkrafttreten am 24. Mai 1949 (vgl zur Entstehung des GG *Düwell*, Entstehung und Entwicklung der Bundesrepublik Deutschland [1945-1961], Köln 1981, S. 102-144). **617**

Zur Regelung des Verhältnisses der Besatzungsmächte zu den deutschen Staatsorganen wurde am 10. April 1949 das „Besatzungsstatut zur Abgrenzung der Befugnisse und Verantwortlichkeiten zwischen der zukünftigen deutschen Regierung und der Alliierten Kontrollbehörde" erlassen (Alliierte Hohe Kommission, Amtsblatt Nr 1, S. 2). Darin sind den Alliierten bestimmte Hoheitsrechte vorbehalten worden. Zur Ausübung dieser Rechte wurde am 20. Juni 1949 die **Alliierte Hohe Kommission** eingesetzt (UNTS 128, S. 142 ff). **618**

Das Besatzungsregime der Westalliierten in der Bundesrepublik wurde durch die **Pariser Verträge** vom 23. Oktober 1954, die die nicht in Kraft getretenen Bonner **619**

Verträge vom 26. Mai 1952 ersetzten, beendet. Dabei handelte es sich um folgende Dokumente:

(1) Protokoll über die Beendigung des Besatzungsregimes in der Bundesrepublik Deutschland (BGBl. 1955 II, S. 215 ff).

(2) Vertrag über den Aufenthalt ausländischer Streitkräfte in der Bundesrepublik Deutschland (BGBl. 1955 II, S. 253 ff).

(3) Vertrag über die Beziehungen zwischen der Bundesrepublik Deutschland und den Drei Mächten (Generalvertrag oder Deutschlandvertrag, BGBl. 1955 II, S. 305 ff).

(4) Vertrag zur Regelung aus Krieg und Besatzung entstandener Fragen (Überleitungsvertrag, BGBl. 1955 II, S. 405 ff).

(5) Vertrag über die Rechte und Pflichten ausländischer Streitkräfte und ihrer Mitglieder in der Bundesrepublik Deutschland (Truppenvertrag, BGBl. 1955 II, S. 321 ff).

(6) Abkommen über die steuerliche Behandlung der Streitkräfte und ihrer Mitglieder (Steuerabkommen, BGBl. 1955 II, S. 469 ff).

(7) Finanzvertrag (BGBl. 1955 II, S. 381 ff).

Gleichzeitig unterzeichnete die Bundesrepublik den Beitritt zur NATO und den Vertrag zur Gründung der WEU. Die Pariser Verträge sind am 5. Mai 1955 in Kraft getreten.

620 Im **Deutschlandvertrag** (s. Rn 619, Nr 3) wurde einerseits in Art. 1 Abs. 2 Satz 1 festgestellt, daß die Bundesrepublik „die volle Macht eines souveränen Staates über ihre inneren und äußeren Angelegenheiten haben" wird (zu dieser Terminologie s. *Fiedler*, in: JZ 1991, S. 685 ff, 686 f), andererseits aber enthielt Art. 2 Vorbehalte bezüglich Berlins und Deutschlands als Ganzes:

„Im Hinblick auf die internationale Lage, die bisher die Wiedervereinigung Deutschlands und den Abschluß eines Friedensvertrags verhindert hat, behalten die Drei Mächte die bisher von ihnen ausgeübten oder innegehabten Rechte und Verantwortlichkeiten in bezug auf Berlin und auf Deutschland als Ganzes einschließlich der Wiedervereinigung Deutschlands und einer friedensvertraglichen Regelung."

In Art. 7 Abs. 1 wurde hinsichtlich der Ziele der Politik der Vertragsstaaten ausgeführt, daß alle Unterzeichnerstaaten eine „frei vereinbarte friedensvertragliche Regelung für ganz Deutschland" anstreben, und daß Einigkeit darüber besteht, daß „die endgültige Festlegung der Grenzen Deutschlands bis zu dieser Regelung aufgeschoben werden muß".

c) Gründung und Entwicklung der Deutschen Demokratischen Republik

621 In der sowjetischen Besatzungszone wurden im Juli 1945 deutsche Zentralverwaltungen mit der Funktion von Ministerien und im Juli 1947 die – später so genannte – „Deutsche Wirtschaftskommission" eingesetzt, die faktisch die Aufgabe einer Regierung wahrnahm.

Nach der gescheiterten Londoner Konferenz von 1947 (s. Rn 617) kam es am 7. Oktober zur Annahme der **Verfassung der Deutschen Demokratischen Republik** durch die provisorische Volkskammer. Sie wurde zudem von der sowjetischen Militäradministration genehmigt. Diese Verfassung wurde am 6. April 1968 durch eine neue, durch einen Volksentscheid angenommene und bis zur Wiedervereinigung geltende Verfassung abgelöst.

Entsprechend der Entwicklung der Souveränität der Bundesrepublik gab die Regierung der Sowjetunion am 25. März 1954 die Erklärung „über die Herstellung der vollen Souveränität der Deutschen Demokratischen Republik" ab, in der es ua hieß (Dokumente zur Außenpolitik der Regierung der Deutschen Demokratischen Republik, Bd. 1, Berlin 1954, S. 303 f): **622**

„1. Die UdSSR nimmt mit der Deutschen Demokratischen Republik die gleichen Beziehungen auf wie mit anderen souveränen Staaten.

Die Deutsche Demokratische Republik wird die Freiheit besitzen, nach eigenem Ermessen über ihre inneren und äußeren Angelegenheiten einschließlich der Frage der Beziehungen zu Westdeutschland zu entscheiden.

2. Die UdSSR behält in der Deutschen Demokratischen Republik die Funktionen, die mit der Gewährleistung der Sicherheit in Zusammenhang stehen und sich aus den Verpflichtungen ergeben, die der UdSSR aus den Viermächteabkommen erwachsen."

Dementsprechend erklärte die DDR am 27. März 1954 ihre **Souveränität** (aaO, S. 304 ff) und regelte ihr Verhältnis zur Sowjetunion durch mehrere bilaterale Verträge. **623**

Die DDR trat zudem am 14. Mai 1955 dem Warschauer Pakt bei. Im COMECON war sie schon am 29. September 1950 Mitglied geworden. **624**

2. Das Verhältnis der Bundesrepublik Deutschland zur Deutschen Demokratischen Republik

Das Verhältnis der beiden Staaten zueinander war anfangs geprägt von einem jeweiligen Alleinvertretungsanspruch für ganz Deutschland. Die Bundesrepublik versuchte, diesen Anspruch mittels der **Hallstein-Doktrin** durchzusetzen. Danach wurde die völkerrechtliche Anerkennung der DDR durch einen Staat als unfreundlicher Akt gegenüber der Bundesrepublik angesehen und mit dem Abbruch der diplomatischen Beziehungen zu dem anerkennenden Staat beantwortet. Eine Ausnahme wurde nur bei der Sowjetunion gemacht. **625**

Im Rahmen der „neuen Ostpolitik" der Regierung Brandt und der Aufgabe der Hallstein-Doktrin kam es am 21. Dezember 1972 zum Abschluß des „Vertrages über die Grundlagen der Beziehungen zwischen der Bundesrepublik Deutschland und der Deutschen Demokratischen Republik" (**Grundlagenvertrag**, BGBl. 1973 II, S. 423 ff). **626**

Der Grundlagenvertrag schuf unter Wahrung der unterschiedlichen Rechtsstandpunkte in der nationalen Frage einen modus vivendi, der Ausgangspunkt für eine umfassende Vertragspolitik wurde (vgl im einzelnen dazu den Fundstellennachweis B, Beilage zum Bundesgesetzblatt Teil II, 1989, Abschnitt: Verträge mit der Deutschen Demokratischen Republik). **627**

3. Die Frage des Fortbestands des Deutschen Reiches

628 Die unterschiedlichen Rechtsstandpunkte basierten letztlich auf den differierenden Ansichten über das rechtliche Schicksal des Deutschen Reiches. Zu dieser Frage wurden verschiedene Antworten entwickelt:

a) Untergangstheorien

629 Die Untergangstheorien gingen davon aus, daß das Deutsche Reich unmittelbar mit der Kapitulation oder im späteren Verlauf völkerrechtlich als Staat untergegangen sei (Debellationstheorie, Dismembrationstheorie, vgl dazu die Vorauflage dieses Buches, Rn 629).

b) Fortbestandstheorien

630 Die Fortbestandstheorien gingen davon aus, daß das Deutsche Reich weder 1945 noch später untergegangen oder zerfallen sei. Die Übernahme der Regierungsgewalt durch die Besatzungsmächte hätte lediglich eine Handlungsunfähigkeit des Deutschen Reiches bewirkt. Auf dieser gemeinsamen Basis aufbauend wurden dann unterschiedliche Theorien entwickelt (Staatskerntheorie, Kernstaatstheorie, Teilidentitätstheorie, Dachtheorie, vgl dazu die Vorauflage dieses Buches, Rn 630).

c) Die Auffassung der DDR

631 Die DDR war ursprünglich von ihrer vollen, dann von einer Teilidentität mit dem gesamten Deutschen Reich ausgegangen. Jedenfalls hatte sie zunächst eine **Fortbestandstheorie** vertreten.

632 Dies änderte sich seit Mitte der 50er Jahre. Seit dieser Zeit vertrat die DDR, unterstützt von der Sowjetunion, die **Debellationstheorie**. Sie ging von einem Untergang des Deutschen Reiches am 8. Mai 1945 und dem Entstehen von zwei selbständigen Nachfolgestaaten aus (vgl *Hacker*, Der Rechtsstatus Deutschlands aus der Sicht der DDR, Köln 1974, S. 137 ff, 154 ff).

d) Die Auffassung der Bundesrepublik

633 Die Bundesrepublik ging zunächst auch von ihrer vollen Identität mit dem Deutschen Reich aus und leitete daraus auch den Alleinvertretungsanspruch ab. Dies konnte aber weder gegenüber den Westmächten noch – mittels der Hallstein-Doktrin (s. Rn 625) – gegenüber den anderen Staaten durchgesetzt werden.

634 Diese Auffassung änderte sich im Rahmen der „neuen Ostpolitik“ ab 1969. Die neue Auffassung vereinigte Aspekte verschiedener Fortbestandstheorien und beinhaltete insbesondere die Ansicht, daß die Existenz zweier Staaten in Deutschland nicht bedeuten könne, daß sie füreinander Ausland seien.

Das Bundesverfassungsgericht ging im **Grundlagenvertragsurteil** vom 31. Juli 1973 auch von der Fortbestandstheorie aus. Die entscheidende Passage des Urteils lautet (BVerfGE 36, S. 15 ff): **635**

„Das Grundgesetz – nicht nur eine These der Völkerrechtslehre und der Staatsrechtslehre! – geht davon aus, daß das Deutsche Reich den Zusammenbruch 1945 überdauert hat und weder mit der Kapitulation noch durch Ausübung fremder Staatsgewalt in Deutschland durch die alliierten Okkupationsmächte noch später untergegangen ist; das ergibt sich aus der Präambel, aus Art. 16, Art. 23, Art. 116 und Art. 146 GG. Das entspricht auch der ständigen Rechtsprechung des Bundesverfassungsgerichts, an der der Senat festhält. Das Deutsche Reich existiert fort (BVerfGE 2, 266 [277]; 3, 288 [319 f]; 5, 85 [126]; 6, 309 [336, 363]), besitzt nach wie vor Rechtsfähigkeit, ist allerdings als Gesamtstaat mangels Organisation, insbesondere mangels institutionalisierter Organe selbst nicht handlungsfähig. Im Grundgesetz ist auch die Auffassung vom gesamtdeutschen Staatsvolk und von der gesamtdeutschen Staatsgewalt ‚verankert' (BVerfGE 2, 266 [277]). Verantwortung für ‚Deutschland als Ganzes' tragen – auch – die vier Mächte (BVerfGE 1, 351 [362 f, 367]).

Mit der Errichtung der Bundesrepublik Deutschland wurde nicht ein neuer westdeutscher Staat gegründet, sondern ein Teil Deutschlands neu organisiert (vgl Carlo Schmid in der 6. Sitzung des parlamentarischen Rates – StenBer. S. 70). Die Bundesrepublik Deutschland ist also nicht ‚Rechtsnachfolger' des Deutschen Reiches, sondern als Staat identisch mit dem Staat ‚Deutsches Reich', – in bezug auf seine räumliche Ausdehnung allerdings ‚teilidentisch', so daß insoweit die Identität keine Ausschließlichkeit beansprucht. Die Bundesrepublik umfaßt also, was ihr Staatsvolk und ihr Staatsgebiet anlangt, nicht das ganze Deutschland, unbeschadet dessen, daß sie ein einheitliches Staatsvolk des Völkerrechtssubjekts ‚Deutschland' (Deutsches Reich), zu dem die eigene Bevölkerung als untrennbarer Teil gehört, und ein einheitliches Staatsgebiet ‚Deutschland' (Deutsches Reich), zu dem ihr eigenes Staatsgebiet als ebenfalls nicht abtrennbarer Teil gehört, anerkennt. Sie beschränkt staatsrechtlich ihre Hoheitsgewalt auf den ‚Geltungsbereich des Grundgesetzes' (vgl BVerfGE 3, 288 [319 f]; 6, 309 [338, 363]), fühlt sich aber auch verantwortlich für das ganze Deutschland (vgl Präambel des Grundgesetzes). Derzeit besteht die Bundesrepublik aus den in Art. 23 GG genannten Ländern, einschließlich Berlin: der Status des Landes Berlin der Bundesrepublik Deutschland ist nur gemindert und belastet durch den sog. Vorbehalt der Gouverneure der Westmächte (BVerfGE 7, 1 [7 ff]; 19, 337 [388]; 20, 257 [266]). Die Deutsche Demokratische Republik gehört zu Deutschland und kann im Verhältnis zur Bundesrepublik Deutschland nicht als Ausland angesehen werden (BVerfGE 11, 150 [158]). Deshalb war zB der Interzonenhandel und ist der ihm entsprechende innerdeutsche Handel nicht Außenhandel (BVerfGE 18, 353 [354])."

Im sog. **„Teso-Beschluß"** (BVerfGE 77, S. 137 ff; s. Rn 548) hat das BVerfG diese Auffassung im wesentlichen bestätigt. Lediglich in der Terminologie ergaben sich Änderungen. So wurde der Begriff vom „handlungsunfähigen Völkerrechtssubjekt Deutsches Reich" nicht wieder aufgegriffen, sondern von der „Subjektsidentität" des Staates Bundesrepublik Deutschland mit dem „Völkerrechtssubjekt Deutsches Reich" gesprochen. **636**

Diese verfassungsrechtliche Beurteilung hatte jedoch für das Völkerrecht nur insoweit Bedeutung, als damit der Rechtsstandpunkt der Bundesrepublik Deutschland festgestellt war. Völkerrechtlich war wohl am ehesten davon auszugehen, daß das Deutsche Reich 1945 nicht untergegangen war, wie sich aus zahlreichen Rechtsakten der Besatzungsmächte ergab, die vom Fortbestehen eines Viermächtestatus, ins- **637** besondere von Rechten und Verantwortlichkeiten für Deutschland als ganzes ausgingen. Allenfalls hätte es sich um eine Dismembration des Deutschen Reiches und damit um die Entstehung von zwei neuen Staaten handeln können oder aber um eine Sezession der DDR mit der Folge der Schrumpfung des Deutschen Reiches auf das Gebiet der Bundesrepublik Deutschland. Das Problem dabei war allerdings der Nachweis dieser Vorgänge. Nach der Wiedervereinigung erscheint die Qualifizierung als gescheiterter Sezessionsversuch am plausibelsten.

Literatur: *Bernhardt*, Die Rechtslage Deutschlands, in: JuS 1986, S. 839 ff; *ders.*, Die deutsche Teilung und der Status Gesamtdeutschlands, in: *Isensee/Kirchhof*, Bd. I, S. 321 ff; *Dolzer*, Die rechtliche Ordnung des Verhältnisses der Bundesrepublik zur Deutschen Demokratischen Republik, in: *Isensee/Kirchhof*, Bd. I, S. 547 ff; *Frowein*, Die Rechtslage Deutschlands und der Status Berlins, in: *Benda/Maihofer/Vogel* (Hrsg.), Handbuch des Verfassungsrechts der Bundesrepublik Deutschland, Berlin 1983, S. 30 ff; *Fiedler*, Die staats- und völkerrechtliche Stellung der Bundesrepublik Deutschland, in: JZ 1988, S. 132 ff; *Ress*, Die Rechtslage Deutschlands nach dem Grundlagenvertrag vom 21. Dezember 1972, Berlin 1978; *Schröder*, Die Reste des Besatzungsrechts in der Bundesrepublik Deutschland, in: Recht in Ost und West 1989, S. 73.

4. Der Sonderfall Berlin

638 Im Gegensatz zu den beiden deutschen Staaten, die – sieht man von dem Restbestand eines Viermächtestatus für Deutschland als Ganzes ab – sich zu souveränen Mitgliedern der internationalen Staatengemeinschaft entwickelten (was sich schon daraus ergibt, daß sie beide 1973 UNO-Mitglieder wurden, BGBl. 1973 II, S. 430 ff), blieb Berlin bis zuletzt in der Verantwortung der vier Mächte. Hinsichtlich des rechtlichen Status Berlins waren dabei zwei Ebenen zu unterscheiden.

a) Die völkerrechtliche Rechtslage

639 Berlin unterlag ebenfalls einem **Viermächtestatus**. Dieser hatte seine Grundlage im Londoner Protokoll zwischen den USA, Großbritannien und der UdSSR über die Besatzungszonen in Deutschland und die Verwaltung von Groß-Berlin vom 12. September 1944 (in der Fassung der Ergänzungsabkommen vom 14. November 1944 und 26. Juli 1945 [UNTS 227, S. 279 ff; deutsche Übersetzung in: Die Grenzkommission, hrsg. vom Bundesministerium für innerdeutsche Beziehungen, 2. Aufl. 1979, S. 7 ff]). Bezüglich Berlin hieß es in Ziffer 1:

„Deutschland wird innerhalb seiner Grenzen, wie sie am 31. Dezember 1937 bestanden, zum Zwecke der Besetzung in vier Zonen eingeteilt, von denen je eine einer der vier Mächte zugewiesen wird, und ein besonderes Berliner Gebiet, das der gemeinsamen Besatzungshoheit der vier Mächte unterworfen wird."

Nach Ziffer 2 wurde das Gebiet von Berlin, das als Gebiet von Groß-Berlin im Sinne des preußischen Gesetzes vom 27. April 1920 über die Bildung einer Stadtgemeinde Berlin (Preußische Gesetzessammlung 1920, Nr 19) definiert wurde, in vier Besatzungszonen aufgeteilt.

Gemäß Art. 3 Buchstabe b, Nr 4 des Abkommens über Kontrollorgane in Deutschland vom 14. November 1944 (EA 1955, S. 7376 ff) wurde dem (zu bildenden) Kontrollrat auch die Aufgabe übertragen, „die Verwaltung von Groß-Berlin mit Hilfe der dazu bestellten Organe zu leiten". **640**

Als solches Organ wurde in Art. 7a eine „Interalliierte Regierungsbehörde" (Komendatura) vorgesehen. Diese **Alliierte Kommandantur** nahm ihre Tätigkeit am 11. Juli 1945 auf.

Am 1. Juli 1948 zog sich der sowjetische Vertreter aus der Alliierten Kommandantur zurück, die Sowjetunion stellte ihre Mitarbeit ein. Die Kommandantur wurde jedoch nicht aufgelöst, die Vertreter der Westmächte setzten ihre Arbeit fort. Diese stellten allerdings durch Erklärung vom 12. Dezember 1948 fest, daß eine Durchführung der Entscheidungen der Kommandantur wegen der Obstruktion der Sowjetunion nur in den westlichen Sektoren möglich sei. **641**

Im **Ostsektor** wurde zunächst ein provisorischer Magistrat eingesetzt. In Art. 2 Satz 2 der Verfassung der DDR vom 7. Oktober 1949 (DDR-GBl. 1949, S. 5 ff) wurde Berlin zur Hauptstadt der DDR erklärt. Die DDR und die Sowjetunion betrachteten Ost-Berlin seither als Bestandteil der DDR, während die Westmächte immer hervorgehoben haben, daß Ost-Berlin „kein integrierter Bestandteil der DDR" sei. Unter diesem Vorbehalt haben sie Ost-Berlin als Sitz der Regierung der DDR anerkannt. **642**

Neben dieser faktischen Teilung in West- und Ost-Berlin waren einige Spuren einer gemeinsamen Verwaltung Berlins durch die vier Mächte übriggeblieben. Dazu gehörten der gemeinsame Betrieb der Luftsicherheitszentrale Berlin und das Zugangsrecht für Militärpersonal der vier Mächte in ganz Berlin. **643**

Die Sowjetunion vertrat in der Folge den Standpunkt, daß die Westmächte kein Recht auf weitere Anwesenheit in Berlin hätten und daß die Viermächte-Vereinbarungen über die gemeinsame Besetzung Berlins nicht mehr in Kraft seien. Hinsichtlich der Zukunft West-Berlins schlug die Sowjetunion in ihren Noten an die Westmächte vom 27. November 1958 (Dokumente zur Berlin-Frage, S. 315 f) vor, es solle eine **selbständige politische Einheit** werden. Von den Westmächten wurde dies abgelehnt (s. Antwortnote der Vereinigten Staaten vom 31. Dezember 1958, Dokumente zur Berlin-Frage, S. 339 ff). **644**

Am 3. September 1971 kam es zum Abschluß des **Viermächte-Abkommens** über Berlin (Beilage Bundesanzeiger Nr 174 vom 15.9.1972, S. 44 ff). Das Abkommen hat keine Lösung aller aus den unterschiedlichen Standpunkten resultierenden Probleme gebracht, für West-Berlin aber eine Reihe von Regelungen festgelegt. Auf Groß-Berlin oder Ost-Berlin nahm das Abkommen nirgends ausdrücklich Bezug, und nach Meinung der Sowjetunion und der DDR bezog es sich ohnehin nur auf West-Berlin. **645**

Die Bedeutung des Viermächte-Abkommens lag in seiner grundsätzlichen Anerkennung eines **Viermächtestatus von Berlin**, der gemeinsam mit dem Viermächtestatus Deutschlands entstanden war, aber neben diesem weiterexistierte. Allerdings **646** ergab sich ein Dissens über seinen räumlichen Geltungsbereich in bezug auf Groß-Berlin oder West-Berlin. Im Gegensatz zur Sowjetunion gingen nämlich die Westmächte von einer Geltung für Groß-Berlin aus.

647 Als Folge dieses besonderen Status war Berlin (oder zumindest West-Berlin) bis zur Wiedervereinigung ein besetztes Gebiet des Deutschen Reiches, für das die Besatzungsmächte nach wie vor die oberste Gewalt innehatten (vgl dazu BVerfGE 37, S. 57 ff, 60 f). Tatsächlich ausgeübt wurde diese Gewalt in West-Berlin aber im Rahmen der bestehenden Vereinbarungen und einseitigen Genehmigungen zum größten Teil von den Behörden Berlins oder der Bundesrepublik.

Literatur: *Doehring/Ress*, Staats- und völkerrechtliche Aspekte der Berlin-Regelung, Frankfurt a.M. 1972; *Schiedermair*, Der völkerrechtliche Status Berlins nach dem Viermächte-Abkommen vom 3. September 1971, Berlin 1975; *Schröder*, „Berlin, Hauptstadt der DDR". Ein Fall der streitgeborenen Fortentwicklung von Völkerrecht, in: ArchVR 1987, S. 418 ff; *Zivier*, Der Rechtsstatus des Landes Berlin, 4. Aufl., Berlin 1987.

b) Die staatsrechtliche Rechtslage

648 Nach Ansicht der Bundesrepublik Deutschland, wie sie insbesondere in dem früheren Art. 23 GG zum Ausdruck kam und durch das Bundesverfassungsgericht in ständiger Rechtsprechung bestätigt wurde (BVerfGE 7, S. 1 ff, sowie BVerfGE 36, S. 1 ff), war Berlin **Bestandteil der Bundesrepublik Deutschland**, mit der Konsequenz, daß das GG auch in Berlin galt.

649 Die **Alliierten** dagegen hatten Berlin nie als Land der Bundesrepublik Deutschland anerkannt, sondern – entsprechend der völkerrechtlichen Rechtslage – als besetztes Gebiet mit besonderen – auch staatsrechtlichen – Beziehungen zur Bundesrepublik Deutschland betrachtet. Dies ergibt sich aus den Vorbehalten, welche die Alliierten bei der Genehmigung des GG (Schreiben vom 12. Mai 1949; Dokumente zur Berlin-Frage, S. 124 f), sowie der Verfassung von Berlin (Schreiben vom 29. August 1950, Dokumente zur Berlin-Frage, S. 154), erklärten. Auch im Viermächte-Abkommen vom 3. September 1971 kam dieser Standpunkt noch einmal zum Ausdruck.

650 Die praktischen Konsequenzen aus diesem nicht kompromißfähigen Dissens waren letztlich gering, da Art. 144 Abs. 2 GG und Art. 87 Abs. 1 der Verfassung von Berlin diesen Vorbehalten Rechnung trugen, und im Ergebnis Berlin nach beiden Ansichten ein **Gebiet mit besonderen Beziehungen zur Bundesrepublik** war. Diese besonderen Beziehungen hatte ua zur Folge, daß kein Organ der Bundesrepublik Deutschland Staatsgewalt in Berlin ausüben durfte, daß das GG nur im Rahmen der alliierten Vorbehalte galt, daß Vertreter Berlins im Bundestag und Bundesrat bei Gesetzesbeschlüssen (im Bundestag auch bei der Wahl des Bundeskanzlers) kein Stimmrecht besaßen, und daß insbesondere Bundesgesetze nicht unmittelbar, sondern nur nach Übernahme im sog. Mantelgesetzverfahren (unter Mitsprache der Alliierten) in Berlin galten. Darüber hinaus konnte der Bund völkerrechtliche Verträge nur im Einverständnis mit dem Vertragspartner auf Berlin ausdehnen, wenn dem nicht von der Alliierten Kommandantur widersprochen wurde, was insbesondere für das Europäische Gemeinschaftsrecht (einschließlich Sekundärrecht) von Bedeutung war. Die Bundesgerichte waren nach Übernahme der Prozeßordnungen auch für Berlin zuständig, wenn man von der Ausnahme des Bundesverfassungsgerichts absieht, das wegen der von den Alliierten abgelehnten Übernahme des Bundesverfassungsgerichtsgesetzes nicht für Berlin zuständig war.

Literatur: *Apell*, Das Bundesverfassungsgericht und Berlin, Köln 1984; *Dehner*, Die Stellung Berlins im Bundesrat, Frankfurt 1987; *Schiedermair*, Die Bindungen West-Berlins an die Bundesrepublik, in: NJW 1982, S. 2841 ff; *Schramm*, Die Einbeziehung Berlins in die Europäischen Gemeinschaften, Frankfurt a.M. ua 1986; *Scholz*, Der Status Berlins, in: *Isensee/Kirchhof*, Bd. I, S. 351 ff; *Wengler*, Die Übernahme von Bundesgesetzen für Berlin, in: Die moderne Demokratie und ihr Recht, Festschrift für *G. Leibholz*, Bd. 2, Tübingen 1966, S. 393 ff.

5. Die Wiedervereinigung

Die **Wiedervereinigung** wurde im Jahre 1990 durch ein komplexes Netzwerk von bilateralen Vereinbarungen zwischen den beiden deutschen Staaten und von Verträgen mit anderen Staaten herbeigeführt. 651

a) Verträge mit der DDR auf dem Weg zur Wiedervereinigung

Der **Vertrag über die Schaffung einer Währungs-, Wirtschafts- und Sozialunion** vom 18. Mai 1990, der am 1. Juli 1990 in Kraft getreten war (BGBl. 1990 II, S. 537 ff), diente der Vorbereitung des Beitritts der DDR, indem die Voraussetzungen für die Einführung der sozialen Marktwirtschaft in der DDR geschaffen wurden. 652

Insbesondere wurde die DM als alleiniges Zahlungsmittel in beiden Ländern eingeführt und die Zuständigkeit der Bundesbank auf das Gebiet der DDR ausgedehnt. Die Einführung der sozialen Marktwirtschaft wurde durch die Verpflichtung der DDR-Regierung auf das „magische Viereck" des § 1 Stabilitätsgesetz sichergestellt. Darüber hinaus sah der Vertrag den Vorrang der Privatwirtschaft sowie die Übernahme einer entsprechenden Eigentumsordnung vor. Die Rechtsordnung der DDR sollte an das Recht und die Ziele der Europäischen Gemeinschaft angepaßt werden. Zusammenfassend läßt sich sagen, daß der Vertrag eine weitgehende Anpassung der DDR-Rechtsordnung an die Grundsätze einer freiheitlich-demokratischen Grundordnung vorsah – mit besonderem Schwerpunkt im Bereich der Wirtschaftsordnung – und als Verfassungsvertrag wesentliche Elemente des Grundgesetzes bereits vor dessen Inkrafttreten für die DDR verbindlich machte.

Der **Vertrag zur Vorbereitung und Durchführung der ersten gesamtdeutschen Wahl des Deutschen Bundestages** am 3. August 1990, der am 3. September 1990 in Kraft getreten war (BGBl. 1990 II, S. 822 ff, geändert 831 f), erstreckte den Geltungsbereich des Bundeswahlgesetzes auf das Gebiet der Länder Mecklenburg-Vorpommern, Brandenburg, Sachsen-Anhalt, Sachsen und Thüringen sowie Berlin-Ost 653

(Art. 1 Abs. 2). Die Zahl der zu wählenden Bundestagsabgeordneten wurde auf 656 erhöht. Weiter regelte der Vertrag die Möglichkeit der Verbindung von Landeslisten für Parteien, welche in keinem Land nebeneinander kandidierten.

Ursprünglich sah der Vertrag auch die Geltung der 5%-Klausel im gesamten erweiterten Wahlgebiet vor. Diese Regelung wurde jedoch mit Urteil vom 29. September 1990 (BVerfGE 82, S. 352 ff) wegen Verstoßes gegen Art. 38 Abs. 1 Satz 1 GG (Gleichheit der Wahl) vom Bundesverfassungsgericht für verfassungswidrig erklärt. Durch Änderungsgesetz vom 8. Oktober 1990 wurde eine nach alten und neuen Bundesländern gespaltene 5%-Klausel eingeführt sowie die Möglichkeit von Listenverbindungen erweitert, um die Chancen der neuen Parteien im Beitrittsgebiet zu verbessern (BGBl. 1990 I, S. 2141 f).

654 Die Volkskammer der DDR faßte am 23. August 1990 den „**Beschluß über den Beitritt** der Deutschen Demokratischen Republik zum Geltungsbereich des Grundgesetzes der Bundesrepublik Deutschland" (BGBl. 1990 I, S. 2058). Darin hieß es:

„Die Volkskammer erklärt den Beitritt der Deutschen Demokratischen Republik zum Geltungsbereich des Grundgesetzes der Bundesrepublik Deutschland gemäß Art. 23 des Grundgesetzes mit Wirkung vom 3. Oktober 1990.

Sie geht davon aus,
- daß die Beratungen zum Einigungsvertrag zu diesem Termin abgeschlossen sind,
- die Zwei-plus-Vier-Verhandlungen einen Stand erreicht haben, der die außen- und sicherheitspolitischen Bedingungen der deutschen Einheit regelt,
- die Länderbildung soweit vorbereitet ist, daß die Wahl in den Länderparlamenten am 14. Oktober 1990 durchgeführt werden kann."

655 Der 3. Oktober als Tag der Wirksamkeit stellte einen politischen Kompromiß dar, der mit Rücksicht auf die zu schaffenden staats- und völkerrechtlichen Voraussetzungen der Wiedervereinigung gefunden wurde. Mit dem Wirksamwerden wurde die DDR – staatsrechtlich gesehen – Teil der Bundesrepublik Deutschland, und der Geltungsbereich des Grundgesetzes dehnte sich auf dieses Gebiet aus.

656 Den Schlußpunkt auf dem Weg zur Wiedervereinigung bildete der Vertrag über die Herstellung der Einheit Deutschlands – **Einigungsvertrag** – vom 31. August 1990, der am 29. September 1990 in Kraft trat (Sartorius II, Nr 605). Ein solcher Vertrag war nach Ansicht der Beteiligten erforderlich, um den rechtlichen und administrativen Problemen der Wiedervereinigung besser gerecht zu werden und um die friedliche Revolution der DDR angemessen zu würdigen. Im Gegensatz dazu war die Eingliederung des Saarlandes durch *Gesetz* vom 23. Dezember 1956 erfolgt (BGBl. 1956 I, S. 1011 ff). Da der Einigungsvertrag nach Art. 59 Abs. 2 Satz 1 GG der Mitwirkung der gesetzgebenden Körperschaften in Form eines Vertragsgesetzes bedurfte, war auch der vom ehemaligen Art. 23 Satz 2 GG geforderte Legislativakt zur Inkraftsetzung des Grundgesetzes in den neuen Bundesländern gegeben.

Der ehemalige Art. 23 GG, der durch den Einigungsvertrag aufgehoben wurde, lautete:

„Dieses Grundgesetz gilt zunächst im Gebiet der Länder Bayern, Bremen, Groß-Berlin, Hamburg, Hessen, Niedersachsen, Nordrhein-Westfalen, Rheinland-Pfalz, Schleswig-Holstein, Württemberg-Baden und Württemberg-Hohenzollern. In anderen Teilen Deutschlands ist es nach deren Beitritt in Kraft zu setzen."

Der Einigungsvertrag wurde ergänzt durch die Vereinbarung vom 18. September 1990 zur Durchführung und Auslegung des Einigungsvertrages vom 31. August 1990, die ebenfalls am 23. September 1990 in Kraft getreten ist (BGBl. 1990 II, S. 1239 ff). **657**

Die **wichtigsten Regelungen** des Einigungsvertrages sind folgende: **658**

(1) Die Feststellung, daß mit der Wirksamkeit des Beitritts die Länder Brandenburg, Mecklenburg-Vorpommern, Sachsen, Sachsen-Anhalt und Thüringen Länder der Bundesrepublik Deutschland werden (Art. 1).

(2) Die Erklärung Berlins zur Hauptstadt Deutschlands (Art. 2).

(3) Die Inkraftsetzung des GG in den neuen Ländern sowie in dem Teil Berlins, in welchem es bisher noch nicht galt (Art. 3).

(4) Die beitrittsbedingten Änderungen des GG, namentlich die Änderung der Präambel, die Streichung des ehemaligen Art. 23 GG, die Änderung des Art. 51 Abs. 2 GG (Stimmenzahlen im Bundesrat), die Ergänzung des Art. 135a GG, die Einführung des Art. 143 GG (der die Fortgeltung von grundgesetzwidrigem DDR-Recht für eine gewisse Zeit sanktioniert und die in der DDR vorgenommenen Enteignungen auf besatzungsrechtlicher oder besatzungshoheitlicher Grundlage unwiderruflich macht) sowie die Neufassung des Art. 146 GG.

Die weiteren Regelungen haben die Finanzverfassung, die Überleitung von Bundesrecht, die Fortgeltung von Recht der ehemaligen DDR, die Fortgeltung von völkerrechtlichen Verträgen, die Bestandskraft von Gerichts- und Verwaltungsentscheidungen, die Rechtsverhältnisse im öffentlichen Dienst, das Verwaltungs-, Finanz- und Treuhandvermögen, Schuldenregelung, Arbeit und Soziales, Familie und Frauen, Gesundheitswesen, Umweltschutz, Kultur, Rundfunk, Bildung, Wissenschaft und Forschung sowie Sport zum Gegenstand. **659**

Die **Besonderheit** dieses Vertragswerks liegt in der Tatsache, daß sich ein Staat in einem völkerrechtlichen Vertrag zur Änderung seiner Verfassung verpflichtet, was in dieser Form im Völkerrecht unüblich ist. Auch hier kommt noch einmal der besondere Charakter der deutsch-deutschen Beziehungen zum Ausdruck. Verfassungsrechtliche Bedenken, wonach Verfassungsänderungen durch einen völkerrechtlichen Vertrag unzulässig seien, hat das BVerfG unter Hinweis auf das Wiedervereinigungsgebot und den damaligen Art. 23 Satz 2 GG zurückgewiesen (BVerfGE 82, S. 316 ff). **660**

b) Verträge mit anderen Staaten im Zusammenhang mit der Wiedervereinigung

Die Wiedervereinigung bedurfte aus mehreren Gründen der Absprache und Abstimmung mit den Nachbarn und Bündnispartnern in Ost und West. Dies war insbesondere der Fall wegen der fortbestehenden Viermächteverantwortung für Deutschland **661** als Ganzes und der sich daraus ergebenden rechtlichen Beschränkungen für die Bundesrepublik Deutschland (s. Rn 620 und 622). Daraus ergab sich ein Mitspracherecht der Alliierten (s. dazu *v. Goetze*, in: NJW 1990, S. 2161 ff).

662 Diesem Mitspracherecht der Alliierten wurde durch die **Erklärung von Ottawa** vom 13. Februar 1990 entsprochen (Bulletin, Nr 27 vom 20. Februar 1990, S. 215). Darin wurde für das Verfahren der Beteiligung der Alliierten die sog. „**Zwei plus Vier-Formel**" vereinbart. Die Erklärung hat folgenden Wortlaut:

> „Die Außenminister der Bundesrepublik Deutschland, der Deutschen Demokratischen Republik, Frankreichs, des Vereinigten Königreichs, der Sowjetunion und der Vereinigten Staaten führten Gespräche in Ottawa.
>
> Sie vereinbarten, daß sich die Außenminister der Bundesrepublik Deutschland und der Deutschen Demokratischen Republik mit den Außenministern Frankreichs, des Vereinigten Königreichs, der Sowjetunion und der Vereinigten Staaten treffen werden, um die äußeren Aspekte der Herstellung der deutschen Einheit, einschließlich der Fragen der Sicherheit der Nachbarstaaten, zu besprechen.
>
> Vorbereitende Gespräche auf Beamtenebene werden in Kürze aufgenommen."

663 Das Ergebnis der in der Erklärung von Ottawa vereinbarten Gespräche war der **Vertrag über die abschließende Regelung in bezug auf Deutschland** vom 12. September 1990, der am 15. März 1991 in Kraft getreten ist (sog. „Zwei plus Vier-Vertrag", Sartorius II, Nr 610; zu Entstehungsgeschichte und Inhalt dieses Vertrages s. *Bleckmann*, in: BayVBl. 1991, S. 523 ff; *Fiedler*, in: JZ 1991, S. 685 ff). Darin vereinbarten die Alliierten und die beiden deutschen Staaten die Endgültigkeit der in Europa bestehenden Grenzen. Insbesondere wurde die Endgültigkeit der Außengrenzen der Bundesrepublik Deutschland und der DDR festgelegt (Art. 1 Abs. 1). Es wurde die völkerrechtlich verbindliche Bestätigung der deutsch-polnischen Grenze vereinbart (Art. 1 Abs. 2), der Verzicht auf künftige Gebietsansprüche erklärt (Art. 1 Abs. 3) und der territoriale status quo auch für das innerstaatliche Recht des vereinten Deutschlands für verbindlich deklariert (Art. 1 Abs. 4). Die beiden deutschen Staaten erklärten für das zukünftige vereinte Deutschland den Verzicht auf Gewalt sowie den Verzicht auf Herstellung und Besitz von atomaren, biologischen und chemischen Waffen und verpflichteten sich zur Einhaltung einer Truppenobergrenze von 370 000 Mann (Art. 2 und 3).

664 Von besonderer Bedeutung ist die in Art. 6 getroffene Regelung, welche während der Verhandlungen lange umstritten war; sie lautet:

> „Das Recht des vereinten Deutschland, Bündnissen mit allen sich daraus ergebenden Rechten und Pflichten anzugehören, wird von diesem Vertrag nicht berührt."

Im Ergebnis bedeutete dies das Einverständnis der Sowjetunion mit der Fortdauer der NATO-Zugehörigkeit Deutschlands.

665 Weiterhin erklärten die Alliierten ihre „Rechte und Verantwortlichkeiten in bezug auf Berlin und Deutschland als Ganzes" für beendet (Art. 7), womit die unbeschränkte Souveränität Deutschlands hergestellt wurde. Da der Vertrag jedoch erst mit der Ratifikation durch alle Vertragsstaaten am 13. April 1991 wirksam wurde, bedurfte es für den Zeitraum ab dem 3. Oktober 1990 einer besonderen Regelung, welche die vier Mächte in ihrer „Erklärung zur Aussetzung der Wirksamkeit der Vier-Mächte-Rechte und -Verantwortlichkeiten" auch trafen (Sartorius II, Nr 611).

In Art. 4 wurde eine künftige vertragliche Regelung zwischen dem vereinigten Deutschland und der Sowjetunion über die Dauer des Aufenthalts der sowjetischen Streitkräfte auf dem Gebiet der DDR sowie über die Abwicklung des Abzugs dieser Streitkräfte vereinbart. **666**

Von Bedeutung ist auch der im Zusammenhang mit der Vertragsunterzeichnung geschriebene **Brief der Außenminister** der Bundesrepublik Deutschland und der DDR. Darin wird insbesondere die schon im Einigungsvertrag (Anlage III) verankerte Irreversibilität von Enteignungen auf besatzungsrechtlicher bzw besatzungshoheitlicher Grundlage bestätigt (vom BVerfG im wesentlichen als verfassungsgemäß bestätigt, BVerfGE 84, S. 90 ff; 94, S. 12 ff). Außerdem wird Bezug genommen auf Art. 12 Abs. 1 und Abs. 2 des Einigungsvertrages, in dem die Behandlung der von der DDR abgeschlossenen völkerrechtlichen Verträge geregelt ist. In einem besonderen **Übereinkommen zur Regelung bestimmter Fragen in bezug auf Berlin** vom 25. September 1990 (Sartorius II, Nr 612) sind der Übergang von Zuständigkeiten von alliierten auf deutsche Behörden sowie die Fortwirkung der von den alliierten Behörden gesetzten Akte in Berlin geregelt. **667**

In Erfüllung des Art. 1 Abs. 2 des Vertrages über die abschließende Regelung in bezug auf Deutschland schloß die Bundesrepublik Deutschland mit Polen den **Vertrag über die Bestätigung der zwischen ihnen bestehenden Grenzen** vom 14. November 1990 (Sartorius II, Nr 681). Damit wurde die umstrittene Frage der Oder-Neiße-Linie einer endgültigen Regelung unterworfen (s. Rn 570 ff). Art. 1 bestimmt diesbezüglich: **668**

„Die Vertragsparteien bestätigen die zwischen ihnen bestehenden Grenzen, deren Verlauf sich nach dem Abkommen vom 6. Juli 1950 zwischen der Deutschen Demokratischen Republik und der Republik Polen über die Markierung der festgelegten und bestehenden deutsch-polnischen Staatsgrenze und den zu seiner Durchführung und Ergänzung geschlossenen Vereinbarungen (Akt vom 27. Januar 1951 über die Ausführung der Markierung der Staatsgrenze zwischen Deutschland und Polen; Vertrag vom 22. Mai 1989 zwischen der Deutschen Demokratischen Republik und der Volksrepublik Polen über die Abgrenzung der Seegebiete in der Oderbucht) sowie dem Vertrag vom 7. Dezember 1970 zwischen der Bundesrepublik Deutschland und der Volksrepublik Polen über die Grundlagen der Normalisierung ihrer gegenseitigen Beziehungen bestimmt."

Die in Art. 4 des Vertrages über die abschließende Regelung in bezug auf Deutschland vorgesehene Vereinbarung zwischen der Bundesrepublik Deutschland und der Sowjetunion wurde im **Vertrag über die Bedingungen des befristeten Aufenthalts und die Modalitäten des planmäßigen Abzugs der sowjetischen Truppen aus dem Gebiet der Bundesrepublik Deutschland** vom 12. Oktober 1990 getroffen (Bulletin, Nr 123 vom 17. Oktober 1990, S. 1284 ff). Darin verpflichtete sich die Sowjetunion, ihre Truppen auf dem Gebiet der Bundesrepublik Deutschland **669** nicht mehr zu verstärken und bis Ende 1994 abzuziehen. Für die Dauer der Stationierung der sowjetischen Truppen blieb hinsichtlich ihrer Rechtsstellung im wesentlichen der status quo erhalten.

670 In einem ergänzenden Abkommen über einige überleitende Maßnahmen vom 9. Oktober 1990 (Bulletin, Nr 123 vom 17. Oktober 1990, S. 1281 ff) verpflichtete sich die Bundesrepublik Deutschland zur finanziellen Unterstützung des Abzugs der sowjetischen Truppen.

6. Die Rechtslage Deutschlands nach der Wiedervereinigung

671 Trotz des Versuches, mit dem dargestellten Netzwerk von Verträgen die mit der Wiedervereinigung verbundenen rechtlichen Folgeprobleme zu lösen, bleiben einige Fragen offen.

a) Die völkerrechtliche Ebene

672 Unbestritten ist dabei der **Untergang der DDR als Völkerrechtssubjekt**. Neu entstanden sind hingegen die partiellen Völkerrechtssubjekte Brandenburg, Mecklenburg-Vorpommern, Sachsen, Sachsen-Anhalt und Thüringen. Ihre partielle Völkerrechtssubjektivität basiert auf Art. 32 Abs. 3 GG (s. Rn 117). Unklar ist dabei, ob diese verfassungsrechtliche Ausstattung der neuen Bundesländer mit partieller Völkerrechtssubjektivität für die anderen Völkerrechtssubjekte eo ipso verbindlich ist, oder ob es dazu der Anerkennung durch diese bedarf. In der Praxis sind diesbezüglich allerdings kaum Probleme zu erwarten (s. Rn 112f).

673 Hinsichtlich des völkerrechtlichen Schicksals der Bundesrepublik Deutschland geht die überwiegende Meinung davon aus, daß die Wiedervereinigung die **Völkerrechtssubjektivität der Bundesrepublik Deutschland unberührt** läßt (zB *Isensee*, in: ZParl. 1990, S. 309 ff, 316; *Streinz*, in: EWS 1990, S. 171 ff, 174).

674 Begründen läßt sich dies letztlich mit dem Willen der sich vereinigenden und der mitwirkenden Staaten. Diesbezüglich kann man aus den Artikeln 11 und 12 des Einigungsvertrages ersehen, daß die Vertragsparteien vom Fortbestand der Bundesrepublik Deutschland ausgingen. Dasselbe ergibt sich aus dem Vertrag über die Bedingungen des befristeten Aufenthalts und die Modalitäten des planmäßigen Abzugs der sowjetischen Truppen aus dem Gebiet der Bundesrepublik Deutschland (Rn 669), dem ergänzenden Abkommen über einige überleitende Maßnahmen (Rn 670) und den Grenzvertrag mit Polen (Rn 668), da bei all diesen Verträgen die Bundesrepublik Deutschland als Vertragspartner auftritt.

675 Problematisch war die **Staatennachfolge** in die von der Bundesrepublik Deutschland und der DDR abgeschlossenen völkerrechtlichen Verträge. Sie ist zwar in den Artikeln 10, 11 und 12 des Einigungsvertrages geregelt, hat sich aber – da die Rechte dritter Staaten und anderer Völkerrechtssubjekte betroffen sind – im Rahmen der völkerrechtlichen Regelungen zu halten (s. dazu Rn 595 ff).

Außerdem ergibt sich das Problem, daß die thematisch einschlägige Wiener Konvention über die Staatennachfolge in Verträge zum Zeitpunkt der Wiedervereinigung noch gar nicht in Kraft war und zudem nicht unbedingt das geltende Völkergewohnheitsrecht wiedergibt (s. Rn 593).

Geht man vom unberührten Fortbestand der Völkerrechtssubjektivität der **Bundesrepublik Deutschland** aus, so bleiben alle von ihr abgeschlossenen **Verträge**, einschließlich der Mitgliedschaft in internationalen Organisationen, weiter bestehen. Nach dem Prinzip der beweglichen Vertragsgrenzen (s. Rn 596) wird der Geltungsbereich dieser Verträge auf das Gebiet der neuen Bundesländer ausgedehnt. Dies ist auch grundsätzlich der Regelungsgehalt des Art. 11 des Einigungsvertrages. Ausgenommen davon sind einige (in Anlage I zum Einigungsvertrag aufgezählte) Verträge, bei denen dies von ihrem Inhalt her gesehen nicht in Frage kommt. Etwa notwendig werdende Anpassungen werden gemäß Art. 11 Satz 2 im Einvernehmen mit den jeweiligen Vertragspartnern erfolgen. Die besonders sensible Frage der NATO-Mitgliedschaft wurde in Art. 6 des Vertrages über die abschließende Regelung in bezug auf Deutschland gelöst (s. Rn 664). **676**

Sehr viel schwieriger zu beantworten war die Frage nach dem Schicksal der von der **DDR** abgeschlossenen **Verträge** (1990 ca. 3000 Verträge) und ihrer Mitgliedschaften in internationalen Organisationen. Die Wiener Konvention über die Staatennachfolge in Verträge bietet hierfür nur wenig Anhaltspunkte, da schon die Einordnung der Wiedervereinigung in die von der Konvention geregelten Sukzessionskategorien problematisch ist. **677**

Die auf den ersten Blick einschlägige, in Art. 31 enthaltene Regel, die für den Fall der (nichtkolonialen) Vereinigung zweier Staaten das Prinzip der Universalsukzession mit der Wirkung der Fortgeltung der Verträge, gegebenenfalls bezogen auf das jeweilige Teilgebiet, vorsieht (s. Rn 595), ist nicht unmittelbar anwendbar. Sie geht nämlich davon aus, daß „ein Nachfolgestaat" entsteht, was für die Wiedervereinigung gerade nicht zutrifft. Sie provoziert zudem die Gefahr einander widersprechender Verpflichtungen. Dies wurde beim Abschluß der Wiener Konvention über die Staatennachfolge in Verträge auch gesehen, und es wurde in einer ergänzenden Resolution für diese Fälle eine Verhandlungslösung empfohlen.

Dies ist dementsprechend auch die Lösung des Art. 12 des Einigungsvertrages. Er enthält Grundsätze und Verfahren einer **politischen Lösung** der Frage der Fortgeltung, der Anpassung oder des Erlöschens von Verträgen und Mitgliedschaften der DDR. **678**

„(1) Die Vertragsparteien sind sich einig, daß die völkerrechtlichen Verträge der Deutschen Demokratischen Republik im Zuge der Herstellung der Einheit Deutschlands unter den Gesichtspunkten des Vertrauensschutzes, der Interessenlage der beteiligten Staaten und der vertraglichen Verpflichtungen der Bundesrepublik Deutschland sowie nach den Prinzipien einer freiheitlichen, demokratischen und rechtsstaatlichen Grundordnung und unter Beachtung der Zuständigkeiten der Europäischen Gemeinschaften mit den Vertragspartnern der Deutschen Demokratischen Republik zu erörtern sind, um ihre Fortgeltung, Anpassung oder ihr Erlöschen zu regeln beziehungsweise festzustellen.

(2) Das vereinte Deutschland legt seine Haltung zum Übergang völkerrechtlicher Verträge der Deutschen Demokratischen Republik nach Konsultationen mit den jeweiligen Vertragspartnern und mit den Europäischen Gemeinschaften, soweit deren Zuständigkeiten berührt sind, fest.

(3) Beabsichtigt das vereinte Deutschland, in internationale Organisationen oder in sonstige mehrseitige Verträge einzutreten, denen die Deutsche Demokratische Republik, nicht aber die Bundesrepublik Deutschland angehört, so wird Einvernehmen mit den jeweiligen Vertragspartnern und mit den Europäischen Gemeinschaften, soweit deren Zuständigkeiten berührt sind, hergestellt."

679 Eine Besonderheit gilt dabei für **Zoll- und Handelsabkommen der DDR.** Da für diese nicht mehr die Bundesrepublik, sondern gemäß Art. 113 EGV ausschließlich die EG zuständig ist, ist diese bei Verhandlungen über die Anpassung solcher Verträge zu beteiligen (Art. 12 Abs. 2).

680 Hinsichtlich des **Rechts der Europäischen Gemeinschaften** ist grundsätzlich auch vom Prinzip der beweglichen Vertragsgrenzen (s. Rn 596) auszugehen. Daraus folgt, daß mit der Wiedervereinigung das gesamte Gemeinschaftsrecht in den neuen Bundesländern gilt. Dies entspricht auch Art. 299/227 aF Abs. 1 EGV, Art. 198 Abs. 1 EAGV und Art. 79 Abs. 1 EGKSV, die den Geltungsbereich des Gemeinschaftsrechts ua auf die Bundesrepublik Deutschland, unabhängig von ihrer jeweiligen Ausdehnung, erstrecken. Dieser Rechtslage wird Art. 10 Abs. 2 des Einigungsvertrages gerecht.

681 Da aber in manchen Bereichen eine übergangslose Geltung des Gemeinschaftsrechts in den neuen Bundesländern faktisch unmöglich war (zB Umweltrecht), wurden durch sekundäres Gemeinschaftsrecht für eine Übergangszeit, die längstens bis 31. Dezember 1996 dauerte, Ausnahmeregelungen festgelegt (ABl. 1990, Nr L 353, S. 1 ff).

b) Die staatsrechtliche Ebene

682 Innenpolitisch löste die Wiedervereinigung eine Diskussion um die Notwendigkeit einer neuen Verfassung für Deutschland aus. Deren Befürworter, die sich letztlich nicht durchsetzen konnten, stützten sich darauf, daß Art. 146 aF GG anläßlich der Wiedervereinigung nicht – wie man es hätte erwarten können – aufgehoben, sondern nur in seinem Wortlaut der neuen Rechtslage angepaßt worden ist. Die Gegenansicht hielt die geänderte Vorschrift wegen ihres völlig neuen Sinnzusammenhanges für verfassungswidriges Verfassungsrecht (dazu *Kempen*, in: NJW 1991, S. 964 ff; *Roellecke*, in: NJW 1991, S. 2441 ff, 2443 f). Die heftige Kontroverse erklärte sich auch aus den inhaltlichen Zielen, die von den Befürwortern einer neuen Verfassung verfolgt wurden; so sollten etwa ein Recht auf Arbeit oder auf Wohnung und eine breitere unmittelbare Beteiligung des Volkes an der Gesetzgebung verfassungsrechtlich festgeschrieben werden. Solche Bestrebungen kommen im übrigen auch in den Verfassungen der neuen Bundesländer zum Ausdruck. Auf der GG-Ebene haben sie sich nicht durchgesetzt.

Recht auf Arbeit: Art. 48 Verfassung von Brandenburg, Art. 7 Abs. 1 Verfassung von Sachsen, Art. 36 Verfassung von Thüringen.

Volksbeteiligung an der Gesetzgebung: Art. 76 und 77 Verfassung von Brandenburg, Art. 59 und 60 Verfassung von Mecklenburg-Vorpommern, Art. 71 bis 73 Verfassung von Sachsen, Art. 80 und 81 Verfassung von Sachsen-Anhalt, Art. 80 und 81 Verfassung von Thüringen.

Lösung Fall 16 (Rn 612): **683**

1. Es könnte ein Strafverfolgungshindernis iSv § 20 Abs. 2 GVG (das auch nach der Wiedervereinigung noch anwendbar ist) vorliegen, wonach sich die deutsche Gerichtsbarkeit nicht auf Personen erstreckt, die nach den allgemeinen Regeln des Völkerrechts, aufgrund völkerrechtlicher Vereinbarungen oder sonstiger Rechtsvorschriften von ihr befreit sind. Normen der beiden letzten Kategorien liegen hinsichtlich des ehemaligen Staatsratsvorsitzenden der DDR nicht vor. Hingegen gilt die allgemeine Regel des Völkerrechts, daß Staatsoberhäupter anderer Staaten immun sind. Diese Immunität wirkt auch noch – jedenfalls für hoheitliches Handeln – nach Beendigung des Amtes weiter, es sei denn, der betroffene Staat stimmt einer Strafverfolgung zu (vgl zB Art. 227 des Versailler Friedensvertrages hinsichtlich des deutschen Kaisers, RGBl. 1919, S. 687 ff). Zwar gibt es vermehrt Tendenzen in der Staatenpraxis, die auf eine Änderung dieser Regel hindeuten, von einer universell anerkannten Änderung kann man aber allenfalls bei völkerrechtswidrigen Kriegshandlungen ausgehen (s. Rn 610). Darum geht es aber im vorliegenden Fall nicht.

2. Voraussetzung ist also, daß es sich bei dem ehemaligen Staatsratsvorsitzenden um das Oberhaupt eines Staates gehandelt hat.

a) Vor der Wiedervereinigung war in dieser Hinsicht problematisch, ob es sich bei der DDR um einen Staat iSd Völkerrechts handelte.

Dies war jedoch zu bejahen, da die DDR alle Elemente des völkerrechtlichen Staatsbegriffs aufwies. Ihr wurden von der Bundesrepublik – unbeschadet der Offenhaltung der nationalen Frage – im Grundlagenvertrag alle Merkmale eines souveränen Staates attestiert. Der Grundlagenvertrag war daher ein völkerrechtlicher Vertrag, der die Beziehungen der beiden Staaten auf eine völkerrechtliche Ebene stellte. Zwar enthielt der Grundlagenvertrag eine Reihe von Bestimmungen, die darauf hinwiesen, daß es sich bei den Beziehungen der „beiden deutschen Staaten" (Präambel, Abs. 2 und Abs. 4) um Beziehungen anderer Art als zwischen beliebigen Staaten handelte (Art. 8, Zusatzprotokoll, Abschnitt II Ziffer 1). Nirgends wurde der DDR jedoch die Staatlichkeit abgesprochen.

b) Weitere Voraussetzung ist, daß der ehemalige Staatsratsvorsitzende Staatsoberhaupt der DDR war. Das Völkerrecht kennt keine eigenständige Regelung für die Frage, wer Staatsoberhaupt eines Staates ist, sondern verweist auf die jeweilige innerstaatliche Rechtsordnung. Nach Art. 66 Abs. 2 der Verfassung der DDR war der Staatsrat in seiner Gesamtheit das Staatsoberhaupt nach außen hin. Aus Art. 69 S. 1 und Art. 71 Abs. 1 der Verfassung ergab sich aber, daß der Vorsitzende des Staatsrats diesen leitet und für ihn das aktive und passive Gesandtschaftsrecht ausübt. Damit war er mangels anderer Bestimmungen praktisch als Staatsoberhaupt anzusehen.

c) Eine Einwilligung des Staates in die Strafverfolgung liegt nicht vor und kann auch nicht mehr erteilt werden, da die DDR als Völkerrechtsubjekt untergegangen ist.

Ein Teil der Völkerrechtslehre hält eine Zustimmung in diesem Fall für entbehrlich, und zwar mit dem Argument, daß nach dem Untergang eines Staates die Strafverfolgung des ehemaligen Staatsoberhaupts nicht mehr die Rechte des untergegangenen Staates verletzen könne. So gesehen wäre eine Strafverfolgung möglich (s. auch BVerfG, DtZ 1992, S. 216).

Dabei ist jedoch zu bedenken, daß mit dem Untergang des Völkerrechtssubjektes auch das Staatsoberhaupt als dessen Organ aufgehört hat zu existieren. Eine Inanspruchnahme des Staatsorgans ist daher ebensowenig möglich wie die Inanspruchnahme des untergegangenen Völkerrechtssubjekts. Aus dem Grundsatz der Mediatisierung des Individuums im Völkerrecht folgt daher, daß auch diejenigen, die Organfunktion ausübten, nicht für Handlungen, die sie in Ausübung ihres Amtes vornahmen, strafrechtlich verfolgt werden können. Das Handeln eines Staatsorgans kann nur dem Staat, für den es handelt, und nicht der handelnden Person selbst zugerechnet werden. Etwas anderes gilt nur für private Handlungen.

Ergebnis: Folgt man der erstgenannten Ansicht, so war eine Strafverfolgung möglich, folgt man der zweitgenannten, war sie nicht möglich (vgl BGHSt 33, S. 97 ff; zur Problematik der Strafbarkeit von Spionage zugunsten der früheren DDR nach west- und nunmehr gesamtdeutschem Strafrecht s. BGH NJW 1991, S. 929; BGH NJW 1993, S. 3147 ff).

Literatur: *Drobnig*, Das Schicksal der Staatsverträge der DDR nach dem Einigungsvertrag, in: DtZ 1991, S. 76 ff; *Grabitz/v. Bogdandy*, Deutsche Einigung und europäische Integration, in: NJW 1990, S. 1073 ff; *Heintschel v. Heinegg*, Die Vereinigung der beiden deutschen Staaten und das Schicksal der von ihnen abgeschlossenen völkerrechtlichen Verträge, in: BB-Beilage 23 zu Heft 18/1990, S. 9 ff; *Isensee/Kirchhof*, Bd. VIII und IX; *Kempen*, Grundgesetz oder neue deutsche Verfassung?, in: NJW 1991, S. 964 ff; *Roellecke*, Brauchen wir ein neues Grundgesetz?, in: NJW 1991, S. 2441 ff; *Streinz*, Die völkerrechtliche Situation der DDR vor und nach der Vereinigung, in: EWS 1990, S. 171 ff.

B. Internationale Organisationen

I. Begriff

684 Internationale Organisationen werden in der Regel definiert als durch einen völkerrechtlichen Vertrag gegründete Staatenverbindungen, die ein Minimum an institutionellen Einrichtungen und eine gewisse Dauerhaftigkeit besitzen sowie bestimmte hoheitliche Zwecke verfolgen.

685 Gegründet werden internationale Organisationen durch einen völkerrechtlichen Vertrag. Daher müssen Völkerrechtsubjekte, in der Regel Staaten, Vertragspartner sein. In diesen Fällen spricht man von **international governmental organizations** oder intergovernmental organizations, von denen es zur Zeit ca. 400 gibt. Davon zu unterscheiden sind die nicht durch völkerrechtlichen Vertrag, sondern in Formen des Privatrechts gegründeten internationalen Organisationen, die dementsprechend auch keine hoheitlichen Zwecke erfüllen und keine Völkerrechtssubjektivität besitzen. Man nennt sie **international non-governmental organizations**, kurz NGOs, von denen zur Zeit über 5000 existieren.

Beispiele: Internationale Handelskammer, Internationaler Bund Freier Gewerkschaften, amnesty international, Heilsarmee, Liga der Rotkreuz-Gesellschaften etc. Gemäß Art. 71 SVN kann ihnen beim Wirtschafts- und Sozialrat der VN oder bei anderen internationalen Organisationen ein Konsultativ-Status eingeräumt werden. Das trifft auf die hier Genannten zu (vgl *Lagoni*, in: *Simma*, Art. 71, Rn 10).

Eine internationale Organisation muß ein Minimum an institutioneller Einrichtung, dh an **Organen**, aufweisen. So besitzen alle internationalen Organisationen zumindest ein Organ, in dem alle Mitgliedstaaten vertreten sind. Daneben existiert meist ein (General-)Sekretariat und manchmal Organe, in denen nicht alle Mitglieder vertreten sind. **686**

Beispiel: So gibt es in der UNO die Generalversammlung, in der alle Mitgliedstaaten vertreten sind, den Sicherheitsrat (15 Mitglieder), den Wirtschafts- und Sozialrat (54 Mitglieder), den Treuhandschaftsrat (5 Mitglieder) und das Generalsekretariat.

In seltenen Fällen haben internationale Organisationen auch quasi-parlamentarische Organe, Gerichte, Expertenorgane oder Interessenvertretungen.

Beispiele:
- Parlamentarische Versammlung des Europarates, Europäisches Parlament (s. Rn 376 ff).
- Internationaler Gerichtshof in der UNO, Gerichtshof der Europäischen Gemeinschaften, Europäischer Gerichtshof für Menschenrechte im Rahmen der EMRK (s. Rn 714).
- Kommission der Europäischen Gemeinschaften (s. Rn 370 ff).
- Wirtschafts- und Sozialausschuß in der EG und der EAG, Beratender Ausschuß in der EGKS (s. Rn 380).
- Ausschuß der Regionen in der EG (Rn 381).

Eine internationale Organisation muß auf eine gewisse **Dauer** angelegt sein, bloße ad hoc-Zusammenkünfte, wie Konferenzen, genügen nicht. In der Regel sind internationale Organisationen auf unbeschränkte Dauer angelegt, in seltenen Fällen auf Zeit (zB ist die EGKS gemäß Art. 97 EGKSV nur auf 50 Jahre angelegt). **687**

II. Arten internationaler Organisationen

Für die Beschreibung der Arten internationaler Organisationen gibt es neben anderen gebräuchlichen (zB Dauer, Möglichkeit des Beitritts, Organisationsgrad etc) drei wichtige Unterscheidungskriterien: **688**

(1) Kreis der Mitglieder: Danach kann man zwischen universellen und regionalen internationalen Organisationen unterscheiden. **Universelle** Organisationen sind weltweit angelegt und stehen grundsätzlich allen Staaten zur Mitgliedschaft offen. **689**

Beispiele: Die UNO und die Sonderorganisationen der UNO (FAO, IBRD, ICAO, IDA, IFAD, IFC, ILO, IMF, IMO, ITU, UNESCO, UNIDO, UPU, WHO, WIPO, WMO – vgl dazu *Meng*, in: *Simma*, Art. 71, Rn 52 ff) sind universell konzipiert, keiner gehören aber tatsächlich alle Staaten der Welt an. Es gibt zur Zeit keine wirklich universellen Organisationen.

Regionale internationale Organisationen sind solche, die nur bestimmten Staaten offenstehen. Diese können nach geographischen, aber auch nach politischen Gesichtspunkten ausgewählt werden.

Beispiele: Europarat, OAU, OAS sind geographisch begrenzt. Die NATO ist geo-politisch begrenzt. Das ehemalige COMECON war politisch begrenzt (= sozialistische Staaten).

690 (2) Aufgabenstellung: Nach der Aufgabenstellung unterscheidet man zwischen politischen, wirtschaftlichen, militärischen und technisch-funktionellen Organisationen. In diesem Bereich existieren allerdings zahlreiche Überschneidungen und mehrfache Aufgabenstellungen.

Beispiele:
- politisch: UNO, Europarat, OSZE, OAU, OAS
- wirtschaftlich: EG, OECD, EFTA, GATT
- militärisch: NATO, WEU
- technisch-funktionell: IAEA, EAG, WTO, INTERSAT, WMO

691 (3) Integrationsgrad: Danach unterscheidet man zwischen traditionellen internationalen Organisationen und supranationalen Organisationen. Die Unterscheidung basiert auf der institutionellen Struktur und der Willensbildung der Organisationen.

Von **Supranationalität** spricht man dann, wenn die Organisation verbindliche Beschlüsse auch gegen den Willen einzelner oder sogar aller Mitglieder fassen kann. Als weitere Kriterien zählt man dazu die unmittelbare Geltung dieser Beschlüsse in den Mitgliedstaaten ohne Mitwirken der staatlichen Hoheitsgewalt und die Existenz einer obligatorischen Gerichtsbarkeit.

Beispiele: EG, EAG und EGKS.

III. Die Völkerrechtssubjektivität internationaler Organisationen

692 Existenz und Umfang der Völkerrechtsubjektivität einer internationalen Organisation hängen von deren **Anerkennung** ab. Dabei ist insbesondere zwischen Mitgliedern und Nichtmitgliedern zu unterscheiden.

693 Für die **Mitgliedstaaten** ergibt sich die Völkerrechtssubjektivität einer internationalen Organisation in aller Regel aus dem Gründungsvertrag. Dabei wird in seltenen Fällen die Völkerrechtssubjektivität ausdrücklich festgestellt.

Beispiele: Art. 281 des EGV bestimmt: „Die Gemeinschaft besitzt Rechtspersönlichkeit." Im Zusammenhang mit Art. 282 EGV gesehen, der die innerstaatliche Rechtspersönlichkeit der EG regelt, kann dies nur die völkerrechtliche Rechtspersönlichkeit und damit die Völkerrechtssubjektivität betreffen (hL). Noch deutlicher wird die Völkerrechtssubjektivität der EGKS in Art. 6 des EGKSV geregelt. Hingegen enthält der EUV keine Regelung über die Völkerrechtssubjektivität der EU. Daher ist es umstritten, ob die EU eine internationale Organisation mit völkerrechtlicher Rechtspersönlichkeit ist (s. Rn 19).

694 Üblicherweise wird die Völkerrechtssubjektivität einer internationalen Organisation dergestalt im Gründungsvertrag festgelegt, daß der Organisation Kompetenzen übertragen werden, die nur einem Völkerrechtssubjekt zustehen können.

Beispiel: Art. 43 Abs. 3 Satz 2 SVN gibt dem Sicherheitsrat die Kompetenz, mit den Mitgliedstaaten Sonderabkommen über die Bereitstellung von Streitkräften abzuschließen. Art. 63 SVN sieht ein Vertragsabschlußrecht des Wirtschafts- und Sozialrats vor, um die Beziehungen zu den Sonderorganisationen (s. Rn 689) zu regeln. Da der Abschluß solcher völkerrechtlicher Verträge nur von Völkerrechtssubjekten bzw deren Organen vorgenommen werden kann, wird ua daraus die Völkerrechtssubjektivität der UNO abgeleitet.

Eine dergestalt direkt oder indirekt im Gründungsvertrag festgelegte Völkerrechtssubjektivität einer internationalen Organisation wirkt nur gegenüber den Mitgliedstaaten. Für **Nichtmitgliedstaaten** entsteht diese Völkerrechtssubjektivität nur, wenn sie sie ausdrücklich oder stillschweigend anerkennen (s. Rn 586 f). In diesem Fall kommt nach weitaus hL nur die konstitutive Anerkennungstheorie zur Anwendung (s. Rn 580). **695**

Als – teilweise umstrittene – Ausnahme gilt die UNO aufgrund des Rechtsgutachtens des IGH im Fall der „Entschädigung für im Dienste der Vereinten Nationen erlittene Schäden" (Bernadotte-Fall). Am 17. September 1948 wurde der von der UNO als Vermittler im Palästina-Konflikt eingesetzte schwedische Graf Bernadotte bei einem Bombenattentat in Jerusalem getötet. In diesem Zusammenhang bat die Generalversammlung den IGH um ein Gutachten gemäß Art. 65 ff StIGH zu der Frage, ob die UNO Schadensersatzansprüche gegen die verantwortliche Regierung stellen könne. Der IGH bejahte dies. Hinsichtlich der dafür notwendigen Voraussetzung der Völkerrechtssubjektivität der UNO führte er aus (ICJ-Reports 1949, S. 174 ff, 179, 185):

„In the opinion of the Court, the Organization was intended to exercise and enjoy, and is in fact exercising and enjoying, functions and rights which can only be explained on the basis of the possession of a large measure of international personality and the capacity to operate upon an international plane. It is at present the supreme type of international organization, and it could not carry out the intentions of its founders if it was devoid of international personality. It must be acknowledged that its Members, by entrusting certain functions to it, with the attendant duties and responsibilities, have clothed it with the competence required to enable those functions to be effectively discharged.

Accordingly, the Court has come to the conclusion that the Organization is an international person ...

On this point, the Court's opinion is that fifty States, representing the vast majority of the members of the international community, had the power, in conformity with international law, to bring into being an entity possessing objective international personality, and not merely personality recognized by them alone, together with capacity to bring international claims."

Literatur: *Faßbender*, Die Völkerrechtssubjektivität internationaler Organisationen, in: ÖZöRVR 37 (1986), S. 17 ff; *Köck/Fischer*, Das Recht der Internationalen Organisationen, 3. Aufl., Wien 1997; *Seidl-Hohenveldern*, Das Recht der Internationalen Organisationen einschließlich der Supranationalen Gemeinschaften, 6. Aufl., Köln 1996; *Wolfrum*, Internationale Organisationen, in: Lexikon, S. 127 ff.

IV. Die Bundesrepublik Deutschland in internationalen Organisationen

1. Verfassungsrechtliche Grundlagen

Die Bundesrepublik ist zur Zeit Mitglied in rund 80 internationalen Organisationen. **696**
Es handelt sich dabei um alle aufgezählten Arten internationaler Organisationen. Das GG sieht folgende Rechtsgrundlagen für den Beitritt zu internationalen Organisationen vor:

697 (1) Zunächst ist bei allen Beitritten zu internationalen Organisationen **Art. 59 Abs. 2 GG** zu beachten (s. Rn 162 ff). Dies stellt den Regelfall dar. Dabei wird es sich bei Gründungsverträgen internationaler Organisationen meist um Verträge handeln, die die politischen Beziehungen des Bundes regeln oder sich auf Gegenstände der Bundesgesetzgebung beziehen. In der Minderzahl der Fälle werden es Verwaltungsabkommen sein.

Beispielsfälle für Verwaltungsabkommen: Übereinkommen über die Internationale Hydrographische Organisation vom 3. Mai 1967 (BGBl. 1969 II, S. 418 ff); Übereinkommen zur Gründung einer Europäischen Organisation für Astronomische Forschung in der Südlichen Hemisphäre vom 5. Oktober 1962 (UNTS 502, S. 226 ff); Satzung der Weltorganisation für Tourismus (WTO) vom 27. September 1970 (BGBl. 1976 II, S. 24 ff).

698 (2) In den Fällen, in denen mit dem Beitritt der Bundesrepublik auch die Übertragung von Hoheitsrechten verbunden ist, kommen neben Art. 59 Abs. 2 GG zudem noch **Art. 23 Abs. 1 GG oder Art. 24 Abs. 1 GG** zur Anwendung.

Beispiele:

- EUV vom 7. Februar 1992.
- EGKSV vom 18. April 1951; EGV vom 25. März 1957; EAGV vom 25. März 1957.
- Internationales Übereinkommen über Zusammenarbeit zur Sicherung der Luftfahrt „EUROCONTROL" vom 13. Dezember 1960 (BGBl. 1962 II, S. 2273 ff). Nach Ansicht des BVerfG (BVerfGE 58, S. 1 ff, 31 ff; 59, S. 63 ff, 86 ff) ist die durch das Übereinkommen geschaffene Internationale Organisation EUROCONTROL eine zwischenstaatliche Einrichtung iSv Art. 24 Abs. 1 GG (s. Rn 59).

699 (3) **Art. 24 Abs. 2 GG** ermächtigt den Bund zum Beitritt zu internationalen Organisationen, die ein System gegenseitiger kollektiver Sicherheit errichten (s. dazu Rn 279). Zwar ist dabei festgelegt, daß der Bund in die Beschränkung seiner Hoheitsrechte einwilligen kann, jedoch ist im Gegensatz zu Art. 24 Abs. 1 GG kein Gesetz für einen solchen Beitritt vorgesehen. Daher richtet sich dieser nach Art. 59 Abs. 2 GG (s. Rn 279).

Beispiele:

- SVN vom 26. Juni 1945 (UNO).
- Umstritten: Nordatlantikvertrag vom 4. April 1949 (Sartorius II, Nr 55): dafür ua: *Maunz*, in: *Maunz/Dürig*, Art. 24 Rn 25; dagegen ua: *Rojahn*, in: *v. Münch*, Art. 24 Rn 44. Das BVerfG hat die NATO endgültig unter Art. 24 Abs. 2 GG subsumiert (s. Rn 279 ff).

700 Im Falle der UNO ergibt sich für die Bundesrepublik das Sonderproblem, daß sie uU zur **Bereitstellung von Hilfstruppen** verpflichtet werden kann, die unter UNO-Oberbefehl zur militärischen Friedenssicherung eingesetzt werden (Art. 42, 43, 48 SVN). Ob eine solche Verpflichtung tatsächlich besteht, ist allerdings sehr umstritten. Es geht dabei um folgendes: Gemäß Art. 41 SVN kann der Sicherheitsrat bei einer Bedrohung oder einem Bruch des Friedens nicht-militärische Sanktionsmaßnahmen (zB Wirtschaftsembargo) beschließen, um den Weltfrieden und die internationale Sicherheit zu wahren oder wiederherzustellen.

Beispiel: Resolution 661 (1990) des Sicherheitsrates vom 6. August 1990 (ÖBGBl. 1990/524a):

„3. Decides that all States shall prevent:
(a) The import into their territories of all commodities and products originating in Iraq or Kuwait exported there from after the date of the present resolution; ...
(c) The sale or supply by their nationals ... of any commodities or products, including weapons or any military equipment ... to any Person or body in Iraq or Kuwait ...“

Erweisen sich diese Maßnahmen als unzulänglich, so kann der Sicherheitsrat gemäß Art. 42 SVN mit Luft-, See- oder Landstreitkräften die erforderlichen Maßnahmen durchführen. Diese können Einsätze der Streitkräfte von UNO-Mitgliedsstaaten einschließen. Diesbezüglich sieht Art. 43 SVN vor, daß dieser Einsatz im Rahmen von Sonderabkommen zwischen dem Sicherheitsrat und den Mitgliedstaaten abgewickelt wird. Ergänzend dazu bestimmt Art. 48 SVN, daß die einschlägigen Beschlüsse des Sicherheitsrates „von den Mitgliedern der Vereinten Nationen ... durchgeführt“ werden, dh für sie verbindlich sind. **700a**

Hier nun setzen die **Meinungsverschiedenheiten** in der Literatur an. Ein Teil vertritt die Meinung, daß Art. 48 SVN im Zusammenhang mit Art. 43 SVN dergestalt zu lesen sei, daß er nur eine Verhandlungspflicht über die Bereitstellung von Truppen begründe (*pactum de negotiando*), nicht aber eine unmittelbare Verpflichtung, Truppen auch tatsächlich zur Verfügung zu stellen (*Bryde*, in: *Simma*, Art. 48, Rn 4; *Frowein*, in: *Simma*, Art. 43, Rn 9). Nach anderer Ansicht hat bei Vorliegen eines einschlägigen Beschlusses jeder Mitgliedstaat solche Sonderabkommen abzuschließen und damit Truppen zu stellen (*pactum de contrahendo*); die Sonderabkommen dienen demgegenüber nur der Regelung der Einzelheiten. Geht man von Ziel und Zweck der Regelung aus, so ist dieser Ansicht zuzustimmen. Würde man in Art. 43 SVN nur eine Verhandlungspflicht sehen, die mit keiner Truppenbereitstellungspflicht verbunden ist, so wäre dies ein bloßer Formalismus, und der Sicherheitsrat könnte unter Umständen keinen einzigen Staat finden, der ihm Truppen zur Verfügung stellt. Damit wäre er seiner wichtigsten Möglichkeiten beraubt und das System funktionsunfähig. Daher muß man Art. 43 SVN zumindest als ein pactum de contrahendo ansehen, wonach die Mitgliedstaaten verpflichtet sind, auf Ersuchen des Sicherheitsrates mit diesem in Verhandlungen einzutreten und ein Sonderabkommen abzuschließen. **701**

Geht man von einer solchen Truppenbereitstellungspflicht aus, so erhebt sich für die Bundesrepublik Deutschland die Frage, ob dies **verfassungsrechtlich zulässig** ist. Zum Teil wird dies verneint unter Hinweis auf Art. 87a Abs. 2 GG. Diese Vorschrift läßt den Einsatz der Bundeswehr außer in den sonst durch die Verfassung zugelassenen Fällen (die den Einsatz im Inneren betreffen, s. etwa Art. 87a Abs. 3 und Abs. 4 GG) nur „zur Verteidigung“ zu. Daraus sei zu schließen, daß ein Einsatz der Bundeswehr nach außen immer eine Bedrohung der Bundesrepublik voraussetze, die aber bei einem Einsatz nach den Artikeln 42, 43, 48 SVN zumeist nicht und bei einem – davon zu unterscheidenden – Einsatz als „UNO-Friedenstruppe“ wohl nie vorliegen dürfte. Die Gegenansicht stützt sich auf Art. 24 Abs. 2 GG, der eine Beteiligung an einem System kollektiver Sicherheit ausdrücklich zuläßt. Da ein solches System aber auf Gegenseitigkeit beruhe, sei die Ermächtigung des Art. 24 Abs. 2 GG sinnlos, wenn nicht auch der Einsatz der Streitkräfte zur Erfüllung der **702** sich aus dem kollektiven Sicherheitssystem ergebenden Verpflichtungen zulässig wäre. Man könne daher Art. 24 Abs. 2 GG als eine der in Art. 87a Abs. 2 GG vorgesehenen ausdrücklichen Ermächtigungen ansehen oder das Wort „Verteidigung" in Art. 87a Abs. 2 GG im Lichte des Art. 24 Abs. 2 GG weit auslegen.

703 In diesem Sinn hat auch das BVerfG in seinem „**Blauhelme-Urteil**" vom 12. Juli 1994 (BVerfGE 90, S. 286 ff, 355 f) entschieden. Es hat zudem ausgeführt, daß Art. 87a Abs. 2 GG nur die Voraussetzungen für den Einsatz der Bundeswehr im Inneren regele. Als jüngere Bestimmung des GG habe er daher keinen Einfluß auf Art. 24 Abs. 2 GG. Dieser aber erlaube den Einsatz der Bundeswehr in einem System kollektiver Sicherheit. Allerdings sei für jeden Einsatz ein **konstitutiver Parlamentsbeschluß** notwendig (ebenso das BVerfG im „Kosovo-Beschluß", EuGRZ 1999, S. 355 ff, 356), der gemäß Art. 42 Abs. 2 GG mit einfacher Mehrheit gefaßt werden könne. Besonderheiten seien durch Gesetz zu regeln.

704 Die Beteiligung der Bundeswehr ist damit bei allen Formen von **UNO-Truppen** möglich: UN-Beobachtergruppen (Observer Groups, Observer Forces), UN-Friedenssicherungstruppen ohne Kampfauftrag (Peace-keeping Forces) oder UN-Streitkräfte mit Kampfauftrag (Peace-enforcing Forces). In der Praxis verschwimmen die verschiedenen Formen häufig, wie zB bei der UNPROFOR im ehemaligen Jugoslawien seit 1992 (vgl *Schroeder,* in: JuS 1995, S. 398 ff, 402).

705 Maßnahmen der Bundeswehr rein **humanitären Charakters** können bereits über Art. 32 Abs. 1 GG legitimiert werden, soweit die deutschen Truppen dabei nicht in bewaffnete Unternehmungen einbezogen sind. Eine Einschaltung des Bundestages ist nicht notwendig (BVerfGE 90, S. 286 ff, 388).

706 (4) Schließlich sieht noch **Art. 24 Abs. 3 GG** den Beitritt des Bundes zu Vereinbarungen über eine allgemeine, umfassende, obligatorische, internationale Schiedsgerichtsbarkeit vor. Die Form des Beitritts vollzieht sich nach Art. 59 Abs. 2 GG.

Beispiel: Ein Beispiel für eine solche Gerichtsbarkeit existiert bislang nicht. Insbesondere ist der IGH, dessen Statut die Bundesrepublik durch ihren Beitritt zur UNO ebenfalls beigetreten ist, weder ein umfassendes noch ein obligatorisch zuständiges Gericht.

Literatur: *Doehring*, Systeme kollektiver Sicherheit, in: *Isensee/Kirchhof*, Bd. VII, S. 669 ff; *Fehn/Fehn*, Die verfassungsrechtliche Zulässigkeit von Blauhelmeinsätzen der Bundeswehr, in: Jura 1997, S. 621 ff; *Fink*, Verfassungsrechtliche und verfassungsprozeßrechtliche Fragen im Zusammenhang mit dem Kosovo-Einsatz der Bundeswehr, in: JZ 1999, S. 1016 ff; *Ipsen*, Völkerrecht, S. 964-975; *Nolte,* Bundeswehreinsätze in kollektiven Sicherheitssystemen. Zum Urteil des Bundesverfassungsgerichts vom 12. Juli 1994, in: ZaöRVR 54 (1994), S. 652 ff; *Schroeder,* Verfassungs- und völkerrechtliche Aspekte friedenssichernder Bundeswehreinsätze, in: JuS 1995, S. 398 ff.

2. Die Europäische Menschenrechtskonvention

707 Einen Sonderfall stellt die Konvention zum Schutze der Menschenrechte und Grundfreiheiten vom 4. November 1950 (sog. Europäische Menschenrechtskonvention) samt elf Protokollen dar. Der Ratifikationsstand ist unterschiedlich. Die Bun-

desrepublik Deutschland ist Mitglied der Konvention (Sartorius II, Nr 130) des Zusatzprotokolls sowie der Protokolle Nr 2 bis 6 und 8 bis 11 (Protokoll Nr 2 aufgehoben, Protokolle Nr 5 und 8 bis 10 obsolet; vgl BGBl. II Fundstellenverzeichnis B, neuester Stand, mit Fundstellen und Ratifikationsstand).

Die EMRK errichtet ein **europäisches Menschenrechtsschutzsystem** mit einem Menschenrechtskatalog und Organen zur Überprüfung der Befolgung der EMRK. Sie erfüllt an sich alle Voraussetzungen einer internationalen Organisation, wird aber üblicherweise nicht als solche qualifiziert. Sie hat zwar enge institutionelle Verbindungen zum Europarat, ua dergestalt, daß das Ministerkomitee des Europarates als Organ im Verfahren der Überprüfung der Befolgung der EMRK fungiert (s. Rn 714), kann aber nicht als Teil der internationalen Organisation Europarat angesehen werden. **708**

Die EMRK hat formal den **Rang eines einfachen Gesetzes** (s. Rn 447). Dabei können Probleme entstehen, wenn die grundrechtlichen Garantien des GG und der EMRK auseinanderfallen. **709**

Dies zeigte sich im Fall Vogt, einer wegen ihrer Zugehörigkeit zur Deutschen Kommunistischen Partei entlassenen beamteten Lehrerin in Niedersachsen. Während die angerufenen deutschen Gerichte keine Grundrechtsverletzung annahmen, stellte der Europäische Gerichtshof für Menschenrechte mit Urteil vom 26. September 1995 Verstöße gegen Art. 10 EMRK (Recht auf Freiheit der Meinungsäußerung) und Art. 11 EMRK (Recht auf Versammlungs- und Vereinigungsfreiheit) fest (EuGRZ 1995, S. 390 ff).

Das BVerfG behilft sich zur Vermeidung solcher Kollisionen mit einer völkerrechtskonformen Interpretation des GG. Danach sind die Grundrechte nicht nur im Einklang mit der EMRK, sondern auch mit der Rechtsprechung des Europäischen Gerichtshofes für Menschenrechte auszulegen (BVerfGE 74, S. 358 ff, 370). Damit kommt es zu einem **faktischen Vorrang** der EMRK vor deutschem Recht. **710**

a) Der Menschenrechtskatalog

Die EMRK enthält einen Menschenrechtskatalog, der sehr weit gefächert, aber insgesamt etwas enger als der Grundrechtskatalog des GG ist. So fehlt zB der allgemeine Gleichheitssatz. Die Rechte müssen nicht-diskriminierend gewährt werden (Art. 14 EMRK). Ein Teil der Rechte steht unter einem qualifizierten Gesetzesvorbehalt (vgl zB Art. 8 EMRK). Alle Rechte, mit Ausnahme des Rechts auf Leben (Art. 3 Protokoll Nr 6), können gemäß Art. 15 EMRK im „Falle eines Krieges oder eines anderen öffentlichen Notstandes, der das Leben der Nation bedroht", außer Kraft gesetzt werden. **711**

Gemäß Art. 64 EMRK sind **Vorbehalte** zur Konvention erlaubt; eine Reihe von Staaten, darunter auch die Bundesrepublik, haben davon Gebrauch gemacht (s. Rn 201). **712**

713 Im einzelnen enthält die EMRK samt Protokollen folgende Rechte:

(1) Recht auf Leben (Art. 2).
(2) Verbot der Folter oder unmenschlicher oder erniedrigender Strafe oder Behandlung (Art. 3).
(3) Verbot der Sklaverei oder Leibeigenschaft und der Zwangs- und Pflichtarbeit (Art. 4).
(4) Recht auf Freiheit und Sicherheit (Art. 5, Art. 1 Protokoll Nr 4).
(5) Recht auf fairen Prozeß (Art. 6).
(6) Nulla poena sine lege (Art. 7).
(7) Recht auf Achtung des Privat- und Familienlebens, der Wohnung und des Briefverkehrs (Art. 8).
(8) Gedanken-, Gewissens- und Religionsfreiheit (Art. 9).
(9) Recht auf freie Meinungsäußerung (Art. 10).
(10) Versammlungs- und Vereinigungsfreiheit (Art. 11).
(11) Recht auf Eheschließung und Familiengründung (Art. 12).
(12) Recht auf Achtung des Eigentums (Art. 1 Zusatzprotokoll).
(13) Recht auf Bildung (Art. 2 Zusatzprotokoll).
(14) Freie und geheime Wahlen (Art. 3 Zusatzprotokoll).
(15) Verbot der Schuldhaft (Art. 1 Protokoll Nr 4).
(16) Recht auf Freizügigkeit (Art. 2 Protokoll Nr 4).
(17) Verbot der Ausweisung von Staatsangehörigen (Art. 3 Abs. 1 Protokoll Nr 4).
(18) Recht auf Einreise in das eigene Land (Art. 3 Abs. 2 Protokoll Nr 4).
(19) Verbot der Kollektivausweisung von Ausländern (Art. 4 Protokoll Nr 4).
(20) Verbot der Todesstrafe (Art. 1 Protokoll Nr 6).
(21) Schutz vor willkürlicher Ausweisung (Art. 1 Protokoll Nr 7).
(22) Recht auf eine zweite Strafgerichtsinstanz (Art. 2 Protokoll Nr 7).
(23) Recht auf Entschädigung nach erfolgreicher strafgerichtlicher Wiederaufnahme (Art. 3 Protokoll Nr 7).
(24) Ne bis in idem (Art. 4 Protokoll Nr 7).
(25) Privatrechtliche Gleichberechtigung von Ehegatten (Art. 5 Protokoll Nr 7).

b) Das Überprüfungsverfahren

aa) Die Organe

714 Die EMRK sieht **zwei Organe** vor, die im Verfahren zur Überprüfung der Befolgung der Konvention mitwirken:

(1) Der Europäische **Gerichtshof** für Menschenrechte: Die Zahl der Richter entspricht der Anzahl der Vertragsparteien (Art. 20 EMRK; s. Rn 15 Nr 7). Die Richter werden von der Beratenden Versammlung des Europarats für sechs Jahre gewählt. Wiederwahl ist zulässig (Art. 22 und Art. 23 EMRK). Sitz des Gerichtshofs ist Straßburg.

(2) Das **Ministerkomitee** des Europarates: Es besteht aus den Außenministern der Mitglieder des Europarates. Sie sind Staatenvertreter und daher ihren Regierungen

gegenüber weisungsgebunden (Art. 14 der Satzung des Europarates vom 5. Mai 1949, Sartorius II, Nr 110).

bb) Die Verfahrensarten

Die EMRK kennt **drei Verfahrensarten**: Das Verfahren der Staatenbeschwerde, das Verfahren der Individualbeschwerde und das Gutachtenverfahren (Art. 32 Abs. 1 EMRK): **715**

(1) Im Verfahren der **Staatenbeschwerde** kann jede Vertragspartei den Gerichtshof wegen Verletzung der Konvention und der Protokolle durch eine andere Vertragspartei anrufen (Art. 33 EMRK). Dieses Verfahren entspricht der üblichen völkerrechtlichen Gerichtsbarkeit. In der Praxis wird es nur sehr selten in Anspruch genommen. **716**

(2) Im Verfahren der **Individualbeschwerde** können auch natürliche Personen, nichtstaatliche Organisationen oder Personengruppen, die behaupten, durch eine Vertragspartei in einem der in der Konvention und in den Protokollen anerkannten Rechte verletzt zu sein, den Gerichtshof anrufen (Art. 34 EMRK). Dieses Verfahren entspricht nicht mehr der üblichen völkerrechtlichen Gerichtsbarkeit und sprengt das bisherige System der Behandlung des einzelnen im Völkerrecht (s. Rn 533). Es enthält daher Elemente der Supranationalität (s. Rn 691). **717**

(3) Im **Gutachtenverfahren** kann das Ministerkomitee des Europarates Gutachten über die Auslegung der Konvention und der Protokolle beim Gerichtshof beantragen. Dabei darf es sich allerdings nur um Verfahrensfragen und nicht um Fragen bezüglich der materiell verbürgten Rechte (s. Rn 713) handeln (Art. 47 EMRK). **718**

cc) Das Verfahren

Der Gerichtshof tagt in Ausschüssen mit drei Richtern, in Kammern mit sieben Richtern oder in einer Großen Kammer mit siebzehn Richtern (Art. 27 Abs. 1 EMRK). **719**

Das Verfahren vor dem Gerichtshof (ohne Berücksichtigung des Gutachtenverfahren nach Art. 47 bis 49 EMRK) besteht aus folgenden Phasen: **720**

(1) **Zulässigkeitsprüfung** von Individualbeschwerden durch einen Ausschuß: Hält der Ausschuß die Beschwerde einstimmig für unzulässig, weist er sie zurück. Eine solche Entscheidung ist endgültig (Art. 28 EMRK). Das Verfahren ist damit beendet. In der Praxis ist dies in ca. 95% der Beschwerden der Fall. **721**

Die Zulässigkeitsvoraussetzungen ergeben sich aus Art 35 Abs. 1 bis 3 EMRK. Von besonderer Bedeutung ist dabei die innerstaatliche **Rechtswegerschöpfung** und die Einhaltung einer **sechs Monate-Frist** nach der endgültigen innerstaatlichen Entscheidung. **722**

Ergeht kein einstimmiger Beschluß eines Ausschusses über die Unzulässigkeit einer Individualbeschwerde gemäß Art. 28 EMRK und im Falle einer Staatenbeschwerde entscheidet eine Kammer über die Zulässigkeit (Art. 29 Abs. 1 und Abs. 2 EMRK). **723**

724 (2) Sowohl bei Individual- als auch bei Staatenbeschwerden stellt sich der Gerichtshof den Parteien in einem vertraulichen Verfahren für eine **gütliche Einigung** zur Verfügung. Kommt eine solche zustande, wird die Rechtssache im Register gestrichen (Art. 38 Abs. 1 Buchstabe b und Abs. 2, Art. 39 EMRK). Das Verfahren ist damit beendet.

725 (3) **Begründetheitsprüfung** von Individual- und Staatenbeschwerden: Über die Begründetheit entscheidet in der Regel eine Kammer durch Urteil (Art. 29 Abs. 1 und Abs. 2, Art. 42 EMRK).

726 Bei schwerwiegenden Fragen der Auslegung oder wenn eine Kammer von einer früheren Entscheidung des Gerichtshofes abweichen würde, kann die Rechtssache an die Große Kammer abgegeben werden. Voraussetzung ist allerdings, daß keine Partei dem widerspricht (Art. 30 EMRK).

727 Kommt es zu einer solchen Verweisung, so entscheidet die Große Kammer durch Urteil endgültig (Art. 44 Abs. 1 EMRK). Das Verfahren ist damit beendet.

728 (4) **Verweisung an die Große Kammer:** Hat eine Kammer eine Rechtssache durch Urteil entschieden, dann kann jede Partei innerhalb von drei Monaten ihre Verweisung an die Große Kammer beantragen. Über die Annahme entscheidet ein Ausschuß von fünf Richtern der Großen Kammer. Voraussetzung ist, daß die Rechtssache eine schwerwiegende Frage der Auslegung oder Anwendung der Konvention oder der Protokolle oder eine schwerwiegende Frage von allgemeiner Bedeutung aufwirft (Art. 43 Abs. 1 und Abs. 2 EMRK).

729 Wird dem Antrag auf Verweisung an die Große Kammer nicht stattgegeben, so wird das Urteil der Kammer endgültig. Dasselbe gilt, wenn kein Antrag auf Verweisung gestellt wird (Art. 44 Abs. 2 EMRK). Das Verfahren ist damit beendet.

730 Die Urteile des Gerichtshofes stellen fest, ob die behauptete Verletzung der Konvention oder der Protokolle vorliegt oder nicht; sie sind also **Feststellungsurteile**. Gemäß Art. 46 Abs. 1 EMRK sind die Vertragspartner verpflichtet, die endgültigen Urteile zu befolgen. Eine Ausnahme sieht Art. 41 EMRK insofern vor, als der Gerichtshof einer verletzten Partei unter gewissen Voraussetzungen eine Entschädigung zusprechen kann.

731 Die endgültigen Urteile sind dem Ministerkomitee des Europarates zuzuleiten, das deren **Durchführung überwacht** (Art. 46 Abs. 2 EMRK).

732 Für die Erstattung von **Gutachten** ist ausschließlich die Große Kammer zuständig (Art. 31 Buchstabe b EMRK).

Literatur: *Frowein/Peukert*, Europäische Menschenrechtskonvention, Kommentar, 2. Aufl., Kehl am Rhein 1996; *Golsong ua*, Internationaler Kommentar zur Europäischen Menschenrechtskonvention, Loseblatt, Köln ua 1986 ff; *Schlette,* Das neue Rechtsschutzsystem der Europäischen Menschenrechtskonvention, in: ZaöRVR 56 (1996), S. 905 ff; *ders.,* Europäischer Menschenrechtsschutz nach der Reform der EMRK, in: JZ 1999, S. 219 ff; *Staebe,* Die Europäische Menschenrechtskonvention und ihre Bedeutung für die Rechtsordnung der Bundesrepublik Deutschland, in: JA 1996, S. 75 ff; *Stöcker,* Europäische Menschenrechtskonvention, Ordre-Public-Vorbehalt und nationales Selbstbestimmungsrecht, in: EuGRZ 1987, S. 473 ff.

§ 6 Die auswärtige Gewalt

A. Begriff

Der Begriff der auswärtigen Gewalt als Bestandteil der Staatsgewalt ist im GG nicht enthalten. Es enthält auch keinen gesonderten Abschnitt über die Funktionen und Kompetenzen der Staatsgewalt in diesem Bereich. Das weist schon darauf hin, daß sich nach dem GG die auswärtige Gewalt im üblichen Schema der Gewaltenteilung nicht einseitig zuordnen läßt, daß sie auch nicht eine eigenständige vierte Gewalt darstellt, sondern daß sie sich auf die verschiedenen Gewalten aufteilt. **733**

Dennoch ist die auswärtige Gewalt ein gängiger Begriff in der Beschreibung der Staatsfunktionen. Man versteht darunter die Zuständigkeiten der staatlichen Organe, die sich auf die Teilnahme der Bundesrepublik Deutschland am völker- und europarechtlichen Verkehr beziehen. Dazu gehört die Vertretung der Bundesrepublik und die Übernahme völkerrechtlicher Verpflichtungen durch Vertrag oder einseitiges Rechtsgeschäft. Außerdem zählt man dazu sowohl die nach außen gerichteten Akte als auch die dazu als Voraussetzung dienenden innerstaatlichen Akte, wie Zustimmung, Delegation, Anhörung etc. Neben diesem auf die Staatsgewalten bezogenen Bereich der auswärtigen Gewalt gibt es eine Fülle von sonstigen Sachverhalten, die ebenfalls mit den auswärtigen Beziehungen der Bundesrepublik zu tun haben, die sich aber nicht auf der völker- und europarechtlichen Ebene abspielen und daher nur politische, speziell außenpolitische Relevanz haben. Darüber enthält das GG naturgemäß keine Bestimmungen. **734**

Zu diesen außenpolitisch relevanten Sachverhalten gehören zB die Städtepartnerschaften und die grenzüberschreitende Zusammenarbeit von Gemeinden (etwa im Umweltschutz, Energieversorgung, Gründung regionaler Zweckverbände etc). Sie bewegen sich nicht auf der völkerrechtlichen Ebene, sondern – sofern sie überhaupt rechtlich relevant sind – auf der Ebene der nationalen Rechtsordnungen.

Das BVerfG hat in dem ähnlich gelagerten Fall des Kehler Hafenvertrages (BVerfGE 2, S. 347 ff) entschieden, daß nicht einmal Verträge zwischen einem Land der Bundesrepublik und einer ausländischen Körperschaft des öffentlichen Rechts völkerrechtliche Verträge seien (aaO, S. 374 f). Dementsprechend wird man auch solche Fälle nicht dem Komplex der auswärtigen Gewalt zurechnen, wenngleich natürlich deren außenpolitische Relevanz evident ist.

Etwas anderes stellen die Fälle des Art. 24 Abs. 1a GG dar. Dort werden die Länder auf der völkerrechtlichen Ebene tätig (s. Rn 67).

B. Die auswärtige Gewalt in der bundesstaatlichen Gewaltenteilung

735 Die zentralen Bestimmungen über die bundesstaatliche Gewaltenteilung im Bereich der auswärtigen Gewalt finden sich in Art. 32 GG. Danach können sowohl der Bund als auch die Länder völkerrechtliche Verträge abschließen. Die genaue Abgrenzung der Abschlußkompetenz ist hingegen umstritten (vgl zum Ganzen Rn 126 ff).

736 In einer Reihe von Angelegenheiten mit typisch auswärtigem Bezug sieht das GG die ausschließliche Gesetzgebungskompetenz des Bundes vor, so daß in diesen Bereichen von vornherein keine Vertragsabschlußkompetenz der Länder existieren kann.

Dies gilt zB für Art. 73 Nr 1 (auswärtige Angelegenheiten, s. Rn 741), Art. 73 Nr 3 (Paßwesen, Ein- und Auswanderung, Auslieferung), Art. 73 Nr 5 (Handels- und Schiffahrtsverträge, Waren- und Zahlungsverkehr mit dem Ausland), Art. 73 Nr 10 (internationale Verbrechensbekämpfung), Art. 105 Abs. 1 (Zölle, s. aber dazu Rn 66).

737 In einigen anderen Angelegenheiten mit typisch auswärtigem Bezug sieht Art. 74 GG die konkurrierende Gesetzgebungskompetenz des Bundes vor, so daß die Länder, jedenfalls solange und soweit der Bund davon keinen Gebrauch gemacht hat, in diesen Gesetzgebungsangelegenheiten ein Vertragsabschlußrecht gemäß Art. 32 Abs. 3 GG haben können (s. Rn 118).

Dies gilt zB für Art. 74 Abs. 1 Nr 4 (Aufenthalts- und Niederlassungsrecht der Ausländer), Art. 74 Abs. 1 Nr 17 (Ein- und Ausfuhr landwirtschaftlicher Erzeugnisse, Hochsee- und Küstenfischerei), Art. 74 Abs. 1 Nr 21 (Hochsee- und Küstenschiffahrt).

738 Hingegen ergibt sich aus Art. 32 GG, daß die Länder außer im Bereich des Vertragsabschlusses und den damit in Zusammenhang stehenden Angelegenheiten **keine weiteren Kompetenzen** im Rahmen der auswärtigen Gewalt besitzen. Sie sind zwar zuständig für einseitige Rechtsgeschäfte, aber nur, wenn sie mit einem völkerrechtlichen Vertrag in Verbindung stehen. Die Länderverfassungen enthalten jeweils Bestimmungen über ihre Vertretung nach außen, diese haben aber nur Relevanz im Zusammenhang mit dem Vertragsabschlußrecht. Auch können die Länder trotz ihres Vertragsabschlußrechts keinen internationalen Organisationen beitreten, wenn damit die Übertragung von Hoheitsrechten verbunden ist. Dem steht die ausschließliche Kompetenz des Bundes nach Art. 23 Abs. 1 GG bzw Art. 24 Abs. 1 GG entgegen. Sie können allerdings gemäß Art. 24 Abs. 1a GG unter den dort genannten Voraussetzungen Hoheitsrechte auf grenznachbarschaftliche Einrichtungen übertragen (s. Rn 67).

739 Eine Besonderheit stellt in diesem Zusammenhang die Errichtung von sog. **Länderbüros** bei der Europäischen Union in Brüssel dar. Diese Büros dienen der Stärkung der Länder gegenüber den Europäischen Gemeinschaften. Sie sind teilweise privatrechtlich, teilweise aber öffentlich-rechtlich organisiert. Vereinzelt werden sie durch Minister für Europaangelegenheiten geleitet und sind mit Beamten besetzt (zB im Falle Bayerns). Sie haben die Aufgabe, wichtige länderspezifische Informationen zu sammeln und weiterzugeben, Dienstleistungs- und Anlaufstelle für die eigene

Wirtschaft zu sein, die Eigenständigkeit der Länder gegenüber den Europäischen Gemeinschaften abzusichern und die Beziehungen zwischen den Landesregierungen und den Europäischen Gemeinschaften zu pflegen.

Von diesen Funktionen ausgehend erhebt sich natürlich die Frage, ob diese Länder- **739a**
büros nicht Außenvertretungsorgane der Länder sind und ob dies mit Art. 32 GG vereinbar ist (vgl dazu *Fastenrath*, in: DÖV 1990, S. 125 ff). Der Bund hatte ursprünglich verfassungsrechtliche Bedenken geäußert, diese dann aber zurückgestellt. Eine Klärung könnte nur das BVerfG oder eine – mehrfach geforderte – Änderung des Art. 32 oder eine Ergänzung des Art. 23 GG bringen, in der den Ländern ausdrücklich das Recht auf EU-Vertretungen eingeräumt wird. Man hat allerdings einen anderen Weg gewählt und die Frage in § 8 des Ausführungsgesetzes Bundesrat (s. Rn 385) geregelt. Dieser hat folgenden Wortlaut:

„Die Länder können unmittelbar zu Einrichtungen der Europäischen Union ständige Verbindungen unterhalten, soweit dies zur Erfüllung ihrer staatlichen Befugnisse und Aufgaben nach dem Grundgesetz dient. Die Länderbüros erhalten keinen diplomatischen Status. Stellung und Aufgaben der Ständigen Vertretung in Brüssel als Vertretung der Bundesrepublik Deutschland bei den Europäischen Gemeinschaften gelten uneingeschränkt auch in den Fällen, in denen die Wahrnehmung der Rechte, die der Bundesrepublik Deutschland als Mitgliedstaat der Europäischen Union zustehen, auf einen Vertreter der Länder übertragen wird."

Insbesondere besitzen die Länder **kein aktives und passives Gesandtschaftsrecht**. **740**
Darunter versteht man das Recht, diplomatische Vertreter zu entsenden und zu empfangen. Dieses Recht, nach dem zu fremden Staaten, internationalen Organisationen oder sonstigen Völkerrechtssubjekten staatliche Vertretungsorgane entsandt werden können, die einen besonderen Rechtsstatus genießen (s. Rn 610 f) bzw nach dem die Bundesrepublik Empfangsstaat für derartige Vertretungsorgane anderer Völkerrechtssubjekte sein kann, steht nur dem Bund zu.

Dementsprechend bestimmt Art. 73 Nr 1 GG die ausschließliche Gesetzgebungs- **741**
kompetenz des Bundes für die **auswärtigen Angelegenheiten**. Dieser Begriff bezieht sich nach Meinung des BVerfG auf „die Beziehungen, die sich aus der Stellung der Bundesrepublik als Völkerrechtssubjekt zu anderen Staaten ergeben" (BVerfGE 33, S. 52 ff, 60). Trotz dieser weiten Definition des BVerfG bezieht die hL den Begriff nur auf den auswärtigen Verkehr im engeren Sinn, dh speziell auf die Angelegenheiten im Zusammenhang mit der Tätigkeit der Vertretungen der Bundesrepublik bei anderen Völkerrechtssubjekten (Botschaften, Generalkonsulate, Konsulate und Vertretungen bei internationalen Organisationen) sowie der Vertretungen anderer Völkerrechtssubjekte in der Bundesrepublik.

Beispiele: – Gesetz über die Konsularbeamten, ihre Aufgaben und Befugnisse (Konsulargesetz) vom 11. September 1974 (Sartorius I, Nr 570).

– Richtlinien über den amtlichen Verkehr in das Ausland und mit ausländischen Dienststellen im Inland vom 6. Dezember 1994 (GMBl. 1995, S. 258 ff) = Die vom Bundesministerium des Inneren erlassenen Richtlinien gelten auch für Länderbehörden.

Der Begriff der „auswärtigen Angelegenheiten" iSd Art. 73 Nr 1 GG kann also nicht mit dem Begriff der auswärtigen Gewalt gleichgesetzt werden.

742 Ebenfalls konsequent ist im Rahmen dieser bundesstaatlichen Gewaltenteilung die Bestimmung des Art. 87 Abs. 1 Satz 1 GG, wonach der **Auswärtige Dienst** in bundeseigener Verwaltung geführt wird.

C. Die auswärtige Gewalt im Kompetenzgefüge des GG

I. Bundespräsident

743 Dem Bundespräsidenten kommen im Bereich der auswärtigen Gewalt folgende Kompetenzen zu:

744 (1) Der Bundespräsident vertritt den Bund völkerrechtlich (Art. 59 Abs. 1 Satz 1 GG). Diese **Vertretungsbefugnis** ist umfassend und bezieht sich auf alle Aspekte der auswärtigen Gewalt, wie zB Abschluß völkerrechtlicher Verträge, Tätigung einseitiger Rechtsgeschäfte, Ausübung des aktiven und passiven Gesandtschaftsrechts etc. Bestimmungen des GG über diese Kompetenzen im einzelnen (zB Art. 59 Abs. 1 Sätze 2 und 3 GG, Art. 115a Abs. 5 Satz 1 GG) kommt daher nur erläuternde Funktion zu.

745 (2) Der Bundespräsident schließt im Namen des Bundes die **völkerrechtlichen Verträge** mit anderen Völkerrechtssubjekten (Art. 59 Abs. 1 Satz 2 GG).

746 (3) Der Bundespräsident beglaubigt und empfängt die Gesandten (Art. 59 Abs. 1 Satz 3 GG). Damit übt er für die Bundesrepublik das aktive und passive Gesandtschaftsrecht aus (s. Rn 740). Im Rahmen des **aktiven Gesandtschaftsrechts** stellt er für die Botschafter und Gesandten sog. Beglaubigungsschreiben aus, die diese in der Regel in feierlicher Form dem Staatsoberhaupt des Empfangsstaates übergeben.

Beispiel: „Von dem Wunsche geleitet, die diplomatischen Beziehungen zwischen der Bundesrepublik Deutschland und ...... aufzunehmen (zu vertiefen – das durch die Abberufung des Herrn ...... erledigte Amt des ...... der Bundesrepublik Deutschland in ...... wieder zu besetzen), habe ich beschlossen, (dieses) das Amt des ...... Herrn ...... zu übertragen.

Seine bewährten Eigenschaften berechtigen mich zu der Erwartung, daß er in der ihm übertragenen ehrenvollen Stellung bestrebt sein wird, sich Euerer ...... Anerkennung zu erwerben.

Herr ...... wird die Ehre haben, Euerer ...... dieses Schreiben, das ihn in der Eigenschaft eines außerordentlichen ...... der Bundesrepublik Deutschland beglaubigen soll, zu überreichen.

Ich bitte, ihn mit Wohlwollen zu empfangen und ihm in allem, was er in meinem Namen oder im Auftrag der Regierung der Bundesrepublik Deutschland vorzutragen berufen sein wird, vollen Glauben beizumessen. Zugleich benutze ich diesen Anlaß, um meine besten Wünsche für Euerer ...... persönliches Wohlergehen und das Blühen und Gedeihen ...... zum Ausdruck zu bringen. Ich verbinde hiermit die Versicherung meiner vollkommenen Hochachtung.

Siegel
Haus des Bundespräsidenten
Berlin, den ......

gez. ......

Der Bundesminister des
Auswärtigen
gez. ......“

Im Rahmen des **passiven Gesandtschaftsrechts** empfängt der Bundespräsident die fremden Botschafter und Gesandten, die ihm in feierlicher Form ihr Beglaubigungsschreiben überreichen (sog. Akkreditierung). Der Zeitpunkt der Überreichung des Beglaubigungsschreibens gilt als Zeitpunkt des Amtsantritts des Diplomaten (vgl Art. 13 Abs. 1 des Wiener Übereinkommens über diplomatische Beziehungen vom 18. April 1961; Sartorius II, Nr 325). **747**

Bevor der Bundespräsident einen fremden Botschafter oder Gesandten empfängt, muß er ihm das sog. **Agrément** erteilt haben. Darunter versteht man die Zustimmung der Bundesrepublik zur Person eines zu ernennenden Missionschefs. Ein solches Agrément muß der Entsendestaat vorab einholen (Art. 4 Abs. 1 des Wiener Übereinkommens über diplomatische Beziehungen). **748**

Eine solche Anfrage hat üblicherweise folgende Form:

„Die ...... Regierung hat die Absicht, den gegenwärtigen Botschafter in London, Herrn ...... zum Botschafter in Berlin zu ernennen.

Die ...... Regierung bittet die Bundesregierung, das Agrément zu der Ernennung des Herrn ...... zu erteilen.

Der Wechsel auf dem Missionschefposten in Berlin ist für Anfang April des kommenden Jahres vorgesehen."

Das Agrément kann jederzeit ohne Angabe von Gründen verweigert werden (Art. 4 Abs. 2 des Wiener Übereinkommens über diplomatische Beziehungen). Die betreffende Person kann dann nicht zum Missionschef ernannt werden.

Diplomaten niedrigerer Rangstufe als Botschafter oder Gesandte werden in der Praxis vom Bundesminister für Auswärtiges ernannt und empfangen. Dies läßt sich verfassungsrechtlich nur durch stillschweigende Beauftragung rechtfertigen. **748a**

Allerdings ist der Bundespräsident in einigen Fällen von der **Zustimmung** oder **Mitwirkung** anderer Staatsorgane abhängig. **749**

- Beim Abschluß bestimmter Verträge bedarf er gemäß Art. 59 Abs. 2 Satz 1 GG der Zustimmung oder Mitwirkung der für die Bundesgesetzgebung zuständigen Körperschaften in der Form eines Bundesgesetzes (s. Rn 162 ff).
- In jedem Fall bedarf ein Akt des Bundespräsidenten im Rahmen der auswärtigen Gewalt gemäß Art. 58 Satz 1 GG zu seiner Gültigkeit der Gegenzeichnung durch den Bundeskanzler oder durch den zuständigen Bundesminister (vgl *Degenhart*, Rn 468).
- Im Bereich der Außenpolitik hat er keine selbständigen Entscheidungsbefugnisse. Diese liegen grundsätzlich bei der Regierung (BVerfGE 1, S. 372 ff, 394).

II. Bundestag und Bundesrat

Bundestag und Bundesrat sind im Bereich der auswärtigen Gewalt beim Abschluß völkerrechtlicher Verträge (s. Rn 162 ff), bei der Rechtsetzung in der EG (s. Rn 382 ff) und uU bei der Tätigung einseitiger Rechtsgeschäfte (s. Rn 289 ff) beteiligt. **750**

III. Bundesregierung

751 **Fall 17:** Zwischen der Bundesregierung und dem Bundespräsidenten bestehen erhebliche Meinungsunterschiede über die Beurteilung einer Befreiungsbewegung im Staate X. Während die Bundesregierung, speziell der Bundeskanzler und der Bundesaußenminister, für eine zurückhaltende und neutrale Position eintreten, plädiert der Bundespräsident für eine Anerkennung und Unterstützung der Befreiungsbewegung.

Im Rahmen eines Staatsbesuches im Staate Y, einem Nachbarstaat von X, empfängt der Bundespräsident ohne Wissen des mitreisenden Außenministers den Anführer der Befreiungsbewegung zu einem privaten Treffen. In einem längeren Gespräch, dessen wesentliche Ergebnisse im Anschluß daran der Presse bekanntgeben werden, verspricht der Bundespräsident die volle Unterstützung der Bundesrepublik und sichert zu, sich persönlich bei der Bundesregierung für eine Anerkennung der Befreiungsbewegung einzusetzen.

War der Bundespräsident zur Abgabe dieser Erklärung berechtigt? (**Lösung: Rn 759**).

752 Der Bundesregierung und den Bundesministern kommen im Bereich der auswärtigen Gewalt folgende Kompetenzen zu:

753 (1) Sie sind in der Praxis – wenngleich verfassungsrechtlich umstritten – zuständig zum Abschluß von **Verwaltungsabkommen** (s. Rn 139). In einigen Fällen bedarf es dabei allerdings der Zustimmung des Bundesrates (s. Rn 465 f).

754 (2) Die Bundesregierung muß dem Abschluß völkerrechtlicher Verträge der Länder mit anderen Völkerrechtsubjekten und der Übertragung von Hoheitsrechten der Länder auf grenznachbarschaftliche Einrichtungen **zustimmen** (s. Rn 125 und 67).

755 (3) Die Bundesregierung hat die **Entscheidungsbefugnis** im Bereich der **Außenpolitik** (s. Rn 749). Insoweit bestimmt sie den konkreten Inhalt der Akte der auswärtigen Gewalt (s. *Degenhart*, Rn 468).

Hier spiegelt sich im besonderen Maße die Trennung und das Zusammenwirken der Kompetenzen wider. So wird zB ein völkerrechtlicher Vertrag gemäß Art. 59 Abs. 2 Satz 1 GG inhaltlich von der Bundesregierung ausgehandelt und unterzeichnet, bedarf dann eines Vertragsgesetzes von Bundestag und Bundesrat und wird schließlich vom Bundespräsidenten – nach Vorliegen der Gegenzeichnung – ratifiziert.

Nicht vollständig geklärt ist, ob diese Kompetenz auch die Entscheidung über den **Einsatz der Streitkräfte** umfaßt oder ob hierfür ein Beschluß von Bundestag und Bundesrat erforderlich ist. Auf den ersten Blick scheint Art. 115a GG letzteres nahezulegen. Wie die folgenden Art. 115b bis 115l GG zeigen, dient die Feststellung des Verteidigungsfalles durch Bundestag und Bundesrat aber nur der Umgestaltung der innerstaatlichen Kompetenzverteilung in dieser Ausnahmesituation. Daher nimmt die hM an, die Entscheidung über den Einsatz der Bundeswehr nach außen gehöre zum Bereich der auswärtigen Gewalt und damit in die Zuständigkeit der Bundesregierung. Im Falle des Einsatzes der Bundeswehr im Rahmen von UNO-Aktionen bedarf die Bundesregierung dazu allerdings eines konstitutiven Beschlusses des Bundestages (s. Rn 702 ff).

(4) Der Bundesminister des Auswärtigen beglaubigt und empfängt die Diplomaten niedrigerer Rangstufe (s. Rn 748a). **756**

(5) Der Bundeskanzler oder die zuständigen Bundesminister haben die Akte des Bundespräsidenten im Rahmen der auswärtigen Gewalt **gegenzuzeichnen** (s. Rn 749). **757**

(6) Die Bundesregierung wirkt am Erlaß von sekundärem Gemeinschaftsrecht mit (s. Rn 361). Hier wird nicht nur die formale Dominanz des Bundespräsidenten im Bereich der auswärtigen Gewalt gemäß Art. 59 Abs. 1 Satz 1 GG, sondern in den Fällen unmittelbar geltenden sekundären Gemeinschaftsrechts auch das Legislativmonopol der gesetzgebenden Körperschaften eingeschränkt. Die verfassungsrechtliche Rechtfertigung dafür liegt in Art. 23 Abs. 1 GG bzw in Art. 24 Abs. 1 GG. **758**

Lösung Fall 17 (Rn 751): Der Bundespräsident ist zu diesen Erklärungen berechtigt, wenn ihm das GG die diesbezügliche Kompetenz gibt und die vom GG vorgeschriebenen Voraussetzungen vorliegen. Dabei könnten die beiden Erklärungen des Bundespräsidenten unterschiedlich zu beurteilen sein. **759**

1. Die Unterstützungserklärung

a) Die Kompetenz des Bundespräsidenten zur Unterstützungserklärung könnte sich aus Art. 59 Abs. 1 Satz 1 GG ergeben. Danach vertritt der Bundespräsident den Bund völkerrechtlich. Die Abgabe einer derartigen Erklärung hat außenpolitische Relevanz und könnte somit Teil der völkerrechtlichen Außenvertretungsbefugnis des Bundespräsidenten sein. Allerdings ist dem Bundespräsidenten von der Gesamtkonzeption des GG her gesehen keine Kompetenz zur aktiven Gestaltung der (Außen-)Politik eingeräumt. Das bedeutet für die Auslegung des Art. 59 Abs. 1 Satz 1 GG, daß der Bundespräsident nur insoweit zur Außenvertretung berufen ist, als er rein formal den anderweitig gebildeten Staatswillen nach außen kundtut und wirksam macht. Die Bildung des Staatswillens in diesem Bereich obliegt der Bundesregierung und speziell dem Bundeskanzler nach Art. 65 Satz 1 GG sowie dem Bundesaußenminister nach Art. 65 Satz 2 GG, wobei etwaige Rechte der gesetzgebenden Körperschaften zu beachten sind.

Im vorliegenden Fall entspricht die Unterstützungserklärung nicht der von der Bundesregierung, speziell dem Bundeskanzler und dem Bundesaußenminister, vertretenen außenpolitischen Linie. So gesehen hat der Bundespräsident seine Kompetenz überschritten.

b) Gemäß Art. 58 Satz 1 GG bedürfen Anordnungen und Verfügungen des Bundespräsidenten zu ihrer Gültigkeit der Gegenzeichnung durch den Bundeskanzler oder den zuständigen Bundesminister, hier den Bundesaußenminister. Der Begriff der Anordnungen und Verfügungen wird weit interpretiert. Man versteht darunter neben den eigentlichen Anordnungen und Verfügungen auch alle amtlichen und politisch bedeutsamen Handlungen und Erklärungen, auch im Rahmen der Außenpolitik. Dazu gehört auch die in Frage stehende Unterstützungserklärung, die der Bundespräsident, wenngleich auf einem privaten Treffen, so doch – wegen der Zusage für den Staat Bundesrepublik – in amtlicher Eigenschaft abgegeben hat und deren politische Bedeutung evident ist.

Die Gegenzeichnung muß nicht immer schriftlich erfolgen. Gerade bei Erklärungen genügt die ausdrückliche oder stillschweigende Billigung durch die Organe des Art. 58 GG. Im vorliegenden Fall gab es weder eine schriftliche Gegenzeichnung durch den Bundeskanzler noch durch den Bundesaußenminister. Vielmehr wußte der mitreisende

Bundesaußenminister laut Sachverhalt gar nichts vom Treffen des Bundespräsidenten. Man kann somit auch nicht auf eine stillschweigende Billigung abstellen.

c) Aus alledem folgt, daß der Bundespräsident zur Unterstützungserklärung nicht berechtigt war. Weder besaß er die Kompetenz dazu, noch lag eine notwendige Gegenzeichnung vor.

2. Die Verwendungszusage

Etwas anderes könnte für die Verwendungszusage gelten.

a) Sie stellt zunächst keine Erklärung im Rahmen der Außenvertretungsbefugnis nach Art. 59 Abs. 1 Satz 1 GG dar. Sie ist keine Kundgabe eines bereits gebildeten Staatswillens und auch kein Akt aktiver Gestaltung der Außenpolitik. Sie wird auch nicht für die Bundesrepublik abgegeben, sondern nur für den Bundespräsidenten selbst. Er sagt darin zu, sich bei den staatlich zuständigen Organen für eine Entscheidung zugunsten einer Anerkennung einzusetzen. Er gibt damit deutlich zu erkennen, daß er von einer eigenen Kompetenz nicht ausgeht. Daher kann er gar nicht seine Kompetenzen überschritten haben.

b) Die Erklärung könnte aber nach Art. 58 Satz 1 GG gegenzeichnungspflichtig sein. Dann müßte es sich um eine amtliche und politisch bedeutsame Erklärung handeln. Dies ist zu verneinen. Die auf dem privaten Treffen im eigenen Namen abgegebene Erklärung war nicht amtlicher Natur. Daher kommt es auf die politische Bedeutung, die nach wie vor zu bejahen ist, nicht mehr an. Die Berechtigung einer privaten Erklärung, sich persönlich beim Bundeskanzler und beim Bundesaußenminister für die Anerkennung einzusetzen, kann nicht davon abhängig sein, daß diese die Erklärung gegenzeichnen.

Ergebnis: Der Bundespräsident war zur Abgabe der Verwendungszusage, nicht jedoch der Unterstützungserklärung berechtigt.

Literatur: *Dittmann/Kilian* (Hrsg.), Kompetenzprobleme der auswärtigen Gewalt, Tübingen 1982; *Fastenrath*, Kompetenzverteilung im Bereich der auswärtigen Gewalt, München 1986; *Grewe*, Zum Verfassungsrecht der auswärtigen Gewalt, in: AöR 1987, S. 521 ff; *ders.*, Auswärtige Gewalt, in: *Isensee/Kirchhof*, Bd. III, S. 921 ff; *Hobe*, Die Auswärtige Gewalt – Tendenzen zur Föderalisierung und Parlamentarisierung, in: JA 1996, S. 818 ff; *Seidel*, Der Bundespräsident als Träger der auswärtigen Gewalt, Berlin 1972.

IV. Bundesverfassungsgericht

760 **Fall 18:** X ficht einen an ihn ergangenen belastenden Verwaltungsakt vor dem Verwaltungsgericht mit der Begründung an, das dem Verwaltungsakt zugrundeliegende Gesetz verstoße gegen eine allgemeine Regel des Völkerrechts iSv Art. 25 GG. Dazu legt X dem Gericht mehrere Aufsätze aus einschlägigen juristischen Fachzeitschriften vor, in denen Völkerrechtswissenschaftler aus verschiedenen Ländern die Auffassung vertreten, Gesetze wie dasjenige, auf dem der an X ergangene Verwaltungsakt beruht, seien mit einer bestimmten allgemeinen Regel des Völkerrechts unvereinbar. X beantragt deshalb, über diese Frage eine Entscheidung des BVerfG einzuholen.

Das Verwaltungsgericht teilt die Zweifel an der Völkerrechtswidrigkeit des betreffenden Gesetzes nicht und weist die Klage ohne Vorlage an das BVerfG als unbegründet ab. Rechtsmittel gegen dieses Urteil bleiben erfolglos.

Nunmehr erhebt X Verfassungsbeschwerde, ua mit der Begründung, dadurch, daß die angerufenen Verwaltungsgerichte die umstrittene völkerrechtliche Vorfrage nicht dem BVerfG vorgelegt hätten, sei er in seinem Recht auf den gesetzlichen Richter verletzt worden.
Ist die Verfassungsbeschwerde insoweit begründet? (**Lösung: Rn 772**).

1. Auswärtige Gewalt und gerichtliche Kontrolle

Es ist heute unbestritten, daß die Akte der auswärtigen Gewalt gerichtlicher Kontrolle unterliegen. Insbesondere unterliegen sie der Kontrolle hinsichtlich der formellen und materiellen Bindungen an das GG, wie Kompetenzvorschriften, Staatszielbestimmungen und Grundrechten. Allerdings wird den zuständigen Organen ein **großer Ermessensspielraum** eingeräumt. Dies wird mit der Besonderheit der auswärtigen Beziehungen gerechtfertigt. Das BVerfG hat dazu ausgeführt (BVerfGE 55, S. 349 ff, 365): **761**

„Die Weite des Ermessens im auswärtigen Bereich hat ihren Grund darin, daß die Gestaltung auswärtiger Verhältnisse und Geschehensabläufe nicht allein vom Willen der Bundesrepublik Deutschland bestimmt werden kann, sondern vielfach von Umständen abhängig ist, die sich ihrer Bestimmung entziehen. Um es zu ermöglichen, die jeweiligen politischen Ziele der Bundesrepublik Deutschland im Rahmen des völkerrechtlich und verfassungsrechtlich Zulässigen durchzusetzen, gewährt das Grundgesetz den Organen der auswärtigen Gewalt einen sehr weiten Spielraum in der Einschätzung außenpolitisch erheblicher Sachverhalte wie der Zweckmäßigkeit möglichen Verhaltens."

Das grundsätzliche Problem der gerichtlichen **Kontrolle** der auswärtigen Gewalt liegt darin, daß sie **a posteriori** stattfindet, also zu einem Zeitpunkt, in dem die aus einem Akt der auswärtigen Gewalt fließende völkerrechtliche Bindung in aller Regel schon eingetreten ist. Daher kann es zu einem Gegensatz von völkerrechtlicher Verpflichtung und innerstaatlicher Verfassungswidrigkeit kommen. Zur Lösung dieses Problems sind folgende Möglichkeiten denkbar: **762**

(a) **Einstweilige Anordnung** gemäß § 32 BVerfGG: Allerdings hat das BVerfG diesbezügliche Anträge bislang immer abgelehnt (vgl zB BVerfGE 35, S. 193 ff, Antrag auf einstweilige Anordnung gegen die Ratifikation des Grundlagenvertrages).

(b) Vorverlegung der **Kontrolle vor Eintritt der völkerrechtlichen Bindung**: Bei Vertragsgesetzen hat das BVerfG die Kontrolle bereits zu dem Zeitpunkt für zulässig erachtet, als das Vertragsgesetz zwar beschlossen, aber noch nicht in Kraft war (vgl zB BVerfGE 24, S. 33 ff, 54 f).

Allerdings hat sich das BVerfG bei der Kontrolle der auswärtigen Gewalt große Zurückhaltung auferlegt (vgl zB BVerfGE 55, S. 349 ff, 367 f). Es bezeichnet diese Einstellung selbst als **judicial self-restraint** (BVerfGE 35, S. 257 ff, 262; 36, S. 1 ff, 14 f). So hat das BVerfG beispielsweise erst in einem einzigen Fall eine Bestimmung in einem völkerrechtlichen Vertrag für verfassungswidrig erklärt **763**

(BVerfGE 30, S. 272 ff, Doppelbesteuerungsabkommen Schweiz-Bundesrepublik Deutschland). Konkrete Folge dieser Selbstbeschränkung ist das Bestreben des BVerfG, die internationale und die nationale Rechtsordnung in Einklang zu bringen. Dazu hat es ausgeführt (BVerfGE 4, S. 157 ff, 168):

„Bei der Auslegung des Abkommens sind die für die Auslegung völkerrechtlicher Verträge allgemein entwickelten Grundsätze anzuwenden. Danach ist jedes Abkommen so auszulegen, daß die Vertragspartner einerseits das von ihnen gemeinsam angestrebte Ziel durch den Vertrag erreichen können, andererseits nicht über das gewollte Maß hinaus als gebunden angesehen werden dürfen. Wird der Inhalt völkerrechtlicher Verträge vom Verfassungsgericht auf seine Verfassungsmäßigkeit geprüft, so sind Auslegungsmöglichkeiten, die bei den in solchen Verträgen oft verwandten vagen und mehrdeutigen Formulierungen an sich denkbar wären, außer Betracht zu lassen, falls sie fernliegen. Es wäre nicht vertretbar, einen Vertrag für unvereinbar mit dem Grundgesetz zu erklären, weil bei einer fernliegenden Auslegung das Grundgesetz in der Tat verletzt wäre. Es muß grundsätzlich davon ausgegangen werden, daß die politischen Organe der Bundesrepublik Deutschland, die am Zustandekommen eines völkerrechtlichen Vertrages beteiligt waren, nicht grundgesetzwidrige Bindungen haben eingehen wollen, daß sie vielmehr die Vereinbarkeit mit dem Grundgesetz geprüft haben und auch weiter auf eine grundgesetzmäßige Auslegung und Anwendung des Vertrages achten werden. Solange und soweit die Auslegung offen ist, muß deshalb unter verschiedenen in Betracht kommenden Auslegungsmöglichkeiten derjenigen der Vorzug gegeben werden, bei der der Vertrag vor dem Grundgesetz bestehen kann."

764 Das BVerfG bedient sich daher aller möglichen Methoden der Interpretation, um den Vertrag zu erhalten (vgl dazu im einzelnen *Ress*, Wechselwirkungen zwischen Völkerrecht und Verfassung bei der Auslegung völkerrechtlicher Verträge, in: Berichte der Deutschen Gesellschaft für Völkerrecht 23, Heidelberg 1982, S. 7 ff, 36 ff). Heute dient ihm dazu insbesondere die **verfassungskonforme Interpretation**. Dennoch muß das BVerfG seine Zurückhaltung dort aufgeben, wo das GG klare Grenzen errichtet. Dies ist der Hintergrund für die Rechtsprechung des BVerfG zum Gemeinschaftsrecht (s. Rn 70 ff).

2. Verfahrensarten

765 Folgende **Verfahrensarten** kommen für die Überprüfung der auswärtigen Gewalt in Frage, für die im übrigen die gewöhnlichen Zulässigkeitsvoraussetzungen gelten (zu den Zulässigkeitsvoraussetzungen für die einzelnen Verfahrensarten s. *Degenhart*, Rn 500 ff):

766 (1) **Abstrakte Normenkontrolle** (Art. 93 Abs. 1 Nr 2 GG): Sie bezieht sich auf ein Vertragsgesetz gemäß Art. 59 Abs. 2 Satz 1 GG, auf ein Vertragsgesetz der Länder oder auf eine Rechtsverordnung im Zusammenhang mit einem Verwaltungsabkommen. In diesem Verfahren kann auch primäres Gemeinschaftsrecht geprüft werden. Als verfassungsrechtliche Besonderheit ist hier die Vorabkontrolle des BVerfG zu beachten, so daß eine abstrakte Normenkontrolle schon zulässig ist, auch wenn das Vertragsgesetz noch nicht in Kraft ist (s. Rn 762).

767 (2) **Konkrete Normenkontrolle** (Art. 100 Abs. 1 GG): Sie bezieht sich auf ein nachkonstitutionelles Vertragsgesetz gemäß Art. 59 Abs. 2 Satz 1 GG oder ein Vertragsgesetz der Länder. In diesem Verfahren kann auch primäres Gemeinschaftsrecht vorgelegt werden, während die Vorlage von sekundärem Gemeinschaftsrecht nach wie vor umstritten ist (s. Rn 79 ff).

(3) **Verfassungsbeschwerde** (Art. 93 Abs. 1 Nr 4a GG): Sie kann sich auf jeden Akt der auswärtigen Gewalt beziehen. Gegen die Mitwirkung der Bundesregierung bei der Ausarbeitung und dem Abschluß eines völkerrechtlichen Vertrages kann eine Verfassungsbeschwerde allerdings nicht gerichtet werden, da diese Akte der auswärtigen Gewalt keine innerstaatliche Rechtswirkung entfalten; dagegen ist eine Verfassungsbeschwerde zulässig, soweit sie sich gegen das Zustimmungsgesetz gemäß Art. 59 Abs. 2 Satz 1 GG richtet (BVerfGE 77, S. 170 ff, 218). Unzulässig waren nach der ursprünglichen Rechtsprechung des BVerfG Verfassungsbeschwerden gegen sekundäres Gemeinschaftsrecht, da diese nicht-deutsche Hoheitsgewalt darstellen (s. Rn 70). Nach dem Maastricht-Urteil kann man davon ausgehen, daß das BVerfG seine Meinung geändert hat und nun von einer Zulässigkeit – wenngleich nur in beschränktem Rahmen – ausgeht (s. Rn 86 ff). Jedenfalls muß – bei Vorliegen der übrigen Zulässigkeitsvoraussetzungen – eine Verfassungsbeschwerde gegen die Zustimmung der deutschen Vertreter im Rat der Europäischen Gemeinschaften zu sekundärem Gemeinschaftsrecht zulässig sein. Dies gilt allerdings nicht für Richtlinien, da diese erst nach Inkrafttreten und nach Umsetzung in das nationale Recht Wirkungen entfalten (BVerfG, Beschluß vom 12. Mai 1989, s. Rn 85). **768**

(4) **Organstreitverfahren** (Art. 93 Abs. 1 Nr 1 GG): Es kann sich grundsätzlich auf alle Akte der auswärtigen Gewalt beziehen, sofern der Antragsteller dadurch möglicherweise in seinen Rechten verletzt ist (§ 64 Abs. 1 BVerfGG). Dies bedingt, daß ein Organstreitverfahren im Bereich der auswärtigen Gewalt nur selten vorkommt (zB BVerfGE 1, S. 351 ff). Im Bereich des Gemeinschaftsrechts kann es aber insbesondere im Rahmen von Art. 23 Abs. 2 bis 5 GG Bedeutung erlangen (s. Rn 385 ff). **769**

(5) **Bund-Länder-Streit** (Art. 93 Abs. 1 Nr 3 GG): Das Verfahren kann sich grundsätzlich auf alle Akte der auswärtigen Gewalt beziehen, sofern der Antragsteller dadurch möglicherweise in seinen Rechten verletzt ist (§ 69, § 64 Abs. 1 BVerfGG). Das bedingt, daß es noch seltener als Organstreitverfahren vorkommt, da der Kreis der Antragsteller wesentlich kleiner ist (§ 68 BVerfGG, zB BVerfGE 6, S. 309 ff; 80, S. 74 ff; vgl auch Rn 91). **770**

(6) Ein spezielles Verfahren, das allerdings nicht direkt mit der auswärtigen Gewalt zusammenhängt, ist das Verfahren der **Normenverifikation** nach Art. 100 Abs. 2 GG. Danach sind die Gerichte verpflichtet, bei Zweifeln, ob eine Regel des Völkerrechts Bestandteil des Bundesrechts ist und ob sie unmittelbar Rechte und Pflichten für den einzelnen erzeugt, das BVerfG anzurufen. Art. 100 Abs. 2 GG bezieht sich auf Art. 25 GG und daher auf die dort genannte Völkerrechtsquellenart (s. Rn 471 ff). Das Verfahren dient nach Meinung des BVerfG dazu, der Gefahr von Verletzungen allgemeiner Regeln des Völkerrechts durch Gerichte der Bundesrepublik vorzubeugen (BVerfGE 64, S. 1 ff, 14 f). Zudem wird vermieden, daß die unterinstanzlichen Gerichte, wenn ihnen die Lösung auftretender Völkerrechtspro- **771**

bleme im Zusammenhang mit Art. 25 GG überlassen bleibt, voneinander abweichende Urteile zu ein- und derselben Völkerrechtsfrage fällen (BVerfGE 23, S. 288 ff, 317). Schließlich ist in dem Verfahren nach Art. 100 Abs. 2 GG die Gelegenheit zur Äußerung für andere Verfassungsorgane, die an den auswärtigen Beziehungen beteiligt sind, gewährleistet (§ 83 Abs. 2 BVerfGG).

Im übrigen gelten dieselben Zulässigkeitsvoraussetzungen wie beim Verfahren der konkreten Normenkontrolle (§ 84 BVerfGG; s. BVerfG, NJW 1999, S. 2106). Eine **Besonderheit** ist allerdings aufgrund des Wortlauts des Art. 100 Abs. 2 GG darin zu sehen, daß die Frage der innerstaatlichen Geltung einer allgemeinen Regel des Völkerrechts zweifelhaft sein muß. Das BVerfG interpretiert das als subjektiven Zweifel des Richters, aber auch als objektiven Zweifel außerhalb der Gerichte (BVerfGE 64, S. 1 ff, 15). Sie bestünden dann, wenn das Prozeßgericht abweichen würde von der Meinung eines Verfassungsorgans, von den Entscheidungen hoher deutscher, ausländischer oder internationaler Gerichte oder von den Lehren anerkannter Autoren der Völkerrechtswissenschaft (BVerfGE 23, S. 288 ff, 316, 319).

772 **Lösung Fall 18** (Rn 760): Die Verfassungsbeschwerde ist dann begründet, wenn eine Verletzung des Art. 101 Abs. 1 Satz 2 GG vorliegt. Nach dieser Bestimmung darf niemand seinem gesetzlichen Richter entzogen werden.

1. Das BVerfG müßte „gesetzlicher Richter" iSd Art. 101 Abs. 1 Satz 2 GG sein. Zu diesem Kreis zählt man alle staatlichen Richter von den untersten bis zu den obersten Instanzen. Dazu zählt auch das BVerfG selbst.

2. Das BVerfG müßte aber auch „gesetzlich zuständiger Richter" iSd Art. 101 Abs. 1 Satz 2 GG sein. Dies könnte zutreffen, wenn für die Verwaltungsgerichte eine Vorlagepflicht gemäß Art. 100 Abs. 2 GG bestanden hätte. Das ist im vorliegenden Fall dann anzunehmen, wenn Art. 100 Abs. 2 GG dahingehend auszulegen ist, daß es nicht auf die – von den Verwaltungsgerichten verneinten – subjektiven Zweifel des Gerichts ankommt, sondern daß auch objektive Zweifel außerhalb des Gerichts eine Vorlagepflicht auslösen.

a) Der Wortlaut des Art. 100 Abs. 2 GG ist insofern so weit gefaßt, daß – im Gegensatz zu Art. 100 Abs. 1 GG – auch objektive Zweifel darunter fallen können.

b) Aus Sinn und Zweck der Vorschrift ergibt sich zudem, daß das Verfahren dazu dient, der Gefahr von Verletzungen allgemeiner Regeln des Völkerrechts durch Gerichte der Bundesrepublik vorzubeugen und eine einheitliche Rechtsprechung der unterinstanzlichen Gerichte zu Fragen des Art. 25 GG zu gewährleisten. Dies wird aber nur dann erreicht, wenn es nicht allein auf die subjektiven Zweifel des Gerichts ankommt.

c) Aus dem Sachverhalt ergibt sich, daß X mehrere einschlägige juristische Aufsätze vorlegt, die die Zweifel von Völkerrechtswissenschaftlern verschiedener Länder dokumentieren. Dies kann als ausreichend für die Begründung objektiver Zweifel angesehen werden, da es beweist, daß die Frage in verschiedenen Ländern umstritten ist.

d) Daraus folgt insgesamt, daß das BVerfG im vorliegenden Fall „gesetzlich zuständiger Richter" iSd Art. 101 Abs. 1 Satz 2 GG war.

3. X müßte seinem gesetzlichen Richter „entzogen" worden sein. Dazu genügt nicht die bloße Tatsache, daß die Verwaltungsgerichte eine Vorlage gemäß Art. 100 Abs. 2 GG unterlassen haben, sondern diese Unterlassung muß auf einer willkürlichen Entscheidung der Verwaltungsgerichte beruhen (s. *Pieroth/Schlink*, Rn 1068). Dies ist im vorlie-

genden Fall zu bejahen. Die oben dargestellte Interpretation des Art. 100 Abs. 2 GG entspricht der hL und der ständigen Rechtsprechung des BVerfG. Eine Verletzung der Vorlagepflicht bei – von einer Prozeßpartei dargelegten – objektiven Zweifeln hinsichtlich einer Frage des Art. 25 GG ist eindeutig unangemessen und daher willkürlich. X ist daher seinem gesetzlichen Richter entzogen worden.

Ergebnis: Die Verfassungsbeschwerde des X ist begründet (vgl BVerfGE 23, S. 288 ff).

Literatur: *Blumenwitz*, Kontrolle der auswärigen Gewalt, in: BayVBl. 1996, S. 577 ff; *Hailbronner*, Kontrolle der auswärtigen Gewalt, in: VVDStRL 56 (1997), S. 7 ff; *Kokott*, Kontrolle der auswärtigen Gewalt, in: DVBl. 1996, S. 937 ff; *Ress*, Die Kontrolle internationaler Verträge und der Akte der Europäischen Gemeinschaften durch das Bundesverfassungsgericht, in: *Koenig/Rüfner*, Die Kontrolle der Verfassungsmäßigkeit in Frankreich und in der Bundesrepublik Deutschland, Köln 1985, S. 145 ff; *Schuppert*, Die verfassungsgerichtliche Kontrolle der auswärtigen Gewalt, Baden-Baden 1973; *Streinz*, Bundesverfassungsgerichtliche Kontrolle über die deutsche Mitwirkung am Entscheidungsprozeß im Rat der Europäischen Gemeinschaften, Berlin 1990; *Trautwein*, Zur Rechtsprechungskompetenz des BVerfG auf dem Gebiet des Europäischen Gemeinschaftsrecht, in: JuS 1997, S. 893 ff; *Wenig*, Die gesetzkräftige Feststellung einer allgemeinen Regel des Völkerrechts durch das Bundesverfassungsgericht, Berlin 1971; *Zuck/Lenz*, Verfassungsrechtlicher Rechtsschutz in Europa, in: NJW 1997, S. 1193 ff.

Sachverzeichnis

(Die Zahlen bedeuten Randnummern)

Notizen

Notizen

Notizen